読書大全：世界のビジネスリーダーが読んでいる経済・哲学・歴史・科学200冊

[日] 堀内勉 著

付思聪 译

人民东方出版传媒

东方出版社
The Oriental Press

前　言

1. 读书所得

2008年，全球金融危机爆发。"雷曼事件"发生时，我正在城市景观开发商森大厦担任财务执行董事，也就是CFO（首席财务官），我的职责是把控面向大型银行和公司债券市场的负债，然而，当时的负债已经膨胀到了1兆日元以上，我深感举步维艰。

由于森大厦并非上市公司，主要的融资渠道只有两条，一是银行，二是公司债券市场。虽然公司在东京市中心拥有众多优质房地产，账面上也有巨大的浮盈，但我不能眼睁睁看着手头的可用资金枯竭，只能为周转资金而不停奔走。巨大的压力致使我无时无刻不在与恐惧作着斗争。

当时，我脑海中浮现的是自己经历过的一次金融危机——1997—1998年的日本金融危机。那时我还是一名普通的银行职员，在日本兴业银行（简称"兴银"）的综合企划部任职，负责自有资金筹措、评级和投资者关系（Investor Relations，简称IR）管理。现在，兴银已成为瑞穗金融集团下辖的金融机构之一。

其实，日本泡沫经济从1990年股价大崩盘开始就走向了破灭，那个时候的商界、金融界已经走上了靠"自欺欺人"续命的苟延残喘之路。几年间，日本经济始终在衰败的边缘徘徊。1998年，大藏省（今日本财务省、金融厅）过度招待问题引发东京地方检察厅特搜部搜查各个金融机构，日本金融体系开始如雪崩般崩塌。在这一崩塌过程中，北海道拓殖银行和山一证券相继倒闭，巨大危机开始逼近此前拥有绝对信用的大型银行。

现在说出来，大家可能都不敢相信，在1989年年末的泡沫顶峰时期，日经平均股价达到了历史最高值——38957日元。那时兴银的股票时价总额仅次于NTT（日本电报电话公司），不仅在日本名列前茅，甚至在全球排名第二。如果用专业术语给大家解释一下，震撼力可能会更加强烈。在企业信用评级方面，穆迪信用评级和标普信用评级这两大世界评级机构都给出了AAA（3A）的评级。总共6A的评级是世界公认的最高信用评级，当时的兴银在日本可谓风光无限。彼时的我压根儿不敢想象，10年未过，兴银竟凋零到如此地步，如困兽般，被逼得走投无路。

那时，东京地方检察厅特别搜查部认为，在之前第一劝业银行利益输送案件中，正是由于大藏省的调查疏忽才导致总会屋①坏账融资规模日渐扩大。特别搜查部开始对这起招待腐败案件进行调查，后续连锁调查范围扩大到都市银行、长期信用银行以及大型证券公司等。

因为工作的原因，我当时与大藏省关系很是密切，因此多次受到东京地方检察厅的调查。与此同时，我还要支撑着快要坍塌的银行。在这双重痛苦中，我一直在自我催眠——这绝对是什么错觉吧，明早一觉醒来，之前的一切都只不过是场噩梦，整个世界都会恢复到最初的美好。

但当闭眼入睡后，我夜夜做着银行倒闭、自己也被捕入狱的噩梦，次次都半夜惊醒坐起。最终，噩梦还是映射到了现实生活中——我的前上司锒铛入狱。这件事情令我曾经的信仰全盘崩塌，我开始对自己过去的生活方式、对日本金融的存在姿态、对作为公共权力的检察机关的存在意义，都产生了根本性的怀疑。

在这一连串的腐败案件中，检察机关逮捕了众多行贿之徒。与此同时，金融业界作为监管对象，其过度招待问题以及与之相关的腐败行为被接连曝光。在世人艳羡不止、被称为"省厅中的省厅"的大藏省中，也有不少高级公务员遭到逮捕，多名干部受到处分和撤职。此外，在被称为"银行中的银行"的日本银行中，也有时任高管因信息泄露被捕入狱，在其背后更是有多名相关人员被迫走向自杀的绝路。

从最终结果来看，这一切直接导致了日本金融界的重组以及当今大型银行的诞生。但是对于这些发生在20多年前的事情，依旧残存记忆的人恐怕已经寥寥无几了。

若论当时我的心境如何，那时还担任日本长期信用银行执行董事、现如今已是新生银行执行董事的箭内升先生的一段话，准确地替我道出了所有复杂的心境。以下这段话是他的著作《前银行董事眼中的长银破产》中的一节。

> 1999年5月6日，长银原副行长上原隆突然逝世的消息传来，给我的冲击之大，简直一瞬间让我从坐着的椅子上滚了下来。在众多经营者中，他和经济泡沫最是没有关系，他只是在最后的善后处理阶段才被编入其中啊，为什么会这样呢？这些想法久久萦绕在我的脑海，一直无法散去。
>
> （略）1985年的一天，在长银旧总行的一间小会议室里，人事改革项目组的四名成员（我也是成员之一）围坐在一张圆桌旁，组长正是企划室室长上原隆。成员们反复讨论了"长银的长期愿景"（这一愿景后期发展成被称为"长银革命"的第五次长期经营计划），这次任务也是该小组成立的开端。作为这一愿景的制定者，上原室长以平静却又沉重的语气说了一段话，那段话令我终

---

① 总会屋，一种特殊的股东，他们通过滥用股东权利来威胁公司，从而非法收受财物。

生难忘。

"当今时代，世态不甚明朗，大家在既定的前进道路上漫不经心地行走着，一不小心就可能跌落悬崖。既然世道如此，那就再三考虑后，选择一条你自己认为正确的道路吧。哪怕只是孤身一人，也要举起蜡烛照亮前路，勇往前行。"

然而3年后，长银却依旧走上了同样的泡沫之路，实是备感遗憾。在长银破产、即将整装再出发的今天，这一次，我们每一个长银人，都必须坚定地选择自己认为最为正确的道路。诸多形形色色的道路，还可能伴随着出乎意料的困难，但长银是起点，也是心归之故乡。我们必须从故乡出发，奋发向前，坚实地走出每一步。

最终，随着政府的干预，一度完全迷失自我的金融行业逐步恢复了往昔的平静。在这个节点下，我决定从兴银辞职，跳槽到全球金融"总本山"的高盛证券。我希望借这个契机，在看清金融本质的同时，重新回顾自己的整个人生。

但反复思索后，我决意退出金融行业，重新开始全新的人生。于是，我从无实体、难以捉摸的金融行业，转向了有实体、工作成果一目了然的房地产开发业。

新的事业逐步稳定下来，正当我松了一口气，认为自己完全可以从事这种拥有无限长远愿景的行业时，安定感如昙花一现，随后便消失不见。正好在上次金融危机过后的整十年之时，作为森大厦的财务负责人，我再次遭受了金融危机的猛烈袭击。

回首往昔，也许在第一次金融危机的时候，我有生以来才第一次做到了真正意义上的"读书"。在那之前的学生时代，我也算做到了博览众书。然而进入社会后，读书却变成了"填充式"的阅读任务，或是为了通过金融资格考试而读书，或是为了通过海外留学考试而读书。但从某种意义上来说，这些境况下的拼命读书，竟像是赌上了自己所有的存在意义。用"拼命"来形容读书，可能不太恰当，但那时的读书，真真就是那种临到紧要关头、如溺水者攀草求生般地认真。

我"拼命"读的第一本书是濑岛龙三的回忆录——《几山河：濑岛龙三回忆录》。濑岛龙三是山崎丰子小说《不毛地带》的主角原型，也是日本历史上曾经留有姓名的人物。最初，我经常从毕业于陆军士官学校的父亲处听到这个名字，所以对其波澜壮阔、跌宕起伏的人生十分感兴趣——从陆军大学的首席毕业生到陆军大本营的军官，后跌至被扣留于西伯利亚的囚犯，再到入职伊藤忠商事，最后在土光敏夫会长麾下操持临时行政调查会。

当然，我也明白濑岛龙三自始至终是一位褒贬参半的人物，这本书又是他自己所写的自传，想必其中定是没有什么自我贬损之处。其实，我反复阅读的并不是他的成功经历，而是他在西伯利亚被囚禁的生活。

其中有一段文字，探讨的是"人性问题"。

  11年扣留岁月，苦难重重，我时常认为自己已至极限。当然这并非我一人之感受，60万扣留者想必皆是如此。
（中间省略）
  在这种艰苦环境中，人人无法粉饰自我，皆不得不"赤身裸体"。
（中间省略）
  在这种极限状态下，我们日本人中有人会用武力抢夺别人的面包，甚至还会付诸暴力，然而也有人将自己的面包分给生病的友人，帮助他们恢复力气。

  "何为人？其本质又究竟是什么？"……我不禁陷入深思。身处第四十五特别收容所时，我反复阅读了维克多·雨果的《悲惨世界》。其中有一句写道："人并不是只有一个圆心的圆圈，它是一个有两个焦点的椭圆。"对此我深有同感。人的本质，即是包含精神与肉体、感情与理智、善行和恶意等两面性的"生物"。克服人类的弱点与丑陋并非易事，从平日起就开始磨炼心灵乃是必要之举，诸如树立信仰之心，诸如培育责任之感。此外，"人最珍贵的东西才等于人真正的价值"这句话也令我思索不止。当自己饥肠辘辘时，还能将面包分给患病的友人，这可真不是简单之举。看到有人如此行动时，我不禁赞叹，这才是人最珍贵的东西啊！牺牲自己，为他人付出，为社会奉献，这才是人类最高的道德吧。这种至高的现实无关阶级上下，也无关学历高低。我自幼成长、生活于军人社会中，曾一直坚信军人的军衔就等于人的价值，但遭遇这种现实后，我才从自己的错误认知中惊醒。军队中的军衔、企业中的职级，都不过是组织维持管理的手段罢了，与人真正的价值毫不相关。也正因如此，军衔与职级越高的人越需要严于律己，也更需要不断修炼自己的人性。身为组织的上层领袖，必须具备"Noblesse Oblige"（位高则任重）的精神，此外，也绝不应忘记那些作为"底盘"默默支撑着整个组织架构的人。除关注表层体现外，还应深触到组织内部，让阳光普照每一位奉献者。人性修炼永无极限，不到盖棺论定，努力历练理应永不止息。

  这些文字真的是深刻透彻，发人深省。在银行的时候，我被彻底灌输了工薪族根性，而读过这些文字后，我顿感醍醐灌顶。在这之前，我丝毫没有意识到如此真实的人性，还一直坚信"人在公司中的阶层，就等同于人的价值"。可当人真的被逼入绝境、走投无路时，到底什么才是心灵的支撑呢？我们的内心恐怕也只不过是一个虚无的空洞。

此外，我还重新阅读了维克多·埃米尔·弗兰克尔著的《追寻生命的意义》（详见第 406 页），书中记述了他在纳粹集中营的经历。在学生时代，我曾读过这本书，但由于书中内容过于壮烈，那时的我竟不知该如何消化理解。然而，当我自身也陷入困境时，尽管我的经历与弗兰克尔相比，壮烈程度相去甚远，但我第一次设身处地领悟到，身处绝望边缘却仍未失去人性和希望的弗兰克尔究竟是怎样进行思考的，以及他当时究竟思考了什么。

弗兰克尔曾说："人不应该问他的生命之意义是什么，而必须承认是生命向他提出了问题。我们必须领悟这一点，并将这个真谛传达给陷入绝望深渊的人们。"其实，我们人类看似拥有回答"生存"这个问题的主动选择权，但实际上，如何做好这个回答才是我们的责任与义务。后来，我还从其他文献中了解到，当弗兰克尔身处集中营时，他的精神支柱是斯多葛哲学学派的教义，该学派的核心理论就是教导人们该如何应对降临在自己身上的命运。

此外，还有一位人物的话也令我受益匪浅。松永安左卫门曾将日本战时体制下的国有化电力事业重组为现如今的九大电力体制，被世人称为"电力之鬼"。他曾说："一位实业家若想成长为一位了不起的人物，就必须经历过'与病魔斗争、落榜失业、锒铛入狱'等诸多绝境中的一种。"这些绝境皆是会让人质疑自己存在意义的重大变故。当自身存在受到严峻威胁时，人体中不可思议的求生本能便会被激发出来，各种感官会变得更加敏锐，所有无谓的伪装会被卸除一空，人生也会变得更加纯粹。所有这些深刻而严峻的人生经历和经典好书，穿越时空只为寻我们而来。我们敞开胸襟，为彼此相遇的美妙瞬间做好完全的准备，这才是读书的真正意义吧。

自此十年后，我终于摆脱了毕生信仰被全盘颠覆的痛苦，开始和森大厦的森稔会长一起勾勒城市开发的蓝图，身心充实，动力十足。但就在这时，"雷曼事件"突袭而至。时至此刻，我也不得不承认，这并非一时性的事件，而是整个行业遭遇的根本性难题。

这一切，究竟是我所处的经济环境出了差错，还是我自身的业障呢？我真的不知道。不过无论是何种原因，此刻我都强烈地感受到了自己心境的变化——除了为自己的不幸而悲叹不已外，我必须主动去解决更加本质的问题。既然已经遭遇了两次巨大危机，我就必须以自己的方式去正面应对，好好地做个了结，这样才能作为一名商人继续坦坦荡荡、心无旁骛地向前迈进。

但是，与我们纠缠不休、死缠不放且挥之不去的金融到底是什么呢？作为其前提的资本主义又是什么呢？资本主义对人类存在的意义是什么呢？为什么企业一定要发展壮大和赢利创收呢？所谓金融，真的有利于社会的发展吗？刚毕业时的自己又为什么选择进入金融行业呢？……一个个深刻的疑问不断向我涌来。

这些疑问的产生，正是我们举办"资本主义研究会"活动的契机。该活动由"日本资本主义之父"涩泽荣一的玄孙涩泽健先生等人发起，并由我主办了将近十年。研究会的主题，是探讨诸如"资本主义是否合乎人的本性？""资本主义能否使人快乐？"之类的课题。

基于这种问题意识，时至今日，大家依旧在探讨"资本主义与人的关系""资本主义的全新形式"等问题。作为这一研究探讨活动的中间里程碑，我们在2019年出版了《资本主义将走向何方》一书，姑且算是对资本主义与人类的关系做了一次彻底的梳理。

与此同时，我个人也从事着宗教、哲学和思想等方面的研究。在此之前，作为一名应试高才生，我总觉得一直拘泥于看似无解的难题而停止前进的脚步并非上策，所以遇到晦涩之书时我会避而绕行。出于这个原因，除了研究资本主义本身外，我还必须正面应对由资本主义衍生出的一系列自我问题。为此，我开始认真学习宗教、哲学和思想等领域的知识。

总而言之，我虽一次次被迫卷入金融危机，一次次体会痛苦生活的滋味，但等一切疾风骤雨平息过后，我依旧得以冷静地回首过去，反思各个节点所做出的各种抉择，诸如当时的判断是否正确，当时是否还有更多其他的选择，等等。此前，我只把注意力集中到自己的周遭环境上，只是一味地在为降临在自己身上的不幸而叹息。而现在，我开始思考自己究竟应该如何理解并接受这种不幸。

经历过所有这些激烈的人生动荡后，我开始如书虫附身一般大量阅读。同时，为了给自己做个备忘留存，我开始在Facebook上更新读后感，没想到竟意外收获了诸多好评。后来，我受邀成为书评网站HONZ的书评家，还收到了来自其他杂志的书评邀约……我写书评一事逐渐受到多方关注，不知不觉间，我便多了一个"书评家"的头衔。

在讲述自己迄今为止的读书体验的同时，我希望当今时代的商业领袖们都能和我一样领悟到读书的重要性，所以决定出版一本有关人类历史经典著作的书。

我的爱读书单中，包括一本写于1800多年前的《沉思录》（详见第383页），该书由罗马帝国第十六位皇帝，也是五贤帝时代的最后一位皇帝马可·奥勒留著。其中有一段话我非常喜欢："全然不要再谈论一个高尚的人应当具有的品质，而是要成为这样的人。"针对诸如此类的本质性人生命题，本书将从各个时代的代表人物的视角出发，整合人类历史上的经典著作于一册并进行个人的解读，以期能够帮助诸位读者与数千年的人类历史成为密友。

我坚信，当你面临重大的管理决断和经营危机时，当你站在人生的十字路口举棋不定时，抑或是当你遇到必须重新思考自身价值并探究自己真正想做的事情时，这种读书体验一定会为你带来一丝帮助、一缕希望与一线光明。

2. 商业领袖应追求的读书境界

接下来，希望大家能够共同思考一个问题：为什么商业领袖必须读书？

前言

英语中，有句话叫作"A great leader is a great reader"（伟大的领袖亦是一名优秀的读书家）。

微软创始人兼比尔及梅琳达·盖茨基金会联席主席比尔·盖茨（Bill Gates），就是企业经营者中一位著名的读书家代表，他每年的阅读量在 50 本以上。自 2012 年开始，他每年都会在自己的博客"盖茨笔记"（Gates Notes）上发布自己已读书籍的推荐书目。

这份推荐书目每年都受到社会各界的极大关注。2018 年，比尔·盖茨将《事实：用数据思考，避免情绪化决策》（详见第 286 页）评选为"至今为止所读书籍中最重要的一本"，并将这本书的电子版作为毕业礼物，送给了当年美国的所有应届毕业大学生。这件事也一度成了社会热点话题。

软银集团（Softbank Corp.）创始人、总裁兼首席执行官孙正义，创业仅两年后，就因患肝炎而住院。据说，他住院这三年半总共阅读书籍 3000 册。除此之外，全球著名企业掌门人中对读书抱有浓浓热忱之心的人不胜枚举，如世界上最知名的投资家沃伦·巴菲特（Warren E. Buffett），Facebook 创始人、董事长兼首席执行官马克·扎克伯格（Mark Elliot Zuckerberg），等等。

在如今这个瞬间可获得所有信息的互联网时代，工作异常繁忙的实业家们特意抽出时间进行阅读，这绝不仅是为了"获取知识"，更是为了提高作为商业领袖或单纯作为人的"洞察力"。

话说回来，我曾经跟随过的森大厦实际创始人森稔，是一位世界上屈指可数的勒·柯布西耶（Le Corbusier）画作收藏家。勒·柯布西耶既是一位画家，也是一位世界级的著名建筑大师。当森稔还在上大学时，他的父亲森泰吉郎开始涉足房地产行业，想让他前去帮忙，但森稔十分抗拒，一度很是苦恼。身为一名年轻气盛的文学青年，在他当时的认知中，地主和房东正是资本主义剥削阶级的权势化代表。对他来说，踏足这个行业是完全无法接受的选择。

就在那时，森稔读到了柯布西耶的《光辉城市》（详见第 402 页），书中关于城市开发的思想让他如受当头棒喝。至今我还清晰地记得，他数次热情洋溢、激情满怀地阐释这本书的理念时的情景。他曾说，读完这本书后，他下定决心进入房地产开发领域，但做房地产生意并非为了不劳而获，而是为了重振战后残败不堪的东京，是为了人们的生存去"建造城市"。

森稔还说，自己的父亲森泰吉郎，以大学商学院教授的身份为出发点从事房地产行业，是为了证明自己商业经营理论的正确性。二人共事时矛盾屡屡发生，这也导致森稔几度意志消沉。然而每次支撑他走出阴霾的都是他的心灵支柱——柯布西耶的书籍和画作。

还有，美国最具代表性的天使投资人贾森·卡拉卡尼斯（Jason Calacanis）曾在

《富人思维》一书中明确指出，"在天使投资中，人并非重中之重，而是一切"。这里的"人"，指的就是经营者（创业者）本身。人们常说，公司的规模超不过经营者的器量，毫无疑问，这的确是真理。

此外，被称为"硅谷最强投资家"的本·霍洛维茨（Ben Horowitz）曾写过一本创业公司经营指南——《创业艰维：如何完成比难更难的事》（详见第150页）。书中讲述了创业公司在应对一切艰难困苦时应做好怎样的思想建设，其中也明确指出，"企业经营中真正的难题在于解决这些难题，没有任何公式套路可用"。此外，霍洛维茨从自身的商业经验出发，认为CEO最难做到的就是对自己内心的掌控。当他向多位企业家讨教成功的秘诀时，泛泛之辈的答案可能是非凡的战略举措、敏锐的商业嗅觉，或者其他一些溢美之词；而杰出的CEO们给出的答案却出奇地相似，他们异口同声地回答道："因为我坚持到底，没有半途而废。"

对于伟大的商业领袖以及志在成为伟大的商业领袖的人来说，好书的储备必不可少。这里所说的"好书"，并不是指在面临危机、千钧一发的情况下，临阵磨枪去读的几本浅薄的窍门大全。真正的好书，平日就能助你提高做人的高度，能够为你提供做人所需的一切必备基础。

现如今，二战后世界建立起来的既定概念正在逐渐土崩瓦解，曾经盛行的规则规范已然开始行不通，然而世界上并没有出现能够取代既有秩序和规则的全新事物。至于未来可能会登场的新秩序，至今还未得以明见。这种扑朔迷离的感觉，正是笼罩在当今时代上空那股莫名不安感的真实面目。AI（人工智能）技术奇点所带来的对乌托邦的过度期待就是其具体的写照。

杰出的美国管理学者克莱顿·克里斯坦森（Clayton Christensen）在《你要如何衡量你的人生》（详见第140页）一书中，以"正直一生，远离犯罪"为主题对人生观进行了阐述，同时列举了一些本该在商界大展宏图、实现人生价值的业界精英，因经济犯罪，最终葬送了自己灿烂辉煌的人生的案例，如安然公司前首席执行官杰弗里·斯基林，以及其任教的哈佛商学院中的其他几位毕业生。对此，他的忠告是："认真思考，什么才是你衡量自己人生的正确标尺。"

在以往面临经营决策时，我们过于依赖科学数据，过度注重逻辑和理性，但这样不仅难以实现差异化，还会导致自己一头扎入"红海"① 战区，最终也很难实现赢利。

因此，若想在残酷无情、竞争激烈且瞬息万变的商海中成功生存下来，企业必须转换管理手段和经营风格，在现状的延长线上设定经营目标，不断敦促整个企业一往直前，这样才能获得和其他公司一决高下的资格。如果身处新兴市场，还可以如此这般奋不顾身地向前冲；但如果身在成熟市场，若还以这样的风格打拼，迟早会迎来极限之

---

① 红海，即现今存在的已知产业、已知市场空间，竞争非常激烈，需要争个"头破血流"。

日，其中的道理不言而喻。明知路堵，却还追逐，不重新制定全新的愿景和战略，却一味地要求认真耿直的员工持续设定并达成高目标，如此一来，等在终点的只有"虚假繁荣"罢了。

正如大家所见，许多传统日企的管理层只知道设定无厘头的数字，然后催促一线员工达成目标，诸如曾经的东芝和日产汽车等。在此类经营者的率领下，企业内部财务粉饰、数据造假、虚报理赔等违法违规行为屡禁不止。经营者拿不出任何有效的经营战略，看到业绩不佳只会愁眉不展，长此以往自然就陷入了经营绝境。

从经营管理教育的角度来看，初始阶段就知道存在既定答案，然后才去学习商业技巧，这种老式教育早已过时。刊登在《金融时报》（Financial Times）上的《艺术院校MBA加速创造创新》（The art school MBA that promotes creative innovation，2016-11-13）一文中也报道了这种大趋势，即人们申请所谓传统商学院 MBA 课程的数量呈下降趋势，但与此同时，许多全球性企业开始派自己的员工参加艺术院校和美术类大学的高管培训课程。

日本知名咨询顾问山口周在他的畅销书《为什么全球商界精英都在培养"美感"》中也谈到了这种趋势："那些全球性企业的高管候补，也就是那些有望解决世界上最具挑战性难题的人才，他们除了必须具备注重逻辑的理性技能外，还应掌握更直观的感性技能。为了满足这种市场期望，各地商业嗅觉敏锐的教育机构也在不断改进培训项目的内容。"

说到底，全球性企业之所以向著名艺术院校派遣高管候补进修，是因为他们已然意识到，过往那种以"分析""逻辑""理性"为重心的管理方式，以及曾经那种依赖"科学数据进行决策"的经营理念，早已无法在当今复杂而又不稳定的世界中精准掌握商业航向。

美籍德裔犹太哲学家汉娜·阿伦特（Hannah Arendt）在旁听了耶路撒冷地方法院对纳粹战犯阿道夫·艾希曼的审判后，为《纽约客》写了 5 篇报告，后结集成《艾希曼在耶路撒冷：一份关于平庸的恶的报告》（详见第 278 页）一书。她一语道破了最尖锐的问题所在："思考的缺席，良知的偏离，铸成了一种新型的罪恶，对体制不加批判、全盘接受即是一种恶。"她用"平庸"一词来描述无思想性与恶之间的"奇妙"关系，并给世人敲响了警钟——不加批判地全盘接受体制体系的"平庸"之恶，有可能发生在任何一个人的身上。

所以，我们需要不断地对眼前这个不完美的世界提出质疑，需要不断地去思考为了创造出更美好的世界和社会我们应该做出什么改变，应该付出哪些努力。那些拥有足够社会影响力的商业领袖更需要展现出这种姿态，他们更需要具备能够阐释自柏拉图以来永恒的哲学主题——"真、善、美"的能力。换成克里斯坦森的说法就是具备"衡量自己人生的正确标尺"。

在现实中，商业领袖往往也是各个社会和组织中的精英阶层。所谓精英，即通过优化自己所属的体系，即可收获更多便利的存在，所以并无诱因促使他们去改变整个体系。但借用山口周的话来说，"身处体系之中，对其进行优化的同时，切不可丧失对系统本身的怀疑。为了能够获得充分的权利，从而拥有足够的发言权和影响力来界定体系的理想状态，我们需要积极行动。同时，为了最终能够建立理想的体系，我们需要尝试改变。"要想做到这一点，我们必须紧握哲学和思想两把利刃，掌握正确怀疑批判体系的方法论。

小说家奥斯卡·王尔德（Oscar Wilde）在一次被指控无端之罪的审判中，被对方谩骂道："你这个肮脏的老鼠！"然而，王尔德却淡淡地反击道："我们都活在阴沟里，但仍有人在仰望星空。"我希望从属于各个组织的"精英"人群都能够认真思考一下这句话的深意。所谓精英，到底是顺应组织潮流左右逢源、善于周旋之人，还是身在其中仍然咬紧牙关、坚持仰望星空之人呢？如何看待这个问题，取决于一个人的美感。

自远古时代开始，人类就一直在仰望着遥远的星河，探寻着生命的意义，思考着幸福之道。

但回顾整个人类历史，人类文明舞台上却不断重复上演着"本是为了得到幸福才创造的工具（商品、货币、制度等），却演变成人类的异己力量，脱离人类，甚至反过来开始统治人类"的一幕又一幕。卡尔·马克思（Karl Heinrich Marx）将这种现象概括为"人的异化"。人类追求生命的意义，带动神话和宗教登上历史舞台，但为了摆脱这种束缚，哲学诞生，而后自然科学独立，继而经济学自立门派，资本主义开始大行其道……我们为了赋予生命以意义而创造的事物，反而与我们疏离；为了重获自由继而诞生的事物，又再次疏离了我们——这简直是"喧宾夺主"的循环"闹剧"。

1989年柏林墙倒塌，随后东西两德统一，不久后苏联解体。在这种历史重大转折点上，自由民主制和资本主义经济似乎是给人类带来和平与繁荣的唯一选择和希望。但是，随着2001年美国发生"9·11"恐怖袭击事件和2008年爆发全球金融危机，人们此前的亢奋与陶醉热病消失殆尽，人类赖以生存的基础也遭到了极大的动摇。现如今，全球资本主义席卷世界，中国和俄罗斯也被卷入其中，贫富差距问题、环境污染问题、全球性流行病等各种问题层出不穷，人类生存开始受到极大的威胁。

如何给这些似乎永无终结的"喧宾夺主"的循环"闹剧"画上终止符，或者说如何应对这些历史问题，都是对所有应该承担起这份责任的领袖的一场严峻考验。

3. 我们该去向何方

从DNA相似性的角度来看，虽不能说人类是所有动物中最特别的存在，但大脑异常发达是人类最突出的特征，这一点毋庸置疑。当人类获得了语言能力后，还一并获得了可以进行抽象思考的能力。人类可以想象还未真实发生的未来，也可以思考一些实际并不可能的抽象概念。但也因福得祸，人类开始担心尚未发生的未来，开始恐惧死后的世界，反而丧失了原本身为动物所拥有的精神稳定性。

且不说这在科学上有何种意义，倘若想要伴随着这种不安生活下去，人类必须拥有一些能够支撑自己的精神支柱。一旦丧失精神支柱，人类就无法好好生存下去，这也是人类的特性之一。

那这种精神支柱又该置于何处呢？因文化而异，因人而异。例如，对于一些人来说，宗教就是赋予其人生意义的强力武器之一。沿袭着宗教所创造的宏大史诗故事生活下去，堪称精神最为稳定的生活方式。但对于那些不相信宗教史诗的人来说，这除了痛苦别无他物，毕竟无数人曾因宗教战争和宗教迫害而亡也是众所周知的史实。

保罗·高更（Paul Gauguin）于1897—1898年在塔希提岛创作了他的著名代表画作《我们从何处来？我们是谁？我们向何处去？》。和我同为书评网站HONZ书评家的立命馆亚洲太平洋大学（Ritsumeikan Asia Pacific University，简称APU）校长出口治明在其著作《哲学与宗教全史》中引用了这幅作品。

《我们从何处来？我们是谁？我们向何处去？》——保罗·高更

出口治明以这幅画为例，阐释了自远古时代人类就抱有的有关宗教和哲学的两大问题，那就是"世界是如何形成的？世界又是由什么形成的？"这一关乎自身生存环境的疑问，以及"人从何处来，又到何处去？人生存的意义是什么？"这一关乎自我的难题。

我也深有同感。这两大问题正是我们人类抱有的根源性疑问，也是我们经历世事、学习经验、阅读良书的基础。

现在地球上的总人口约为78亿，从人类诞生至今，累计人口约为1100亿。世世代代，数以千亿的人锲而不舍地追寻着这些疑问的答案，反复尝试，不断试错，包括宗教、哲学、科学，以及人类其他的所有活动。然而，那个答案仍未出现。

在宇宙物理学和粒子物理学领域中，天体观测设备和粒子对撞实验装置的开发已经取得了惊人的进步，阐明宇宙起源和物质来源的研究进展也突飞猛进。即便如此，有关宇宙的起源和构成的问题仍旧谜团重重，现阶段各种假说仍需验证，已解决的问题不过沧海一粟。而且，能够统一描述存在于自然界之中的"电磁力"、"弱核力"、"强核力"和"重力"这四大基本力的物理终极理论——"万物理论"（Theory of Everything），至今仍未找到。

此外，在脑科学领域中，针对大脑信息处理物理过程的研究，即意识的简单问题（Easy Problem of Consciousness）的研究，已经取得了相当大的进展。但针对意识的困难问题（Hard Problem of Consciousness），物质和电化学反应的集合体——大脑如何产生主观意识体验（qualia，感受质），即心和意识究竟从何而来这一问题，即便到现在也毫无研究进展。

其实，我们要明白，自然科学并不能为我们提供任何关于"意义"世界的线索，我们只能如飘零的旅人一般，为了探寻"自己究竟是谁"的答案，开启一段又一段永无尽头的旅程。至于最终的答案，我们并不能借助于他人之手获得，每个人都只能依靠自己的力量去寻找。而与好书的邂逅，恰好能为我们继续这段旅程提供一盏绝佳的指路明灯。

4. 关于读书之道

在进入本书的正文前，我想先列举几点有关读书的注意之处。

首先，读书的目的不在于通过读万卷书来掌握万千知识，而在于仔细研读良书，在将其转化为自我储备的基础上，通过大脑进行再度思考。哲学家亚瑟·叔本华（Arthur Schopenhauer）在其论述读书方法论的著作《论读书》的"用大脑思考"一章中，如下劝诫滥读行为。

> 不管藏书如何丰富，假如不加整理、杂乱无章的话，它带给我们的帮助，远不如那些数量适中且整理得条理井然的藏书。同理，知识也是如此，不管你积累的知识如何渊博，如若不经思考、囫囵吞枣，它的价值远逊于那些所知不多但能经过深思熟虑的知识。
>
> （中间省略）
>
> 在大脑中经过思考才得出的真理和洞察力，可以融于我们的整个思想体系中。这些知识对于整体体系来说是不可或缺的组成部分，也是活灵活现的构成要素。它们和整体体系紧密相连，演化为所有原因和结果的理解基础，也映射出我们思维方式的整体色调和特征。

前言

（中间省略）

读书，并不是用我们自己的大脑思考，而是用他人的大脑思考。每日沉浸在读书中，会导致他人的思想不断涌入我们的大脑，让我们的大脑沦为他人思想的跑马场。对于那些即使无法构建一套完美的思想体系，也想绘制一幅条理分明的整体画像的人来说，上述行为有百害而无一利。

也就是说，读书并不是随意地在大脑中构建知识巴别塔，而是融合思想、知识、洞察力和信念，并将其贯通于统一且成熟的良知、正确的判断与行动之中。重要的是率先建立自己的理论，通过读书来强化并用大脑思考，这一点也是单纯的博闻强记的读书家和伟大思想家、为人类进步做出巨大贡献的人之间的决定性区别。

此外，叔本华还说道："食物入嘴，只有经过消化才会变成营养被人体吸收。读书也是同理，只有不断反刍、深刻思考，所学知识才能融于自己的血肉。"正如他所说，读书之时，不能只将其作为单纯的"教养"，而要时刻有意识地对照自己的生活方式和思考方式，同时与自身行动相结合。

其次，我们需要尽量避免阅读"坏书"。

无论从"好"的意义上来说，还是从"坏"的意义上来说，所有读过的书都已融进读书人的血肉之中。正因如此，如果某本书并非读者和作者之间的良性交流，倒不如不读。关于这一点，叔本华也论述道："少读坏书决不会嫌太少，多读好书决不会嫌太多。坏书犹如毒药，足以伤害智力与心神。阅读好书的条件，即为拒绝坏书。"

用个浅显易懂的例子来说，睡前如果观看恐怖片或毫无余味的电影，那些令人厌恶的场面一定会出现在我的睡梦中，妨碍良好睡眠，所以晚上我只观看基调明快、情感积极的内容。我不喜欢大脑中停留有负面能量的梦境，所以最近我也开始拒绝逻辑不通的电影和电视节目，也不再阅读单纯用来消磨时光的书籍。

最后，还请诸位读者谨记，本书仅为诸位读者的一本指南，书中所写的内容只是经我个人见解过滤后的留存。

读书是作者与读者之间的私密对话，所以即使通过阅读本书浅显了解了记述在这里的书籍的内容，也并不等同于那些知识已经融于你的血肉。人对人产生的影响，是由人与人之间的直接关系产生的，即使从他人处了解到"那个人是这样的，不仅人品极佳，还说过这样的名句"，你也无法完整地感受到当时的那份感动。

诸位读者若通过本书了解了这200部书[①]的内容，也只不过是与本书的作者我进行了对话，绝不是与被介绍之书的作者进行了对话。

如果大家喜欢其中的某本书，请一定购买并阅读（或者从图书馆借阅）。此外，阅

---

① 为方便读者理解，本书所译书名均是中国市场已出版图书的书名。（译者注）

读原语言版本是最优选择，如有可能，可以选择阅读英文或法文原著。

其实，翻译本也存在诸多问题，它本来就是通过译者滤镜后重新构筑的作品，与原文相比，语感和意味上会存在细微差别。当然，也有因为翻译过于优秀而畅销的著作，但从亚马逊（Amazon）上的买家书评来看，大多是"翻译得不尽如人意"的差评。难得的名家名著，可能因为翻译问题反遭无人赏识，所以如果你在本书中发现了心仪的著作，请尽量阅读原著。

堀内勉

目 录

序 章 学科的结构与本书的结构

003 | 1. 历史的划分
005 | 2. 学科的发展
008 | 3. 学科的体系
009 | 4. 学科领域间的关系
015 | 5. 本书的结构

第一部分 人类知识的进化历程

第 1 章 宗教与神话

023 | 1. 神话与宗教的诞生
029 | 2. 琐罗亚斯德教
031 | 3. 闪米特一神教
031 | 4. 犹太教
033 | 5. 基督教
034 | 6. 伊斯兰教
035 | 7. 起源自印度的宗教
036 | 8. 婆罗门教·印度教
038 | 9. 佛教

第 2 章 哲学与思想

043 | 1. 何为哲学
043 | 2. 西方哲学的起源：本质主义的缘起，从认识论到存在论的转变
048 | 3. 提出"知识就是力量"的弗朗西斯·培根：
　　　17 世纪工业革命与英国经验主义的诞生
049 | 4. "近代哲学之父"笛卡尔：从存在论到认识论的转向及大陆理性主义的诞生
050 | 5. "近代哲学先驱"康德：认识论中的哥白尼式革命
051 | 6. "近代哲学集大成者"黑格尔与现实主义：从德国唯心主义到实在论的转向
052 | 7. 存在主义、结构主义与后结构主义：从本质主义到存在主义、结构主义的转向
055 | 8. 新现实主义：从后结构主义到新现实主义的转向
056 | 9. 西方哲学与东方哲学的对比

第 3 章 经济与资本主义

061 | 1. 经济学（economics）的定义
062 | 2. 古典政治经济学（classical political economy）
064 | 3. 新古典经济学（neoclassical economics）
066 | 4. 马克思主义经济学（Marxian economics）
067 | 5. 凯恩斯主义经济学（Keynesian economics）
068 | 6. 新自由主义经济学（economic neoliberalism）
069 | 7. 宇泽经济学与社会共通资本

第二部分
人类历史经典著作 200 部

第 4 章 资本主义/经济/经营

077 |《道德情操论》《国富论》（亚当·斯密）
　　　从人类自身寻求道德和规范的根据
　　　发现"看不见的手"

080 |《新译 蜜蜂的寓言：私人的恶德，公共的利益》（伯纳德·曼德维尔）
　　　提出"曼德维尔悖论"：私欲往往能推动社会的发展和繁荣

082 | 《人口原理》《政治经济学原理》(托马斯·罗伯特·马尔萨斯)
　　　提出"马尔萨斯陷阱",批判救济贫困和社会福利改革
　　　强调有效需求对经济增长的重要性

084 | 《政治经济学及赋税原理》(大卫·李嘉图)
　　　探究社会产品在地主、资本家和劳动者间进行分配的规律和法则

086 | 《资本论》(卡尔·马克思)
　　　为科学社会主义提供理论依据

088 | 《伦巴第街:货币市场记述》(沃尔特·白芝浩)
　　　揭示伦敦金融街的构造以及中央银行在金融危机中所起的作用

090 | 《有闲阶级论》(索尔斯坦·凡勃伦)
　　　聚焦"消费",讽刺性地描述当时美国富豪们的生活方式

092 | 《新教伦理与资本主义精神》(马克斯·韦伯)
　　　从新教中探寻资本主义成立的根据

094 | 《经济发展理论》《资本主义、社会主义与民主》(约瑟夫·熊彼特)
　　　企业家若想生存,必须持续进行创造性的破坏
　　　论述资本主义将不可避免地向社会主义过渡的客观必然性

098 | 《论语与算盘》(涩泽荣一)
　　　将《论语》思想融入经商实践

100 | 《就业、利息和货币通论》(约翰·梅纳德·凯恩斯)
　　　通过控制有效需求克服"富裕中的贫困"

102 | 《我们子孙后代的经济可能性》(约翰·梅纳德·凯恩斯)
　　　未来,"无所事事"才是人类面临的真正挑战

104 | 《经济人的末日》《公司的概念》《管理的实践》(彼得·德鲁克)
　　　从政治角度分析极权主义的起源
　　　阐明推动社会发展的新原理——企业巨头的社会使命
　　　企业的唯一目的是创造顾客,企业只有两个基本职能——营销和创新

108 | 《管理行为:管理组织决策过程的研究》(赫伯特·亚历山大·西蒙)
　　　基于人类的有限理性阐释组织决策的过程

110 | 《通往奴役之路》(弗里德里希·冯·哈耶克)
　　　基于英国经验主义阐述"自愿秩序"的重要性

112 | 《富裕社会》《金融狂热简史》(约翰·肯尼思·加尔布雷思)
　　　主张政府的职责是恢复社会平衡
　　　总结投机事件的共同特征,把握国家和个体的金融命运

III

114 | 《资本主义与自由》(米尔顿·弗里德曼)
　　主张国家职能应缩减到不妨碍个人自由的最低限度

116 | 《贫穷和饥荒：论权利与剥夺》(阿马蒂亚·森)
　　提倡通过提高人的可行能力消除贫困

118 | 《第五项修炼：学习型组织的艺术与实践》(彼得·圣吉)
　　提出自主、灵活和不断变化的"学习型组织"管理理论

120 | 《货币论》(岩井克人)
　　探究验证货币的通用依据及其意义

122 | 《社会共通资本》《经济学能否使人幸福》(宇泽弘文)
　　在资本主义中植入一种机制，让"人"回归社会的核心
　　比起经济效益，社会应当更加重视人的尊严

124 | 《创造知识的企业》(野中郁次郎、竹内弘高)
　　日本企业的成就在于能够"有组织地进行知识创造"

126 | 《创新者的窘境：大公司面对突破性技术时引发的失败》(克莱顿·克里斯坦森)
　　揭示行业巨头逐渐失去市场主导权的原因：忽视破坏性创新

128 | 《休克主义：灾难资本主义的兴起》(娜奥米·克莱恩)
　　着眼于美国的"休克主义"，揭露世界经济统治的真相

130 | 《黑天鹅：如何应对不可预知的未来》(纳西姆·尼古拉斯·塔勒布)
　　要警惕"黑天鹅"这种小概率重大稀有事件

132 | 《新的企业模式：创造没有贫穷的世界》(穆罕默德·尤努斯)
　　提出解决社会问题的新型企业形式——"社会企业"

134 | 《全球化的悖论》(丹尼·罗德里克)
　　提出"全球化的不可能三角"：全球化、国家主权与民主不可能同时成立，
　　最多取其二

136 | 《转变：未来社会工作岗位需求变化及应对策略》《百岁人生：长寿时代的生活和工作》(琳达·格拉顿、安德鲁·斯科特)
　　对未来工作方式进行全方位预测
　　阐述长寿时代的人生规划

138 | 《零国集团时代：谁是新世界格局中的赢家和输家?》(伊恩·布雷默)
　　展现四种未来最有可能出现的世界场景

140 | 《你要如何衡量你的人生》(克莱顿·克里斯坦森、詹姆斯·奥沃斯、凯伦·迪伦)
　　人生目标才是我们衡量自己人生的正确标尺

142 | 《21世纪资本论》(托马斯·皮凯蒂)
　　通过财富的再分配来解决财富的不平等

144 | 《货币野史》(菲利克斯·马汀)
　　货币的本质是一种基于信任的"信用清算体系"

146 | 《零边际成本社会：一个物联网、合作共赢的新经济时代》(杰里米·里夫金)
　　未来，共享型经济将颠覆之前的市场型经济

148 | 《从0到1：开启商业与未来的秘密》(彼得·蒂尔)
　　失败者才去竞争，创业者应当选择垄断

150 | 《创业维艰：如何完成比难更难的事》(本·霍洛维茨)
　　一个CEO最难做到的，是对内在情绪的控制

152 | 《重塑组织：进化型组织的创建之道》(弗雷德里克·莱卢)
　　提出以个人自律为前提的理想组织形式——青色组织

154 | 《经济动物：自利的人类如何演化出利他道德？》(塞缪尔·鲍尔斯)
　　经济活动受人类道德原理驱动

156 | 《共同利益经济学》(让·梯若尔)
　　经济学是实现亚里士多德提出的共同善的手段

第5章 宗教/哲学/思想

161 | 《吉尔伽美什史诗》(作者不详)
　　死亡与永生之旅

163 | 《吠陀》(作者不详)
　　诸神的赞歌

165 | 《伊利亚特》《奥德赛》(荷马)
　　希腊人远征围攻小亚细亚特洛伊城的故事
　　英雄奥德修斯在特洛伊战争后的漫漫归家路

167 | 《论语》(孔子)
　　记录儒家学派创始人孔子及其弟子言行的语录文集

169 | 《苏格拉底的申辩》(柏拉图)
　　正义就是在深思熟虑后坚持贯彻自己认为的最好的事情，并时刻做好为自己申辩的准备

171 | 《希波克拉底誓言》(希波克拉底)
　　疾病不是迷信和巫术，而是一种自然现象

173 | 《尼各马可伦理学》(亚里士多德)
　　实践哲学的最终目的，是以最高善为目标良善地生活

v

175 | 《物性论》(提图斯·卢克莱修·卡鲁斯)
对"用死后世界的悲惨噩梦来绑架道德"的批判

177 | 《爱比克泰德语录》(爱比克泰德)
区分可控之事和不可控之事,分清力所能及之事与鞭长莫及之事

179 | 《中论》(龙树)
真正的涅槃是一切分别和戏论尽数灭除的境界

181 | 《罗摩衍那》《摩诃婆罗多》(蚁垤/毗耶婆)
拘萨罗国王子罗摩的历险经历
伟大的婆罗多族的故事

183 | 《忏悔录》《上帝之城》(奥古斯丁)
从忏悔年轻时代的罪恶,到坚信上帝之存在
拥护教会的至高地位,驳斥异教徒的责难

185 | 《正法眼藏》(道元)
通过坐禅回归佛法,实践比理论更重要

187 | 《神学大全》(托马斯·阿奎那)
论证上帝的存在与教会的正当性

189 | 《方法论》(勒内·笛卡尔)
讲述追求真理的方法论

191 | 《用几何学方法作论证的伦理学》(巴鲁赫·德·斯宾诺莎)
神即自然,是万物的本体

193 | 《思想录》(布莱士·帕斯卡)
神存在于不同于人类的秩序之中,人不可能从逻辑上证明神的存在

195 | 《人类理解论》《政府论》(约翰·洛克)
人生来是一块"白板",一切观念都来源于后天的经验
个人权利高于公权力,以自由主义思想为英国光荣革命正名

197 | 《论人类不平等的起源和基础》《社会契约论》(让-雅克·卢梭)
正是私有财产制度导致了战争状态
提出"主权在民"的人民主权理论

200 | 《纯粹理性批判》《实践理性批判》《判断力批判》(伊曼努尔·康德)
探究知识之真理
探究道德之善
探究审美之美

205 | 《精神现象学》(格奥尔格·威廉·弗里德里希·黑格尔)
论述人类的精神从感觉发展为绝对知识的过程

207 | 《致死的疾病》(索伦·克尔凯郭尔)
　　　致死的疾病是绝望,绝望是罪

209 | 《查拉图斯特拉如是说》《论道德的谱系》(弗里德里希·威廉·尼采)
　　　探究现实中真实存在的人类
　　　追溯、探究道德谱系,明晰人类善恶判断出现的原因及价值

211 | 《精神分析引论》(西格蒙德·弗洛伊德)
　　　人类行为受到非理性因素的强烈控制

213 | 《善的研究》(西田几多郎)
　　　把纯粹经验当作唯一的实在来说明一切

215 | 《存在与时间》(马丁·海德格尔)
　　　"时间"是使所有存在拥有可能性的基础

217 | 《摩西与一神教》(西格蒙德·弗洛伊德)
　　　用精神分析法探究犹太民族的精神根源

219 | 《我的奋斗》(阿道夫·希特勒)
　　　应为人类铭记的反面教材

221 | 《逃避自由》(艾瑞克·弗洛姆)
　　　基于"逃避自由"心理机制的个体自由催生了法西斯主义

223 | 《开放社会及其敌人》(卡尔·波普尔)
　　　可证伪性的有无是区分科学与非科学的标准

225 | 《千面英雄》(约瑟夫·坎贝尔)
　　　世界各地神话的共同模式及其基本结构

226 | 《忧郁的热带》(克洛德·列维-斯特劳斯)
　　　寻访巴西原始部落之旅的民族志记录汇总

228 | 《句法结构》《句法理论的若干问题》(艾弗拉姆·诺姆·乔姆斯基)
　　　人类语言存在一种不受语言差异影响的普遍语法理论
　　　句法包括所有语言共通的普遍"生成语法"以及通过后天学习习得的
　　　"个别语法"

230 | 《自私的德性》(安·兰德)
　　　合理且符合道德的"利己主义"是一种"美德"

232 | 《正义论》(约翰·罗尔斯)
　　　论述人类应当捍卫正义的依据

234 | 《后现代状态:关于知识的报告》(让-弗朗索瓦·利奥塔)
　　　论述失去社会共同价值观和意识形态的后现代主义时代

236 | 《公正：该如何做是好?》(迈克尔·桑德尔)
　　　探讨有关"正义"的诸多问题

238 | 《为什么世界不存在》(马库斯·加布里尔)
　　　指出存在的多元性、同时性和等值性

240 | 《科学家也是普通人》(中村桂子)
　　　知识的存在应遵循人类的生活方式

第6章　国家/政治/社会

245 | 《孙子》(孙武)
　　　放眼战争与国家的关系论述战争

247 | 《理想国》(柏拉图)
　　　唯有"哲人王政治"可以构建理想的国度

249 | 《政治学》(亚里士多德)
　　　探讨能够实现人类最高善（幸福）的理想国家体制

251 | 《史记》(司马迁)
　　　中国历史上第一部纪传体通史

253 | 《贞观政要》(吴兢)
　　　记述唐太宗李世民的言行，被誉为"中国古代帝王的教科书"

255 | 《列王纪：勇士鲁斯塔姆》《治国策》(菲尔多西/尼扎姆·莫尔克)
　　　与波斯建国相关的长篇史诗
　　　探讨王权的正当性与军事制度的理想方式

257 | 《君主论》(尼科洛·马基雅维利)
　　　使政治独立于宗教与伦理之外，为近代政治学奠定基石

259 | 《利维坦》(托马斯·霍布斯)
　　　提出社会契约说，论证君主专制制度的合法性

261 | 《论法的精神》(查理·路易·孟德斯鸠)
　　　批判绝对王权，主张三权分立

262 | 《常识》(托马斯·潘恩)
　　　声援美国独立战争的思想著作

263 | 《永久和平论》(伊曼努尔·康德)
　　　探索建立永久和平的条件

264 | 《战争论》(卡尔·冯·克劳塞维茨)
　　　指出战争是"政治通过另一种手段的继续"

265 | 《论美国的民主》(阿历克西·德·托克维尔)
描述19世纪30年代的美国民主制度

267 | 《共产党宣言》(卡尔·马克思、弗里德里希·恩格斯)
一份共产主义者同盟纲领

269 | 《论自由》(约翰·斯图亚特·密尔)
论述自由对于个人的意义以及国家对个人行使权力的界限

271 | 《关于原始交换形式：赠予的研究》(马塞尔·莫斯)
赠予和交换令社会制度更加具有活力

273 | 《大众的反叛》(何塞·奥尔特加·伊·加塞特)
探讨大众的作用及意义的社会理论

275 | 《为什么有战争》(阿尔伯特·爱因斯坦、西格蒙德·弗洛伊德)
凡是能促进文明发展的事物，都同时可用来反对战争

278 | 《极权主义的起源》《艾希曼在耶路撒冷：一份关于平庸的恶的报告》(汉娜·阿伦特)
通过考察历史，了解极权主义的产生及其无法阻止的原因
记录从审判到处决艾希曼的全过程，提出"平庸的恶"的概念

281 | 《我有一个梦想》(马丁·路德·金)
一场呼吁种族平等、消灭种族歧视的演说

283 | 《退出、呼吁与忠诚：对企业、组织和国家衰退的回应》(阿尔伯特·赫希曼)
提出组织中人类的行为原理

285 | 《想象的共同体：民族主义的起源与散布》(本尼迪克特·安德森)
揭示近代民族国家的建立过程

286 | 《事实：用数据思考，避免情绪化决策》(汉斯·罗斯林、欧拉·罗斯林、安娜·罗斯林·罗朗德)
讲述基于事实进行决策的重要性

第7章 历史/文明/人类

291 | 《历史》(希罗多德)
西方史学里首部完整流传下来的历史著作

293 | 《伯罗奔尼撒战争史》(修昔底德)
伯罗奔尼撒战争的客观历史记录

294 | 《三国志》(陈寿)
记述东汉末年至西晋大一统时代的历史

296 | 《历史研究》(阿诺德·约瑟夫·汤因比)
从文明兴亡的视角展开对历史的论述

298 | 《大转型：我们时代的政治经济起源》(卡尔·波兰尼)
阐明市场经济在人类历史中诞生和发展的过程

300 | 《地中海与菲利普二世时代的地中海世界》(费尔南·布罗代尔)
地理条件、经济情况分析视角下的地中海历史研究

302 | 《现代世界体系》(伊曼纽尔·莫里斯·沃勒斯坦)
尝试用比国家更大的单位记述历史

304 | 《东方主义》(爱德华·沃第尔·萨义德)
提出东方主义是西方走向殖民统治道路的根据之一

306 | 《文明的冲突与世界秩序的重建》(萨缪尔·亨廷顿)
冷战后面临的重大威胁，是主要文明之间的对立与冲突

308 | 《枪炮、病菌与钢铁：人类社会的命运》(贾雷德·戴蒙德)
欧亚大陆能够持有优势，是因为欧亚社会在技术和免疫力方面独占优势

310 | 《白银资本：重视经济全球化中的东方》(安德烈·冈德·弗兰克)
从"东方的衰落"和"西方的崛起"的角度阐释整个世界的发展历程

312 | 《大分流：欧洲、中国及现代世界经济的发展》(彭慕兰)
是"煤炭"和"美洲新大陆"令西欧与亚洲"分流"，蓬勃发展

314 | 《帝国：全球化的政治秩序》《诸众：帝国时代的战争与民主》(安东尼奥·奈格里、迈克尔·哈特)
讲述全球化发展进程中出现的无疆界、无中心与非殖民化的新"帝国"
讲述与新"帝国"相对抗的主体——"诸众"，即跨国权力集团

316 | 《奇点临近：当计算机智能超越人类》(雷·库兹韦尔)
预测人工智能与科技未来，论证人类永生的最终实现

318 | 《人类简史：从动物到上帝》(尤瓦尔·诺亚·赫拉利)
从演化生物学的角度介绍250万年的人类历史

320 | 《国家为什么会失败：权力、富裕与贫困的根源》(达龙·阿西莫格鲁、詹姆斯·A.罗宾逊)
论述包容性政治制度和经济制度是实现经济增长和繁荣的关键

322 | 《大融合：东方、西方，与世界的逻辑》(马凯硕)
真正的全球文明的到来

324 | 《不平等社会：从石器时代到21世纪，人类如何应对不平等》(沃尔特·沙伊德尔)

论述"战争""革命""国家崩溃"和"瘟疫"才能矫正不平等

326 | 《当下的启蒙：为理性、科学、人文主义和进步辩护》(史蒂芬·阿瑟·平克)
用21世纪的语言和概念重新解读启蒙主义理念

328 | 《人口减少社会的设计》(广井良典)
提出"稳定型社会＝可持续性福利社会"的模型

第8章 自然/科学

333 | 《自然学》(亚里士多德)
追求能够全面解释现象的一般原理

334 | 《几何原本》(欧几里得)
集古希腊数学成果与精神成果于一身

335 | 《天体运行论》(尼古拉·哥白尼)
主张日心说，颠覆地心说

336 | 《星际信使》(伽利略·伽利雷)
使用望远镜观测天体的研究报告

338 | 《自然哲学的数学原理》(艾萨克·牛顿)
构建经典物理学的核心——经典力学理论体系

340 | 《物种起源》(查尔斯·罗伯特·达尔文)
讲述生物界中自然选择和适者生存的现象，确立进化论的理论体系

342 | 《植物杂交试验》(格雷戈尔·约翰·孟德尔)
对豌豆遗传研究结果的总结——遗传学三大基本定律

344 | 《生命是什么：活细胞的物理观》(埃尔温·薛定谔)
从微观物理学的视角研究生命问题

346 | 《海陆的起源：关于大陆漂移与海洋形成的革命性阐释》(阿尔弗雷德·魏格纳)
提出"大陆漂移说"：大陆在地球表面上移动时，其位置和形状都会发生改变

348 | 《生物看到的世界》(雅各布·冯·尤克斯奎尔等)
提出"环世界"的概念：由感觉器官感知到的世界和由身体带动的世界联合形成的环境

350 | 《寂静的春天》(蕾切尔·卡逊)
探讨杀虫剂中化学物质的危险性以及保护环境的必要性

352 | 《自私的基因》(理查德·道金斯)
提出"自私的基因"理论：基因才是自然选择的实质单位，是基因在自我复制的过程中创造了生物个体

XI

354 | 《风险社会：新的现代性之路》(乌尔里希·贝克)
　　　分析工业社会造成的全人类的生存风险

356 | 《奇妙的生命：伯吉斯页岩中的生命故事》(斯蒂芬·杰·古尔德)
　　　详细描述寒武纪时期（约5亿年前）的伯吉斯动物群

357 | 《时间简史：从大爆炸到黑洞》(斯蒂芬·威廉·霍金)
　　　解释宇宙大爆炸和黑洞等宇宙相关的知识

359 | 《意识的解释》(丹尼尔·丹尼特)
　　　提出"多重草稿模型"：在大脑处理信息的过程中，会同时生成各种草稿

361 | 《宇宙的琴弦：超弦、隐藏维度与终极理论探索》(布赖恩·格林)
　　　解读"超弦理论"：物质的本质是极小的、振动的、一维的"弦"

363 | 《镜像神经元》(贾科莫·里佐拉蒂、科拉多·西尼加利亚)
　　　"镜像神经元"的发现，揭开部分动物和人类十分擅长模仿的原理

364 | 《科技想要什么》(凯文·凯利)
　　　提出"Technium"（技术元素）概念：科技是能在全球范围内相互联结的系统，且能够进行自我强化与生成

365 | 《众病之王：癌症传》《基因传：众生之源》(悉达多·穆克吉)
　　　人类与癌症的斗争史
　　　遗传学的历史及相关伦理

368 | 《隐匿的宇宙：用基本粒子揭开宇宙之谜》《多重宇宙理论入门》(村山齐/野村泰纪)
　　　结合基本粒子物理和天体物理的研究，描绘宇宙全景图
　　　阐释"多重宇宙理论"：我们所在的宇宙，是无数"气泡宇宙"中的一个

370 | 《意识是何时产生的：挑战大脑之谜的整合信息理论》(朱利奥·托诺尼、马尔切洛·马西米尼)
　　　阐释"意识的整合信息理论"（Φ理论）：只有主观体验信息被整合在一起时，意识才会产生

372 | 《穿越平行宇宙》《生命3.0：人工智能时代，人类的进化与重生》(迈克斯·泰格马克)
　　　提出"数学宇宙假说"：宇宙是一种数学结构，并且宇宙不止一个
　　　探讨远超人类智能的AI（人工智能）出现时可能会发生的情况

374 | 《复杂生命的起源》(尼克·莱恩)
　　　从能量的角度揭开生命起源和真核生物进化的奥秘

376 | 《时间的秩序》(卡洛·罗韦利)
　　　提出"圈量子引力论"：我们对时间流逝的感知，与我们的认知方式有关

第9章 人生/教育/艺术

381 | 《论生命之短暂》(塞涅卡)
　　忙碌现代人的真实写照

383 | 《沉思录》(马可·奥勒留)
　　对"如何生活"的思索与自省

385 | 《达·芬奇笔记》(列奥纳多·达·芬奇)
　　记载所有引起达·芬奇兴趣的领域与事物的手稿

387 | 《蒙田随笔》(米歇尔·德·蒙田)
　　大千世界的众生相，16世纪百家思想的总汇

389 | 《爱弥儿》(让-雅克·卢梭)
　　以小说形式论述理想教育论，发掘人类成长的可能性

391 | 《富兰克林自传》(本杰明·富兰克林)
　　"理想美国人"——美国开国元勋富兰克林的精彩一生

393 | 《自己拯救自己》(塞缪尔·斯迈尔斯)
　　强调自助精神的重要性：意志力就是人类本身

395 | 《密尔论大学》(约翰·斯图亚特·密尔)
　　大学教育的目的是培养有能力、有教养的人才

397 | 《大众的艺术》(威廉·莫里斯)
　　真正的艺术，是"人对劳动喜悦的表达"

399 | 《民主主义与教育》(约翰·杜威)
　　提出"教育即社会"理论：将社会生活中的人类形成原理融入到学校教育之中

400 | 《幸福散论》(阿兰)
　　想要获得幸福，我们必须有此意愿并为此而努力

402 | 《光辉城市》(勒·柯布西耶)
　　基于建筑理念解决城市规划问题

404 | 《安妮日记》(安妮·弗兰克)
　　德籍犹太少女安妮·弗兰克躲避纳粹党残害的生活日记

406 | 《追寻生命的意义》(维克多·埃米尔·弗兰克尔)
　　我们无时无刻不在接受"生命"的追问

408 | 《自由和纪律：英国的学校生活》(池田洁)
　　自由与纪律同在，勇气才能保障自由

410 | 《艺术的故事》(恩斯特·汉斯·约瑟夫·贡布里希)
　　艺术从史前时代到现代的变化与关联

XIII

412 | 《什么是历史的进步》(市井三郎)
    批判"进步史观":历史并非具备进步的必然性

414 | 《创意阶层的崛起》(理查德·佛罗里达)
    提出发展创意经济的"3T"原则:人才、技术与容忍

第10章 日本论

417 | 《古事记》《日本书纪》(稗田阿礼、太安万侣/舍人亲王)
    日本现存最早的历史书籍,内容侧重于对神话的描述
    日本现存的留传最早的正史,内容侧重于对正史的记录

419 | 《劝学篇》《文明论概略》(福泽谕吉)
    立足人权思想,倡导自由平等与独立思想
    批判根植于日本社会的儒家思想,强调精神独立的重要性

421 | 《南洲翁遗训》(西乡隆盛)
    日本明治维新元勋西乡隆盛语录汇编

423 | 《代表的日本人》《给后世的最高遗产》(内村鉴三)
    面向世界介绍日本文化与思想的英文著作
    万人皆可为后世留下的最高遗产是"勇敢而高尚的一生"

425 | 《武士道:日本人的精神》(新渡户稻造)
    "武士之道"催生出的日本道德观

427 | 《茶书》(冈仓天心)
    "茶道"催生出的日本精神

429 | 《禅与日本文化》《日本的灵性》(铃木大拙)
    禅思想与日本文化间的深厚渊源
    "日本的灵性"的本质及其产生的相关历史

431 | 《日本的思想》(丸山真男)
    揭示"日本思想史"不存在的原因

433 | 《共同幻想论》(吉本隆明)
    对国家幻想之起源的探讨

435 | 《失败的本质:日本军队的组织论研究》(户部良一、寺本义也、镰田伸一、杉之尾孝生、村井友秀、野中郁次郎)
    从组织论的视角出发,研究分析太平洋战争中日本军队的失败原因

437 丨 后　记
439 丨 致　谢
441 丨 参考书目
443 丨 人类历史及其代表性著作年表
452 丨 人类历史经典著作 300 部名录

※本书所记载的书刊信息皆为发行时的信息。
　引用语句中括号内的内容为基于原书的补充解释。

序 章

学科的结构与本书的结构

1. 历史的划分

为了便于读者循着时代的发展历程解读本书，在此我想先和大家讨论一下历史的划分。

历史洪流延绵不绝，我们很难明确地划分各个时代。但为了让头脑中的思路更加清晰，本书会效仿近现代世界史中心——欧洲史（欧洲中心论）的时代划分方式，将整个历史划分为"古代"、"中世纪"、"近世"、"近代"以及"现代"。当然，亚洲、中东以及其他地区也会有其他的历史划分方式，但为了避免某些局限性，也为了让历史划分更具普遍性，在本书中我按照西欧历史的观点进行了如下梳理。

所谓"古代"（antiquity），即从早期文明建立到衰败的时代，一般特指从公元前3000年左右古希腊爱琴海文明建立，到公元476年西罗马帝国灭亡的时代。在古代文明中，建立起城邦制度、创造了希腊化文化的古希腊，以及在地中海创建了广阔帝国的罗马帝国都是极其重要的地区。

所谓"中世纪"（middle ages），一般指始于公元476年西罗马帝国灭亡，终于公元1453年东罗马帝国灭亡的时代。在欧洲大陆，西罗马帝国灭亡后，中世纪国家随之建立，法兰克王国（5世纪下半叶—10世纪）以及后续中世纪国家的诞生相继奠定了国王、诸侯、领主、农奴等阶级分明的封建社会基础。

放眼西欧，整个"黑暗时代"（Dark Ages）其在经济、文化等方面远远落后于伊斯兰和东罗马帝国，与14世纪左右始于意大利的文艺复兴之间也存在着断裂。在这段历史中，12世纪开始出现了宗教裁判所，1348年暴发了第二次世界性鼠疫……

但即便是在黑暗时代中，也诞生了"12世纪文艺复兴"这一新兴文化。"12世纪文艺复兴"这个词语是用来描述"即使在12世纪的西欧，也能感受到古典文化的复兴以及文化高潮的星星之火"这一事实。"12世纪文艺复兴论"抛去了中世纪与文艺复兴的既定定义，从强调中世纪与近世、近代的连续性观点出发，谋求对中世纪的重新评价。在这段黑暗时代中，古典文化经由伊斯兰-拜占庭文化再次传入欧洲，并获得了再生。现如今，这一时代的方方面面也都得到了更加全面的评价和定义。

对于西欧历史中出现的"中世纪"一词，其实还有代表其他时代的可能。比如，在其他地区也有将某个时代称为"中世纪"的情况，但那并不一定和西欧历史中的中世纪同属一个年代。而且很多情况下，"中世纪"一词并非用于时代划分，比如在英语表述中，与日本史相关的"中世纪"会使用"feudal Japan"（封建日本）或"medieval Japan"

（中世纪日本）的字眼。

此外，在伊斯兰历史上，从7、8世纪到13世纪左右，一直都是伊斯兰帝国阿拔斯王朝（750—1258年）的天下，之后奥斯曼帝国（奥斯曼土耳其帝国，1299—1922年）日渐强大，其统治长达6个世纪之久。阿拔斯王朝虽是一个庞大的帝国，民族众多，疆域横跨伊比利亚半岛及蒙古，但随着909年法蒂玛王朝、932年布韦希王朝、1038年塞尔柱王朝的相继建立，其统治逐渐形同虚设。从阿拔斯王朝灭亡到奥斯曼帝国超越土耳其的区域国家建立伊斯兰世界帝国（即1517年马穆鲁克王朝灭亡），这段历史可以概括为伊斯兰历史上的"中世纪"。

所谓"近世"（early modern period），始于15世纪，至16世纪上半叶，指东罗马帝国灭亡、意大利文艺复兴、宗教改革带来新教诞生以及大航海时代地理大发现所处的时代，主要特征是"君权神授说"（认为国王的统治权是基于上帝特殊恩赐的政治思想）、"重商主义"（通过贸易积累贵金属来增加国家财富的经济思想）以及"绝对主义"（专制王权，即君主拥有绝对权力的政治形态）的确立。

所谓"近代"（modern period），成熟于18世纪后期，终结于1918年第一次世界大战结束。《威斯特伐利亚和约》（1648年）的签订，象征着欧洲30年战争的结束，也标志着现代主权国家开始形成。法国大革命（1789—1799年）后，市民社会开始成立；英国完成工业革命（18世纪中叶—19世纪）后，资本主义（以通过生产资料私有制获得利益为基础的经济体系）得到迅猛发展；拿破仑战争（1799—1815年）推动了欧洲近代民族国家的形成，一系列象征着走入近代的标志开始出现——"国家""社会""经济"等诸多新面貌开始登上历史舞台。

在这个时代中，继绝对主义之后，又相继出现了启蒙主义（主张理性思维普遍性和不变性的思想）和自由主义（重视个人权利和自由活动的思想），市民社会成立后促使欧洲各国走向统一，如今的德国、意大利等国家就在此时诞生。随后，各国开展的国际政策和殖民竞争致使帝国主义急剧扩张，作为其反抗力量，社会主义开始崛起。

在西欧历史上，"近代"和"现代"以1918年第一次世界大战结束为分界，但同时，"近代"一词又蕴含着"当今政体和国际社会的时代（即现代）之前的时代"的意思。所以对于亚洲历史来说，1945年第二次世界大战结束才标志着亚洲进入"现代"阶段。因此，西方列强的殖民时代——从鸦片战争（1840—1842年）到1945年第二次世界大战结束才是亚洲历史上的"近代"。

所谓"现代"（contemporary period），即从1918年第一世界大战结束，一直到现在的时代。在第二次世界大战中，德意法西斯联盟和由美国、苏联、英国、法国等国家组成的反法西斯同盟国间爆发了战争。日本参战后，太平洋战争爆发，反法西斯同盟国最终取得了战争的胜利。随后，以美国与苏联为首的两大阵营之间展开对峙，拉开了近50

年的冷战序幕。随着 1990 年东西两德完成统一，1991 年苏联解体，冷战最终落下了帷幕。

美苏冷战以后的现代，与我们如今生活的时代直接相连。冷战以自由主义阵营取得最终胜利而告终，这也意味着意识形态对立结束，这在东西方学术界也掀起了一轮"历史终结"的狂潮。在经济体制方面，撒切尔主义、里根经济政策等新自由主义经济席卷世界，原东方阵营的俄罗斯和中国也被纳入其中。

进入 21 世纪后，全新的世界格局逐渐显露雏形，中国作为经济军事大国迅速崛起，"美中争霸"的世界格局开始走进人们的视野。

近年，学术界发展起一个名为"全球史"（global history）的新兴研究领域。该领域试图摆脱对某地区历史的纵向把握，不再孤立地研究一个民族或国家，而是以世界整体的连贯性、人类群体的关联性为出发点，通过全球视野来构建全新的世界历史。在此之前，我们可以在阿诺德·约瑟夫·汤因比的《历史研究》（详见第 296 页）等书中窥见以全球视角理解人类历史的历史认识论，但在全球史领域中，历史研究彻底一改过去的西方中心论，开始着眼于数百年间的长期发展趋势，跨国家、跨地区、跨民族、跨文化，从更广阔的视野来考察历史。

彭慕兰的《大分流：欧洲、中国及现代世界经济的发展》（详见第 312 页）通过对比同处欧亚大陆的欧洲和东亚，阐明了欧洲因在煤炭资源方面享有地利而使得经济开始飞速增长（大分流）的原因，并修正了以 18 世纪为中心的近世世界史。此外，安德烈·冈德·弗兰克的《白银资本：重视经济全球化中的东方》（详见第 310 页）认为，无论是近代以前，还是近代以后，全球经济的中心一直都在亚洲，需要重新修正以伊曼纽尔·莫里斯·沃勒斯坦的《现代世界体系》（详见第 302 页）为代表的"欧洲中心主义"（Eurocentric）历史观。

2. 学科的发展

延续上述历史的划分，接下来我们一起确认一下：源自宗教和神话的人类知识探索，究竟是如何作为一门学科发展至今的？

在人们的认知中，伴随着人类的诞生，宗教产生了。据说，如今有历史记载的宗教起源于公元前 6000 年左右。

于是，针对诸如"世界是如何诞生的？""世界是由什么构成的？""我们为何而生？""我们又要到何处去？"等关于世界和自我的根源性问题，宗教与神话中开天辟地的宏大故事，赋予了我们最初的答案。

例如，关于世界之初，犹太教和基督教的圣典《旧约圣经》的《创世记》中有如下记载："起初神创造天地。地是空虚混沌。渊面黑暗。神的灵运行在水面上。神说，要有光，就有了光。"根据东罗马帝国的创世纪元（拜占庭历法），《圣经》中世界诞生之日，即上帝创世的时间为公元前5508年。全世界诸多神话中都有这样的创世神话，日本神话也不例外。传说，伊邪那岐和伊邪那美为兄妹关系，两神结为夫妻，共同创世，创造了世间主要的岛屿和众神。

此外，"彼世真实存在""信仰可以拯救灵魂"等教诲，也是支撑很多人坚持走完人生之路的强大心灵支柱。因为相信这些教诲，我们就无须独自为探询生存的意义而烦恼。

然而，宗教也残存着诸多问题。回顾整个人类历史，信奉基督教与伊斯兰教、信奉天主教与新教等不同宗教、不同教派的人们之间爆发过多次激烈的斗争。

为了跨越这种宗教信仰的差异，公元前7世纪左右，哲学第一次出现在人类的历史舞台上。在承认"神真实存在"这一大前提的基础上，哲学旨在针对自然构成和人类存在的问题，运用逻辑，考察所有共通原理和思维，并最终得出能够让所有人满意的结论。

当时的哲学家们，包括被世人称为"科学和哲学之祖"的泰勒斯在内，都曾试图通过观察而非神话来揭示自然原理。例如，对于"所有东西都是由什么构成的？"这一问题，他们并未简单粗暴地搬出"神"来敷衍了事，而是尝试着去解释万物的根源到底是"水"还是"火"。在当时那个科学并不发达的时代，只有哲学这门学科试图通过思考来解开世界之谜。

至于人类一直怀有的关于生存的疑问："我们为什么而生？""我们要去往何处？"，古希腊哲学家、"西方哲学之父"苏格拉底和他的弟子柏拉图承担了求索重任。

直到12世纪，欧洲的哲学一直都是基督教神学的一部分，即在认同上帝存在的大前提下考察世界。但随着中世纪十字军东征的开始，阿拉伯科学在欧洲大陆强势崛起，欧洲人开始用科学逻辑的眼光打量世界。在12世纪至14世纪，以自然为考察对象的学科以"科学"之名从哲学中独立了出来。到了17世纪，伽利略·伽利雷、艾萨克·牛顿等重量级的天文学家、数学家轮番登场，自此拉开了科学革命时代的宏伟序幕。

但在19世纪以前，人们还未开始使用如今意义上的"自然科学"（natural science）一词，而是使用着"自然哲学"（natural philosophy）和"自然学"（physics）这两种说法。正如牛顿的划时代巨著《自然哲学的数学原理》（简称《原理》，详见第338页）以"自然哲学"为题所示，哲学视野下的自然探索和自然科学视野下的自然探索曾被视为相同的学科领域。自然哲学试图统一阐释所有自然现象，其中也包括对人的本质的分析，因此神学、形而上学、心理学、道德哲学也被涵盖在内。

由此看来，自然哲学的学科范畴曾经远远广于今日的自然科学。从19世纪开始，学科范畴逐渐缩小，同时也更加专业化、细分化。得益于英国工业革命爆发后科学技术的飞速发展，人们能够以实验的形式积极探索自然，自然背后蕴藏的秩序也得以揭露。自此之后，哲学领域的疆土接连被自然科学"侵占"，现在的哲学只是作为一门专门学科来解决有关人的一切疑问。

在与人类社会活动相关的学科中，经济学独立为考察经济活动和社会运转的专业学科。进入19世纪，在科学研究方法论的影响下，近代经济学形成了坚实的学科基础。

纵观当代学科发展，随着资本主义的扩张，经济和科学的学科领域不断扩展，宗教失去了统领世界发展的绝对话语权，哲学领域也在被不断压缩。弗里德里希·威廉·尼采的"上帝死了"（出自《快乐的科学》），不仅是对"盲目极端"宗教的批判，也宣告了曾经持续支撑西方文明的腐朽思想的死亡。

学科的分化过程，可参考下表。

学科的分化过程

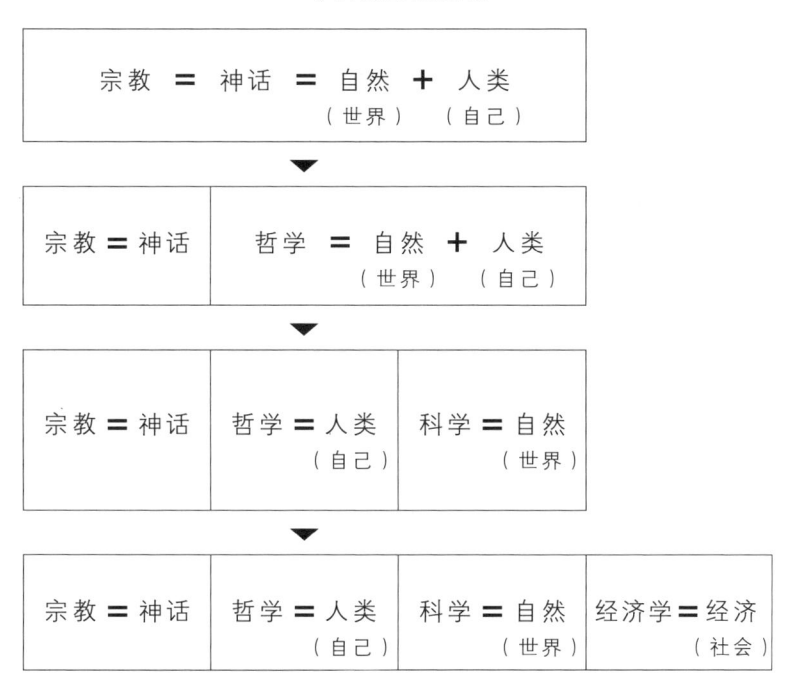

| 宗教 ＝ 神话 ＝ 自然 ＋ 人类 |
| （世界）（自己） |

| 宗教 ＝ 神话 | 哲学 ＝ 自然 ＋ 人类 |
| | （世界）（自己） |

| 宗教 ＝ 神话 | 哲学 ＝ 人类 | 科学 ＝ 自然 |
| | （自己） | （世界） |

| 宗教 ＝ 神话 | 哲学 ＝ 人类 | 科学 ＝ 自然 | 经济学 ＝ 经济 |
| | （自己） | （世界） | （社会） |

3. 学科的体系

以上一节的知识铺垫为前提，我们继续探讨一下学科体系的现状。

从 20 世纪末开始，学科体系逐渐复杂化，使得跨学科领域不断扩宽。现在的整个学科体系，可以细分为人文科学、社会科学、自然科学、形式科学、应用科学和综合科学（跨学科领域）等几大领域。下面我将着重追溯三大传统学科领域——人文科学、社会科学和自然科学的前世今生。

人文科学（humanities），从广义上来看，与研究自然的自然科学相对，该门学科以"人"和"人的社会存在"为研究对象，其中也包含对人的本质的研究。从狭义上来看，在对人的本质的研究中，将把社会整体视为研究对象的社会科学分离开来后，剩下的被统称为人文科学，具体包括哲学、伦理学、美学、宗教学、历史学、语言学、文学、教育学、心理学、人类学以及民俗学等。

社会科学（social science），是在与自然相对的社会大背景下研究人类社会行为的经验科学的总称。其起源于 18 世纪苏格兰经济学家亚当·斯密和思想家亚当·弗格森等人理解经济社会特征的努力之中。19 世纪初，法国哲学家奥古斯特·孔德正式提出了"社会学"这一名称，自此社会学成了一门独立的学科。目前，社会科学涵盖的学科包括经济学、法学、商学、会计学、教育学、政治学、社会学、管理学以及军事学等。

自然科学（natural science），是一门研究自然界中各种现象并揭示其运动规律的学科。其中"science"一词来源于拉丁语"scientia"，原意为"知识"。例如，有关数量的知识即算术，有关图形和空间的知识即几何学，有关天体运行的知识即天文学。现在的自然科学可以具体细分为物理学、化学、生物学、地球科学、天文学、地质学、工学、农学以及医学等。自然科学基本上不会涉及人类创造性活动的产物，所以艺术、文学、法律、规范、伦理等领域均归属于人文科学或社会科学。

近些年来，全世界范围内都在讨论着"博雅教育"（通识教育、素质教育）的重要性，高等教育学府也由大规模量产型福特主义式商科教育模式，转向注重培育设计思维的教育模式，进而转向注重培养艺术思维的博雅教育模式。博雅教育模式的发展势头近年来如日中天。

这里所说的博雅教育（Liberal Arts）指来源于古希腊罗马时期的"自由七艺"，该词语源自拉丁语中的"liberalis"（自由人的）和"ars/artes"（技术、学术）。在 19 世纪下半叶到20世纪的欧洲大学制度中，博雅教育的教学内容被视为"人必须拥有的技能（实践知识）的基础"。

古希腊社会阶层界限分明，人们被严格划分为公民［即自由人（自由民）］以及为其服务的奴隶。若想作为自由人生存下去，就必须具备一定的素养。柏拉图在《理想国》（详见第247页）中曾明确表示，作为哲学的必修预备学科，音乐［古希腊语为mousike，代表着希腊神话中主司艺术与科学的九位古老文艺女神缪斯（Muse）所司掌的"学艺"，英语中的music就是从mousike一词演化而来的］以及几何学的学习是非常必要的。这些学科知识作为自由人的修养教育，是自由人必备的学识，与手工业者和商人的职业性、技术性课程有所区别。

此外，在古罗马时代，除了"自由人的技艺"（artes liberales）外，还有"机械七艺"（Artes Mechanicae），前者翻译成英语即Liberal Arts（博雅教育）。在古罗马时代末期的5世纪后半叶到6世纪中，这些自由人的必学科目被正式定义为"自由七艺"（septem artes liberales）。

中世纪以后，欧洲的大学为了根据基督教理念完善教育内容，集自由七艺之大成，发展形成了自己的学科体系。在中世纪的大学中，高级学部包含四大学科，即神学（Theology）、法学（Jurisprudence）、医学（Medicine）和哲学（Philosophy），而哲学又是前三科的预备学科，主要教授逻辑思维。此外，在学习哲学的前期阶段，还应掌握自由七艺，其中包括"语言向三艺"，即中世纪大学三学科（trivium）中的文法学（Grammar）、修辞学（Rhetoric）和逻辑学（Logic），以及"数学向四艺"，即中世纪大学四学科（quadrivium）中的算术（Arithmetic）、几何学（Geometry）、天文学（Astronomy）和音乐（Music）。在中世纪欧洲大学诞生之时，以上学科都被正式列为大学的教学科目。

放眼现代，美国东海岸地区专注于博雅教育的文理学院至今还保持着这些教学传统，如阿默斯特学院（Amherst College）和威廉姆斯学院（Williams College）。在日本，诸多著名院校都开设有教养学部，以广泛和横向的教学方式教导学生在人文科学、社会科学和自然科学等基础学科领域开展综合性研究，如东京大学教养学部、国际基督教大学（International Christian University，简称ICU）等。

4. 学科领域间的关系

在接下来的一节中，我会简单梳理一下各个学科领域之间究竟有着怎样千丝万缕的联系。

首先,我们来讨论一下宗教与哲学的关系以及哲学与自然科学的关系。正如前文所述,自古以来,宗教就在通过神话等宏大史诗故事来为世界之谜提供答案。在科学技术尚未发展起来的年代里,自然哲学则试图通过思考来解开世界之谜。在此基础上发展起来的学科,便是如今的自然科学。

中世纪的学科体系

高级学部		
神学	法学	医学

哲学

语言向三艺	数学向四艺
文法学	算术
修辞学	几何学
逻辑学	天文学
	音乐

———————— 自由七艺 ————————

18世纪中叶英国工业革命以后,科学技术迅猛发展,自然科学的学科重心逐渐转化为揭露自然背后的秩序与规律。"世界是由什么构成的?""世界是如何存在的?"等原属于哲学学科范畴的探究领域,也纷纷成为自然科学的研究课题。

从哲学分化出来的学科——科学，给世界做出的最大贡献便是揭示了"事实世界"的构成，而哲学探究的主题是对人类而言的"意义世界"。例如，人的身体由水和蛋白质等物质构成，思考是由脑内突触完成了信息的传递，这些都是众所周知的事实。但遗憾的是，自然科学并不能告诉我们"为什么人拥有这样的身体构造""为什么人具备这种思考能力"，以及"我们作为'我'存在于世界上的意义"。而哲学的作用，就是揭示这些意义和价值的深层含义和本质。

19世纪末至20世纪初，受查尔斯·罗伯特·达尔文《物种起源》（详见第340页）中自然选择学说的影响，社会中出现了用科学方法论解释社会现象的"社会达尔文主义"（Social Darwinism）思想热潮。在时代发展的洪流中，社会达尔文主义曾试图通过科学的达尔文进化论来解释社会进化的原理，并为自由放任经济政策——资本与资本的竞争以及其所产生的利润追逐——辩护，甚至还曾被用来为发达国家争夺殖民地和帝国主义侵略披上一层合理的外衣。

其次，宗教与自然科学之间又有怎样的关系呢？亚里士多德凭借其庞大的知识体系和基督教权威，在整个中世纪都被世人尊为崇拜的对象，所有人都是他的忠实信徒，无人敢质疑他。此外，众多自然哲学家皆是宗教人士。人们认为世界就是一本名为"自然"的书籍，它在向世人传递着来自上帝的旨意。因此在当时的欧洲，大多数科学家都相信基督教的教义，很少出现宗教和科学对立的局面。

然而，随着基督教权威的日益下滑，个别学科开始从亚里士多德学科体系中获得独立。19世纪以后，宗教和自然科学逐渐分离。现如今，无神论哲学家和生命科学家已然是极其常见的存在，从根本上否定宗教的科学家也不在少数，比如著有《上帝的错觉》《超越上帝：初学者指南》等著作的理查德·道金斯，以及著有《打破魔咒：作为自然现象的宗教》（英文原版书名为 Breaking the Spell，意为"打破宗教的魔咒"）的丹尼尔·丹尼特，等等。

现在，随着望远镜和人造卫星等观测技术的进步，人们对宇宙的起源与发展有了更多的了解，比如知晓了宇宙诞生于约138亿年前的事实。再举个最近的例子：引力波的发现证实了"爱因斯坦最后一个科学预言"，即在重力的影响下，周围空间会发生扭曲，所产生的涟漪会以波的形式传向远方。

此外，对于仅靠观测无法得知的宇宙诞生之谜，也有宇宙大爆炸理论、暴胀宇宙理论等相继问世。近年来，宇宙物理学也已登场，该领域研究结合多种学科来阐明整个宇宙的构造，比如给人们提供了理解宇宙最新线索的基本粒子物理学、自然科学的基本规律以及天文学的观测数据等。

在科技发展的最前沿，学者们利用一种名为"对撞机"的装置，通过施加高压，让加速到接近光速的电子、质子等发生对撞。除了产生巨大的能量外，对撞还会产生全新的物质。通过观察这一现象，学者们得以实现对原始宇宙的再现。该实验还可以再现望远镜无法观测到的宇宙创始初期的状态，即宇宙大爆炸发生之时的状态。20世纪70年代，世界上第一台对撞机问世。此后，科学家们发现了构成物质的最小单位——基本粒子，并将宇宙运行原理归纳为"标准模型理论"（一套描述"电磁力"、"弱力"及"强力"三种基本力所引发的所有基本粒子反应的定律，其中还包括对基本粒子性质的描述）。世界上最大的对撞机是欧洲核子研究组织的大型强子对撞机（Large Hadron Collider，简称LHC），该装置在2012年施行的对撞实验中成功地发现了"上帝粒子"——希格斯玻色子。

通过一步步探索，基本粒子物理学最终提出了标准模型理论。仅这一理论便足以证明无法解释、身份不明的暗物质和暗能量充盈了整个宇宙。现如今，大型超导直线加速器装置"国际直线对撞机"[①]（International Linear Collider，简称ILC）正在计划筹建中。该装置是一台超高能量的正负电子对撞机，可以产生足够数量的希格斯玻色子，并可以从海量数据中提取必要的信息，从而用于阐明宇宙的运行原理。

然而，退回最初的起点来看，科学并未能代替宗教和哲学给我们讲述一个完整且准确的世界诞生物语。虽然将来也许会实现这一目标，但至少目前还未达到。即使是在科学技术突飞猛进的现代，我们也并不能得出一个充分的结论来解释"宇宙为什么会存在"以及"宇宙是如何诞生的"。

现如今，学者们对宇宙终结的讨论似乎都回到了对基本粒子的说明以及对宇宙诞生前历史的探究上，但目前所知的所有事实是真是伪？一切尚未明晰。虽然最前沿的宇宙物理学正在探索宇宙的奥秘，但现实中的未解之谜仍不胜枚举。

1951年，罗马教皇庇护十二世宣布宇宙大爆炸理论是"现代自然科学中上帝之存在的证明"，但这是真相吗？没有人可以下定论。此外，最前沿的科学领域和哲学领域之间，也开始通过跨学科交流来展开思维碰撞，比如趋向宇宙真谛的理论物理学学者野村泰纪曾与哲学家马库斯·加布里尔就多元宇宙论（multiverse）进行过对话（《现代思想：马库斯·加布里尔专题——新现实主义》）。

在无数科学家与学者的努力下，宇宙的神秘面纱正在逐步被揭开，但同时又衍生出另一个问题——由于自然科学的基本定律惊人地适合生命的存在，在假设只有一个宇宙的命题下，如果没有神的存在，一切都无法解释。因此，"人择原理"（Anthropic

---

① 国际直线对撞机，是继国际热核聚变实验反应堆（ITER）计划启动之后，人类又一项大规模的国际合作计划项目。

Principle）将人类的存在作为观测事实，在没有神存在的提前下对宇宙构造进行了解释——"我们看到的宇宙之所以是这个样子，乃是因为我们的存在"。

如上所述，宇宙的奥妙，如果要深究，终究都会演变为宗教与哲学的问题。

同样，无论学者们在大脑机能研究上取得了多么巨大的飞跃，但有关人类意识和心灵问题方面的研究依旧止步不前，人类生存的意义也依旧尚未参透。

被尊为"20世纪最伟大的物理学家"的阿尔伯特·爱因斯坦曾说过："科学没有宗教，如同瘸子；宗教没有科学，如同盲人。"他认为宗教的作用就是给科学赋予存在的意义和前进的方向。爱因斯坦将宗教的历史发展分为三个阶段，分别是原始时代的"恐惧宗教"、提倡人格神论的"道德宗教"，以及没有人格化上帝概念的"宇宙宗教"。"世界上有一个宗教，不但不与科学相违，而且每一次的科学新发现都能够验证其观点，它就是佛教。"——他对立足于因果律的佛教给予了极大的关注，并认为如果有一种宗教，既能够弥补现代科学中所欠缺的东西，又能够应对现代科学中的所有需求，还能与科学相依共存，那必定是宇宙宗教中的佛教。

"量子力学之父"马克斯·普朗克在其著作《科学何去何从》中曾说道："在承认世间存在独立于人类且能够支配宇宙的终极之力这一点上，自然科学和宗教的观点完全一致。人类需要科学的指导来认识自然，也需要宗教的引领来开展行动。科学与宗教相互补充，和睦共生，二者之间毫无龃龉。"

18世纪，考察经济活动和社会活动的学科开始从哲学和思想领域中独立出来，经济学由此诞生。之后，该学科加速向自然科学靠拢，并于19世纪正式成立了现代经济学。

众多国家的立身之本——资本主义社会和其中开展的经济活动就是最根本的人类活动。在"现代经济学之父"亚当·斯密时代，经济学的英文表述还是"political economy"（政治经济学），并未使用"economics"一词。

但随后，英国经济学家阿尔弗雷德·马歇尔结合亚当·斯密所说的"看不见的手"——市场均衡与"效用决定价值"的经济理论——效用价值论，提出了需求与供给的相关定律。在《经济学原理》一书中，他普及了"economics"这一能够体现当今经济学特征的词语。自此之后，"economics"初次取代了之前的"political economy"，并作为伪自然科学的一个分支获得了独立。

随着学科的发展与进步，现代经济学不再专注于洞察哲学以及人类本质，而是基于"理性经济人"（拉丁语为homo economicus，英语为economic man）的人类观，以类似于自然科学的姿态不断进化与进步着。

现如今，经济学界中也频频出现重新回归人类研究范畴的动向。例如，行为经济学将心理学纳入了经济学数学模型之中；福利经济学将福利的观点纳入了阿马蒂亚·森（详见第 116 页）等人的经济学中；宇泽弘文在《社会共通资本》（详见第 122 页）中提出了以人为中心的经济学；等等。

人类知识的进化

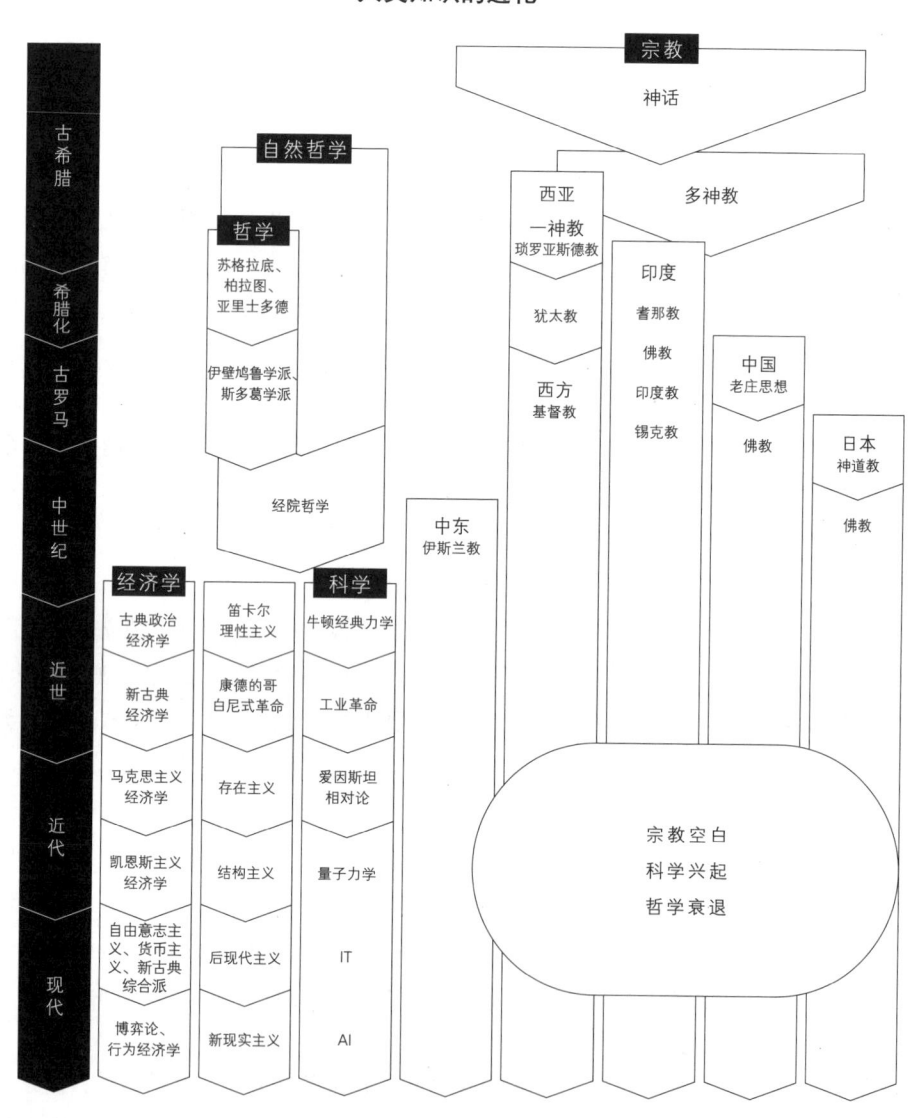

时代	经济学	哲学	科学	宗教
古希腊		**自然哲学** / **哲学**：苏格拉底、柏拉图、亚里士多德；伊壁鸠鲁学派、斯多葛学派		**宗教**：神话
希腊化				多神教
古罗马				西亚一神教：琐罗亚斯德教；犹太教
中世纪		经院哲学		印度：耆那教、佛教、印度教、锡克教；西方：基督教；中国：老庄思想；日本：神道教；佛教
近世	**经济学**：古典政治经济学；新古典经济学	笛卡尔理性主义；康德的哥白尼式革命	**科学**：牛顿经典力学；工业革命	中东：伊斯兰教
近代	马克思主义经济学；凯恩斯主义经济学	存在主义；结构主义	爱因斯坦相对论；量子力学	宗教空白 科学兴起 哲学衰退
现代	自由意志主义、货币主义、新古典综合派；博弈论、行为经济学	后现代主义；新现实主义	IT；AI	

同时，哲学界也出现了遏制资本主义矫枉过正以及贫富差距持续扩大的动向。例如，马库斯·加布里尔的《为什么世界不存在》（详见第 238 页）、尤瓦尔·诺亚·赫拉利的《人类简史：从动物到上帝》（详见第 318 页）等著作皆提及了这一课题。"经济学

能否使人幸福？"学者们开始转换视角，重新审视经济学的存在。

5. 本书的结构

接下来，我想介绍一下本书的结构。

本书由两部分构成，第一部分主要追溯"人类知识的进化历程"；第二部分主要介绍构筑各个时代的"人类历史经典著作200部"的书籍内容。

在第一部分"人类知识的进化历程"中，我将围绕"哲学"来阐述人类对"世界与自我"这一关乎内外所有事物的探索之旅。人类的思索始于宗教，后转移至哲学范畴，并分化为自然科学，进而又诞生了经济学，以及决定了如今我们生活全貌的"资本主义"这一宏大概念。理解掌握这些学科进化的过程，有助于我们加深对第二部分中所介绍的"人类历史经典著作200部"的认知。

相反，如果你的脑海中并没有这些时代发展趋势的概念，只是单纯地去读一本被人们奉为名著的经典书籍，你可能完全无法理解这本书在历史中所处的位置，以及作者为什么会在当时那个年代提出那样的主张。正如牛顿所说："假如我能比别人瞭望得略远一些，那一定是因为我站在巨人的肩膀上。"我们现在拥有的所有人类智慧其实都得益于从人类远古祖先处连绵不断的流传。

我们每个人怀有的根源性疑问，从远古时代开始就未曾有丝毫改变。这些疑问的根源始终都是"想要了解世界"的求知欲，以及"想要了解自己是谁""想要解救自我于痛苦"的诉求和愿望。简言之，我们需要一个能令所有人信服的故事。这个故事能够为我们讲述为什么我们会怀有这个疑问——为何自己存在于此处，并告诉我们这个疑问的答案——今后我们应该如何过好这一生。

如前所述，最初为我们构建这个宏大故事的是宗教和神话，其中最重要的一点就是"相信的力量"。但人类对知识的探究，不会因为满足于前人所赋予的故事而止步，人类的天性促使着人们通过注重逻辑思考的哲学来重新探索全新的诗篇。最终，人类抵达的终点就是现在的科学。当科学开始详细地阐明世界的物质构成时，哲学的探究焦点便开始集中到对人类"存在意义"的探索上。

在现实生活中，当"存在意义"的世界失去了掌控力量，自然科学便开始呈现出一枝独秀的局面。此外，试图与之靠近并作为伪科学诞生的还有经济学。之后，以英国工业革命为契机，资本主义隆重登场，在与经济学保持紧密关系的同时，还一跃成为地位显赫的OS（Operating System，操作系统），并对我们如今的社会与生活的方方面面进行了规定。

本书的第一部分，我将整个时代的发展趋势分为三章进行讲述。第1章"宗教与神话"，我将解释世界上最古老的宗教——琐罗亚斯德教与如今犹太教、基督教、伊斯兰教等闪米特一神教之间的关联。第2章"哲学与思想"，我将与大家共同探讨哲学如何从宗教中分离出来并得到发展，以及哲学对于今天的意义。第3章"经济与资本主义"，我将说明从哲学、科学中独立出来的经济学的作用与意义，以及资本主义诞生的始末。

接下来，本书的第二部分，我将分七章介绍"人类历史经典著作200部"。其中，经济及其根源——与资本主义相关的书籍，对于本书的目标受众核心——商业领袖们来说至关重要。所以我想最先介绍这些书籍，让其作为诸位读者的读书起点。首先，也是最重要的一点，我们必须了解始于"现代经济学之父"亚当·斯密的现代经济学以及后来发展形成的资本主义是如何与我们现在的商业社会紧密相连的。

第4章"资本主义/经济/经营"，我将解释以当今经济为基础的资本主义的概念和发展历程。从远古时代开始的人类经济活动，一步步扩展成为市场经济，最终发展成为资本主义意识形态，并囊括了我们当今社会的方方面面。在整个章节中，我会阐述资本主义的整体发展过程及其理论支撑——经济学是如何发展至今的。

第5章"宗教/哲学/思想"，我们将一起讨论哲学是如何放弃通过神和伟大神话故事来告知人类答案及其最新的现状——通过语言来实现与世界的相互理解，并跨越宗教障碍，使得所有人可以站在同一地平线上自由交谈。此外，这一章节的内容中还包含对宗教目前所面临的危机及其发展前景的梳理与展望。

第6章"国家/政治/社会"和第7章"历史/文明/人类"，我将从哲学和思想的前身——神话和宗教出发，追溯整个文明和社会的起源，并以广阔的视角来讨论构成人类社会的框架和整个历史的发展脉络。

第8章"自然/科学"，我们会一起确认一个事实：从哲学中衍生出来的新学科——科学，在历经英国工业革命后成为19世纪以来占据主导地位的意识形态。它一步步发展至今，诸如现代的IT（信息技术）与AI（人工智能）都是它的最新研究成果，这些最新科技也为人类的未来指明了前进的方向。此外，我们还将探讨宇宙、地球和文明的起源与终结，这些内容在很大程度上包含了整个人类历史的发展历程。但需要注意的是，本章节中涉及的一些话题，比如宇宙和意识问题，这些领域人类尚未完全参透，但越新的研究成果，越接近事物的本质，所以我选取的书籍也包括近年来的代表佳作。由于其中许多问题还处于假设阶段，所以几年后发现目前的研究结论全盘错误，也不无可能。一旦这种可能成为事实，本书中选取的某些书籍可能无法满足"镌刻在人类史册上的经典书籍"这一标准,届时还请诸位读者谅解。

第9章"人生/教育/艺术"选取的是未能包含在第4章至第8章学科领域的著作,主要是生活、文化、艺术、教育等与个人生活方式和创作活动相关的经典书籍。

最后,在第10章中,我设置了"日本论"专题,主要介绍了日本人以及想要理解日本固有文化的人所必读的书籍,所以择书范围会略窄于世界一般性日本论书籍范畴。

在执笔本书的过程中,我开始尝试挑选可以代表整个人类历史的200部经典著作。但我很快意识到,从人类留下的万千伟大著作中选择200部,可谓千难万难。所以最终我选择了300部,并附上了对其中200部的书评。(完整列表详见第452页)

我想说明的是,在这一次的梳理中,请允许我擅作主张,暂且避而不谈文学等虚构艺术。对于神话、宗教等现今仍无法确认其真伪,但作为讨论人类的出发点时不可遗漏的内容,我则将其包含在本书的选书范围内。

第一部分

人类知识的进化历程

第 1 章

宗教与神话

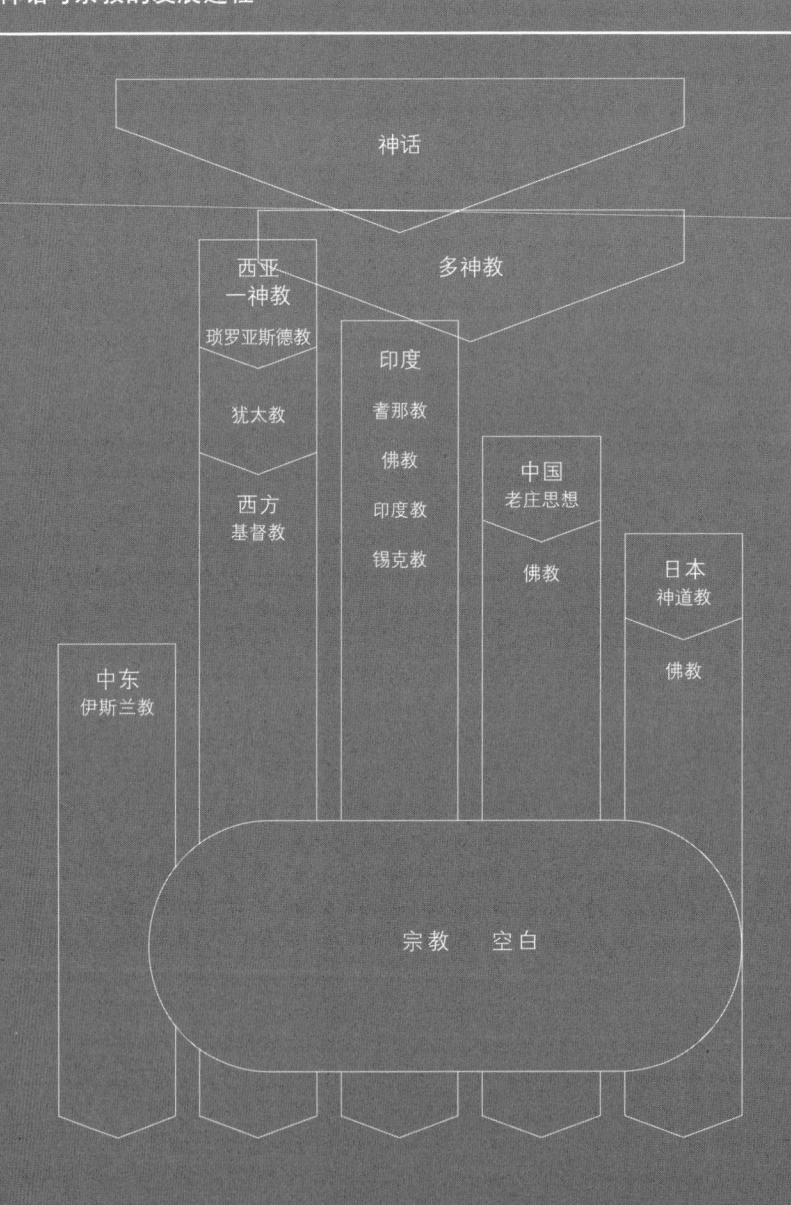

神话与宗教的发展过程

神话

多神教

西亚
一神教
琐罗亚斯德教
犹太教
西方
基督教

印度
耆那教
佛教
印度教
锡克教

中国
老庄思想
佛教

日本
神道教
佛教

中东
伊斯兰教

宗教　空白

1. 神话与宗教的诞生

神话是用神灵、英雄等超自然存在来解释一切自然现象和社会现象的故事，如世界的开端、人类的诞生、文化的起源等。在希腊神话中，混沌（Chaos）是孕育世界的神明；在基督教教义中，夏娃和亚当是人类的生命之初。人类祖先一代代传承着这些神话传说，信奉神话就是最神圣、最真实的存在。神话作为日常生活中的规范，不仅渗透到了古人生活中的方方面面，也形成了一种固有文化。对于无法合理解释的世界构成以及生死难题，神话给出了最为系统的解释，因而获得了古人的认同。

尤瓦尔·诺亚·赫拉利在《人类简史：从动物到上帝》（详见第318页）中指出："虚构的神话故事赋予了人们前所未有的能力，让我们得以集结大批人力，灵活合作，建立了社会。宗教、国家、法律均是如此，生活中的种种秩序其实都是想象。"

不同文化所孕育的神话各有千秋，但所有神话中都存在诸多相似之处。针对这些相似之处，也存在着诸多不同的解释。例如，世界神话学认为，是智人走出非洲，将原有的神话原型传播到了世界；而心理学认为，即使地域不同、文化迥异，人类的潜意识也是共通的。

最先关注到这一事实的是《千面英雄》（详见第225页）的作者约瑟夫·坎贝尔（Joseph Campbell）。大多数神话中的英雄基本上都有着相似的经历，坎贝尔将这种英雄旅程的基本模式归纳为"英雄之旅"（hero's journey）——（1）启程：由于某个契机，主人公离开风平浪静的日常生活，踏上了前往冒险世界的旅程；（2）试炼与胜利：主人公遭遇巨大困难，历经艰难险阻后，最终取得了胜利；（3）归来：主人公获得全新力量后，返回到原来的世界。

目前，世界上现存最古老的神话是《吉尔伽美什史诗》（详见第161页），据说其来源于公元前2100—公元前1000年左右。故事中描绘了公元前2600年左右真实存在过的人物——古代美索不达米亚地区乌鲁克城邦领主吉尔伽美什的半生。整个故事也都遵循了坎贝尔所归纳的"英雄之旅"的基本模式——启程、试炼与胜利、归来。

视线转回现代。科幻电影《星球大战》系列的创作者乔治·卢卡斯（George Lucas）在构思整个故事时借鉴了古代神话元素，以神话缔造了神话。除此之外，同样是好莱坞电影的《黑客帝国》、史诗奇幻小说《指环王》、RPG（角色扮演游戏）《勇者斗恶龙》等作品也都遵循了上述基本叙事模式。

20世纪出现的现代思想——结构主义曾试图探索这种文化意义的表达究竟透过了怎

样的相互关系（结构）。社会人类学家、神话学家克洛德·列维-斯特劳斯（Claude Levi-Strauss）将结构主义语言学方法运用到神话学的研究中，探明了世界各地神话中皆普遍存在的共通神话逻辑结构，这也是结构主义正式形成的契机之一。自此，学界迎来了一个如火如荼的结构主义时代。

虽说讲清宗教与神话间的差异并非易事，但从定义上看，神话是"诞生于特定宗教或特定文化背景下的故事"，而宗教是"形成于特定信仰和特定崇拜中的惯例"。虽然二者都对超自然事物进行了一定的解释说明与意义赋予，但神话只不过是一种故事，宗教则是由一系列道德、神学、信仰、仪式所组成的综合产物，能够引导人们如何生存于世。所以从这个定义上看，神话也可以说是宗教的组成部分。例如，《旧约圣经》中的《创世记》等情节就是犹太神话。但如今，大多数研究者并不认为《希伯来圣经》《旧约圣经》中的描述是真实的史实。

整体来看，虽然真正的宗教起源并不明确，但据考证，我们如今所知的宗教，应起源于古代东方的美索不达米亚（大约开始于公元前6000年）和埃及（大约开始于公元前3000年）。

美索不达米亚神话是众多民族所共同拥有的神话体系，其中包括建立了美索不达米亚文明的苏美尔人（民族体系不详）、最早征服并统一了美索不达米亚地区的闪米特民族阿卡德人、建立了古巴比伦王国（巴比伦第一王朝）的阿摩利人，以及征服埃及、统一东方全境并建立了东方文明的古亚述人和建立了新巴比伦王国（迦勒底王朝）的迦勒底人。

美索不达米亚地区如今包含伊拉克、科威特、土耳其东南部以及叙利亚东北部。几千年来，美索不达米亚多神教一直都是占据该地区主导地位的宗教，但10世纪左右，其势力范围缩小到了亚述地区（美索不达米亚北部）。此外，由于与犹太教、基督教（东方基督教）、摩尼教（由琐罗亚斯德教衍化而来，同时吸纳了基督教以及佛教色彩的古代宗教）的接触交融，美索不达米亚多神教在1—3世纪左右开始逐渐衰落，在随后的数百年间，大部分宗教传统消失殆尽。

埃及神话则是古埃及人世界观的具体表征，多半由创世神话构成，向人们解释了包括人类制度以及自然现象在内的世间所有事物的起源。公元前3100年左右，古埃及正值早王朝时期末期，法老（古埃及国王）成为古埃及宗教的中心并实现了古埃及的宗教统一。因此在埃及神话中，王权的意识形态是其最重要的组成部分。

美索不达米亚（文明）

美索不达米亚（美索＝间，不达米亚＝河），希腊语意为"两河之间的土地"，即底格里斯河和幼发拉底河之间的冲积平原。在地域上，美索不达米亚囊括了现在伊拉克国境内的一部分，其北部是亚述，南部是巴比伦尼亚，而巴比伦尼亚的北部地区是阿卡德，下游的南部地区则是苏美尔。

古代美索不达米亚文明是诞生于美索不达米亚地区的多种文明的总称，也是世界四大文明①之一。公元前7千纪（公元前7000—公元前6001年）上半叶，最早的农耕文明诞生在这一地区。同时，苏美尔人建立了苏美尔文明，这也是整个美索不达米亚文明中最早的文明，但苏美尔人的民族体系目前尚未有明确的研究结论。

公元前6千纪（公元前6000—公元前5001年）中期，美索不达米亚南部出现了大规模定居。公元前4千纪（公元前4000—公元前3001年）初期，形成了以塔庙（英语为ziggurat，阿卡德语为ziqqurat，意为"高处"）为中心的首个城邦文明。后来，美索不达米亚地区暴发了多次洪水灾害，洪水催生出了"诺亚方舟"的故事，塔庙也演化出了"巴别塔"的传说。

在上述城邦文明中，最具代表性的是位于幼发拉底河下游的乌鲁克，今属伊拉克境内，据说由苏美尔人创建。古巴比伦人将台地地区称为"阿卡德"，将低洼地区称为"苏美尔"，因此定居在低洼地区的居民也被称为"苏美尔人"。

公元前3千纪（公元前3000—公元前2001年），在苏美尔早期王朝时期（公元前2900—公元前2335年左右），该地区进入了"诸国争霸"的时代，形成了20多个新兴苏美尔城邦，其中包括乌鲁克、拉格什、乌尔、尼普尔等。随后，乌鲁克在公元前2900年左右统一了该地区。在语言与技术方面，苏美尔人发明了人类最早的象形文字——楔形文字，以及青铜器冶炼技术；在宗教方面，苏美尔人形成了多神教信仰，并孕育了《吉尔伽美什史诗》（详见第161页）等诸多文化。《吉尔伽美什史诗》中描述的英雄主人公——吉尔伽美什是公元前2600年左右乌鲁克第一王朝的君主。在乌鲁克遗址中，考古学家们发现了大量记载有楔形文字的泥板。

---

① 世界四大文明，即美索不达米亚文明、古埃及文明、古印度文明、中国文明。

公元前2300年左右，闪米特语族①的阿卡德人统一了美索不达米亚地区的城邦。在征服了乌鲁克后，阿卡德人建立了阿卡德王国（公元前2334—公元前2193年左右），其疆域囊括了叙利亚到埃兰（今伊朗西南部），苏美尔城邦也被纳入其控制范围。此后，在见证了200多年的繁荣后，阿卡德王国开始走向衰败，苏美尔人再次统一了整个美索不达米亚，建立起强大的中央集权制王朝——乌尔第三王朝（公元前2112—公元前2004年）。但不久后，乌尔第三王朝王权衰落，各地割据，加之阿摩利人的不断入侵，国家繁荣不再，走向湮灭。公元前1900年左右，阿摩利人建立了古巴比伦王国（公元前2004—公元前1595年）。

古巴比伦王国第六任君主汉谟拉比在一系列战争中击败了邻国，将巴比伦的统治区域扩展至整个美索不达米亚，制定了遵循"以眼还眼，以牙还牙"原则的《汉谟拉比法典》，完善整顿了国家制度，使王国走向全盛时代，繁荣强盛300年有余。

在公元前2000年至公元前1500年左右的数百年间，西亚（今中东地区）掀起了一股巨大的民族迁徙浪潮，从属印欧语系②的赫梯人开始入侵西亚。赫梯人在小亚细亚（今土耳其境内的安纳托利亚半岛）地区创建了赫梯王国。公元前1595年，古巴比伦王国因遭赫梯军队击溃，最终走向灭亡。

公元前1200年左右，显赫一时的赫梯王国遭受了活跃在东部地中海地区的神秘武装力量——"海上民族"（民族体系不明、政治实体不详）的入侵，随后国家灭亡。赫梯王国覆灭后，曾被赫梯人垄断的冶铁技术得以从西亚扩散到东地中海一带，这也正是东方出现强大帝国的先行前提之一。

公元前2000年左右，亚述诞生于美索不达米亚北部。在吸纳了赫梯人的铁器文化后，亚述军队凭借铁制战车等武器装备以及骑兵，构筑起强大的军事力量，在两河流域所向披靡。公元前9世纪，亚述帝国成为西亚最富权势的国家，并在公元前7世纪征服

---

① 闪米特语族包括阿卡德语、巴比伦语、亚述语、阿拉姆语、腓尼基语、希伯来语和阿拉伯语。闪米特人最初在西亚过着游牧生活，后逐渐转为农耕定居生活，并在公元前3千纪（公元前3000—公元前2001年）入侵了美索不达米亚地区。继公元前2300年左右统治了美索不达米亚地区的阿卡德人后，创建了古巴比伦王国的阿摩利人等东支闪米特人率先登上了历史舞台，发展创建了美索不达米亚文明。公元前1200年左右，分布在叙利亚、巴勒斯坦地区的阿拉姆人、腓尼基人、希伯来人等西北支闪米特人登场，之后出现的非洲埃塞俄比亚人与依托伊斯兰建立了庞大帝国的阿拉伯人则被称为"西南支闪米特人"。

② 印欧语系广泛分布于欧亚大陆、西亚以及南亚，是世界上第一大语系，也是当代世界分布区域最广的一个语系。日耳曼语族（英语、德语、荷兰语、丹麦语、瑞典语等）、罗曼语族（拉丁语、法语、意大利语、西班牙语等）、斯拉夫语族（俄语）、希腊语族、印度-伊朗语族（印度的梵语、印地语等，伊朗的波斯语等）等语族皆属同源，统称为"印欧语系"。据推测，印欧语系的登场时间在公元前2000年至公元前1500年左右，随着人们的游牧生活开始同步迁徙，传入西亚、东部地中海地区、印度等地后，为当地带来了全新的文明。最先入侵西亚的赫梯人、南下爱琴海地区的希腊人、入侵印度的雅利安人，其次建立波斯帝国的伊朗人、创建罗马帝国的拉丁人、生活在阿尔卑斯山以北的凯尔特人，还有4世纪开始民族大迁徙的日耳曼人和斯拉夫人，都是其典型实例。

了埃及，一统东方，奠定了西亚地区第一个世界性帝国的显赫地位。由此，美索不达米亚文明和埃及文明融为一体，开始统一为东方文明。

为了便于统一控制整个东方世界，各地的信息被收集汇总至亚述帝国的国都尼尼微。19世纪，考古学家曾在尼尼微王宫遗址中发现了众多记录有楔形文字文献的泥板，并将其命名为"尼尼微皇家图书馆"（亚述巴尼拔图书馆），该图书馆也是现今世界上已知的最古老的图书馆。

公元前612年，曾经不可一世、强盛一时的亚述帝国灭亡，其东方疆域被新巴比伦王国（迦勒底王国）、古埃及第二十六王朝、吕底亚王国和米底王国尽数瓜分。其中，以巴比伦为都城的新巴比伦王国最为兴盛。公元前6世纪上半叶，新巴比伦王国第二任君主尼布甲尼撒二世征服了投降埃及的犹太王国，并将犹太王国的大批民众、工匠、祭司和王室成员掳往巴比伦，史称"巴比伦之囚"。

在后来的公元前539年，新巴比伦王国被波斯阿契美尼德王朝攻陷，美索不达米亚地区开始处于波斯帝国的统治之下，被囚于巴比伦的犹太人从此获许重返耶路撒冷。阿契美尼德王朝继承了楔形文字所代表的美索不达米亚文明，东方文明得到了蓬勃发展。到了公元前4世纪左右，在马其顿王国国王亚历山大大帝（亚历山大三世）的进攻下，阿契美尼德王朝正式灭亡。随着亚历山大大帝的远征，由美索不达米亚文明和埃及文明结合而成的东方文明进一步与希腊文明交流融合，形成了全新的希腊化文明。

在亚历山大大帝的庞大帝国瓦解之后，美索不达米亚地区开始处于塞琉古王朝叙利亚的统治之下，东方文明在与希腊化文化融合的同时得以继承，并一直延续到了帕提亚帝国以及波斯帝国的萨珊王朝。后来，始于波斯帝国的伊朗文化元素（其核心是琐罗亚斯德教）日渐强势。于是在7世纪时，兴起于阿拉伯半岛的伊斯兰教席卷了整个西亚，东方式以及美索不达米亚式文化元素逐渐消散在历史的长河之中。

古代美索不达米亚文明—希腊化文明

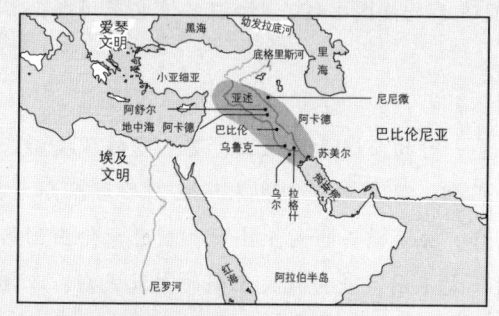

1 古代美索不达米亚初期文明（苏美尔文明）
【约公元前3千纪（公元前3000—公元前2001年）】

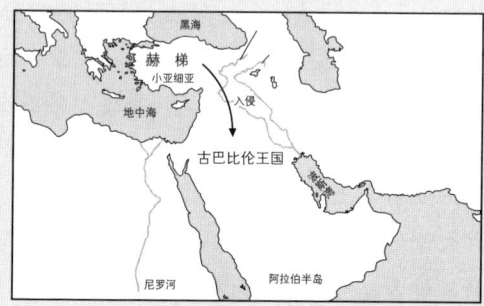

2 古巴比伦王国与赫梯人的入侵
【约公元前2千纪（公元前2000—公元前1001年）】

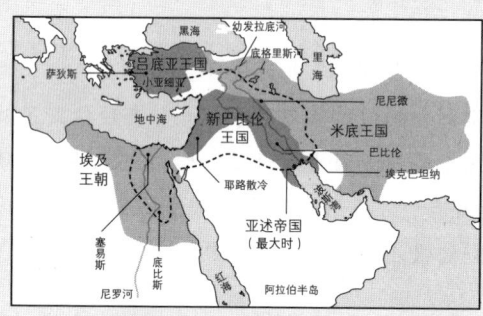

3 古代东方文明
【公元前7—公元前4世纪】

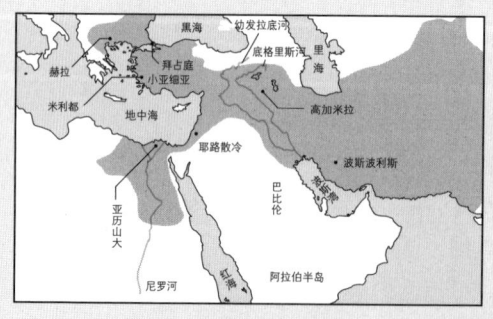

4 希腊化文明（古代美索不达米亚文明末期）
【公元前4—公元前1世纪】

2. 琐罗亚斯德教

根据皮尤研究中心宗教与公共生活论坛（Pew Research Center "Religion & Public Life"）的调查统计，当今世界所有宗教信徒的数量大致为：基督教 23 亿人（占总数的 31.2%）、伊斯兰教 18 亿人（占总数的 24.1%）、无神论 12 亿人（占总数的 16%）、印度教 11 亿人（占总数的 15.1%）、佛教 5 亿人（占总数的 6.9%）、民间宗教 4 亿人（占总数的 5.7%）、其他宗教 1 亿人（占总数的 0.8%）、犹太教 1000 万人（占总数的 0.2%）。其中，基督教、伊斯兰教和佛教并称为"世界三大宗教"，其教义跨越了种族、民族以及文化的界限，在全世界范围内广泛传播。

被称为"世界上最古老的一神教"的琐罗亚斯德教是连贯古今宗教的重要存在，其发祥地是古代的波斯（今伊朗周边），据说它的起源可以追溯到公元前 2 千纪（公元前 2000—公元前 1001 年）。

居住在伊朗高原的古代雅利安人的原始宗教信仰是多神教（原伊朗多神教），他们信奉伊朗神话中的密特拉（印度神话中的神明密多罗）等诸多神明。在此基础上，查拉图斯特拉（又译"琐罗亚斯德"，公元前 7?—公元前 6 世纪?）创造了将阿胡拉·马兹达（起源于伊朗-印度神话中的最高神明伏罗那）奉为"唯一真正造物主"的琐罗亚斯德教。弗里德里希·威廉·尼采的《查拉图斯特拉如是说》（*Also sprach Zarathustra*，详见第 209 页）书名中的"Zarathustra"，其实就是琐罗亚斯德的德语音译。

琐罗亚斯德教主张"善恶二元论"以及"末日审判论"。根据该教圣典《阿维斯塔》的说法，世界的最高主神、全知全能的宇宙创造者阿胡拉·马兹达及其率领的代表光明的"善神"，与以破坏神安格拉·曼纽为首的代表黑暗的"恶神"进行了长期的战斗。在这场长达 12000 年的光明与黑暗、善与恶的斗争中，善神取得了最终的胜利。阿胡拉·马兹达是该教的最高神，从这一点看，可以将琐罗亚斯德教归为一神教；但该教教义中又存在诸多善神和恶神，从这一点看，也可以将其视为多神教。琐罗亚斯德教的教义能将神学上的"一神论"和哲学上的"二元论"融为一体，实属耐人寻味。此外，琐罗亚斯德教不搞偶像崇拜，而是以光明（善）之象征"火"为信仰，所以也被称为"拜火教"。

3 世纪初期，萨珊王朝（226—651 年）创建后，琐罗亚斯德教被奉为国教，圣典《阿维斯塔》得以重新编定。借由波斯商人活跃的商贸往来，琐罗亚斯德教得以传播到中亚以及中国等地。但 7 世纪下半叶后，该教在穆斯林的统治下日渐衰落，其活动中心逐步转移至印度。

波斯、伊朗、阿拉伯

现在被称为"伊朗"的国家，曾经被称为"波斯"（Persia）。在这个国度中，自1925年礼萨·沙阿·巴列维登极加冕后，伊斯兰时期以前的文化和遗产被人们推崇为伊朗文化而大加颂扬。"波斯"这个国名又是如何演化而来的呢？究其来源，古代波斯人曾自称"帕尔萨"（Pārsa），但古希腊人根据伊朗法尔斯省（Fars）的古名"帕尔斯"（Pars），将其发音为"Persis"，这一词语在拉丁语中又被转化为"Persia"。

早在3世纪时，波斯人就把自己国家的名字称为"伊朗"，意为"雅利安人的国家"。在礼萨·沙·巴列维体制下，伊朗民族主义空前高涨，人们普遍认为应该将国名恢复成曾经那个古老的称呼——"伊朗"。这个称呼无论从历史、地理，还是从民族视角看，都具有更广泛、更深刻的含义。于是，波斯正式将国名更改为"伊朗"。

由于拥有共同的起源地域——中东地区，且皆以伊斯兰教为主要宗教，世人经常把波斯人和阿拉伯人混为一谈。但事实上，这两个民族不仅起源不同，语言和文化背景更是迥然相异。

波斯人主要是讲波斯语（印欧语系—印度-伊朗语族—伊朗语支）的伊朗裔族群，主要居住在以伊朗为中心的中东以及西亚地区。至于具体种族的分类，目前并没有明确的科学依据，学术上也没有具体规范，但一般来说，波斯人属于伊朗人，是雅利安人的后裔。

而阿拉伯人主要是指说阿拉伯语（亚非语系—闪米特语族）的民族，主要起源于包括北非和海湾国家在内的西亚阿拉伯世界，其种族特征非常广泛。

公元前6世纪，波斯阿契美尼德王朝（公元前550—公元前330年）兴起。但公元前330年，在马其顿王国国王亚历山大大帝（亚历山大三世）的进攻下，阿契美尼德王朝宣告灭亡。亚历山大大帝死后，其辽阔疆域被瓜分瓦解，随后起源于中亚的帕提亚人占据了整个波斯领土，而帕提亚王国（公元前247—224年）一直存续到了公元3世纪。226年，帕提亚王国被萨珊王朝（226—651年）取代，琐罗亚斯德教被正式确立为国教。

651年，在正统哈里发时期的伊斯兰势力（阿拉伯军队）的攻击下，萨珊王朝垮台。伊斯兰帝国开始推动伊朗人从琐罗亚斯德教改宗为伊斯兰教，并大力推崇阿拉伯文字的使用。

此后在整个中世纪的历史中，土耳其、蒙古等不同民族王朝在波斯这片土地上上演着兴衰更迭的一幕又一幕。这里所说的土耳其，并不是现今位于东欧小亚细亚半岛的土耳其，而是古埃及《列王纪：勇士鲁斯塔姆》（详见第255页）中被称为"图兰"（中亚附近地区）的波斯东部国家。

3. 闪米特一神教

从信仰多位神灵的多神教世界过渡到以阿胡拉·马兹达为信仰的琐罗亚斯德教的一神教世界——这一变迁继而影响了紧随其后的多个闪米特一神教，比如犹太教、基督教与伊斯兰教。琐罗亚斯德教主张天使、恶魔与救世主的存在，这一点也为犹太教、基督教与伊斯兰教所继承。

在《旧约圣经》的《创世记》中记载的"诺亚方舟"的故事中，诺亚有三个儿子，一个叫闪（Shem），一个叫含（Ham），还有一个叫雅弗（Japheth）。据说所有人类都是他们的后裔，其中闪的后裔被称为"闪米特人"，而亚伯拉罕便是由部分闪米特人所信仰的唯一上帝——雅威（耶和华）选中来拯救人类的先知。

亚伯拉罕是信仰犹太教、基督教和伊斯兰教的圣书的子民（People of the Book）的共同祖先，这些一神教也都基于相同的天启经典（《圣经》《古兰经》）而成立。亚伯拉罕作为大洪水后第一位被上帝选来拯救人类并赐福的先知，也被称为"信仰之父"。因此，闪米特一神教也被称为"亚伯拉罕诸教"。

从比较宗教学的观点来看，亚伯拉罕诸教（Abrahamic）与印度宗教（Dharmic）、东亚宗教（Taoic）可以并称为"世界三大宗教河系"。

4. 犹太教

犹太教是犹太民族的特色宗教，以雅威（Yahweh）为唯一神明，信仰选民观和弥赛亚（救世主）。希伯来语的圣经《希伯来圣经》（又称《塔纳赫》）是犹太教的第一部重要典籍，这部典籍即基督教的《旧约圣经》，但在书籍排列上，犹太教与基督教各不相同。此外，在伊斯兰教中，《旧约圣经》中最初的五部经典——《摩西五经》的重要程度仅排在《古兰经》之后。

犹太教还重视以拉比（Rabbi，犹太教神职人员）教诲为主的口传律法，如《塔木德》（希伯来语中有"研究"之意）。比起信仰与教义本身，犹太教更注重作为其前提的行为实践和研究，在这一点上与基督教有所不同。

此外，犹太教中并不存在一般宗教常说的"死后的世界"。犹太教教义认为，在最后审判之时，所有灵魂均将复活，今世行善之人将会获得永恒的灵魂，今世恶行累累之人将堕入最深层地狱。

公元前1280年左右，摩西带领被暴政压迫的希伯来人（犹太人）逃离埃及，并在西奈山与上帝雅威签订契约（"摩西十诫"）。由12个部落组成的以色列民族在位于地中海、约旦河和死海之间的迦南之地（应许之地）定居后，繁荣昌盛了200余年。

公元前1020年左右，以色列联合王国成立，并在大卫王和所罗门王时代迎来了鼎盛时期。后来，以色列联合王国分裂成南北两个国家，北方称以色列王国（公元前11—公元前8世纪），南方称犹大王国（公元前926—公元前6世纪）。公元前587年，犹大王国被新巴比伦王国（公元前625—公元前539年）消灭，全城居民被俘往巴比伦，史称"巴比伦之囚"。在此期间，犹太民族也确立了以犹太教为核心的身份。

公元前539年，波斯帝国征服了巴比伦王国，犹太人获释，得以重返耶路撒冷，重建圣殿。在数十年的流放中，雅威宗教经历宗教改革后，发展出了以"耶路撒冷圣殿礼仪"和"遵守神明雅威的教义——妥拉"（Torah，律法）为两大支柱的犹太教团体。

说起《旧约圣经》，它不仅是犹太教的正典，也是基督教的圣典。"旧约"这一称谓源于基督教，因为其《新约圣经》验证了《旧约圣经》。但对于犹太教来说，《旧约圣经》就是唯一的"圣经"（《塔纳赫》）。原则上，《旧约圣经》的内容均为希伯来语记载，少数则由阿拉米语（亚兰语）写成。此外，伊斯兰教也将《旧约圣经》中的一部分（即《摩西五经》和《诗篇》部分）奉为经典。

最早的希伯来语《旧约圣经》可以分为三大组成部分：律法书（即《摩西五经》，包括《创世记》、《出埃及记》、《利未记》、《民数记》、《申命记》）、智慧书和先知书。其中，先知书又分为前先知书（《约书亚记》《士师记》《撒母耳记》《列王记》）和后先知书（《以赛亚书》《耶利米书》《以西结书》《十二小先知书》）。时至今日，《旧约圣经》仍然是一部约束犹太人行为处事的律法，同时这本书也传递了民族历史，打造了以色列应许之地为犹太民族故地的精神基础，在行为和历史两方面都赋予了以色列文化的整体性。

《旧约圣经》中记载了以色列民族两千年间的历史传承和经验教训，从上帝创造天地开始，到沦为巴比伦之囚，再到重返耶路撒冷重建圣殿，与上帝立约以及神明救赎的主题在整部史诗之中得到了贯彻。

在犹太教末世论中，弥赛亚（救世主）作为大卫的后裔会在未来诞生，并将重建以色列，恢复大卫王国，为世界带来和平。

5. 基督教

1世纪初期，拿撒勒人耶稣在巴勒斯坦宣扬"上帝之国"等福音，经审判后被钉死在十字架上，后又复活。门徒们将耶稣复活看成上帝权能胜过罪恶与死亡以及信徒能够获得救赎的凭据，并根据耶稣的生平和教义，成立了基督教。

基督一词，来自希伯来语"弥赛亚"的希腊语译词"khristos"，意为救世主。

基督教的母体是犹太教，《摩西五经》作为犹太教圣经《塔纳赫》的一部分，也是基督教成立的大前提。

耶稣本人对只把犹太民族作为救赎对象的犹太教持批判态度，认为犹太教徒受缚于严格的戒律，他宣扬"信奉雅威为唯一神明者皆可得到救赎"。基督教教徒相信，耶稣依照旧约预言诞生于世，作为全新契约（新约）的中间人，将赐予以色列民族的上帝之契约（旧约）的范围扩展到了全人类。为了拯救有罪之人，耶稣被钉在十字架上，并最终在三天后复活。

复活后，耶稣连续40天讲述上帝之国的景象，命令门徒向全世界传播福音，随后飞升至天堂。于是，门徒们组建起了教团。不同教派的基督教教义稍有不同，但其中大多数教派信仰"三位一体"——谓上帝只有一个，但包括圣父（father）、圣子耶稣基督（son）和圣灵（holy spirit）三个位格，且所有教派的共通教义来源皆是《圣经》（《旧约圣经》《新约圣经》）。

《新约圣经》是耶稣门徒于1—2世纪所著的第2部圣经，与第1部圣经《旧约圣经》并列为基督教正典。此外，伊斯兰教教义中也尊奉耶稣为先知之一，其正典中也吸收了部分《圣经》中的内容。《旧约圣经》同为犹太教的正典，其中记载了上帝与摩西的契约，《新约圣经》中则记载了上帝在耶稣基督诞生后的启示。《新约圣经》并非耶稣所写，但汇总了他在向门徒传讲、传道中的言行。

最初，《新约圣经》的布教对象是小亚细亚人和希腊人，所以由希腊文化圈各国间的通用语言——希腊语写成。后来由于与格诺西斯派异端教徒的对立，基督教迫切需要制定正统圣典。397年，第三次迦太基宗教会议（Third Council of Carthage）宣布将现有的新约27卷《圣经》奉为正典，并于4世纪末将其翻译成拉丁语。

这27卷《圣经》包括由马太、马可、路加和约翰四人记载耶稣基督生平和言行的

《四福音书》(《马太福音》《马可福音》《路加福音》《约翰福音》)、记载了彼得、保罗等门徒传教活动的《使徒行传》、门徒保罗等人的书信汇总《使徒书信》21卷以及呼吁遭受罗马帝国迫害的信徒们忍耐并对末日上帝审判表示期望的《启示录》(又称《约翰启示录》)。

"新约"的说法来源于《马可福音》中的"新契约"一词。上帝经由摩西赐给人类救赎的契约——"旧约",后因百姓不履行律法义务而破约。但经由在十字架上受难的耶稣,上帝和人类又缔结了全新的契约,即"新约"。

"新约在旧约中隐藏,旧约在新约中彰显。"正如安提阿的伊格纳修斯(35—约107年)所说,基督教徒们将相信弥赛亚(救世主)会在未来出现的《旧约圣经》看作一部承诺了耶稣基督诞生的救赎史。然而,犹太教认为耶稣并不是弥赛亚。

在很短的时间内,基督教教义便在罗马帝国中四散开来。尽管受到了严峻的迫害,但基督教信徒依旧不减反增。到了2世纪末期,基督教将福音传播到整个帝国,并于380年成为罗马帝国的国教。

古代基督教会统一在以罗马教皇为首的主教制度之下,但自395年罗马帝国分裂后,东罗马帝国和西罗马帝国的基督教走上了不同的发展道路。公元476年西罗马帝国灭亡后,东西教会间的羁绊愈加淡薄。在此后的数百年间,教义解释不同、礼拜方式不同、教会组织模式不同等问题开始逐步扩大。

摩擦不断升级,差异不断累积,君士坦丁堡普世牧首区和罗马教廷之间的冲突愈发激烈。1054年,君士坦丁堡普世牧首和罗马教宗曾互相给予对方开除教籍的处罚,自此,基督教分裂成东正教和罗马天主教。

此外,16世纪欧洲宗教改革运动爆发,新教脱离罗马天主教后独立,随后又产生了许多新宗派。

6. 伊斯兰教

伊斯兰教是7世纪时由穆罕默德创立的一神教。该宗教笃信唯一的真主安拉(Allāh,亚伯拉罕宗教对唯一神雅威的阿拉伯语称呼),尊崇《古兰经》的教义,相信《古兰经》是神通过最后一位先知穆罕默德赐予全人类的启示。

伊斯兰教以《古兰经》为最高经典,相信这是真主用阿拉伯语下降给人类的最后启示,所以该宗教的大多数术语都起源于阿拉伯语。

皈依伊斯兰教的信徒被称为"穆斯林"。穆斯林用"伊斯兰"之名称呼自己的教义，其阿拉伯语意为"顺从""皈依神明"。伊斯兰教的特色在于彻底摒弃了偶像崇拜，十分注重侍奉神明以及信徒之间相互扶持的整体感。

论起伊斯兰教的圣典，所有穆斯林只认可阿拉伯语版本的《古兰经》，其阿拉伯语意为"值得吟诵的读物"。《古兰经》由114章构成，其内容是真主通过穆罕默德对全体穆斯林的告诫，包括亚当、挪亚、亚伯拉罕、摩西、耶稣等先知所宣扬的教义。后人将穆罕默德在传教过程中宣布的启示记录下来，并在其死后最终汇集成册。对于穆斯林来说，《古兰经》既是神的启示本身，也是约束一切社会生活的最重要的行动指南。

《古兰经》各章内容根据启示的"颁降"时间，以穆罕默德迁徙至麦地那①为界限，可大致分为"麦加篇章"以及"麦地那篇章"两大部分，即迁徙前颁降的启示统称为"麦加篇章"，迁徙后颁降的启示统称为"麦地那篇章"。

"麦加篇章"包括穆罕默德刚开始接受真主启示时的内容，多为短章，内容中洋溢着对唯一神真主的信仰以及对末日的警告等宗教热情。后来，以伊斯兰信仰为共同基础的穆斯林社群组织乌玛形成，鼓励并推动信徒信仰的启示开始增多。在接下来的"麦地那篇章"中，很多启示都在描述伊斯兰共同体的法律法规以及信徒之间的社会生活。

《古兰经》所描绘的真主至仁至慈，至恕至爱，但也拥有惩恶属性，对于不义的人也会愤怒惩责，这一点与《旧约圣经》中的神明性格相似。

在真主面前，穆斯林一律平等，这种平等主义也是伊斯兰教成为世界性宗教的原因之一。通过军事征服的武力传播以及商人贸易的文明传播后，伊斯兰教在世界各地开花结果。如今，以阿拉伯半岛为中心，伊斯兰教信徒已经遍布整个亚洲、非洲和欧洲大陆。

7. 起源自印度的宗教

印度是一个宗教盛行的国度。由于各宗教的成立时间各异，传承人不同，婆罗门教（印度教的古代形式）、印度教、佛教等宗教中流传着众多内容迥异的神话。其中，婆罗门教和印度教尊《吠陀》（详见第163页）为宗教圣典。《吠陀》的形成和完善经历了数百年的努力，是公元前1000—公元前500年古代印度神话的汇编，并非由某个人在某一时期创作而成。此外，信奉并起源于《吠陀》的印度宗教皆可称为"吠陀宗教"。印度

---

① 622年前后，先知穆罕默德及其信徒从麦加迁居至阿比西尼亚、麦地那等地。

的圣典分为《天启书》与《圣传书》，《吠陀》一书归属于《天启书》。

其实，印度宗教中并不存在如基督教《圣经》一般拥有绝对权威的圣典，不同宗教流派所信奉的圣典各不相同。其中，婆罗门教重视由本集（Saṃhitā）、《梵书》（Brāhmaṇa）、《森林书》（Āraṇyaka）与《奥义书》（Upaniṣad）构成的四大吠陀；而印度教尊崇的是两大史诗——《摩诃婆罗多》（Mahābhāratam）和《罗摩衍那》（Rāmāyana）以及贯穿于所有生物和宇宙之中并维持生命的力量——普拉那（prāṇa）。

尽管如此，印度教、佛教、耆那教、锡克教这些起源于印度的宗教依旧拥有统一的核心概念——"达摩"（dharma），即"法"（影响整个宇宙的真理或规则）。"达摩"一词，从古代时期起便可从婆罗门教教义中发现它的踪迹。在历经数千年的扩展和延伸后，如今已经无法对其含义和概念给出单一的简洁定义。

在印度教中，"利塔"（ṛta）指"生命和宇宙的秩序"，"达摩"原意是"维持"，即以正确的行为来维持生命和宇宙秩序，指"生命的正道"，其中包括义务、权利、法律、行为以及德行等。此外，佛教中的"达摩"指宇宙的法律和秩序，耆那教中的"达摩"指渡津者蒂尔丹嘉拉（Tīrthaṅkara）以及人类净化相关的教义，而在锡克教中，"达摩"指正确的道路以及合理的宗教实践。

说起宗教和哲学，这两者在印度并非泾渭分明。印度的宗教中也包含着非哲学的内容，所以印度的宗教并不能和印度的哲学完全画上等号。但印度哲学的基础书籍又是宗教圣典，这也意味着印度哲学始终没有脱离宗教的影响。

8. 婆罗门教·印度教

婆罗门教起源于古印度宗教，也是现在印度国教——印度教的古代形式。婆罗门教吸收了各种民族宗教的教义，结合了印度民间的信仰，经商羯罗改革后，逐渐发展成为如今的印度教。婆罗门教最初为多神崇拜，其最高神并不固定，每种祭祀仪式都以其奉祀的对象神为最高神。

印度教中的种姓制度将人分为四等，这种种姓思想在《原人歌》中已见端倪。四种姓中，婆罗门（祭司阶级）最为高贵，其次为刹帝利（武士和王族阶级）、吠舍（平民阶级）以及首陀罗（奴隶阶级）。除四大种姓外，还有一种被排除在种姓之外的更低阶级，即所谓的"不可接触的贱民"——达利特。在婆罗门教中，婆罗门源于可以支配宇宙万物的根本原理波拉乎曼（梵），因而备受尊崇。

公元前 15 世纪左右，雅利安人从中亚大举入侵印度，在征服原住民达罗毗荼人（即德拉维达人）的过程中逐渐形成了婆罗门教。此后，公元前 7—公元前 4 世纪，以《奥义书》的思想为前提和出发点，古代印度哲学体系逐步发展并得到确立，从理论上解决了婆罗门教的宇宙观和人生观问题，为婆罗门教的后续发展夯实了理论基础。

奥义书哲学将作为外在的、宇宙的终极真实——波拉乎曼（梵）与作为内在的、人的本质——阿特曼（我）结合并相等同，建立了"梵我一如"的原理，认为掌握了该原理，即领悟了真理，便可脱离轮回业报，获得最终解脱。

到了公元前 5 世纪左右，圣典《吠陀》（详见第 163 页）最终成书。在此后的岁月中，《吠陀》作为婆罗门教中各个社会等级均需遵守的行为规范，一直流传至今。

由于《吠陀》由梵语写成，所以只有婆罗门这一阶级能够自由诵读。为了反对这种特权，印度出现了与婆罗门思潮相对立的沙门思潮，佛教以及耆那教便是在这一思潮中成立的。1—3 世纪，佛教广泛传播，婆罗门教的势力曾一度衰落。到了 4 世纪，在吸收融合其他印度民族宗教的思想内容后，婆罗门教文化空前繁荣，完成了向印度教的转化。

15 世纪，印度处于伊斯兰势力的统治之下，原有的宗教格局开始发生重要转变，不接受从属于伊斯兰教的一派自此建立起了锡克教。

目前，全球印度教信徒超过 11 亿人，其中印度国内就有 10 亿人。单从信徒人数看，印度教是继基督教、伊斯兰教之后，世界上信徒数第三多的宗教。从狭义上看，印度教继承了婆罗门教圣典和种姓制度，是一种吸收融合当地神祇和崇拜方式而逐渐形成的多神教。公元前 5 世纪左右，印度教的萌芽开始显现。到了 5 世纪左右，声势浩大的印度教开始吞噬当时仍处于优势地位的佛教。

印度教在保持神明信仰的同时，还拥有"轮回""解脱"等独特概念，其特殊的种姓制度与其生活方式、身份、职业等诸多方面息息相关。（从法律角度而言，1947 年印度正式废除了种姓制度。然而在实际社会运作与生活中，印度想彻底废除种姓歧视的美好愿望至今仍是镜花水月，遥遥无期。）

在印度教教义中，最核心的概念当数"三相神"，即由分别代表天帝各种宇宙功能的三尊主神——梵天（Brahma）、毗湿奴（Vishnu）和湿婆（Shiva）构成的三位一体。其中，梵天是创造万物的始祖，被称为"创世之神""宇宙之主"，是"终极实在"或"宇宙精神"的化身；毗湿奴是宇宙与世界的守护之神，又被称为"维护之神"；湿婆兼具生殖与毁灭、创造与破坏的双重性格，是世界的起因，也是万物的终结，被奉为"毁灭之神"。但如今，印度却鲜有梵天的崇拜者，广受信徒信仰崇拜的是毗湿奴和湿婆。

从广义上讲，除基督教、伊斯兰教等发源于印度以外地区的特定宗教外，所有发祥于印度的宗教皆可称为印度教。印度宪法将信仰锡克教、耆那教、佛教的信徒均视为广义上的印度教信徒。印度教由于包含各种信仰、传统与风俗，所以并不具备类似基督教的教会制度、宗教权威、先知以及统一且共通的官方教义。此外，印度教信徒拥有足够的思想自由，他们既可以信奉多神教、泛神论、一神教，也可以将不可知论、无神论或是人道主义当作自己的信仰。

由此可见，印度教所囊括的信仰、思想和真理极其广泛，若想给印度教下一个全面而准确的定义，实非易事。

9. 佛教

公元前5世纪前后，释迦牟尼（原名乔达摩·悉达多）在古印度北部创建了佛教。从公元前450年左右，佛教开始在印度广泛传播。作为反对婆罗门教思想的宗教势力，佛教反对种姓制度，为除婆罗门外的所有人开辟了通往真理的道路，主张"任何人皆可成为佛陀，并最终悟道成佛"。

在释迦牟尼涅槃约百年后，由于对戒律的解释迥异，佛教分裂为积极前进的大众部和传统保守的上座部。公历纪元前后，以普及释迦牟尼教义为目标的大乘佛教开始兴起，后来也传播到了日本。

经过广泛的传播和发展，佛教的教义和教团历经诸多演变分化成了各种宗派与形式，演化出禅修冥想法、至今在西藏和日本真言宗中仍旧留存的密教以及净土信仰，等等。据《日本书纪》（详见第417页）记载，佛教传入日本是在飞鸟时代的552年。

在佛教的世界观中，最根源的思想是从奥义书哲学中延续而来的"轮回"和"解脱"。万事万物都因直接因素（因）和间接因素（缘）而产生。基于该理解，这种"凡是存在之法皆由诸因缘而起"的因果论被称为"缘起"。

佛教认为，一切存在皆是依因果之理而生成或灭坏，人生前的行径将决定往生后的归属，人需要在尝遍转世之苦中一次次经历轮回转世。人生本质即为苦（Dukkha），而在永恒轮回中摆脱无休无尽的痛苦即为解脱，佛教教义的终极目标便是"求得解脱"。

所有结果必定有其原因，轮回转世也不例外。佛教中讲究因缘，主张幸福来源于自身的选择与努力，察觉痛苦和迷茫的根本原因后，将其彻底斩断，便能获得永恒的幸福。

佛教以佛、法、僧为三宝。其中，佛，即佛教创始人释迦牟尼；法，即佛教教理达摩；僧，即依诸佛教法如实修行的僧伽。修行佛道之人必须修持的三种基本学业被统称为"三学"，其中包括戒（戒律之学，即言行思想的戒律准则）、定（禅定，即摈除杂念，专心致志）、慧（增上慧学，即彻悟宇宙人生真相的智慧）。此外，佛教中的天神并没有超脱生死轮回，而是归属于六道轮回中的天道，依旧是有情之众生。因此，虽然众神是佛教徒信仰的对象，但严格说，天神并不是佛，其存在地位甚至低于佛陀。

"佛典"是佛教典籍的简称，也是佛教圣典、佛教经典的总称，具体可分为律、经、论三大类。律为"律藏"（出家修行者应遵守的戒律以及佛所制定的教团之生活规则），经为"经藏"（释迦牟尼教说要义之集成），论为"论藏"（对经、律等佛典教义的研究以及论述解说），这三种佛典统称为"三藏"。

在汉字文化圈中，由于大乘佛教经典和疑伪经不断增加，在阶段性的传播翻译过程中，佛典群经历了汇总以及重组，原本的"三藏"格局逐渐被打破。汇聚了律、经、论以及其他佛典的丛书被称为"一切经"或"大藏经"，因此这两个词语也被专门用来代表一切佛教圣典的总称。

若说佛教最突出的特征是什么，那便是佛教并不似基督教等闪式一神教一般，认为神即全知全能的造物主。在佛教中，世界既无开端也无终结，只是在按照因果论不断流转变化。虽然婆罗门教和印度教认为，创造万物的始祖梵天是世界唯一最高之神，但在佛教中，世界和生命皆无休无止，并不存在宇宙的起始。这个世上没有能给人们带来福运或招致不幸的上帝，也没有用洪水来惩戒人们的神明，一切命运皆由自己行为的善恶决定。

此外，佛教中也存在诸神的概念，比如梵天、帝释天、四大天王、坚牢地神、龙王、炎王光佛等善鬼神，以及夜叉、罗刹等恶鬼神，但并不存在诸如印度教中的梵天（创世之神）、毗湿奴（维护之神）、湿婆（毁灭之神）三大主神那样突出的存在。佛教中的神是符合因果之理的存在，和普通人类一样，都是不断轮回的迷惘众生。

此外，佛非神，而是觉悟佛学真理之人。佛教认为，这个世上只有释迦牟尼一人达到了真正的圆满觉悟，但在茫茫宇宙之中，遵循缘起因果，脱离迷茫之境，彻悟宇宙人生之理者还有千千万。因果之理并非后世之造物，在浩瀚宇宙中始终存在，只不过是佛在彻悟后开始度化众生，将众多教诲说与众人听。

在基督教的教义中，上帝赋予人类以命运。人们饱受地震之苦，基督教教会惨遭破坏，这些皆源自上帝的意志。所以从某种意义上说，这也是上帝对人类的考验。

"既然上帝既善又全知全能，为何他不消除一切苦难与邪恶呢？"这是基督教神学面临的一大课题。但在佛教中，按照自食其果的因果之理，我们自身的行为创造了我们自身的命运，也就是说，命运并不是佛的安排，而是由自己的业力决定的。

佛教的另一大特征是，释迦牟尼否定了婆罗门教和印度教倡导的"我"（阿特曼）的存在，主张一切生成的事物都只是现象，并不存在为其提供依据的恒常不变的本质，故谓"无我"（Anātman）。

佛教称一切事物皆无固定普遍的实体，即"诸法无我"，并将没有实体的状态称为"空"。这里的"空"并非"一无所有"之意，佛学仅承认现象的存在，但否认恒常不变的实体的存在。

物质世界和精神世界中都不存在实体，只存在着生成、消亡以及变化的现象。无论是这个世界，还是自己的存在，抑或是生与死，一切皆为"空"，一切皆是一种现象，因此佛教教义劝导众生无须执着于生死。

基督教认为，物质和精神都存在着实体，这个实体被称为"灵"（spirit）或"魂"（soul）。这两者都以唯一的上帝为创世的根源，并各自拥有实体。承认物质拥有实体的观点属于唯物论，承认精神拥有实体的观点属于唯心论，而"空"的思想则跳脱了这个界定，既不承认物质实体的存在，也不承认精神实体的存在。

第 2 章

哲学与思想

西方哲学·思想的发展过程

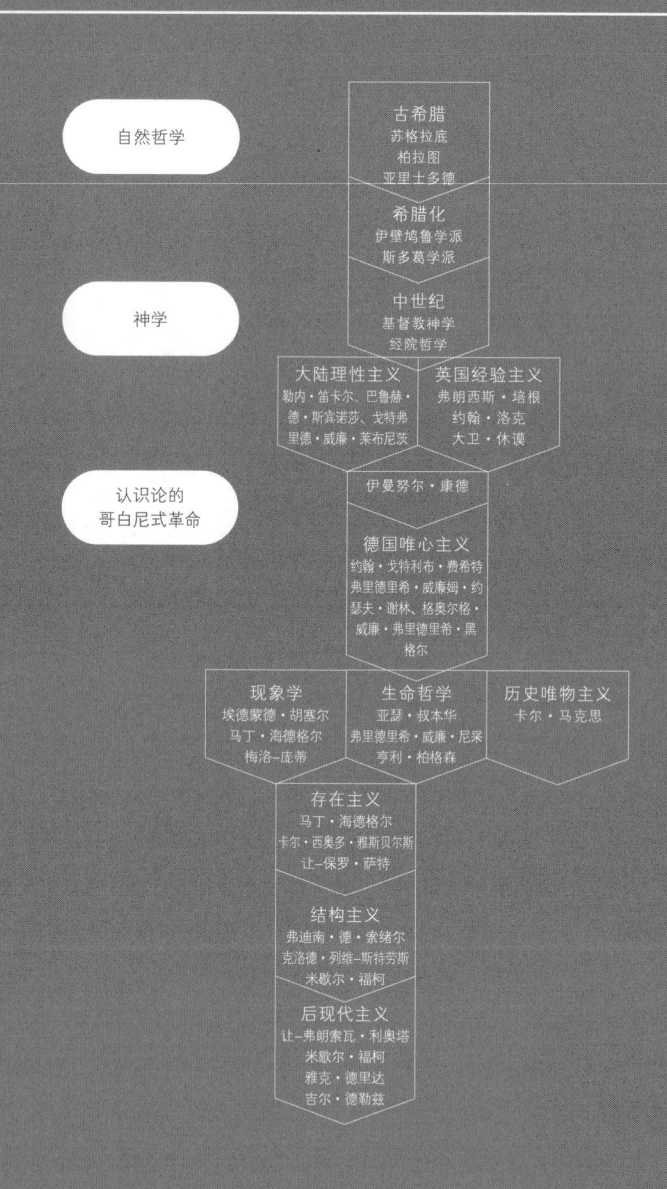

自然哲学

古希腊
苏格拉底
柏拉图
亚里士多德

希腊化
伊壁鸠鲁学派
斯多葛学派

神学

中世纪
基督教神学
经院哲学

大陆理性主义	英国经验主义
勒内·笛卡尔、巴鲁赫·德·斯宾诺莎、戈特弗里德·威廉·莱布尼茨	弗朗西斯·培根 约翰·洛克 大卫·休谟

认识论的哥白尼式革命

伊曼努尔·康德

德国唯心主义
约翰·戈特利布·费希特
弗里德里希·威廉·约瑟夫·谢林、格奥尔格·威廉·弗里德里希·黑格尔

现象学	生命哲学	历史唯物主义
埃德蒙德·胡塞尔 马丁·海德格尔 梅洛-庞蒂	亚瑟·叔本华 弗里德里希·威廉·尼采 亨利·柏格森	卡尔·马克思

存在主义
马丁·海德格尔
卡尔·西奥多·雅斯贝尔斯
让-保罗·萨特

结构主义
弗迪南·德·索绪尔
克洛德·列维-斯特劳斯
米歇尔·福柯

后现代主义
让-弗朗索瓦·利奥塔
米歇尔·福柯
雅克·德里达
吉尔·德勒兹

1. 何为哲学

明治初期，日语中的"哲学"一词由日本近代教育家、启蒙思想家西周从英文的"philosophy"一词翻译而来。"philosophy"源于希腊语的"philosophia"，其中"sophia"意为"智慧"，"philein"意为"爱"，两个词语组合起来即为"热爱智慧"。人类虽然无法像神明一般无所不知，但只要心怀对知识的热爱，在求知的过程中就能无限趋近于真理，这便是哲学最初的含义。说起日本人对该词的喜爱，从上智大学（Sophia University）中的"上智"与慈善活动（philanthropy）中的"慈"等字眼中也能窥见一二。

"philosophia"一词最早由古希腊哲学家赫拉克利特和古希腊历史学家希罗多德提出，但到了苏格拉底和柏拉图的时代，该词才被正式用于表示"哲学"。

公元前5世纪，古希腊哲学流派诞生，与黄河流域以孔子、老子为代表的诸子百家，以及源于北印度的以奥义书和释迦牟尼为代表的宗教哲学，三者交相辉映。发源于这三个地方的哲学可以说是后世哲学、思想与宗教的起源。

日本佛教哲学家井上圆了曾将苏格拉底、伊曼努尔·康德、孔子、释迦牟尼四人选为代表古今中外哲学的四大圣贤，并称之为"四圣"。此外，德国哲学家、精神病学家卡尔·西奥多·雅斯贝尔斯在《历史的起源与目标》一书中，将公元前800至公元前200年的时代称为人类文明的"轴心时代"（Axial Age）。因为在这段时期，全球范围内发生了人类文明精神以及知识的大爆发、大突破。

哲学虽是各个学科的源头，但我们仍会感觉哲学是一个虚无缥缈的概念，难以捉摸，且无从入手。其实，有这种感觉不足为奇，从古希腊至今，哲学始终没有一个明确的研究对象。"哲学的目的是使思想在逻辑上清晰。"正如英国哲学家路德维希·维特根斯坦所表述的一样，哲学的研究对象和研究范围总是在随着人类的思考与时代的变迁而不断演变着。

为了掌握哲学整体的脉络与发展趋势，我们首先以西方哲学为中心来探寻哲学的前世今生及其现下所处的地位吧。

2. 西方哲学的起源：本质主义的缘起，从认识论到存在论的转变

西方哲学的根基源于古希腊哲学和基督教信仰（希伯来信仰），这也是西方哲学的

最大特点。

以伊奥尼亚（今土耳其安那托利亚西南海岸地区）为中心开启的早期古希腊哲学，初期以"自然"为研究对象。在这一时期，哲学家们探讨的问题是"万物由何而生""何为世界万物的本原"，等等。古希腊的数学演绎法与逻辑思考也渗透到了这一阶段的哲学研究之中。

上述时期贯穿了公元前8到公元前6世纪，创作了《伊利亚特》和《奥德赛》（详见第165页）的伊奥尼亚吟游诗人荷马，以及古希腊最早的哲学家泰勒斯都活跃在这一时代。

到了公元前5世纪，苏格拉底于雅典诞生，随后又迎来了柏拉图、亚里士多德的时代。哲学家们的讨论开始聚焦于"人为何而活""人应该如何生存"等精神层面的问题。除了"自然"外，"人"也开始成为哲学的研究对象。

苏格拉底反对以普罗泰戈拉为代表的诡辩家们（擅长运用辩论术之人）所提出的相对主义（relativism），他致力于追求普遍的绝对真理。苏格拉底的弟子、亚里士多德的老师柏拉图后来继承了老师苏格拉底的理想主义。

柏拉图的哲学核心是"理念论"（Theory of Ideas）。他认为，我们所看到的"流动"的事物和世界，不过是流于表面的不完美假象，存在于其背后的永恒不变的"ideas"（观念、理念、理想）才是万物的"本质"，才是真实的"存在"。

因此，本质主义（essentialism）认为，世间万物都存在一个永恒不变的核心部分，即本质（客观实在）。本质决定了万物在真实世界的表现形式。

古典人文主义对"人类"持本质主义的观点，相信世间存在永恒不变的人性（human nature），即在古典人文主义的观点中，人类本质上都存在人性，这种"人性即人"的本质的存在是永恒不变且不容置疑的。

基于我们每个人认知的背后都存在理念（idea）这一观点，唯心主义（idealism）认为理念才是万物的本质。因此，唯心主义可以说是以探究认知的本质、方法和边界为核心的认识论（epistemology）的本源。同时，从理念（idea）是事实存在的意义上来说，唯心主义也可以被视为（与朴素实在论相对，作为观念实在论存在的）实在论（realism）的起源。（详见第047页）

时至今日，柏拉图哲学依然是西方哲学的基石，其中囊括了西方哲学中的诸多观点。正如英国哲学家阿弗烈·诺夫·怀海德在其著作《过程与实在》中所言："整个西方两千年的哲学史，不过是柏拉图思想的注脚而已。"

在存在主义（existentialism）诞生之前，柏拉图的本质主义思想一直被视为西方哲学的核心理论。正如后文所述，柏拉图的观点后续遭到了让-保罗·萨特等存在主义思想家们的批判。他们认为"首先有现实存在，且其本质由行为主体本身的行为所决定"。

在柏拉图"事物存在本质"的理念论的基础上，亚里士多德明确提出并建立了针对存在的探讨体系。亚里士多德从实在论的立场出发，批判了理念是独立于个体存在的观点，主张"万物的本质存在于万物本身，应该正视万事万物的现实存在"。

在亚里士多德之后，直到康德认识论（epistemology）中的"哥白尼式革命"为止，存在论（ontology）一直都是西方哲学的中心，该理论追寻万事万物存在的根本意义及其存在的依据。

柏拉图从唯心主义的观点出发，认为理念是客观存在于世界上的；而亚里士多德从实证经验主义出发，认为万事万物本身即存在。这是二人在哲学思考上的不同，这种不同也和西方哲学的两大潮流密切相关。

在后来的希腊化·罗马帝国时代中，哲学的主要论题演变为"如何生活才能获得幸福"这类更加贴近人生的问题。例如，始于伊壁鸠鲁的伊壁鸠鲁学派认为"精神充实所带来的快乐才是善，才是人生的目的"；由芝诺创立的斯多葛学派则解释了"如何克服自身所面临的苦难和难题"。其中，提倡接受自身命运并积极面对生活的斯多葛学派哲学思想，被确立为以罗马五贤帝之一的马可·奥勒留为首的罗马帝国统治者们的指导哲学。

在接下来的从西罗马帝国灭亡（476年）到东罗马帝国覆灭（1453年）的约一千年间，也就是欧洲中世纪时期，哲学的主要研究对象演变成了"神"。中世纪时期，基督教的神灵可以统治整个世界和所有人类，所以也被视作普遍性原理和秩序的来源。从这个意义上来说，哲学成了宗教的附庸。

6世纪上半叶，柏拉图创办的柏拉图学院以及亚里士多德开设的吕克昂学院相继关停，很多哲学家和文献资料也因此流落至阿拉伯世界。伊斯兰帝国建立后，阿拔斯王朝（750—1258年）将翻译哲学文献确立为一项国家事业，招募了大批叙利亚学者至巴格达，致力于将叙利亚语的希腊文献翻译成阿拉伯语。

12—13世纪，经由伊斯兰哲学家们传承下来的古希腊·罗马哲学、神学、科学等文献由阿拉伯语翻译为拉丁语，这使得哲学之花再次盛开在欧洲世界。

后来，西方哲学开始从基督教中逐渐脱离，最终获取了独立的地位，这在很大程度上要归功于经院哲学。经院哲学由罗马天主教会的神学家和哲学家所确立，意大利神学家托马斯·阿奎那就是其代表人物之一。

经院哲学以基督教教义为绝对真理,后经由亚里士多德哲学,得到了进一步的理论化和系统化。经院哲学的发展也正是中世纪大学诞生的契机,比如于 11 世纪末诞生的博洛尼亚大学、于 12 世纪上半叶诞生的巴黎大学皆与其息息相关。

中世纪大学中设置有神学院、法学院、医学院这三个培养专业人才的高级学院以及艺学院,并正式规定了进入高级学院的必修学科,即被称为博雅教育(Liberal Arts)的自由七艺(文法学、修辞学、逻辑学、算术、几何学、天文学和音乐)。无论是哲学院的学生,还是艺学院的学生,均须学习上述科目。

此外,哲学作为自由七艺的上位学科,是"人应该具备的实践性知识和基础学科知识",可以统管其他七门学科。但是,哲学之上还有神学。正如"哲学是神学的婢女"所述,若论述其二者的关系,宗教即是主人,哲学则是侍奉哲学的奴仆。

同一时期,东罗马帝国(395—1453 年)以古希腊、希腊化和古罗马文化为基石,在融合了基督教、波斯和伊斯兰等影响因素后,最终发展形成了自己独特的拜占庭文化。1453 年,奥斯曼帝国军队攻陷了君士坦丁堡(今伊斯坦布尔),迫使很多学者移居意大利。人们自由解读东罗马帝国的希腊语古典文献,自此兴起了一股文艺复兴的风潮,这场文化运动旨在复兴古希腊、古罗马的文化与学问。

"文艺复兴(Renaissance)"的法语原意为"重生""复活",后多译为"文艺复兴"。文艺复兴得以在意大利发展壮大,离不开拥有众多财富积累的都市商人们对文化事业的积极支持。在文艺复兴的风潮之下,欧洲从教皇、皇帝和封建贵族掌控权力的封建时代,逐步过渡到基于公民现实、世俗感受来给予人类充分尊重的人文主义时代。

中世纪末期的 16 世纪初,马丁·路德公开批判发售减免罪罚的赎罪券,从而揭开了宗教改革的序幕。加之信徒们对教皇地位世俗化、神职人员堕落等诸多现象感到不满,逐渐形成了新教与罗马天主教分庭抗礼的局面。

视线聚焦到同一时期的法国。约翰·加尔文秉持"预定论"的核心思想,主张"上帝在起初就预定了人会获救还是会沉沦,即所谓的选民或弃民。上帝赐予了选民生命;弃民却必定沉沦"。加尔文为上帝赋予的天职加持了宗教上的合理性和道德感,这种禁欲主义倾向的职业伦理转瞬便在欧洲大陆蔓延开来。随后,马克斯·韦伯在《新教伦理与资本主义精神》(详见第 092 页)一书中提出了一种学说,即认为加尔文派的预定论和职业伦理催生了资本主义的原型。

宗教改革运动极大地撼动了罗马天主教会的权威。在此背景下,14 世纪始于意大利的文艺复兴将世界的中心从"神"转移到了"人",这也使得学界诞生了一种全新的世界观——通过人的理性来认识自然,从而抵达普遍真理。在后续的发展过程中,哲学中"神"的领域不断缩小,"人"逐渐成了哲学的主要研究对象。

存在论和认识论

在古典主义的分类中，哲学可分为认识论、存在论和伦理学三种。
(1) 认识论（知识论）：探究有关世界以及世界中所存在的事物的"知识"；
(2) 存在论（形而上学）：探究有关世界以及世界中所存在的事物的"本质"；
(3) 伦理学（伦理哲学、道德哲学）：探究人类理想的生存方式以及正确的生存方式。

认识论（德语为 Erkenntnistheorie，法语为 Épistémologie，英语为 Epistemology）主要考察认识和知识的起源、构造、范围以及方法，旨在探究如何认识人类以外的世界。其探究主题包括"人是如何正确了解事物的？""人是如何对事物抱有错误的认知的？""是否存在人类无法认知的领域？如果存在，又是以怎样的形式存在的？"，等等。

根据考察重点究竟是认识主体还是认识客体，认识论可分为唯心主义（观念上的东西和精神上的东西独立于外界）和实在论（概念和观念所对应的东西实际存在）。在实在论中，当事物对应的东西是概念和观念时，即为观念实在论；当其对应的是物质和客观存在时，即为朴素实在论或科学实在论。为了与自然科学领域中的科学认识论区分开来，这里所说的认识论指哲学认识论。

存在论（德语为 Ontologie，法语为 Ontologie，英语为 Ontology）主要考察并规定了一般情况下所有存在事物（存在者）的共通性质和根本普遍性规则，并不探究各种存在的各自性质。

存在论常与形而上学同义。"存在"的概念是形而上学中最核心的主题之一，这源于《形而上学》一书中的定义——亚里士多德把阐明存在的普遍原理以及事物发生发展原因的学问称为"第一哲学"，研究由上述原理和原因所生成的具体存在（自然）的自然哲学（即如今的自然科学）则被亚里士多德称为"第二哲学"。对于亚里士多德来说，探究存在根本原理和形成原因的学问更加重要，所以将其冠名为"第一哲学"。不过，随着时代变迁，形而上学也发生着异质性变化。亚里士多德的"第一哲学"围绕"诸存在（万物）的根本原因和原理"的主题，从感觉、非感觉、逻辑、数学、神学等诸多方面进行了广泛考察。近代以来的形而上学则有所不同，随着自然科学的发展，其考察对象开始聚焦于一些狭小的领域。

在这些基础之上,"近代哲学之父"勒内·笛卡尔创立了近代意义上的认识论。针对"并不存在无疑的事物"的全面的怀疑主义(skepticism),笛卡尔认为,"我思故我在"(拉丁语:Cogito, ergo sum),在所有事物都接受怀疑后,唯有净化后的精神是无疑的。

笛卡尔认为,认识起源于理性直观(理性主义);"英国经验主义之父"约翰·洛克则认为,认识起源于感觉经验(经验主义)。此外,在伊曼努尔·康德统合理性主义和经验主义的"哥白尼式革命"之后,哲学开始向认识论方向倾斜。

然而,在第一次世界大战之后,尼古拉·哈特曼提出了新存在论,认为在哲学体系上,存在论位于认识论之上,该理论的主要特征之一便是批判的存在论。此外,马丁·海德格尔提出了基础存在论,主张"在探究一般存在之前,必须先阐明人类存在"。上述这一切使得哲学世界开始走向"从认识论到存在论"的摇摆之路。

3. 提出"知识就是力量"的弗朗西斯·培根:17世纪工业革命与英国经验主义的诞生

谈起哲学主题从信仰和宗教转向理性和科学的时代,有一位象征性人物不得不提及,他就是英国哲学家、科学家、政治家弗朗西斯·培根。"知识就是力量"(scientia est potentia)。除了这句世人皆知的至理名言外,培根还超越了经院哲学的演绎法(deduction),提出了归纳法(induction),即从观测自然和实验中揭示真理。这种认识方法后续也成了经验主义(empiricism)的起点。

17世纪,欧洲正处于科学革命的激荡之中。宗教改革和文艺复兴致使天主教会以上帝为核心的世界观渐渐退出主流舞台,大航海时代的开启为欧洲大陆带来了全新的知识与信息。此外,望远镜、显微镜等观测实验性工具陆续问世,数学开始融入自然现象的理论之中,这些皆使得科学取得了革命性的飞跃。

其中,伽利略·伽利雷、约翰尼斯·开普勒、艾萨克·牛顿等著名学者都为科学进步发挥了开创性的作用。例如,伽利略在《星际信使》(详见第336页)中主张哥白尼的日心说,推动了哥白尼学说的传播;开普勒发现了行星运动三大定律,对天文学做出了极为重要的贡献;牛顿阐释了诸多学科的完整体系,他提出的万有引力定律奠定了此后三个世纪物理世界的科学观点。此外,牛顿不仅在数学上成就卓越,为古典数学做出了极大贡献,在力学方面,他还提出了牛顿运动定律,这一定律在各领域都得到了极为广泛的运用。

培根和笛卡尔同为机械论世界观的先驱，他的思想历经诸位学者的发展和阐释后，最终确立为英国经验主义（British empiricism）。英国经验主义前后承继，自培根时代一直到大卫·休谟时代，前后将近两百年时间，其成就之多，影响之深，可谓世间罕见。其中，托马斯·霍布斯和培根一脉相承，在著作《利维坦》（详见第 259 页）中大力倡导社会契约论。紧接其后，约翰·洛克在其哲学著作《人类理解论》（详见第 195 页）中系统梳理了英国经验主义，被世人誉为"英国经验主义之父"。英国经验主义的最后一位代表大卫·休谟完成了哲学著作《人性论》，在哲学史上产生了深远的影响。

　　休谟的思想对康德也影响深刻。康德曾夸赞："是休谟让我从'教条式的噩梦'中觉醒。"此外，休谟与同样来自苏格兰的亚当·斯密交往甚密。亚当·斯密后续发表的伦理学著作《道德情操论》和经济学著作《国富论》（详见第 077 页）都得益于二人的交流。因其著作对世界影响巨大，亚当·斯密被誉为"古典经济学之父""现代经济学之父"。

　　在同一时期的欧洲大陆上，让-雅克·卢梭从霍布斯和洛克的思想中继承了社会契约的概念。在《社会契约论》（详见第 198 页）中，卢梭提出了"共同体（国家）成员具备'普遍意志'"的观点，对法国大革命产生了强烈的影响。此外，卢梭的思想对德国唯心主义（German idealism）的影响也毋庸置疑，康德、约翰·戈特利布·费希特、格奥尔格·威廉·弗里德里希·黑格尔等德国著名哲学家均从卢梭的思想中受益颇多。

　　英国经验主义始于培根时代，推动了 17 世纪下半叶到 18 世纪的启蒙主义（enlightenment）时代的到来。圣经和神学的权威日益衰败，人们试图通过人类原本的理性来看清眼前的大千世界。这个时代的思潮涌动甚至对英国光荣革命（1688—1689 年）、美国《独立宣言》（1776 年）以及法国大革命（1789—1799 年）都产生了重大影响。

4. "近代哲学之父"笛卡尔：从存在论到认识论的转向及大陆理性主义的诞生

　　与霍布斯同时代出现在法国哲学界的，还有一位举足轻重的代表人物——"近代哲学之父""大陆理性主义奠基人"笛卡尔。笛卡尔的核心思想"我思故我在"是哲学史上最著名的命题之一，该命题确定了作为思维主体的自我精神及其存在，可谓近代哲学以理性探寻真理的起点。

　　17 世纪笛卡尔诞生时，欧洲大陆正处于科学革命的时代。笛卡尔认为，唯有通过数学和几何学得出的概念才是无疑的。当时的怀疑主义在排除宗教权威的成见后，通过

"怀疑一切"来寻求确切无疑的知识,这种"怀疑"(怀疑是得出准确知识的一种手段)甚至开始怀疑上帝的存在。对此,笛卡尔得出了结论,即在所有事物都接受怀疑后,唯有净化后的精神是无疑的。

笛卡尔主张,在谈论存在之前,必须讨论如何认识存在。该主张使得形而上学的中心课题——通过理性来认识世界普遍原理——从存在论(ontology)转向了认识论(epistemology)。

此外,笛卡尔还提出了"物质无思想,精神无广延"的心物二元论(mind-body dualism),认为世界上存在两个实体,一是只具有空间广延属性而不具有思维能力的"物质"世界,二是只具有思维能力而不具有空间广延属性的"心",二者截然不同,彼此独立存在。目前,这一哲学中的传统问题,在认知科学、神经科学、理论物理学和计算机科学等领域也受到了广泛关注。

英国经验主义认为,人类通过经验来获得各种各样的观念和概念,试图通过归纳法来探寻真理。与此相对,始于笛卡尔的大陆理性主义(continental rationalism)则认为,基本的观念以及理性(天赋观念)是人类与生俱来的素质,通过理性认识来窥见真理,并从中引导得出一切规律,这种演绎法才是探求真理的正确方法。

5. "近代哲学先驱"康德:认识论中的哥白尼式革命

英国经验主义和大陆理性主义,旨在通过数学的确定性来抵达真理之境。从这个意义上来说,二者实为表里如一。在此基础之上,18世纪普鲁士王国(德国)哲学家伊曼努尔·康德曾尝试将二者融合。

康德被誉为"近代哲学先驱",为整个哲学界带来了认识论的"哥白尼式革命"。认识论主要考察人类如何认识外部的世界。在此之前,人们认为通过直接接受外部存在的对象便可生成认识。换言之,认识须以对象为依据。

在《纯粹理性批判》(详见第200页)一书中,康德扭转了前人的观点,认为人的知识能力是有限度的,人的认识无法捕捉到永恒真实存在的"物自体"。因此,我们认识到的并非客观对象,而是由知识能力规定的"现象"。康德180度扭转了前人的认识方式(认识论转向),认为人不能认识"物自体",是人的认识构成了现象。康德把这种认识论上的转向类比为哥白尼从地心说到日心说的转向,并称之为认识论中的"哥白尼式革命"。由此,探寻认识本身的近代认识论正式形成。

康德思想的形成离不开大陆理性主义的影响。但受到同时代休谟和卢梭思想的启发后，他开始批判理性主义，认为人只能以基于自身经验的认识框架来认识事物。此外，康德谋求英国经验主义和大陆理性主义的融合，主张并非所有的认识都来源于经验，人们可以通过与生俱来的逻辑思维能力来无限接近对象的实际存在。由此，通过理性来寻求思考与进步的启蒙主义时代逐渐迎来了尾声。

此外，康德在《实践理性批判》（详见第202页）中指出，正如自然界的自然规律一般，世间也存在着道德规律。只要人类不断提高自身能力，便能窥探并接近这一规律。掌握了道德规律，人便能依照自己的信念（行为原理）行事。康德将此称为"自律"，并认为"只有自律，人才能获得自由"。

康德抛弃了经验论认为人类宛如一张白纸的观点，也并未采纳笛卡尔所说的天赋观念，而是直接扭转了认识论的方向，以认识框架为重点，试图揭示人类普遍意识的结构。后来，现代心理学、认知科学、结构主义、现象学等各种新兴学科也由此孕育而生。

19世纪是一个丰富且多彩的时代，崭新的哲学和思想争相亮相，现代学科也借此拥有了坚实的基础。部分认识论脱离哲学的范畴，发展形成了心理学学科；自然科学也不断侵蚀着哲学学科的原有领域。在学科演变的最终阶段，认识论（epistemology）和存在论（ontology）是哲学领域中仅存的硕果。

6. "近代哲学集大成者"黑格尔与现实主义：从德国唯心主义到实在论的转向

基于笛卡尔的主客二元对立的二元论，康德对现象（主观）和物自体（客观）进行了区分，认为人类的知识能力存在限度，人类的认识无法捕捉到"物自体"。18世纪下半叶至19世纪初期，德国正处于走向统一的转型期。生活在这一时期的黑格尔试图通过辩证法来超越康德的二元论框架并突破其局限性，为德国唯心主义（German idealism）做出了最为系统、最为丰富和最为完整的阐述，因此被世人誉为"近代哲学集大成者"。

黑格尔哲学方法论中的核心是辩证法，即从两个立场上针对同一问题进行思维碰撞，通过止扬（Aufheben）将其矛盾统一到一个新的维度，再发展至更高的层次。黑格尔将这个辩证过程分为"正题（These）""反题（Antithese）""合题（Synthese）"三个阶段进行阐释。

在黑格尔哲学入门必读书籍《精神现象学》（详见第205页）中，他主张人类精神活动经历累积辩证，在反复止扬中不断进步，直至最后才能抵达主观精神（精神、灵魂、意识）和客观精神（法律、道德、伦理）相统一的精神最高阶段——"绝对精神"。

康德认为，人类的认识止步于现象本身，所以人类永远都无法探知本质世界；黑格尔的思想则是以自我为中心的一元论，认为人类的精神可以通过辩证法获得绝对精神，这样便能了解世间万物。

19至20世纪，欧洲大陆上诞生了各种实在论（realism），对以黑格尔为代表的德国唯心主义展开了批判。实在论认为，语言对应的概念本身即为真实的存在，这种存在是可以被人类认识所感知的。其中最具代表性的，便是马克思主义的历史唯物主义（historical materialism）。

实在论可细分为三种观点，即认为世界的本质是物质的唯物主义（materialism）、以精神或意识为世界本原的唯心主义（spiritualism），以及主张世界有精神和物质两个独立本原的二元论（dualism）。存在于个体之前的，究竟是实在的普遍概念，还是人类创造的名字呢？在中世纪经院哲学的普遍争论中，曾不断上演着诸如这般的一幕又一幕。"普遍概念真实存在"这一立场来源于柏拉图的思想，他认为"万物的本质即是理念"，所以这种观点被称为理念实在论（Idea realism）。

此外，当时以康德和黑格尔为代表的哲学思潮，皆是围绕理性展开的讨论，人类的"生命"本身并不在哲学探究的范畴之内。

与之相对，亚瑟·叔本华和弗里德里希·威廉·尼采等人则提出了生命哲学（philosophy of life），他们将流动的、非理性的人生本身作为哲学的研究对象。相较于笛卡尔的心物二元论局限于理智和理性的存在，生命哲学更加注重体验和直观性。

7. 存在主义、结构主义与后结构主义：从本质主义到存在主义、结构主义的转向

进入20世纪以后，存在主义（existentialism）运动兴起，人们开始尝试解释人类的存在（现实存在，即一般事物在现实中的存在本身）。"存在（existentia）先于本质（essentia）。"正如让-保罗·萨特所言，这场哲学运动的立场核心即为"人如何根据自己的自由来决定自己的生活方式"。

黑格尔通过辩证法克服了主观和客观的二元对立，主张以自我为中心的一元论；存在主义哲学家们则从人是诸神面前独立的存在的立场出发，将"人"这一个别的、具体

西方近代哲学的发展过程

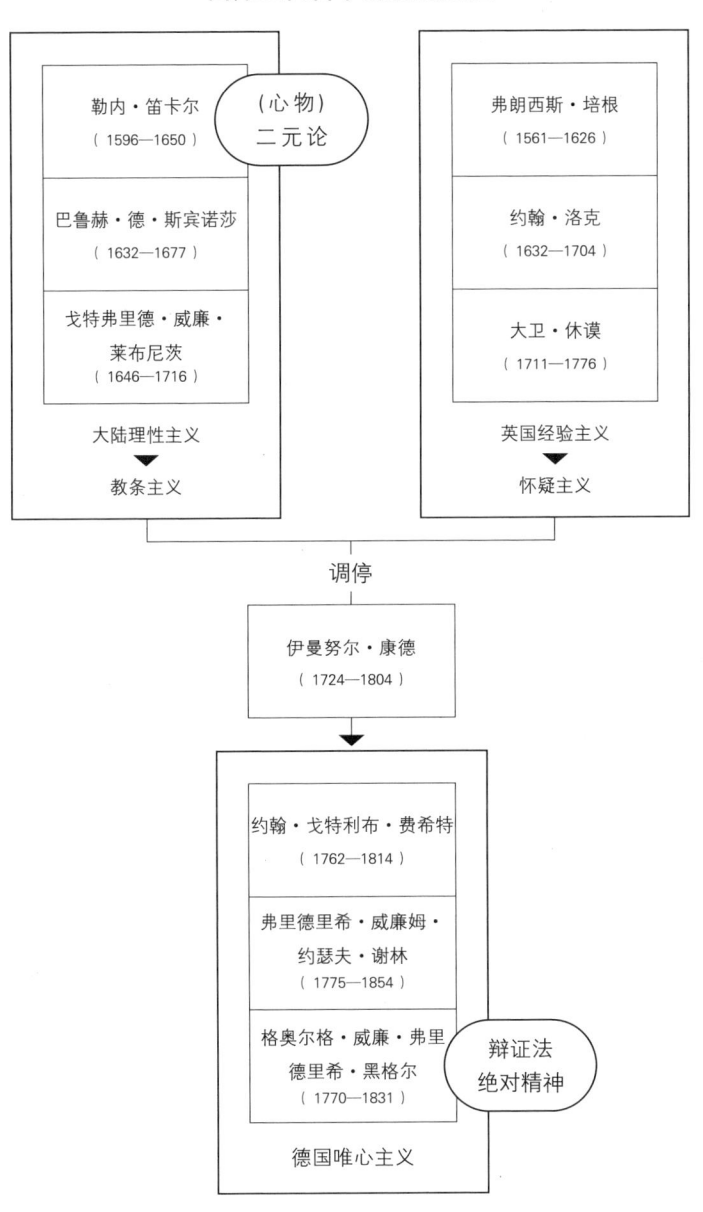

```
┌─────────────────────┐        ┌─────────────────────┐
│  勒内·笛卡尔         │        │  弗朗西斯·培根       │
│  (1596—1650)        │ (心 物) │  (1561—1626)        │
│                     │ 二元论  │                     │
│  巴鲁赫·德·斯宾诺莎  │        │  约翰·洛克           │
│  (1632—1677)        │        │  (1632—1704)        │
│                     │        │                     │
│  戈特弗里德·威廉·    │        │  大卫·休谟           │
│  莱布尼茨            │        │  (1711—1776)        │
│  (1646—1716)        │        │                     │
└─────────────────────┘        └─────────────────────┘
     大陆理性主义                     英国经验主义
         ▼                               ▼
       教条主义                        怀疑主义
```

调停

```
┌─────────────────┐
│  伊曼努尔·康德   │
│  (1724—1804)    │
└─────────────────┘
         ▼
┌─────────────────────┐
│  约翰·戈特利布·费希特│
│  (1762—1814)        │
│                     │
│  弗里德里希·威廉姆·  │
│  约瑟夫·谢林         │
│  (1775—1854)        │
│                     │
│  格奥尔格·威廉·弗里  │ 辩证法
│  德里希·黑格尔       │ 绝对精神
│  (1770—1831)        │
└─────────────────────┘
      德国唯心主义
```

的存在作为哲学的考察对象。在存在主义先驱索伦·克尔凯郭尔的思想基础上，雅斯贝尔斯、海德格尔、萨特等人将存在主义发扬光大。

存在主义的大行其道，无疑与两次世界大战息息相关。尤其是历经第二次世界大战后，人们初次体验到战争灾难的可怕，不禁开始怀疑上帝、真和善等本质的存在。

战争过后，所有存在意义被毁之一炬。陷入悲惨处境之时，人们方才顿悟，上帝并没有赋予人生任何意义，"除了自己的人生以外，没有任何事物能够给自己的人生赋予意义"。换言之，"首先人要存在，然后才能赋予人生以意义"。

古典人文主义以人的本质主义概念为前提，相信永恒不变的人性的存在。然而，存在主义者认为，存在具有不确定性，虽然存在先于人类出现，但其性质依旧由人类主体的实践决定。基督教宗教观相信人拥有本质（灵魂），且人的诞生本身便具有意义，存在主义的观点则彻底颠覆了这一信仰。

20世纪60年代以后，存在主义遭到结构主义（structuralism）的严厉批判，克洛德·列维-斯特劳斯、雅克·拉康、米歇尔·福柯等结构主义哲学家认为："是社会的结构造就了人类的意识，世上并不存在完全自由的人类。"

社会人类学家、结构主义人类学创始人列维-斯特劳斯在世界各地神话中发现了共同且普遍的结构，他的一系列研究成果引起了其他学科对结构主义的高度重视，一个如火如荼的结构主义时代随之到来。列维-斯特劳斯认为，社会和文化的根源中存在着有机的结构，比起单纯描述历史事件，他更想勾勒出这种结构的具体脉络。列维-斯特劳斯主张，该种结构由每个人的文化价值观、家庭以及成长环境等各种要素构成，人的主观意识依托于结构的存在，正是这种结构赋予了人类人生的意义。

20世纪60年代下半叶至70年代下半叶，以法国哲学家雅克·德里达为开端，法国兴起了一股改造结构主义的思潮。跟随在结构主义觉醒之后出现的后结构主义（post-structuralism），对以静止结构为前提的结构主义进行了否定。

后结构主义对结构主义的攻击，主要集中在下述这一点上：结构主义试图在不考虑时间流逝和历史变化的情境下对结构进行分析，所以结构主义无法处理那些实时都在生成和变化的事件。对现代叙事进行解构（deconstruction）的尝试，后来成为影响整个20世纪哲学的一大潮流。

此外，路德维希·维特根斯坦的"语言学转向"也是当代哲学的一次重大转折。"语言学转向"是哲学方法论的一次转变。维特根斯坦认为，是语言构成了现实，人类所能知道的一切都受限于语言的附加条件，所以想要分析哲学思想，应首先分析语言。

维特根斯坦让哲学问题演化成了语言学问题，"凡是能够说的事情，都能够说清楚；

而凡是不可言说之物，就应该沉默"。他主张，人们无法探究上帝的存在与人类意识的内涵，并且世界上的客观存在本身并不存在。

随后，语言分析转而成为哲学的核心命题。但相较于极具说服力的自然科学，现代哲学无疑开始处于劣势地位。

8. 新现实主义：从后结构主义到新现实主义的转向

无论是存在主义还是结构主义，抑或是后现代主义，其根源都来自同一种理解：社会结构如同由人们共同行为构建的梦想，其中并不存在起始便拥有意义的现实。后现代主义最大的特点是"元叙事"，即认为世人共通的普遍真理与规则规范并不存在，诸如道德善恶或是法律正义；存在的只不过是小群体的五花八门的意见罢了。

在20世纪60年代至80年代，基于上述前提，人们开始思考如何改变社会，才能让所有人获得自由，才能避免诸如第二次世界大战、越南战争等给社会带来难以磨灭创伤的巨大浩劫。随后，后现代主义思想和经济体制交相融合，生成了如今的新自由主义（neoliberalism）。后经由美国前总统唐纳德·特朗普，后现代主义思考正式跨进了政治的世界（该观点主张社会现实并不存在）。

在后现代主义出现之前，本质主义的观点一直都是人类历史上的核心思想，即一切事物中都存在恒定不变的核心部分——本质。然而，后现代主义兴起之后，"万物皆是幻想"的相对主义倾向日益强烈。但与此同时，世间也不断上演着对该观点的批判。

在长达半个世纪的哲学对峙中，新现实主义（new realism）率先打破了时代的桎梏，脱离结构主义和后结构主义，开辟了哲学的第三条道路。其新颖之处在于主张"存在独立于思考之外"。

如今，在新现实主义的代表人物中，法国哲学家甘丹·梅亚苏备受瞩目。梅亚苏认为，"语言学转向"作为后现代主义的顶峰，始于康德的"认识论转向"，再往前还可追溯至笛卡尔的哲学观点。但无论是康德的"转向"还是维特根斯坦的"转向"，近代哲学的共同特征都是主张"相关主义"（correlationism），即站在人类优于所有实际存在的立场阐述价值的相对性。

梅亚苏超越了这种相关主义，他试图跳过人类思维，用绝对的数学和科学来描述处于主体之外的世界。基于此，梅亚苏设想了能够通过科学进行考察的"前先祖性"（ancestrality）与"未来可能性"。他认为，斩断思维与现实的关联，进入人类出现之前和人类消亡以后的世界中，方能发现世界的本体。

与此同时，在德国，处在新现实主义核心地位的是现代思想界的年轻天才、德国有史以来最年轻的哲学教授——马库斯·加布里尔。在加布里尔看来，事物的真实存在本就不能脱离特定的"意义场"，且"世界"并不存在，存在的只是现实事物于其中显现的各种"意义场"，以及存在于这些"意义场"中的自在的、现实的事物。"世界并非只是没有观察者的世界，亦非只是由观察者所建构的世界。"世界中不仅存在着客观的物理对象，与之相关的"思想""精神""感情""信念"，甚至类似于独角兽一般的"空想"，其实也都存在。

加布里尔构设的"新现实主义"除了肯定科学的世界外，也肯定了心灵（精神）的固有作用。他虽然充分承认了科学的实用性，但针对在当今社会获得广泛支持的科学至上主义，他并不赞同。在他看来，并非只有自然科学才能触及真实的存在。

如果加布里尔的哲学观点仅仅局限于看法各异的相对主义，那么其终点不过是认识论（epistemology）的概念。但他进一步将相对化贯彻到了存在论（ontology）之中，将"存在"广泛理解为"现实事物于其中显现的各种意义场"。从这个意义上说，加布里尔的"新实在论"是一种全新的现实主义形式，也是如今哲学的前沿所在。

9. 西方哲学与东方哲学的对比

本章前八节主要梳理了在现代思想中占据世界主流的西方哲学历史。但笔者身为日本人，根系自然在东方。接下来，我会比照西方哲学，简要概述东方哲学和日本哲学的发展脉络。

西方哲学与东方哲学的最大区别在于，西方哲学旨在"学"，而东方哲学是寓"教"于学。西方哲学基于数学逻辑思考，试图用语言从理论上阐明世界的本质。而相较于逻辑整合，东方哲学更侧重于人生实践——"如何生活"以及"如何体会"。

此外，西方哲学主要通过主客分离的二元论式的、要素分解式的思维来探寻真理，而东方哲学的主要思维逻辑是一元论，旨在从主体内部寻求真理，这也是二者的一大区别。

其实，从更注重实践的意义上来说，东方哲学更接近于古希腊、古罗马时代的斯多葛学派哲学。此外，如果将西方近代哲学大致分为英国经验主义、大陆理性主义、德国唯心主义三大类，那么按此类比，东方哲学可以说更接近于英国经验主义，二者都是凭借人类经验来判断哲学的有效性。

从上述对比中我们可以得知，西方哲学和东方哲学对于"真理"的理解方式并不一致。在西方，从柏拉图时代开始，人们便开始追求"真、善、美"三大理想（理念）。在这三个最富价值的理想之中，占据最重要位置的正是"真理"。正如基督教《新约圣经》（"约翰福音"第1章）开篇所言："太初有道，道与神同在，道就是神。"（In the beginning was the Word, and the Word was with God, and the Word was God.）"语言"对西方世界始终具有极为重要的意义，真理的阐明与表述也离不开语言。

与此相对，在东方哲学世界中，比如佛教就认为"真理"永远无法言尽。佛教将永恒存在的实体——真理称为"真如"，意为"万有之本体"。但由于语言并非完尽，唯有开悟的佛陀才能明晰真如的真谛。这种无法用语言表达的真如，被称为"离言真如"。

佛教宗派之一的禅宗主张"不立文字，教外别传"，即禅家悟道，不涉文字，不依经卷，唯以师徒心心相印，理解契合，传法授受。为了领悟真理，唯有修行一法，即通过坐禅进行冥想。禅宗僧人为了开悟而进行的思维碰撞问答，被称为"禅宗问答"。但到了现代，这种问答却演变成众人眼中的"不明所以的疑难问答"或是"答不对题的怪异问答"。真理既然无法言说，那禅宗问答晦涩难懂，亦自是理所当然。

中国自古便有"言不尽意"（《易·系辞上》）的观点，认为语言并非完尽，且情意曲折深远，人的内心之感本就无法用语言来准确传达。在诸子百家之一，始于老子、庄子的道家思想中，这种观点尤为强烈。比如《老子》中有言："知者不言，言者不知。"（《老子·五十六章》）《庄子》中也有"道不可言，言而非也"（《庄子·外篇·知北游》）的记载。

中国古代文化经典"四书五经"[①]（详见第167页）阐述的皆是以儒家为基础的政治实践方式以及理想的社会秩序，并非西方意义上的"哲学"。儒家经典主张基于"忠君爱国"的思想来构建社会秩序，尤为强调遵从国家社稷、政治秩序的"忠"以及在血缘社会中尊敬长者的"孝"的重要性。

此外，对于"实在"（稳定不变的存在），东西方哲学的理解也并不相同。西方哲学的传统思维方式是"形而上与形而下""实在与现象"的二元论。柏拉图的"理念"（idea，从眼前的现象中提炼出共同的本质、类型与理念）以及亚里士多德的"形式"（eidos，赋予事物存在不可或缺性质的本质原理）等观点，都认为真正的实在皆是超越自然之所在。而在东方哲学中，真正的实在位于每个人的内心世界，比如大乘佛教经典《华严经》中所说的"三界唯一心，心外无别法"[②]、禅宗的"脚下照顾"[③] 等。此外，

[①] 四书五经，即四书与五经。四书为《论语》《大学》《中庸》《孟子》，五经为《诗经》《尚书》《礼记》《周易》《春秋》。

[②] "三界唯一心，心外无别法"，即三界中的一切境界和现象皆由心生，皆因心起，心中包摄一切法，心外再无他法。

[③] "脚下照顾"，即不向外寻求领悟，首先仔细审视自己的本性。

佛教所说的"净土"①和"秽土"②以及"涅槃界"③和"烦恼界"④之间的区别，也都是个人心灵世界的映射。

日本著名哲学家西田几多郎（详见第214页）在其好友佛教学者铃木大拙（详见第430页）的影响下，开始走上了参禅之路。在参禅的基础之上，西田将东方思想与西方哲学融合，构建了日本独特的哲学体系。在大正年间至昭和初期，"西田哲学"作为日本最早的独创哲学，在哲学界引起了巨大反响。

西田以东方佛教思想为基础，辅以西方哲学思想，超越西方哲学的主客二元论，提出了"绝对无的辩证法"及其哲学思想的基本概念——"纯粹经验"。他的"纯粹经验"并非以主观、客观对立为前提，而是基于"主客合一"的直接经验。不同于从事物实在出发来探究一切的唯物主义与从自身存在出发来探究一切的唯心主义，"纯粹经验"不会只从单一方向来探究现实。

西田认为，主体和客体的区别只是抽象产物，不过是某个行为不同侧面的映射。从这个角度看，西田的思想可以称为"以纯粹经验为唯一实在的一元论"。

---

① "净土"，佛学术语，指佛和菩萨居住的纯净国土，远离一切烦恼和污秽，没有五浊之垢染，也没有地狱、饿鬼、畜生之三恶趣。
② "秽土"，佛学术语，与净土相对，指无法摆脱迷惘的众生所居住的污秽现世。
③ "涅槃界"，佛学术语，指享有永恒的平和安乐、极致幸福的世界，也是佛教所追求的终极目标和至高境界。
④ "烦恼界"，佛学术语，指身心烦恼痛苦的烦扰世界。

第 3 章

经济与资本主义

经济学的发展过程

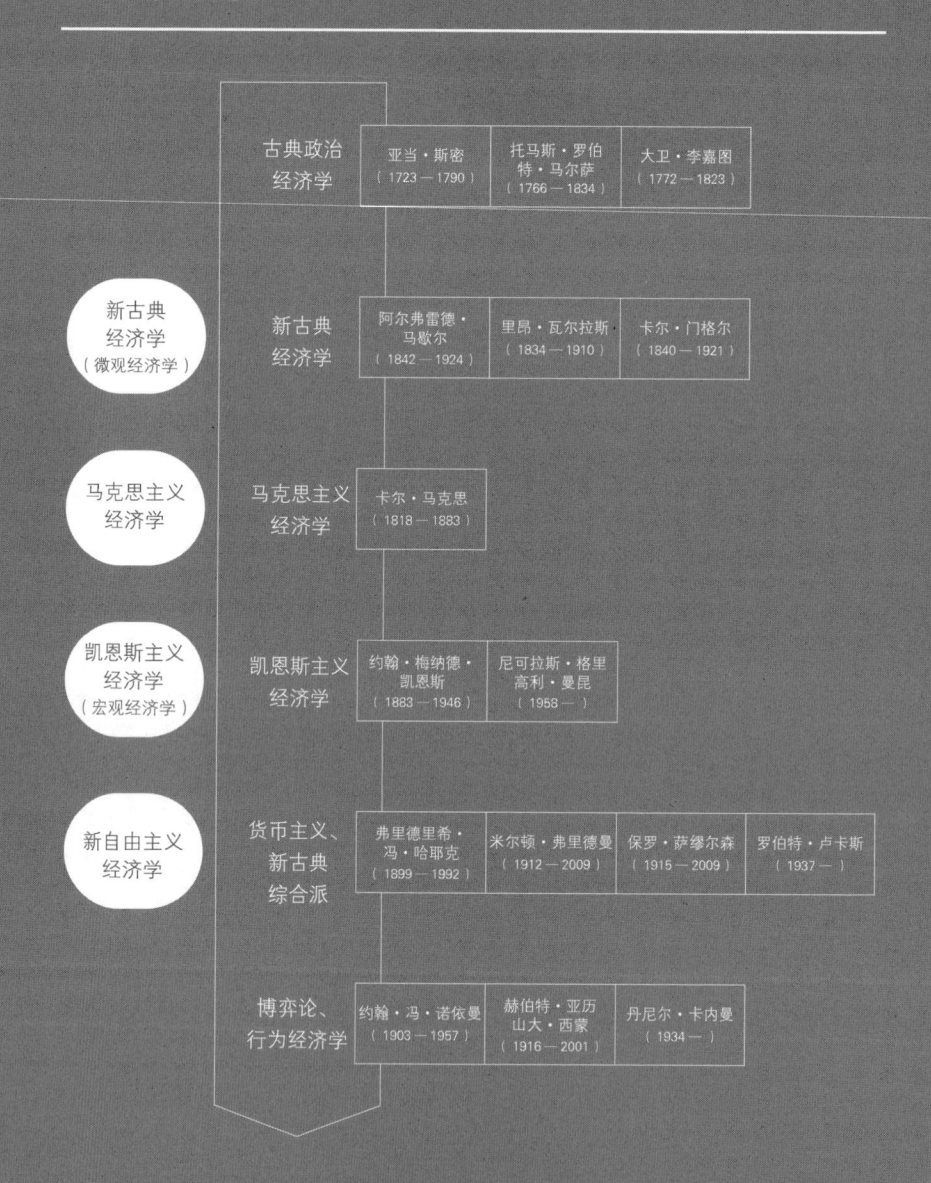

分类	学派	代表人物
	古典政治经济学	亚当·斯密（1723—1790）；托马斯·罗伯特·马尔萨斯（1766—1834）；大卫·李嘉图（1772—1823）
新古典经济学（微观经济学）	新古典经济学	阿尔弗雷德·马歇尔（1842—1924）；里昂·瓦尔拉斯（1834—1910）；卡尔·门格尔（1840—1921）
马克思主义经济学	马克思主义经济学	卡尔·马克思（1818—1883）
凯恩斯主义经济学（宏观经济学）	凯恩斯主义经济学	约翰·梅纳德·凯恩斯（1883—1946）；尼可拉斯·格里高利·曼昆（1958— ）
新自由主义经济学	货币主义、新古典综合派	弗里德里希·冯·哈耶克（1899—1992）；米尔顿·弗里德曼（1912—2009）；保罗·萨缪尔森（1915—2009）；罗伯特·卢卡斯（1937— ）
	博弈论、行为经济学	约翰·冯·诺依曼（1903—1957）；赫伯特·亚历山大·西蒙（1916—2001）；丹尼尔·卡内曼（1934— ）

1. 经济学（economics）的定义

迄今为止，经济学已有各种各样的定义。英国当代著名经济学家莱昂内尔·罗宾斯在《经济科学的性质和意义》一书中，将经济学定义为"一门研究具有不同用途的稀缺资源使用的学问"。

但对于这种定义，也有学者持批判的意见。他们认为，经济学本质上是伴随着价值判断的伦理学而非科学。例如，约翰·梅纳德·凯恩斯在给学生罗伊·福布斯·哈罗德的信中写道："经济学本质上是一门道德科学，而不是一门自然科学。"

马克斯·韦伯在《社会科学认识和社会政策认识的"客观性"》一书中论述道，科学家并不能自由驰骋在自己的"价值理念"之下，只有意识到这一点，才能从虚伪的"客观性"中获得解放。

从广义上讲，经济学是研究人际关系和社会各种现象中有关价值的学科，比如交换、交易、赠予和负债等，并非一定以货币为媒介，且与人类学、社会学、政治学、心理学相互交织。在用数学模型来解释多个主体的决策和行为的博弈论的影响下，当前的经济学主流开始转向研究经济活动中个体和组织的行为。

在经济学中，以经济理论的先行概念和研究体系为导向的思想，以及研究其发展历史的学术领域被称为"经济思想"。根据价值取向的不同，经济思想中也存在着各种各样的观点，诸如以通过贸易增加国家财富为目标的重商主义、以农业为财富源泉的重农主义等。在这个探讨人类和社会的价值与幸福的领域中，人们为什么能够不争不抢地进行商业交易？商品的价值从何而生？货币缘何诞生又缘何流通？买卖和赠予的区别是什么？经济思想中的诸多问题都是哲学和伦理学的考察对象。

此外，日本学界将微观经济学和宏观经济学统称为"近代经济学"，但这里所说的"近代经济学"是日本独有的叫法。在日本曾经以马克思主义经济学（详见第086页）为主流的时代背景下，在19世纪70年代边际革命以后的经济学体系中，"近代经济学"是"马克思主义经济学"以外的经济学的总称。

在马克思主义经济学中，人们开始探究资本主义框架本身的功过是非。此外，近现代经济学的研究通常不涉及价值判断，而是将重点放在基于资本主义的数学模型的构建及其分析上。

2. 古典政治经济学（classical political economy）

经济学作为一门相对年轻的学科，其发展历程大致可以分为四个阶段，即诞生于18世纪后半叶并持续了近百年的古典政治经济学（classical political economy）、随后诞生的新古典经济学（neoclassical economics）、马克思主义经济学（Marxian economics）以及凯恩斯主义经济学（Keynesian economics）。

经济学作为一门学科，最初始于古典政治经济学，但其萌芽其实可以追溯到古希腊时期。"economy"这个英语单词的词源是希腊语的"oikonomia"（经世），该词是"oikos"（生态、家园）与"nomos"（法则、律法）的合成词。也就是说，如何管理自家财产，在古希腊本来就是揭示经济现象的概念。

以"看不见的手"一说而闻名的亚当·斯密在《国富论》（详见第077页）中，用"political economy"（政治经济学）一词对经济学进行了解释：从一家之主管理家产的"oikonomia"一词类推，经济学是统治者对国家经济的管理，所以是"political economy"。

> 作为一门政治家或立法家的科学，政治经济学（political economy）提出了两个不同的目标：第一，给人民提供充足的收入或生计，或者更确切地说，使人民能给自己提供这样的收入或生计；第二，给国家或社会提供充分的收入，使公务得以推进。总之，其目的在于富国裕民。

上述这种与现代息息相关的经济理论认识产生于16世纪中叶以后。大航海时代开启后，欧洲经济迅猛发展，受其影响，重商主义开始盛行于世。

古典政治经济学作为经济学的出发点，在《国富论》一书中初成体系。该书出版的年份正是美国宣布独立的1776年，所以经济学的历史不过短短250年。若论历史渊源，其自然无法与哲学相提并论，即便与诞生于12—13世纪的中世纪欧洲大学中的博雅教育相比，经济学的登场也晚了数百年之久。

古典政治经济学的核心是劳动价值论（labour theory of value），即"具体劳动形成使用价值，抽象劳动形成价值实体"。这一理论不仅是亚当·斯密、大卫·李嘉图等人的经济学基础，还传承到了卡尔·马克思的马克思主义经济学之中。古典政治经济学的核心是自由主义经济思想，即提高劳动生产率需要市场自由竞争，国家不应对经济活动加以管制和干预。这一思想与主张人类活动、私有财产、利润追求皆自由的近代资产阶级民主主义社会的人类观也是一致的。

得益于李嘉图揭示了自由贸易的优越性，亚当·斯密的经济理论被纳入英国19世纪30年代以后的自由贸易政策中，为英国经济的繁荣提供了理论支撑，也成了经济学史上第一个主流经济学理论。古典政治经济学始于亚当·斯密和李嘉图，后经由托马斯·罗伯特·马尔萨斯、约翰·斯图亚特·密尔等英国经济学家得到了长足的发展，因此该门学科也被称为"英国古典政治经济学"。

拿破仑战争（1799—1815年）结束后，面向英国的大陆封锁令得到解除。为了保护地主贵族的利益，英国开始实施《谷物法》（1815—1846年），限制谷物进口。针对这一法令，李嘉图与马尔萨斯展开了激烈的争论，始终没能形成一致的观点。李嘉图从拥护产业资本家和自由贸易的立场出发，出版了《政治经济学及赋税原理》（详见第084页）一书。他主张比较优势贸易理论（the Law of Comparative Advantage），认为每个国家都应根据"两利相权取其重，两弊相权取其轻"的原则，集中生产并出口其具有"比较优势"的产品，进口其具有"比较劣势"的产品，从而提高经济福利。他本人也被世人称为"近代经济学创始人"。

对此，马尔萨斯在《人口原理》（详见第082页）中将人口增长所带来的粮食短缺视为造成贫困的根本原因，揭开了马尔萨斯陷阱（Malthusian trap）的真实面纱。他认为，人口是按照几何级数增长的，而生存资源（粮食）仅仅是按照算术级数增长的，两者之间的差距导致人口过剩和贫困，但这一现象是必然发生的，无法通过社会制度改良而避免。

针对《谷物法》，马尔萨斯也主张进行贸易保护，认为地租上涨是由于资本积累和人口增加导致的耕地扩张，地主的利益与社会整体的利益并不相悖。

因此，马尔萨斯提出了有效需求理论（effective demand theory），认为有效需求的大小决定了经济活动的水平。法国经济学家让-巴蒂斯特·萨伊则提出了"供给创造其自身需求"的萨伊市场定律（Say's Law）。他认为，"所有经济活动都只不过是以物易物，供需不一致时，价格就会得到调整，即使供给增加，价格也会下降，所以需求增加后，供需就会保持一致。因此，要想增加需求和国家购买力总和，只需增加供给即可"。

古典政治经济学理论在卡尔·马克思、里昂·瓦尔拉斯、约翰·希克斯等人的经济学理论中得到了继承。但后来随着约翰·梅纳德·凯恩斯《就业、利息和货币通论》（详见第100页）一书的出版，其历史局限性和理论缺陷也逐渐暴露出来。

凯恩斯批判了萨伊市场定律。他指出，从所得中减去消费的储蓄有可能并未完全用于投资。古典政治经济学认为，从长远角度看，商品价格能够得到充分调整，供需平衡就可以达成，但凯恩斯批评道："长远来看，我们都已死去。"(《货币改革论》) 这种长期平衡是无法实现的。此外，他对马尔萨斯的有效需求理论给予了高度评价："如果不是李嘉图，而是马尔萨斯奠定了19世纪经济学的根基，那么如今的世界，定将是一个更加贤明、更加富裕的社会。"

3. 新古典经济学（neoclassical economics）

19世纪70年代，新古典经济学诞生后，驳斥了古典政治经济学的相关理论，并迫使其让出了主流经济学的宝座。拉开这一转变序幕的是在1871—1874年间登上历史舞台的一门理论——法国经济学家里昂·瓦尔拉斯、英国经济学家威廉姆·斯坦利·杰文斯与奥地利经济学家卡尔·门格尔几乎同时且独立发表的边际效用价值论（marginal utility theory）。

此前的古典政治经济学立足于劳动价值论，但上述三位经济学家提出了"价值由效用决定"的效用价值论（utility theory of value），基于从消费中获得效用（满意度）的观点，将再额外消费一个单位商品或服务所获得的新增效用称为"边际效用"。

该论点的前提是人类观中的"经济人"（Homo Economicus）假设，即以完全追求物质利益为目的而进行经济活动。思考和行为皆理性的人们自发进行交换的"交换经济学"，正是现代经济学的原型。

此后，基于边际效用价值论，经济学家们又引入了一般均衡理论（general equilibrium theory），即针对商品或生产要素的价格变动，企业（生产者）和家庭（消费者）采取合理的行动，以使自己获得最大效用，同时社会的整体需求和供给也可以通过价格变化来实现平衡，这种经济学通常被称为"新古典经济学"。

此外，边际效用价值论中还存在边际效用递减法则（law of diminishing marginal utility），即随着商品消费量的增加，从额外消费部分中获得的边际效用会逐渐减少，这种变化率可以通过微分法进行数理分析。边际效用价值论的提出者瓦尔拉斯和杰文斯同时也是数学家，因此现代数理经济学也以此为起点，获得了长远的发展。

如上所述，新古典经济学从基于传统劳动价值论且以绝对商品价值为前提的经济学，发展成为基于功利主义且更关注相对价值与效用的经济学，并在经济学领域掀起了一场"边际革命"。但从20世纪70年代开始，"边际革命"一词才得到广泛使用。与此同时，在科学史领域中，托马斯·库恩提出了"科学革命"这一概念。以此为契机，众多学者展开了热议——"经济学史上的边际革命，究竟算不算科学革命？"

此后，瓦尔拉斯的经济学和门格尔的经济学分别为洛桑学派（Lausanne school）和奥地利学派（Austrian school）所继承。杰文斯则英年早逝，其经济学理论在剑桥大学阿尔弗雷德·马歇尔的批判继承下，发展成为剑桥学派（Cambridge school）。

瓦尔拉斯将数学方法运用到了经济分析之中，并在《纯粹政治经济学纲要》一书中率先建立起一般均衡理论（general equilibrium theory）。不同于局部均衡理论（partial equilibrium theory）着重考察个别经济单位的价格与供求量间的均衡状态，一般均衡理论着眼于包括众多商品和生产要素在内的市场整体的价格及供求量。一般均衡理论旨在通过市场让所有商品的价格与供求关系达到均衡状态，以使资源分配达到帕累托最优[①]（Pareto Optimality）的理想状态。

虽然一般均衡理论后来被各种理论修正，但仍未改变其是现代经济学基础的重要地位。而且，在当今的现代经济学中，仍未出现能够取代它的扎根理论（grounded theory）。

话说回马歇尔。他以剑桥大学教授的身份创立了剑桥学派，并因培养了约翰·梅纳德·凯恩斯以及阿瑟·塞西尔·庇古等著名经济学家而声名显著。他结合了被亚当·斯密称为"看不见的手"的市场均衡与效用价值论，提出了需求与供给的相关定律，并以价格为纵轴、数量为横轴（购买量/生产量），绘制了一条供需曲线，为边际革命做出了巨大贡献。

也正是此时，马歇尔在其主要著作《经济学原理》一书中普及了"economics"这一能够体现当今经济学特征的词语。此后，经济学从"political economy"演变为"economics"，并作为"科学"的一个分支，从政治学中获得了独立。

此外，马歇尔的学生庇古作为福利经济学（welfare economics）的建立者而享有盛名。与批判古典政治经济学而创建凯恩斯主义经济学的师弟凯恩斯有所不同，庇古对古典政治经济学持拥护态度。在古典政治经济学逐渐失去影响力的情况下，他始终站在古典经济学派的立场上拥护古典政治经济学，因此被称为"古典经济学派最后的经济学家"。

新古典经济学背后的政治思想是18世纪的自由放任主义，认为政府的权力应当最小化，主张从政府中寻求自由，反对政府对贸易的干预。因此，新古典经济学也常被认

---

① 帕累托最优，即在该状态下，任何改变都不可能使至少一个人的状况变好而又不使任何人的状况变坏。

为是自由放任主义（laissez-faire）的理论，但其实它与政治思想上的自由放任主义、自由至上主义（libertarianism）有很大的不同。新古典经济学重视政府的作用，认为公共商品的供给、市场失灵的处理、宏观经济稳定政策等只有政府才能处理的事情，理应交给政府把控。

新古典经济学实际上相当于今天所说的微观经济学（microeconomics），并进一步派生出博弈论（game theory）和行为经济学（behavioral economics）。

此外，还出现了新古典综合派（neoclassical synthesis）。该学派不仅重视市场功能（新古典经济学派的观点），同时还承认自由裁量性财政政策和货币政策的有效性（凯恩斯学派的观点）。20世纪50年代，保罗·萨缪尔森通过其主要著作《经济学》一书广泛传播了该观点。

新古典综合派认为，在充分就业（不存在非自愿失业的状态）的情况下，价格具有弹性，所以新古典经济学的主要理论仍然适用；但在不充分就业的情况下，价格具有黏性，因此凯恩斯理论政策具有有效性。

在19世纪末至20世纪20年代的美国，美国制度学派（American institutional school）占据了经济学的主流地位。该学派以社会改良为首要目标，主张通过直接观察现实的经济实践和法律制度来实现这一目标。作为美国资产阶级经济学的一个改良派别，他们关注制度在社会中的理想状态，对古典政治经济学和新古典经济学的一般化、抽象化的分析持批判态度。该学派的主要代表人物有索尔斯坦·凡勃伦等学者。

制度学派批判了基于理性个人假设的新古典经济学理论，认为经济现象是人类社会习惯的制度问题，并试图根据美国社会的制度特征及其变化来把握整个经济发展趋势。此外，该学派宣传社会改良理论，针对伴随着资本主义发展而产生的垄断、恐慌、劳资对立、贫困等问题，他们主张引进监视市场、限制市场的政府、团体和委员会等制度，以克服市场经济所造成的弊端和缺陷。

制度学派对当时的美国社会影响巨大。在1929年世界经济大危机时期，其政策建议得到了执行与落实。

4. 马克思主义经济学（Marxian economics）

19世纪后期，马克思主义经济学与新古典经济学几乎同时登场。

马克思继承了古典政治经济学劳动价值论，同时也对其进行了批判性验证，阐明了资本主义的运行规律。他认为，如果对资本主义经济放任不管，那么整个社会将变得极其不稳定，最终会走向崩溃。其观点的依据是利润率趋向下降规律（law of the tendency of the rate of profit to fall），即资本家将劳动者创造的超过工资本身的剩余价值投资于生产时，利润率会趋于下降。

马克思的最终目标是创建一个由工人政党组成的专制社会主义国家，其政治思想是为了民主分配财富而进行生产资料社会化（国有化）的社会主义，其经济体系的目标则是政府的计划经济。

1917年俄国革命后，共产党专政的社会主义国家——俄罗斯苏维埃联邦社会主义共和国诞生。此后，苏联还支持了德国和奥地利的共产党。但是，真正得到德奥两国人民支持的是社会民主主义，即在维持议会制民主主义的同时，为了摆脱经济危机而实现社会主义政策。

社会民主主义不提倡一党专政，其寻求庞大政府所带来的福利最大化，但维持的依旧是资本主义体制。如今，欧洲大陆国家的社会民主党、社会党以及英国工党的政治经济思想皆是如此。

5. 凯恩斯主义经济学（Keynesian economics）

凯恩斯主义经济学诞生于1929年由美国股市大崩盘所引发的世界经济危机期间。

传统经济学认为，经济衰退能够自行复苏，但经由世界经济危机后，人们开始对其产生怀疑，于是学界出现了修正古典政治经济学自由放任主义的动向。约翰·梅纳德·凯恩斯认为，正是资本主义无限制的竞争造成了经济动荡，他主张混合经济以及由国家进行干预、管制的就业和社会福利政策。该经济学理论被学界称为"凯恩斯主义经济学"。

1933年，在应对世界经济危机时，由于身为自由主义者的美国共和党总统赫伯特·克拉克·胡佛未能采取有效政策，主张修正资本主义的民主党议员富兰克林·罗斯福接替胡佛就任了美国总统。为了摆脱经济危机造成的恶劣影响，罗斯福政府全面整顿了财政及金融政策。

虽然英美两国国情存在着差异，但凯恩斯主义经济理论的构建时间与罗斯福实施一系列政府积极参与经济的罗斯福新政的时间是一致的。

凯恩斯在《就业、利息和货币通论》（详见第100页）一书中阐明了总需求决定理论，并揭示了由于社会有效需求（有支付能力的社会总需求）不足而引发非自愿失业的原因，这也是凯恩斯对经济学的最大贡献。此外，他还认为充分就业仅限于极端情况，而非自愿失业反而较为普遍。

凯恩斯认为，经济衰退下的货币宽松政策并没有很好的效果，有效需求即使交由市场机制决定也不会有所增加，但实施减税、加大公共投资等财政支出政策，创造与供给侧过剩产能相匹配的有效需求，有助于恢复经济，因此，直接增加消费支出才是最有效的政策。

此外，凯恩斯还主张乘数理论（theory of multiplier），即通过公共投资来刺激民间投资和个人消费，从而让国民收入成倍增加。他认为，国民收入增加后，税收也会增加，因此可以发行国债来确保公共投资的财政来源。

以上述有效需求理论（principle of effective demand）为前提，宏观经济学（macroeconomics）在凯恩斯主义经济理论的基础上建立并发展至今。由于凯恩斯主义经济学将经济学学者分为古典政治经济学家和凯恩斯主义者（支持凯恩斯主义经济理论的经济学家）两派，因此学界将《就业、利息和货币通论》发表所带来的轰动和影响称为"凯恩斯革命"。

6. 新自由主义经济学（economic neoliberalism）

进入 20 世纪 60 年代以后，凯恩斯主义经济政策出现了"大政府"问题，导致财政破产，社会上对于增税阻碍经济增长的批评声此起彼伏。尤其是 20 世纪 70 年代以后，信奉自由市场、主张极力消除政府管制和干预（除了中央银行提供货币供给外）的芝加哥学派横扫了诺贝尔经济学奖，推动了全球管制放松、金融市场自由化以及公共部门的缩减。

以米尔顿·弗里德曼等芝加哥大学教授为中心的芝加哥学派经济学家也被称为"货币主义者"（monetarist）。凯恩斯的总需求管理政策倾向于自由裁量性财政政策，而与其对立的芝加哥学派认为，货币供应量的变化对短期的实际经济增长和长期的通货膨胀均起到了决定性的影响作用。弗里德曼认为，通货膨胀无论何时何地都只是一种货币现象，即在一定意义上，通货膨胀是而且也只能是由于货币数量的急剧增加而引发的，不是由于产量的增长所致。

因此，学界把只重视货币在经济运行中作用的理论称为"货币主义"（monetarism），该理论十分重视货币供应量（money supply）以及提供货币的中央银行的作用。

新自由主义（neoliberalism）便是上述这种市场原教旨主义（market fundamentalism）思想在政府经济政策和社会政策中的体现。20世纪70年代，以滞胀（物价上升，但经济停滞不前）为契机，各国均开始重视抑制物价上涨的经济政策。美国总统罗纳德·威尔逊·里根，英国首相玛格丽特·希尔达·撒切尔以及日本首相中曾根康弘、小泉纯一郎等发达国家政府首脑，都不约而同地举起了新自由主义政策的大旗。

特别是在20世纪80年代的美国里根政府（1981—1989年）和英国撒切尔政府（1979—1990年）时期，相关经济政策开始强调以"自我负责"为原则的小政府的必要性，肯定放松管制、削减财政支出以及减税的作用并开始采取诸多经济政策，比如以平衡财政收支、限制社会福利、紧缩公共开支、推行国有企业私有化和经济全球化为前提的经济政策，以及通过放松管制来促进竞争、限制工会运动、削弱工会权力等经济政策。

这种新自由主义经济政策潮流，时至今日仍在持续。例如，美国曾在小布什政府（2001—2009年）的领导下实行大幅度的金融自由化政策。由此，投机性金融产品大幅增加，在2008年泡沫破裂后引发了"雷曼事件"，堪比1929年世界经济大危机的情形再次席卷了全球。

在此种情况下，严峻的贫富差距问题开始浮现在世人面前。

托马斯·皮凯蒂在《21世纪资本论》（详见第142页）一书中揭露了资本主义的核心矛盾——"投资收益率（r）>经济增长率（g）"，证实了历史性经济不平等的加剧现象。如何纠正致使社会不稳定的资本主义机制，正是当今世界面临的最大挑战。

7. 宇泽经济学与社会共通资本

纵观整个经济学历史，遗憾的是，从未有日本人在光荣榜上占据一席之地。但其中有一人，我们应该铭记他的存在，那便是被誉为"日本人中最接近诺贝尔经济学奖"的数理经济学家宇泽弘文。

宇泽弘文不仅以数理经济学家的身份活跃在世界舞台上，而且还培养了很多著名的经济学家，比如岩井克人（东京大学）、吉川洋（东京大学）、清泷信宏（普林斯顿大学）等人都曾参加过东京大学的宇泽研讨会。诺贝尔经济学奖得主约瑟夫·斯蒂格利茨（哥伦比亚大学）和乔治·阿克尔洛夫（加州大学伯克利分校）也曾在芝加哥大学参加过宇泽弘文举办的夏季研讨会。

早在20世纪80年代早期，宇泽弘文就已经提出了极其接近现今联合国SDGs（可持续发展目标）的观点，并提出了社会共通资本（social common capital）的概念，致力于把一度脱离"人"的经济学再度拉回到人们的身边。

1964 年，年仅 36 岁的宇泽弘文就任芝加哥大学经济学教授。越南战争时期，他与同事米尔顿·弗里德曼等主流经济学者提倡的市场原教旨主义理念不合，因而离开了芝加哥大学，并于 1968 年回到东京大学担任经济系副教授。在人生的后半程中，他继续钻研数理经济学领域，并积极参与解决汽车、水俣病等公害问题以及核能发电、成田机场建设反对运动等社会问题。

其实想要正确理解"知识巨人"宇泽弘文的成就及其意义并非易事。特别是，宇泽弘文后半生将"尊重人类"定为其思想核心，所以其研究的深度在思想和哲学上都得到了极大的扩展。

宇泽经济学的基础正是美国哲学家约翰·杜威（详见第 399 页）所说的自由主义（liberalism）理念——"人并非上帝赋予生命的被动存在，每个人都是具有智慧的主体，能够应对他们所处的环境，能够发展他们作为人的本性"，以及实现理想社会的愿景——"每个人都可以不失为人的尊严，能够充分发挥自己先天以及后天的资质，无须屈服于政治权力、经济财富和宗教权威，并且能够实现自己的梦想和渴望"。

宇泽弘文曾说过，"日本没有与 liberalism 直接对应的词语"。正如他所言，日语中并不存在 liberalism 的恰当译词。若将其原封不动地翻译成日语，可以译为"自由主义"。但如今所说的自由主义，是指经济上注重市场原理的新自由主义（neoliberalism），或是思想上追求个人自由的自由至上主义（libertarianism），与原本的 liberalism 完全不是一个概念。

说起经济学上的新自由主义，其理论依据来源是弗里德曼等新古典经济学家。新古典经济学增长模型试图通过投资来扩大经济规模，从而探索稳定的经济增长之道。与此相对，宇泽弘文发起的应对全球变暖的环境保护运动则是经济增长优先政策的反调。他不仅针对弗里德曼的经济学理论进行了理论批判，更是针对弗里德曼本人进行了强烈的道德谴责。

宇泽弘文不仅否定了市场调控经济（新自由主义的资本主义）的政策，也否定了国家调控经济（社会主义、共产主义）的政策，他认为，这二者都无法维护每个人的做人尊严与灵魂独立，也无法最大限度地确保公民的基本权利。

所以，他提出的第三条道路是索尔斯坦·凡勃伦（详见第 090 页）所主张的制度主义思想，即探索解决社会内在问题的理想制度条件。宇泽弘文在《社会共通资本》（详见第 122 页）一书中说道："制度主义是超越资本主义和社会主义的概念。它让所有的人都享有作为人应得的尊重，使人们拥有自己的尊严和灵魂，进而实现一种近乎理想的经济体制。这种经济体制使人们能够最大限度地享受作为公民应该享受的权利。制度主义最初是索尔斯坦·凡勃伦在 19 世纪末提出的，经过 100 多年的岁月洗礼，至今仍能用来解释现代经济社会中的各种问题。社会共通资本正是制度主义的具体表现。"

宇泽弘文认为，资本主义会引发诸如仅凭个人自由无法解决的社会问题，所以他致力于探索如何将社会学视角引入经济学研究。他从制度经济学视角出发，针对如何从制度上应对社会问题这一课题，得出了自己的答案——社会共通资本。

20 世纪 80 年代英国撒切尔政府、美国里根政府上台之后，新自由主义经济学风靡全球，即便如此，宇泽弘文仍旧不改初心，选择孤军奋战。

宇泽弘文始终坚守着自己作为数理经济学家的立场，在 2003 年出版的《经济理论与全球变暖》（*Economic Theory and Global Warming*）以及 2005 年出版的《社会共通资本的经济学分析》（*Economic Analysis of Social Common Capital*）这两本著作中，他一直在以数理经济学方法来研究全球变暖和社会共通资本等问题。在这些著作的前言中，他留下了自己的期愿——希望有下一代经济学家来继承发展他的经济学研究。但遗憾的是，至今仍未有经济学家明确继承其经济思想。

即便如此，宇泽弘文的经济思想之光如今仍然闪烁在斯蒂格利茨以及岩井克人的研究活动之中。

斯蒂格利茨在《美国真相：民众、政府和市场势力的失衡与再平衡》一书中提出了"进步资本主义"的观点。他认为，GDP 并不是衡量经济活动的好指标，国民的幸福程度才是判断经济是否成功的标准，在发展经济的同时，应该坚持共同富裕的方向，并致力于消除贫富差距。

岩井克人也是研究理论经济学出身，但后来在研究资本主义和股份公司等相关问题的过程中，他开始大力提倡经营者的"伦理"。在其 2019 出版的《资本主义与伦理》一书中便可找到这一思想的踪影。

令人痛惜的是，宇泽弘文在 2014 年病逝前不曾预见，2015 年联合国提出的 SDGs 的观点与其著作《社会共通资本》中的重要概念不谋而合。他的问题意识放到现今也完全不会过时，反而是在当今时代才更具普遍性。

在《经济学能否使人幸福》（详见第 122 页）一书的开篇，日本记者池上彰对宇泽弘文做了如下评价。

经济学这门学科的目的究竟是什么呢？难道不就是使人幸福吗？要想使人幸福，财富的创造和积累必不可少，但如果一味地倾注于此，不知不觉中就会偏离最初的目的，反而会使人变得不幸。为了能够让人们离幸福更近一些，我们应该怎样构建经济学理论呢？——这便是宇泽弘文先生穷尽一生都在追寻的问题。

如果把经济学与现实中的人们割裂开来，只是单纯地将其看作一种科学研究工具，不带入任何价值判断，那么"幸福是什么"这类人类根源性疑问便不复存在。

历经2008年"雷曼事件"和始于2020年的全球新冠疫情大流行，世界这艘巨轮正朝着实现可持续发展社会的航向前行着。呼吁社会共通资本重要性的宇泽经济学，今后必定会迎来全新的评价。

第二部分

人类历史经典著作 200 部

第 4 章

资本主义/经济/经营

经济学的萌芽，可以追溯到古希腊的"经世"（希腊语：oikonomia）。到了18世纪，"现代经济学之父"亚当·斯密登上历史舞台，经济学才确立为一门学科。最初作为"political economy"出现的古典政治经济学，脱离政治学，作为"科学"的一个分支获得独立并演变为现在的"economics"之时，正是古典政治经济学向新古典经济学过渡的时候。

古典政治经济学的核心是劳动价值论（labour theory of value），即"具体劳动形成使用价值，抽象劳动形成价值实体"，这一点传承到了后来的马克思主义经济学之中。同时，新古典经济学提出了"价值由效用决定"的效用价值论（utility theory of value），学者们开始关注再额外消费一个单位商品或服务所获得的新增效用，掀起了一场"边际革命"。随着经济学的着眼点从基于劳动价值论的绝对商品价值转移至以人类理性为前提的相对价值与效用，"稀缺性"开始成为经济学的研究对象，其主要目的在于研究如何分配有限的财富。

然而，1929年美国股市大崩盘引发了世界经济危机，人们开始怀疑主张经济衰退能够自行复苏的新古典派经济理论，学界出现了修正自由放任主义的动向，并诞生出重视由国家进行干预和管制的凯恩斯主义经济学。

进入20世纪60年代，凯恩斯主义经济政策出现了"大政府"问题，社会上对其导致财政破产的批评声此起彼伏。在这种情况下，新自由主义闪亮登场，该学派信奉自由市场，主张极力消除政府的管制和干预。20世纪80年代，美国里根经济学、英国撒切尔主义以及日本中曾根行政改革的实际经济政策中，都体现了这种新自由主义。美国总统里根甚至断言："政府并不是解决问题的办法，而正是问题本身。"此后，世界经济市场化和金融全球化迅猛发展，但2008年的"雷曼事件"和随后的经济危机，使得世界经济再次遭受重创。

此时，一个重大的全球性课题也浮出水面——资本主义经济所带来的社会可持续性发展问题以及贫富差距问题。对此，联合国于2015年提出了解决全球性问题的可持续发展目标（SDGs），旨在2030年前彻底解决全球性课题。

近年来，新冠疫情进一步加剧了社会的不平等和不稳定，如何纠正当今的资本主义结构，从而实现全球经济的可持续发展，仍是现代社会所面临的重大挑战。

《道德情操论 上·下》 岩波文库/水田洋 [译]
《国富论 1—4》 岩波文库/水田洋 [审译]/杉山忠平 [译]

《道德情操论》
《国富论》

(亚当·斯密)

　　《道德情操论》(*The Theory of Moral Sentiments*，首次出版于1759年，1790年修订出版了第六版)和《国富论》(*Wealth of Nations*，1776年)分别是"现代经济学之父"亚当·斯密创作的伦理学著作以及经济学著作。

　　《国富论》中基本包括了后来经济学中的大部分构思，可谓近现代经济学的起点。除此之外，它还是社会思想史领域的一部经典著作。

　　亚当·斯密诞生于18世纪的英国。当时的英国正处于启蒙时代，政治走向民主化，现代科学得到普及，工业革命也在迅猛发展着。但社会向前发展的同时，也存在着贫富差距、贫困、财政困难和战争等诸多严重的社会问题。光荣革命后，英国确立了君主立宪制，但其经济政策依旧是重商主义，认为唯有金、银等贵金属才是一国真正的财富，主张由国家实施保护关税以及保护本国产业的相关政策，并以东印度公司等贸易特权公司的贸易保护为主要政策支柱。

　　《国富论》一书正如它的全称《国民财富的性质和原因的研究》一般，详细阐述了财富以及国民财富的定义。亚当·斯密批判了唯贵金属为财富的重商主义，主张"劳动价值论"，认为人的劳动才是财富之源泉。所谓国民财富，就是国民劳动生产的一切生活必需品和便利品。为了提高劳动价值，设备投资和资本积累必不可少。亚当·斯密以制针工厂为例，强调了国际分工和自由贸易的重要性。

　　亚当·斯密还主张基于市场功能的自由放任主义，即通过市场的自由竞争提高生产率。每个人在追求自身利益时会受到一只"看不见的手"(invisible hand)的引导，这往往能使其比在真正出于本意的情况下更有效地促进社会经济运转。在亚当·斯密看来，过度干预，一一指点各个投资行为有百害而无一利，任何人都无法承担这份责任。

　　在《国富论》中，"看不见的手"一词只出现过一次，但该词常常被误解为"看不见的神之手"(invisible hand of God)，实则后者从未出自亚当·斯密之口。唯一能和"神"有关联的说法，是亚当·斯密在《天文学史》中所提及的"朱庇特的看不见的手"（invisible hand of Jupiter）。这里的"朱庇特"是指古罗马神话中的众神之王。但后来，"看不见的手"一词逐渐脱离了亚当·斯密最初使用时的原始语境，现在被用来指代市场的自动调节功能，即通过市场自由竞争来实现最优资源配置。

亚当·斯密的上述经济学说，后来成为英国工业革命的理论支撑。人们开始重新审视此前英国政府所采取的重商主义贸易保护政策，这也促成了19世纪30年代英国向自由贸易主义的转变。

亚当·斯密生前除了出版《国富论》外，还计划出版一本有关"法律与统治的一般原理和历史"（Law of Nations）的书。但在临终前，亚当·斯密坚持命其挚友将未完成的十几部手稿付之一炬，自此众多书稿再无重见天日之时。

《道德情操论》一书是亚当·斯密的首部著作，写于《国富论》成书近20年前。在该书中，亚当·斯密基于经验主义视角，考察了在没有法律的情况下人们仍能遵循道德行事以及社会仍能保持秩序的原因，并对引导社会秩序的人类本性进行了介绍和评价。

亚当·斯密并没有从神明或《圣经》等超越性存在中寻求道德情操产生的根源，而是以人类的"同感、同情"（fellow feeling, sympathy）为共同出发点，从每个人内心深处的"公正的旁观者"（impartial spectator）视角解释事物的"合宜性"（propriety），试图从人类自身寻求道德和规范的根据。

亚当·斯密对托马斯·霍布斯的《利维坦》（详见第259页）一书中"一切人反对一切人的战争"的观点提出了批判，认为人的自然状态并不是个体之间相互行使自然权利的结果。正如《道德情操论》标题所写，揭示社会秩序基础的是道德情操，而非理性。

此外，亚当·斯密在论述古希腊伊壁鸠鲁学派和斯多葛学派的哲学思想时，还与自己的思索进行了比较。伊壁鸠鲁学派认为，人生的目的是追求快乐，快乐是最高的善，只应追求自然而必要的欲望（如友情、健康、饮食、衣服、住房等欲求），摆脱痛苦和恐惧；斯多葛学派则主张道德与自然相一致，道德和伦理上的幸福可以通过顺应自然来获得。

亚当·斯密认为，伊壁鸠鲁学派体系与自己一直以来想要建立的道德哲学思想体系无法并存，但对于斯多葛学派则给出了肯定的评价，认为其思想与自己所主张的"贤人"和"公平的观察者"的概念有所重叠。

在一生之中，亚当·斯密曾五次修补《道德情操论》一书。在1790年定稿的最终版中，最重要的修订是增加了有关《国富论》是其构想组成部分的说明，即第一篇第三章第三节"论钦佩富贵与藐视贫贱的心理倾向腐化我们的道德判断"的内容。

现如今，《国富论》不仅是一部主张自由放任和弱肉强食的市场至上主义思想著作，还是对人类具备同情心这一基本原理进行研究的经济学理论著作。《国富论》和《道德情操论》两本书就像"一部车的两个轮子",二者相辅相成,在学界被广泛研究。

人物生平:

亚当·斯密(1723—1790年):英国哲学家、伦理学家、经济学家。1723年,他出生于苏格兰,14岁考入格拉斯哥大学,师从自然法思想继承者弗朗西斯·哈奇森,主修道德哲学。1751年,他就任格拉斯哥大学逻辑学教授,次年调任为道德哲学教授。此时,他与英国经验主义代表人物大卫·休谟相识,并受到其深刻的影响。1759年,他出版《道德情操论》。1763年,他从格拉斯哥大学辞去教职,担任苏格兰贵族亨利·斯科特的家庭教师。同时,在法国和瑞士旅行了3年,在这期间,他与伏尔泰、弗朗斯瓦·魁奈、安·罗伯特·雅克·杜尔哥等法国启蒙思想家结识并交往。回到英国后,他潜心写作,于1776年出版了经济学著作《国富论》。1787年,出任格拉斯哥大学名誉校长。

参考书目:

《人性论》大卫·休谟;《解读亚当·斯密之〈道德情操论〉与〈国富论〉》堂目卓生;《论语与算盘》涩泽荣一

《新译 蜜蜂的寓言：私人的恶德，公共的利益》 日本经济评论社/铃木信雄 [译]

《蜜蜂的寓言：
私人的恶德，公共的利益》

（伯纳德·曼德维尔）

《蜜蜂的寓言：私人的恶德，公共的利益》（*The Fables of the Bees: or, Private Vices, Public Benefits*，1714年）是英国社会讽刺作家伯纳德·曼德维尔的思想著作。

从该书的标题《蜜蜂的寓言》中，我们可以领略到这样一层寓意——尽管蜂巢中的每一只蜜蜂都是出于一己私利而工作，但蜂巢整体依旧是一幅丰盈富足的社会生活画像。副标题《私人的恶德，公共的利益》则一语道出了西方思想史上著名的"曼德维尔悖论"——私人恶德即公共利益，私欲和私欲支配的个人恶行恰恰是社会繁荣的能源，对自私自利这种传统意义上的恶德的追求，其实最终也关系到整个社会的利益。

1705年，曼德维尔写了一首名为《抱怨的蜂巢，或骗子变做老实人》的讽刺性散文长诗，这正是《蜜蜂的寓言》一书的雏形，也是其思想酵母。在曼德维尔看来，比起理性，人的本性更可见于感情。他强调了自爱之心的作用，并试图在人们各自追求自我利益的相互合作中寻求社会关系的本质。

针对经济问题，曼德维尔也提出了自己的见解。一方面，他强调奢侈消费虽是富人的恶德行为，但在创造就业机会、促进经济发展上仍然发挥着极其重要的作用；另一方面，他将储蓄这一美德行为视为经济衰退的原因。

曼德维尔的这些思想颇具争议，也使其自身成为同时代知识分子的抨击对象，在社会上曾一度引起轩然大波。尽管如此，《蜜蜂的寓言》一书在西方思想史上的影响依旧经久不衰，不仅影响了无数的普通学者，也对弗兰西斯·哈奇森、大卫·休谟和亚当·斯密这些苏格兰启蒙主义思想家产生了巨大的影响。

人物生平：

伯纳德·曼德维尔（1670—1733年）：英国精神病学家、思想家、讽刺作家、散文家。他出生在因重商主义而繁荣的荷兰鹿特丹的一个名门世家。他旅居英国的初衷是学习英语，但在伦敦，也同时作为一名神经、肠胃病及精神病专家行医，后加入了英国国籍。他的思想受到了德西德里乌斯·伊拉斯谟、比埃尔·培尔、弗朗索瓦·德·拉罗什富科、皮埃尔·伽桑狄、托马斯·霍布斯、约翰·洛克、巴鲁赫·德·斯宾诺莎以及米歇尔·德·蒙田等人的影响。

参考书目：

《国富论》亚当·斯密

《人口原理》 光文社古典新译文库/齐藤悦则 [译]
《政治经济学原理 上·下》 岩波文库/小林时三郎 [译]

《人口原理》
《政治经济学原理》

（托马斯·罗伯特·马尔萨斯）

《人口原理》（*An Essay on the Principle of Population*，1798 年）是英国古典政治经济学家托马斯·罗伯特·马尔萨斯所著的人口学经典之作。

在该书的序言中，马尔萨斯写道：

> 人口必然总是被压低至生活资料的水平，这是一条显而易见的真理，已被许多作家注意到了。但据我所知，迄今尚没有哪位作家仔细研究过这种水平究竟是如何形成的。

通过研究上述课题，马尔萨斯提出了"马尔萨斯陷阱"，认为"人口增长是按照几何级数增长的，而生存资源是按照算术级数增长的，人口增长必然会超过生存资源增长，也必然会出现人口过剩和食物匮乏的情况，这是社会制度改革也无法避免的问题"。

当时英国的一些思想，主张通过社会改革来解决社会贫困问题，而马尔萨斯通过阐述人口的原理，对救济贫困和社会福利改革提出了批判。他认为，失业和贫困是人口自然法则作用的结果，并不是由社会制度所造成的，任何社会改革和农业条例都不可能消除人口法则的压力，社会无法也不应济贫，济贫法只会激励穷人人口的增加。

"战争、贫困和饥荒会对人口增长带来积极抑制，粮食短缺导致的饿死实为人类自己的责任。"马尔萨斯的这一观点是对生存权的一种否定，也成为达尔文进化论的思想支撑。达尔文认为，自然界中一定会发生马尔萨斯所说的自然选择，因此在这种生存竞争的过程中，具有有利变异的个体容易生存下来并繁殖后代，同时将有利变异遗传给下一代。

但后来，英国受益于工业革命，经济加速增长，哈伯-博世制氨法的出现使人类摆脱了对天然氮肥的依赖，工业合成氮肥的稳定供应又使得单位面积粮食产量实现了质的飞跃，实际支撑了这一时期的人口增长。

《政治经济学原理》(*Principles of Political Economy Considered with a View to Their Applications*，1820年）是马尔萨斯的另一部代表著作，强调了有效需求对经济增长的重要性。在该书中，马尔萨斯否定了"萨伊定律"的核心思想——"供给创造其自身的需求"的有效性，认为提高供给能力并不会提高需求本身。

《政治经济学原理》一书共由七章组成，分别是"财富和生产性劳动的定义""价值的性质、原因和尺度""关于地租的讨论""劳动工资""资本的利润""财富和价值的区别""财富的增长"。在该书中，马尔萨斯提出资本的过度积累会对社会产生不良影响，并提出了几点应对拿破仑战争后经济衰退的对策，如提高地主阶级消费支出的土地分割、扩大国内外贸易，以及建设公共事业，等等。

马尔萨斯在撰写该书时，大卫·李嘉图的《政治经济学及赋税原理》一书已经出版。1815年，英国政府为维护土地贵族的利益颁布了《谷物法》（1815—1846年），对谷物进口实行限制或禁止，以保证谷物的价格水平。马尔萨斯和李嘉图二人曾围绕《谷物法》展开旷日持久的论战，世称"谷物法之争"。

李嘉图主张废除《谷物法》，认为该政策会导致英国国内谷物价格高涨，有碍资本积累；马尔萨斯则为《谷物法》辩护，认为粮食进口不稳定，需要首先保证国家粮食的自给自足。此外，李嘉图支持"萨伊定律"，坚信普遍生产过剩和经济危机不会发生，将焦点集中于资本家、工人和地主阶级之间的分配问题上；马尔萨斯则提出了侧重于有效需求的需求供给理论，认为有效需求的不足可能会导致普遍性生产过剩的危机。

人物生平：

托马斯·罗伯特·马尔萨斯（1766—1834年）：英国牧师、人口学家、政治经济学家。他从剑桥大学耶稣学院毕业后，成为圣公会的乡村牧师，后于1805年担任历史学以及经济学教授，执教于东印度公司在海利伯里创办的东印度学院。1820年，他出版了著作《政治经济学原理》，与反对《谷物法》的大卫·李嘉图展开了激烈的争论。到了20世纪，马尔萨斯的有效需求理论得到了约翰·梅纳德·凯恩斯的大力推崇。

参考书目：

《政治经济学及赋税原理》大卫·李嘉图；《政治经济学原理》约翰·斯图亚特·密尔

《政治经济学及赋税原理 上·下》 岩波文库/羽鸟卓也、吉泽芳树 [译]

《政治经济学及赋税原理》

（大卫·李嘉图）

《政治经济学及赋税原理》(*On the Principles of Political Economy, and Taxation*, 1817年) 是"近代经济学奠基人"大卫·李嘉图创作的政治经济学著作。在工业革命推动工业生产力发展的背景下，该书探究了社会产品在地主、资本家和劳动者间进行分配的规律和法则。

该书的序章如下写道：

> 劳动、机械、资本联合使用在土地上面，所生产的一切土地生产物，分归社会上三个阶级，即地主、资本家与劳动者。地主拥有土地，资本家拥有耕作土地的资本，劳动者则以劳力耕作土地。全土地产物在地租、利润、工资的名义下，分归各阶级，但因社会发展阶段不同，各阶级所得的比例，根本不同。决定这种分配比例的主要因素，是土壤的丰度，资本的蓄积，人口的多寡，以及农业上的熟练、精巧和器具。这种分配，受支配于一定法则。确定这种法则，是经济学上的主要问题。

该书研究的中心问题是确立分配法则。在书中，李嘉图揭示了价值、价格、地租、工资、利润、财富、贸易、货币、利息和银行等概念的经济学特性，并验证了征税对其产生的影响。在此基础上，他主张自由贸易，并坚持劳动价值论（商品的价值取决于其生产所必需的相对劳动量）以及级差地租理论（肥沃土地的生产物可以创造超额利润）。

李嘉图发展了亚当·斯密以来的自由贸易主义，对英国19世纪上半叶以前的贸易保护政策提出了批判。他还提出了著名的比较优势理论（theory of comparative advantage），认为在国际自由贸易中，如果各国能够参与国际分工，集中生产并重点出口各自具有"比较优势"（comparative advantage）的产品，便可以在经济贸易中获得利润。

李嘉图的比较优势理论突破了斯密的绝对优势理论（theory of absolute advantage）的局限性。在自由贸易中，如果各经济主体能够专门并集中生产自身最具优势的产品，便能够提高各自的劳动生产率，从而使彼此享受到更高质量的商品、服务以及更高的利润。

1799年拿破仑战争开始后，由于拿破仑实行大陆封锁政策，高昂的谷物价格在战后出现了大崩盘。1815年，英国议会为了保护地主阶级的利益，实施了《谷物法》，规定在国内价格未达到一定标准时禁止进口外国小麦。

对此，李嘉图认为，在这种经济状况下，对粮食价格的保护会造成不公平的资本积累，从而导致资本家、地主阶级和劳动者的收入分配出现问题，并与同时代的英国经济学家马尔萨斯展开了"谷物法之争"。

李嘉图认为，地主阶级的利益与资本家、工人阶级的利益相互冲突，限制谷物进口会造成粮价以及工资的上涨，从而导致地租的增加以及利润率的下降，他主张逐步向谷物自由贸易过渡。此后，越来越多的工业资本家拥护自由贸易。1846年，英国议会最终宣布废除《谷物法》。

李嘉图所提出的劳动价值论，后来成为马克思经济学的核心框架。此外，级差地租理论，作为稀缺性原理被法国经济学家里昂·瓦尔拉斯采纳，最终演化为边际效用价值论。

人物生平：

大卫·李嘉图（1772—1823年）：英国古典政治经济学家，自由贸易理论的坚定捍卫者，被赞誉为"近代经济学的奠基人"。他早期在伦敦证券交易所工作，年纪轻轻就在证券经纪人行业中大获成功。他42岁退出商业领域，开启研究生涯。他和亚当·斯密、卡尔·马克思、约翰·梅纳德·凯恩斯同为经济学萌芽时期的重要人物。

参考书目：

《人口原理》托马斯·罗伯特·马尔萨斯；《政治经济学原理》托马斯·罗伯特·马尔萨斯；《纯粹政治经济学纲要》里昂·瓦尔拉斯

《资本论 1—9》 岩波文库/弗里德里希·恩格斯［编］/向坂逸郎［译］

《资本论》

（卡尔·马克思）

《资本论》（德语为 Das Kapital：Kritik der politischen Ökonomie，1867 年出版第一卷，1885 年出版第二卷，1894 年出版第三卷）是"马克思主义的创始人"德国思想家卡尔·马克思创作的政治经济学著作。书中阐明了资本主义经济的运动规律，揭示了社会主义和共产主义取代资本主义的历史必然性（社会主义制度的优越性）。

该书的全称为《资本论：政治经济学批判》，共分三卷，分别出版。第一卷《资本的生产过程》出版于 1867 年，第二卷《资本的流通过程》和第三卷《资本主义生产的总过程》则是在马克思逝世后，由弗里德里希·恩格斯整理出版。

《资本论》一书深刻分析了资本主义的全部发展过程，为科学社会主义提供了理论依据，集中体现了马克思主义的世界观和革命思想，对 20 世纪以来的政治和经济思想产生了极大的影响。

18 世纪中叶，工业革命在英国爆发，并于 19 世纪逐渐蔓延至欧洲大陆。到了 19 世纪下半叶，资本家和工人阶级的贫富差距不断扩大，越来越多的人挣扎在贫困的生活与艰苦的工厂劳动之中。

在马克思看来，人是社会关系的总和，社会关系的基础就是经济关系，他试图通过分析资本主义社会来寻求这些社会问题的解决办法。在对亚当·斯密、大卫·李嘉图、约翰·斯图亚特·密尔等人的英国古典政治经济学理论进行研究的同时，马克思在劳动价值论的基础上进一步完善了"商品交换价值由生产商品的社会必要劳动时间所决定"这一精练的理论，阐明了工业资本利润来源于劳动者所创造的剩余价值。

在包括生产和流通在内的资本主义生产过程这一统一视角下，马克思重新诠释了资本主义的概念，分析了剩余价值的产生秘密——资本的流通形式（如利润、价格、地租）、流通的途径、再生产的方式，以及资本家和工人这种资本主义生产关系的扩大再生产。

此外，马克思继承了黑格尔哲学的辩证法思想，确立了适用于人类社会历史的辩证唯物主义批判方法——历史唯物主义（唯物史观）。他预测到，资本主义是一种存在不稳定性因素的经济制度，其生存寿命必将是有限的，必然会被社会主义和共产主义这种新制度取代。

马克思提出的历史唯物主义是一种历史发展观，指出人类社会也存在着与自然界一样的规律。马克思认为，人类社会的历史发展有其特定的规律，生产力决定生产关系，生产关系对生产力有反作用，生产关系一定要适应生产力的发展。伴随着生产力发展所带来的阶级对立，人类社会在一步步向前发展着。其中，占有生产资料的统治阶级（资产阶级）和出卖劳动来换取工资的工人阶级（无产阶级）便是资本主义社会中的对立阶级。

马克思认为，这种阶级对立推动了工人阶级的阶级意识觉醒，工人阶级掌握政权后，最终将建立一个没有阶级对立、自由生产者云集的共产主义社会。为了实现这一目标，他呼吁工人阶级组织起来，采取革命行动来推翻资本主义。

在《资本论》原文中，有一个名为"Kapitalistisches System"（资本制体系）的专业术语，日语译文将其翻译为"资本主义"，但其实"Kapitalismus"（capitalism），也就是"资本主义"这一名词并未在原文中出现过。后来，马克思主义者们开始将"capitalism"（资本主义）一词定位为"socailsim"（社会主义）和"communism"（共产主义）的对立词，并用其来指责敌对者的立场。

人物生平：

卡尔·马克思（1818—1883年）：德国（出生于德意志邦联普鲁士王国）哲学家、思想家、经济学家和革命理论家。他于1845年宣布脱离普鲁士国籍，自此成为无国籍的世界公民。1849年以后，以英国为据点，他与弗里德里希·恩格斯一同创立了融入全面世界观和革命思想的科学社会主义（马克思主义）理论。他以资本主义社会研究为毕生事业，其研究成果凝结为《资本论》一书。以书中理论为依据的经济学体系被称为"马克思经济学"，对20世纪以后的国际政治和思想影响巨大。

参考书目：

《21世纪资本论》托马斯·皮凯蒂

《伦巴第街：货币市场记述》 日经 BP CLASSICS/久保惠美子 [译]

《伦巴第街：货币市场记述》

（沃尔特·白芝浩）

《伦巴第街：货币市场记述》（Lombard Street: a Description of the Money Market，1873年）是英国财经记者、经济学家沃尔特·白芝浩创作的金融领域的传世之作，书中揭示了伦敦金融街的构造以及中央银行在金融危机中所起的作用。这里所说的"伦巴第街"是英国伦敦市的金融中心，也是英国现代金融体系的发源地和象征，包括英格兰银行在内的各大银行、证券交易所和保险公司都集中开设于此。

白芝浩曾任《经济学人》的主编，是英国维多利亚时期著名的政治经济评论家，在英国金融界极具影响力。1866 年金融危机爆发，白芝浩曾向英格兰银行行长建言"中央银行的意义在于维持货币（英镑）的价值，如果放贷不畅，很有可能引起庞大的挤兑骚动"，为结束金融恐慌做出了极大的贡献。

该书将中央银行的角色定义为"最后贷款人"（Lender of Last Resort），并阐明了其重要性："平时，英格兰银行仅仅是很多贷款人中的一个，而在恐慌时期它是唯一的贷款人，而且必须尽其所能把恐慌时期的不正常状态恢复到平时的正常状态。"

此外，白芝浩还在书中提出了一个原则，即在金融危机时期，中央银行应当慷慨放贷，但只放给经营稳健、拥有优质抵押品的公司，而且要以足够高的、能吓走非急用钱者的利率来放贷。时至今日，"白芝浩原则"仍被多国中央银行奉为圭臬。

人物生平：

沃尔特·白芝浩（1826—1877 年）：英国记者、经济学家。他出生于英国萨默特郡长港镇的一个中产阶级的小康之家，父亲是位银行家。从伦敦大学学院毕业后，他在从事家族企业银行业的同时，因受到"保守思想之父"英国思想家埃德蒙·柏克的影响，作为一名保守主义者，开展了广泛的评论活动。1857 年，白芝浩结识了《经济学人》的创立者和拥有者詹姆斯·威尔逊，并开始为《经济学人》撰稿。该杂志的主要目的在于呼吁废除《谷物法》。1858 年，白芝浩成为詹姆斯·威尔逊的女婿，并在其去世后接管了《经济学人》，长年担任主编，被后人誉为"《经济学人》历史上最伟大的主编"。

参考书目：

《英国宪制》沃尔特·白芝浩；《货币野史》菲利克斯·马汀

《有闲阶级论》 岩波文库/小原敬士 [译]

《有闲阶级论》

（索尔斯坦·凡勃伦）

《有闲阶级论》（*The Theory of the Leisure Class*，1899年）是"制度经济学鼻祖"美国经济学家索尔斯坦·凡勃伦创作的经济学著作。该书从人类学角度讽刺性地描述了当时富豪们的生活方式。

这里所说的"有闲阶级"，是指拥有财富，不从事生产性劳动，把时间花在娱乐和社交等方面的上层阶级。

从1865年南北战争结束到1893年经济恐慌为止，西部开拓时期的美国在工业革命中取得了重大进展，国家财富突飞猛进，诞生了石油大王约翰·洛克菲勒、钢铁大王安德鲁·卡内基等资本大鳄，这一时期也正是美国历史上的"镀金时代"（Gilded Age）。

凡勃伦将这些富豪的豪华宅邸、奢华陈设、奢靡派对、华冠丽服比作"原始部落野蛮人的夸富宴（potlatch）"、"羽毛装饰"和"祭祀"。

该书一经问世，立即在世间造成了轰动，这和其独特的视角以及新奇的文风措辞不无关系。例如，书中提出了"炫耀性消费"（明显消费，Conspicuous Consumption）和"炫耀性休闲"（明显休闲，Conspicuous Leisure）等词语，用来描述当时美国出现的一些社会现象——通过超出实用性和必要性的铺张浪费来向他人炫耀和展示自己的金钱财力和社会地位，并以此收获这种地位所带来的荣耀、声望和名誉。

在当时的美国，主流思想是社会达尔文主义（social darwinism），即主张用达尔文进化论的观点来解释人类社会的发展规律，认为优胜劣汰、适者生存的现象同样存在于人类社会之中。美国历史学家和作家亨利·亚当斯评价该时代是一个"市场取代宗教的时代"。

人物生平：

索尔斯坦·凡勃伦（1857—1929年）：美国经济学家、社会学家，制度学派创始人。制度学派着眼于社会制度形态，采取结构或制度分析的方法来说明社会经济现象及其发展趋势，从而宣传社会改良。凡勃伦选取了与卡尔·马克思不同的视角，对现代工业社会进行了批判，比起"私人所有"，他更重视"社会资本"，并认为，在管理工业体制以及向消费者公正地分配资源上，营利性企业并非最佳选择。

参考书目：

《企业论》索尔斯坦·凡勃伦；《社会共通资本》《经济学观点》宇泽弘文

《新教伦理与资本主义精神》 岩波文库/大塚久雄 [译]

《新教伦理与资本主义精神》

（马克斯·韦伯）

《新教伦理与资本主义精神》（德语为 Die protestantische Ethik und der Geist des Kapitalismus。第一部分、第二部分分别发表于1904年、1905年）是德国社会学家马克斯·韦伯创作的社会学著作，旨在从新教中探寻资本主义成立的根据。

韦伯认为，"理性化"是西方近代文明有别于其他文明的基本特征，并将西方近代文明的发展视为"世界的祛魅"，试图用比较宗教社会学的方法加以明示。

此外，韦伯提出了一种逆向逻辑，认为加尔文教（加尔文主义）和清教主义等新教世俗禁欲主义思想与资本主义精神之间存在着某种相互关系，并讨论了资本主义成立这种西方文明中特有的社会现象。这一观点反证了当时马克思主义中的唯物主义观点——"经济基础决定上层建筑，从属于上层建筑的宗教建立在一定的经济基础之上"，在社会上引起了极大的反响和争议。

在韦伯看来，资本主义产生于经济落后于中国和伊斯兰国家的西欧社会中，其根源在于新教教徒严格的道德标准（ēthos）。人们直觉上倾向于认为资本主义出现的原因在于人类的欲望从宗教束缚中获得了解脱，但实际上，禁欲主义渗透到整个日常生活中，才是其真正的原因。

该书特别强调了宗教改革领袖约翰·加尔文提出的"双重预定论"，即"在最后审判之际，神已在万有之先预定了人的一切，包括人的得救与毁灭"。这种理论认为，因为人们无法预知自己到底从属哪类，所以需要在神所赋予的职业使命，即在世俗劳动中寻求救赎的确切证据，严格克制自我欲望，彻底贯彻理性化生活，努力积累财富，从而进行再投资。这也进一步衍生出资本无限自我增殖的现代资本主义。

在封建时代，虽然劳动是贵族阶级所蔑视的对象，但随后人们的想法逐渐发生了转变。人们开始认为劳动的苦痛本身其实是美好而高尚的，从而诞生了主张"劳动本身具有意义"的现代劳动观。在荷兰、英国、美国等深受加尔文主义影响的国家中，资本主义较为发达；而在受天主教影响较强的国家中，其发展则相对较晚。

此外，韦伯引证了美国开国元勋之一的本杰明·富兰克林的话来分析资本主义精神，并将其定义为现代现资本主义"精神"的"理想范式"。其中，韦伯对美国进行了如下描述：

> 在资本主义最最发达的地方，如美利坚合众国，而今对财富的追求已褪去了宗教伦理意涵，而倾向于与纯粹竞赛的激情愈益联系紧密，甚至常常使营利带上体育竞技的印记。
>
> （中间省略）
>
> 对于这一文化发展的"终极之人"而言，完全有理由说："没有灵魂的专家，没有心肝的享乐者，兀自以为达到了人类文明前所未有的高度。"

伴随着时代的发展，宗教色彩逐渐淡化，内发的利润追逐逐渐转变为目的明确的外显活动。天职、禁欲在现代社会中已然不再具有任何积极的意义，但在不知不觉中，我们依旧生活在奠定了资本主义基础的"铁笼子"之中。

人物生平：

马克斯·韦伯（1864—1920年）：德国政治学家、社会学家、经济学家，在社会科学领域成就卓越。他与当时在德国极具影响力的马克思主义划清了界限，以民族主义者、自由主义者的身份开展了相关活动，并对德意志帝国持批判态度。他的《新教伦理与资本主义精神》一书出版后，比较宗教社会学开始以"世界宗教经济伦理"的形式，成为学者们广泛研究的课题。韦伯的一生对儒教、道教、印度教、佛教以及古代犹太教的研究颇深，但被西班牙流感引发的肺炎夺去了生命，其研究并未最终完成。

参考书目：

《支配社会学》《经济与社会》马克斯·韦伯；《资本论》卡尔·马克思；《我们子孙后代的经济可能性》约翰·梅纳德·凯恩斯；《犹太人与现代资本主义》维尔纳·桑巴特；《"扯淡"的工作：一种理论》大卫·格雷伯

《经济发展理论 上·下》 岩波文库/盐野谷祐一、中山伊知郎、东畑精一 [译]
《资本主义、社会主义与民主 1—2》 日经 BP CLASSICS/大野一 [译]

《经济发展理论》
《资本主义、社会主义与民主》

(约瑟夫·熊彼特)

《经济发展理论》(德语为 Theorie der wirtschaftlichen Entwicklung,1912 年)、《景气循环论:资本主义过程的理论、历史和统计分析》(Business Cycles: A Theoretical, Historical, and Statistical Analysis of the Capitalist Process,1939 年)和《资本主义、社会主义与民主》(Capitalism, Socialism, and Democracy,1942 年)是美籍奥地利政治经济学家约瑟夫·熊彼特的三部代表著作。

《经济发展理论》一书的核心在于从定义经济体系均衡状态的瓦尔拉斯一般均衡理论(general equilibrium theory)出发,试图解释那些在该理论下无法解释的经济动态现象。

瓦尔拉斯的一般均衡理论将均衡视为商品在市场上的最佳分配方式,而熊彼特认为均衡是一种停滞。如果没有创新所带来的改变,市场经济便会陷入均衡状态之中,进而企业利润消失,利息清零。在熊彼特看来,企业家若想生存,必须持续进行创造性的破坏。

换言之,与熊彼特提倡的"非连续性变化"相比,"连续性变化"是一种静态经济的均衡状态,完全不同于动态经济。

熊彼特将新生产要素的组合定义为新组合(new combination),并指出创新是将新组合引入生产体系的复杂行为,共具有五种形态:(1)采用一种新产品或者一种产品的新特征;(2)采用全新的生产方法;(3)实现任何一种工业的新的组织;(4)开拓全新的市场;(5)控制原材料的新供应来源。

通过创新来创造全新业务的人,正是那些不惜进行全新尝试和挑战、充满雄心壮志的企业家。企业家的核心职能不是单纯的管理或经营,而是看其是否能够执行上述新组合,这个核心职能可以把真正的企业家活动与其他活动区别开来。真正的企业家需要具备多种优秀的品质,如深刻的洞察力、精神上的充分自由以及能够经受挫折的坚强意志等。

因此，熊彼特认为，经济发展的原动力并不是人口增加或气候变化等外部因素，而是企业家实现创新（innovation）这一内在因素。

除此之外，熊彼特还强调了银行家作为"交换经济监督者"的作用，即通过对企业家提供资金援助来创造信用，其存在的意义在于识别企业者的资质并作为风险承担者来为其提供资金。

该书中的相关理论讨论也延续到了之后的《景气循环论：资本主义过程的理论、历史和统计分析》（1939年）一书中。熊彼特认为，创新带来的自主性、非连续性的创造性破坏（creative deconstruction）才是产生并推动经济发展和景气循环的本质源泉。

创造性破坏，可谓一种新陈代谢，即全新的高效方法的出现，必然会取代老旧的低效方法。也就是说，在企业创新带来新陈代谢的同时，市场会呈现一种均衡状态并建立起全新的价值体系，经济便是在这种动态循环中获得发展。熊彼特认为，经济发展的源泉在于企业内部的创新，为了保证经济的持续发展，企业家们必须不断地通过创新来进行创造性破坏。

熊彼特的上述创新理论给同样来自奥地利的管理学家彼得·德鲁克带来了极大的启示，为其融入短期管理加长期创新的"创新管理"理念奠定了理论基础。除此之外，熊彼特的理论还对《创新者的窘境：大公司面对突破性技术时引发的失败》（详见第126页）的著者克莱顿·克里斯坦森等一大批管理学家产生了巨大的影响。其实不止于此，熊彼特的理论探讨早已超越了经济学的范畴，甚至延展到了比较经济体制学的社会学领域之中。

在《资本主义、社会主义与民主》（1942年）一书中，熊彼特论述了资本主义将不可避免地向社会主义过渡的客观必然性。该书主要由三部分构成，分别是第一篇"马克思的学说"、第二篇"资本主义能存在下去吗？"、第三篇"社会主义行得通吗？"。

大企业寡头垄断市场后，企业家作为经济发展的原动力兼创造性破坏推手，其创新意愿不断衰退，企业家精神逐渐丧失，最终停下了创新的脚步——在资本主义不断发展的过程中，上述情形屡见不鲜。此外，企业家的主要活动场所还从工商业领域逐步转至公共领域以及非营利领域。当工商业的管理成为日常的行政管理，企业家们也将不可避免地具有官僚主义的特性。资本主义精神式微，经济活力消减，最终资本主义将走向终结，并为社会主义所取代。

在社会主义兴起的时代大背景下，熊彼特详细地验证了马克思"资本主义必然会因其缺陷而灭亡"的经济学理论，并在此基础上，通过"资本主义会因其成功而灭亡"的反论，推导出了相同的结论。

在资本主义覆灭后的社会主义世界中，经济活动会由公共机构掌控，但这并不意味着经济效率的下降，公共机构也能带来推动经济发展的创造性破坏。

此外，熊彼特还讨论了民主，揭示了社会主义优于资本主义的可能性。在18世纪时期，思想家们所说的民主是"人民对人民的统治"，让-雅克·卢梭认为，基于此可以实现普遍意志，杰里米·边沁、约翰·斯图尔特·密尔这些功利主义者则认为，这可以实现"最大多数人的最大幸福"。

熊彼特将这种人民各自的意志与全体人民的意志相一致的理论定义为"古典民主"。由于人民各自描绘的公共利益本就不同，因此人民能够通过理性论证来确定公共利益——这种能力本身就值得怀疑。熊彼特认为"民主，并不意味着人民在统治"，主张全员一致认同的公共利益并不存在。

在此基础上，为了实现公共利益与个人权利的协调，熊彼特提出了全新的民主定义。他认为，民主就是政治精英通过竞争来获取权力和人民选择政治领袖的过程，议会的作用即为政府的存续。

在古典民主政治中，选民决定政治问题是其最初的目标，选举代表则是其次要目标。而熊彼特的新民主定义，则把选举出能够做出政治决定的人放在了第一位。他认为民主只是一种政治方法，若想使民主发挥真正的作用，必须具备以下四个条件：（1）政治素质极为良好的政治家；（2）政治决定的有效范围不应扩展过大；（3）必须有能力支配一个富有强烈责任感、强烈集体精神以及有良好名望的训练有素的官僚机构；（4）依托于某种类型的民族特性和民族习性之上的民主自制。

熊彼特民主理论的最大特征在于将资本主义和民主割裂开来，明确了政治体制的民主性质，即民主的核心并不是自由平等的理念，而是选举代表的选举制度。

熊彼特理论形成于特殊的时代背景之下。当时在大多数人的眼中，社会主义已经成为一种不可避免的历史趋势，而熊彼特希望能为资本主义制度存在的合理性做最大可能的辩护。人们普遍认为，在社会主义体制下的民主中，人民的意志能够获得实质性的反映，因此社会主义国家的民主比资本主义国家中的民主更加高维。

人物生平：

约瑟夫·熊彼特（1883—1950年）：美籍奥地利裔政治经济学家。他出生于奥匈帝国摩拉维亚省（今捷克境内，故有人把熊彼特看作美籍捷克裔人），1932年迁居美国，加入美国国籍。他曾任奥地利财政部部长、波恩大学教授、哈佛大学教授、经济计量学会会长、美国经济学会会长、国际经济学会会长等诸多职务。在20多岁时，熊彼特就发表了《理论经济学的性质和本质》《经济发展理论》等著作，确立了自己的学术体系，创立并发展了以企业者创新为中心的独特经济发展理论。此外，熊彼特作为教育家也做出了杰出的贡献，在哈佛大学培养了诸如保罗·萨缪尔森、约翰·肯尼思·加尔布雷思等超一流经济学家。

参考书目：

《景气循环论：资本主义过程的理论、历史和统计分析》约瑟夫·熊彼特；《理论经济学的性质和本质》约瑟夫·熊彼特；《创新与企业家精神》彼得·德鲁克；《宏观经济学的重构：凯恩斯和熊彼特》吉川洋

《现代语译 论语与算盘》 筑摩新书/守屋淳 [译]

《论语与算盘》

（涩泽荣一）

《论语与算盘》（1916年）是"日本资本主义之父"涩泽荣一的代表作。他以《论语》为依托，主张伦理道德与利益并存的"义利合一"。该书书名中的"论语"指道德伦理，"算盘"指追求利益的经济活动、获取财富之道。

儒家圣经《论语》（详见第167页）一书充满着正确的处世智慧以及人际交往的日常教诲。"日本企业之父"涩泽荣一以幼年所学的《论语》为立身处世的规范，并积极致力于将《论语》思想运用到经商实践中。他提倡以仁、义、德的道理来自我约束，认为罔顾道德与伦理的欺骗与权谋等所谓的小聪明绝不是真正的商业才能。他主张，若想发展经济使整个国家富裕起来，人们必须让财富回馈社会，而非个人垄断利益。

该书在"处世与信条""立志与学问""常识与习惯""仁义与富贵""理想与迷信""人格与修养""算盘与权利""实业与武士道""教育与情谊""成败与命运"十章节中阐述了儒家道德和商业的相互促进作用，树立了"儒商"的典范。其中名句很多，引人思考。

"说到国家致富的根源，那就是根据仁义道德的原则，以正确的道理创造财富。唯有如此，这种富裕才能永远维持下去。所以我主张，如今最紧要的任务就是将看似毫不相干的《论语》与算盘联系起来，让它们共同发挥作用。

"正如日月经天江河行地，道理始终是昭然不昧的，按照道理做事的人必然会荣达，违背道理图谋不轨的人必然会自取灭亡。

"假设某种事业让一个人变成了大富豪，却让社会的大多数人陷入贫困，那么无论那个人积累了多少财富，其幸福都是无法维持下去的。"

幕府末期，阳明学者三岛中洲推崇"义利合一论"（义=伦理，利=利益），在与其交往的过程中，涩泽深受影响，形成了上述理念。不同于把获取知识置于首位的朱子学，近代阳明学强调实践性伦理的必要性，对吉田松阴、西乡隆盛、高杉晋作等政治家产生了很大的影响，并为倒幕运动提供了逻辑依据。

涩泽既讲精打细算的赚钱之术，也讲儒家的忠恕之道，主张用商业道德来约束容易走上只谋求获利之道的经济活动，优先公共利益以及他人利益，从而构建富裕社会。此外，他还将这种生活方式融入了自己的日常生活之中，一生中参与了约480家企业的创办与经营，其中包括日本第一国立银行（现瑞穗银行），并热心于社会活动和教育活动，为众多医院和学校等公益法人的创建做出了极大的贡献。

涩泽"义利合一"的思想，与现代管理（公司治理）、合规管理（道德合规和法律合规）、CSR（企业社会责任）、SDGs（可持续发展目标）和ESG（环境、社会和公司治理）的理念都是一致的。

涩泽理想中的资本主义图景是"合本主义"，即为了达到谋求公共利益这一使命和目的，广泛寻找最适合的人才与资本，将事业向前推进，并由出资人分享所得利益。涩泽的玄孙、日本实业家涩泽健将其解读为近年来欧美经济界所提倡的"利益相关者资本主义"（stakeholder capitalism）的雏形。

人物生平：

涩泽荣一（1840—1931年）：日本实业家、慈善家。江户时代末期，他受到幕府将军德川庆喜重用，从农民跃升为武士（幕臣）。在明治政府中，作为大藏省（现日本财务省）的官员，他在大藏大辅井上馨麾下积极参与国家财政政策的制定与改革。弃官从商后，他开启了自己的实业家生涯，业务遍及金融、铁道、海运、矿山、纺织、钢铁、造船、机电、保险、建筑等众多领域，一生参与创办了约480家企业，堪称日本近代的"实业之父"。其参与创办的企业中包括日本第一国立银行（现瑞穗银行）、东京海上火灾保险（现东京海上日动火灾保险株式会社）、王子制纸株式会社（现王子控股株式会社、日本制纸）、田园都市株式会社（现东急株式会社）、理化学研究所和东京证券交易所等。此外，他还热心于社会活动，曾担任东京养育院（现东京都健康长寿医疗中心）院长，并参与了东京慈惠会和日本红十字会的兴建。在教育方面，他除了担任二松学舍（现二松学舍大学）第三代校长之外，还致力于创办商法讲习所（现一桥大学）以及大仓高等商业学校（现东京经济大学）。

参考书目：

《涩泽荣一训言集》涩泽荣一；《道德情操论》亚当·斯密；《SDGs投资：资产运用与社会贡献》涩泽健；《社会共通资本》宇泽弘文

《就业、利息和货币通论 上·下》 岩波文库/间宫阳介 [译]

《就业、利息和货币通论》

（约翰·梅纳德·凯恩斯）

《就业、利息和货币通论》（*The General Theory of Employment, Interest, and Money*，简称《通论》，1936年）是"宏观经济学之父"约翰·梅纳德·凯恩斯创作的经济学著作。该书带来了经济学历史上的一次重大转机——"凯恩斯革命"。

该书的根基是有效需求理论。凯恩斯否定了古典政治经济学倡导的"供给创造其自身需求"的萨伊市场定律（Say's Law）。他指出，"供给受需求的制约"，即货币支出所支持的需求（消费和投资）决定了一个国家的经济活动水平，如国民收入和就业数量。

当时的古典政治经济学认为，在完全竞争的市场中，市场的自发调节机制会进行自主调整，从长期来看，可以实现充分就业，并基于充分就业的前提设想了这一特殊情况下的GDP（国内生产总值）。而凯恩斯认为，在一般情况下，即使未实现充分就业也可以实现供需均衡，因此由有效需求决定的现实GDP会低于古典政治经济学派所设想的充分就业条件下的GDP。

从1929年开始，资本主义社会爆发了历史上最严重、最持久的经济危机，出现了前所未有的严重失业现象，古典政治经济学理论已经无法解释大萧条中出现的各种经济现象，受到了大量的批判。在这时，凯恩斯为了拯救资本主义，寻求摆脱经济危机的措施，潜心研究经济理论，揭示了由于有效需求不足而导致生产设备过剩和非自愿性失业增加的根本原因，从而提出了总需求管理政策（凯恩斯政策），旨在克服"富裕中的贫困"。

为了改善经济，缓解失业，凯恩斯主张通过财政政策（公共投资和减税）和货币政策（降息）等各种手段来控制有效需求，以实现充分就业。这一系列的经济理论被称为"凯恩斯主义经济学"。它的一大特点在于，决定总消费等宏观经济变量的机制完全不同于古典政治经济学派所设想的各经济主体的优化行为。

此外，凯恩斯主张，在大萧条时期，直接增加消费的财政政策远比货币政策有效。古典政治经济学派基于萨伊定律探讨了实物交换，而凯恩斯主义经济学更重视货币因素，提出了"流动性陷阱"的假说，即由于对未来不确定性充满不安，人们更偏好持有现金，而不愿持有资本去获取收益，因而会导致需求的下降。

基于上述流动偏好规律，凯恩斯认为，如果经济前景明朗，整个社会心态便会更为积极，投资活动会变得活跃；但一旦过度，则会发生通货膨胀。相反，如果放任社会对未来不安情绪的扩大，人们便会为了持有货币而抑制设备投资和消费。凯恩斯指出，人们对未来不确定性的心态不断发生着变化，时而乐观，时而焦虑，这也带动了经济周期的起伏。至于凯恩斯所说的"动物本能"（Animal Spirits），指的是即使在这种不可预测的不确定性中，投资者仍会对投资活动保持积极的心态。

凯恩斯经济理论为美国罗斯福政府执行的一系列政府积极参与市场经济的政策（新政）提供了强有力的后盾，其中包括大规模兴建公共事业、重建银行制度以及美元贬值等。同时，凯恩斯主义经济学还将经济学学者划分为传统的古典政治经济学家和支持凯恩斯主义经济理论的凯恩斯主义者两派，由此在学界掀起了一场"凯恩斯革命"。

人物生平：

约翰·梅纳德·凯恩斯（1883—1946年）：英国经济学家。他率领"Cambridge Circus"（又称 Keynes's Circus，指凯恩斯创作《通论》时所带领的由五个青年学者组成的群体，其中包括理查德·卡恩、皮埃罗·斯拉法、詹姆斯·爱德华·米德、奥斯汀·罗宾逊以及琼·罗宾逊）基于有效需求理论开展研究活动，创立了宏观经济学。凯恩斯曾在剑桥大学讲授金融理论，后受聘于英国财政部，主要负责国际金融方面的工作。他作为英国财政部首席代表出席了第一次世界大战后的巴黎和会，因对赔偿委员会有关德国战败赔偿及其疆界方面的建议愤愤不平，辞去了和会代表职务，复归剑桥大学任教。1929年起，世界爆发经济大萧条，在此期间，凯恩斯作为麦克米伦委员会（国家财政与工业调查委员会）委员发挥了其应有的积极作用。在第二次世界大战期间，凯恩斯出任英国财政部顾问，参与了战时各项财政和金融政策的决策和实施。1944年，凯恩斯率英国代表团出席了联合国国际货币会议，围绕战后的外汇体系（布雷顿森林体系）与美国展开了论战。1946年，他成为国际货币基金组织（International Monetary Fund，简称IMF）和国际复兴与开发银行（世界银行）的英国理事。

参考书目：

《凯恩斯：大师归来》罗伯特·斯基德尔斯基；《极简GDP史》戴安娜·科伊尔；《读解凯恩斯的〈通论〉》宇泽弘文；《21世纪的资本主义论》岩井克人；《美国增长的起落》罗伯特·戈登

《我们子孙后代的经济可能性》日本经济新闻出版/山冈洋一 [译]

《我们子孙后代的经济可能性》

(约翰·梅纳德·凯恩斯)

《我们子孙后代的经济可能性》(Economic Possibilities for our Grandchildren, 1930年)是英国经济学家约翰·梅纳德·凯恩斯在始于1929年的世界经济大萧条期间所写的一篇文章,收录在《劝说集》(Essays in Persuasion, 1931年)一书中。

在该篇文章中,凯恩斯做出预言:100年以后(2030年左右),随着技术的进步,诸如英国和美国等发达国家的生活水平将会大大提升,人们一天只需工作3小时。

尽管当时正处于世界经济大萧条时期,但从长期来看,经济依靠技术创新和资本积累会实现快速增长。凯恩斯认为,如果能够保持这种经济增长趋势,人类的经济问题便会得到解决,人们无须工作即可生存,劳动观也会随之发生改变,而那些能够有效利用闲暇时间、真正懂得人生意义的人会更受尊崇。

在凯恩斯发表这篇文章时,世界经济大萧条已经来临,人们围绕资本主义经济的局限性展开了激烈的讨论。与此同时,1917年俄国十月革命后,苏联成立,并从1928年开始实施第一个五年计划,实现了良好的经济增长。英国工业革命以后,经济极速发展的19世纪迎来了尾声,越来越多的经济学家认为今后英国很可能会走向衰落。但凯恩斯坚信,不依靠革命和计划经济,世界经济也能走出这场萧条困境。

从最终结果看,后来的资本主义经济实现了戏剧性的增长,验证了凯恩斯对于经济发展预期的正确性。但凯恩斯对于人们工作方式的预言并未应验。从如今的现实情况看,经济问题全然未曾得到解决,至于一天只需工作3小时便能生存的理想,至今仍未看到任何实现的可能性。

那么,为什么发展到如今这般富足的社会阶段,人们仍然必须工作呢?从人类本性的角度来看,索尔斯坦·凡勃伦在《有闲阶级论》中所指出的"炫耀性消费"并不会消失。而且随着贫富差距的加剧,经济增长所带来的红利恩惠会更偏向于部分富裕阶层。对此,美国人类学家大卫·格雷伯在《"扯淡"的工作:一种理论》一书中将其理由解释为——技术反而创造了无意义的工作。

此外，如今还浮现出很多关于 AI（人工智能）是否会抢占人类工作机会的消极性讨论。相较于经济快速增长，人类的生活方式却依然贫乏，和受限于"仓鼠之轮"中的仓鼠如出一辙——虽步履不停，但依旧原地狂奔，迟迟无法摆脱当前的处境。

针对"人类从劳动中获得解脱"这一点，凯恩斯则持有另一种意义上的悲观看法。他认为，在未来的成熟社会中，一旦经济问题得到解决，闲暇中的"无所事事"才是人类所面临的真正挑战。

那么，凯恩斯为何会产生这种想法呢？人类自诞生以来，一直都在为了生存而不断斗争着，过去许多世代培养和积累的根深蒂固的习惯和本能都是围绕经济问题展开的。如果经济问题得到了解决，人类从劳动中获得了解放，那么人类就会失去他们传统意义上的生存目的，很多人会出于无法承受无所事事的状态而变得神经衰弱。

人物生平：

详见《就业、利息和货币通论》（第 101 页）处介绍。

参考书目：

《"扯淡"的工作：一种理论》 大卫·格雷伯

《德鲁克名著集9 经济人的末日》 钻石社／上田惇生［译］
《德鲁克名著集11 公司的概念》 钻石社／上田惇生［译］
《德鲁克名著集2、3 管理的实践 上·下》 钻石社／上田惇生［译］

《经济人的末日》
《公司的概念》
《管理的实践》

（彼得·德鲁克）

《经济人的末日》（*The End of Economic Man*，1939年）、《公司的概念》（*Concept of the Corporation*，1946年）、《管理的实践》（*The Practice of Management*，1954年）是"现代管理学之父"、美国管理学家彼得·德鲁克创作的有关社会制度和管理的代表性著作。

作为一名广为人知的管理学大师，德鲁克的研究不局限于管理，还涉及非营利性组织以及各种有关社会和未来的问题。他不仅提出了一个具有划时代意义的概念——"目标管理"，还创造了"企业社会责任""知识工作者""民营化"等概念。

有人将德鲁克称为"未来学家"（"未来主义者"），但他本人坚持以"社会生态学家"、"观察者"和"作家"自诩，更关心人类所创造的环境。他认为自己是一个现实的观察者，而非猜测未来的预言家。他主张站在当下，去看当下正在发生的事情，观察它的变化趋势或趋势变化，利用时间差来捕捉看得见的未来。

无论是美国通用电气公司（General Electric Company，简称GE）的杰克·韦尔奇，还是伊藤洋华堂的伊藤雅俊、日本迅销集团的柳井正，时至今日，德鲁克仍在持续影响着世界各地的商业领袖们。

德鲁克一生笔耕不辍，著作极为丰硕。从管理、组织到政治、社会、经济等领域他都有所涉及，其著作大致可以分为"社会制度"和"管理"两个方面。

《经济人的末日》是一部社会制度方面的代表作。在该书中，德鲁克主要分析了法西斯主义（极权主义）崛起的社会背景。此外，该书也正是德鲁克思想的原点，他主张"经济人"会遵循自己的经济利益而生而亡，阐述了当时以古典政治经济学为基础的经济社会的终结以及经济至上主义的灭亡。

19世纪的资产阶级资本主义和马克思社会主义，均是以上述"经济人"的概念为基础构建而成。然而，在第一次世界大战结束以后，在民主还未落地生根的国家中，通货紧缩和失业不断加剧，"经济人"这一概念也最终宣告结束。于是，大众开始意识到，自由经济活动并不能给社会带来自由和平等。正当人们对资产阶级资本主义和马克思社会主义感到失望之时，法西斯主义由此诞生了。

在之后的《看不见的革命》一书中，德鲁克论述了老龄化社会发展所造成的人口结构急剧变化问题及其影响。他指出："如果将'社会主义'定义为'由工人阶级掌握生产资料所有权'，那么美国应该算是第一个真正的'社会主义'国家。"养老基金改变了美国企业的所有权，成为美国最大的资本家，而民众通过养老基金的形式，成为资本的合法主人、合法供应者以及资本市场上的控制力量，使本国经济实现了"社会主义化"（养老基金社会主义），也使国家经历了一场"看不见的革命"。德鲁克还阐述了有关老龄社会的观点：当资本家和劳动者成为同一主体时，美国的老年人便可以获得极为丰厚的养老金，从而在政治和经济上都占据中心地位。

此外，在《后资本主义社会》一书中，德鲁克还揭示了这一时代资本主义的本质特征，即资本主义的原型——少数资本家掌控统治权，在1980年左右转为雇员拥有掌控权。

在过去的时代中，资本家以巨大的资本力量进行设备投资，从而掌握了更多的财富。但在后资本主义社会中，知识才是决定收益多寡的关键要素，在这一过渡过程中，企业组织必须进行相应的改变。同时，德鲁克认为，真正能够解决社会问题的不是大型政府，而是目的单一的非营利性组织（Non-Profit Organization，简称NPO）和非政府组织（Non-Governmental Organizations，简称NGO），理应将实际工作委托给效率最高的组织，从而解决社会问题。

在德鲁克看来，通过工作来贡献社会也是每个人实现幸福的最佳途径，这一观点也正是德鲁克的思想根源。组织，就是每个人作为社会的一员，为了共同的目的而做出自己的贡献，从而获得自我实现的一种手段。

在《公司的概念》一书中，德鲁克首次提出了"组织"的概念，奠定了其组织管理学的研究基础。在该书中，德鲁克致力于阐明推动社会发展的新原理——企业巨头的社会使命。在他看来，分析社会时，应当着眼于规定人们生活、确定方向、形成社会观、产生问题并加以解决的组织。在美国社会中，企业便是这样的组织。

在接受当时世界上最大的企业——通用汽车公司的咨询邀请后，德鲁克对该公司的经济管理和组织展开了为期一年半的调研，并从"作为独立主体的公司""作为社会性组织的公司""作为工业社会一种存在的公司"三个方面考察了企业应当如何发挥作用。

《管理的实践》这部著作则主要揭示了管理的本质，对世界各地的企业都产生了巨大的影响。《公司的概念》一书的出版，令德鲁克积累了丰富的管理经验，他基于工业社会的主要机构企业及其管理的成功与否影响着整个社会走向的认知,对管理涉及的各个领域进行了系统性的论述,形成了《管理的实践》一书。德鲁克大部分的管理思想和管理实践,都可以从该书中找到根源。

德鲁克认为,企业只有一个正确而有效的定义——创造顾客。此外,他还指出,企业只有两大基本职能——营销与创新,并对企业与利润展开了如下论述:

> 我们不能单单从利润的角度来定义或解释企业。当问到企业是什么时,一个普通商人的答案通常是:"一个创造利润的组织。"经济学家的答案也如出一辙。但是这个答案不仅错误,而且答非所问。
>
> (中间省略)
>
> 当然,这并不是说利润不重要,但利润不是企业和企业活动的目的,而是企业经营的限制性因素。利润并不能解释所有的企业活动与决策的原因,而是检验企业效能的指标。

此外,德鲁克在《管理:任务、责任、实践》一书中将管理定义为"使组织取得成就的工具、器官和机构"。

当今社会是一种组织化社会,且极度多元化。从提供经济产品和服务、医疗、福利、教育、知识探索到环境保护,几乎所有的社会挑战都交给了专业的社会机构来承担。从这一视角看,我们可以将所有组织都定位为社会机构,组织的存在并不是为了自身,而是通过发挥自身机能来满足社会、社区以及个人的需求。换言之,组织为了完成满足社会、社区和个人需求这一使命以及取得成果而存在,这本身便是管理。

德鲁克主张,若想使组织发挥其应有的作用,为社会做出贡献,管理组织的管理层必须承担三项职能:(1)实现组织的特定目的和使命;(2)使工作富有成效,使员工具有成就感;(3)在处理自身带给社会的影响的同时,积极承担社会责任。

由于企业的唯一目的是创造顾客,因此任何企业都有且只有两个基本职能:营销和创新。营销,在于寻找顾客的痛点并提供相应的产品和服务;创新,则在于创造能够让顾客满意的全新产品和服务。如何让营销和创新齐头并进,共同发挥出有效的作用,是管理的重中之重。

人物生平:

彼得·德鲁克(1909—2005年):出生在奥地利首都维也纳的一个富裕的德裔犹太家庭。其家族背景雄厚,政府官员、大学教授等人才辈出。他的父亲也曾担任过外贸部部长和维也纳大学教授。1929年,德鲁克成为德国法兰克福当地最大的一家经济新闻报社《法兰克福纪事报》(Frankfurter General-Anzeiger)的记者,为其撰写金融评论文章。1933年,为了躲避希特勒的镇压,德鲁克移居伦敦,一边参加约翰·梅纳德·凯恩斯主持的讨论会,一边在投资银行工作。1939年,德鲁克移居美国,曾在一些银行、保险公司和跨国公司任经济学家与管理顾问。他在纽约大学任教20余年,从1971开始,任克莱蒙特大学教授。

彼得·德鲁克主要著作一览:

《经济人的末日》(1939年)、《工业人的未来》(1942年)、《公司的概念》(1946年)、《新社会》(1950年)、《管理的实践》(1954年)、《成果管理》(1964年)、《卓有成效的管理者》(1967年)、《断层时代》(1969年)、《管理:任务、责任、实践》(1973年)、《看不见的革命》(1976年)、《创新与企业家精神》(1985年)、《新现实:政府与政治、经济与企业、社会与世界》(1989年)、《非营利组织的管理:原理与实践》(1990年)、《后资本主义社会》(1993年)、《德鲁克论管理》(1998年)、《21世纪的管理挑战》(1999年)、《下一个社会的管理》(2002年)、《德鲁克日志》(2005年)

《管理行为：管理组织决策过程的研究》 钻石社/二村敏子、桑田耕太郎、高尾义明、西胁畅子、高柳美香 [译]

《管理行为：管理组织决策过程的研究》

（赫伯特·亚历山大·西蒙）

《管理行为：管理组织决策过程的研究》（*Administrative Behavior：A Study of Decision-Making Processes in Administrative Organization*，1947 年）是美国政治学家、认知心理学家、管理学家、计算机科学家赫伯特·亚历山大·西蒙创作的组织管理理论研究方面重要著作。该书基于人类的有限理性，对组织决策过程进行了阐释。

本书所论述的是关于组织的解剖学和生理学，不讲组织疾病的治疗问题。本书所涉及的领域属于组织生物学，而不是组织医学。它对实际管理问题的应有贡献仅仅在于：可靠的医疗实践只能建立在详尽透彻的生物学知识基础之上。

如上所述，西蒙认为，在讨论管理和决策之前，我们必须对作为其前提的组织本身进行剖析。

西蒙后期的研究工作涉及心理学和计算机科学等多个领域，但他的研究主旨始终都是找寻解决人类问题的方法。在该书中，西蒙主张组织是一种以信息传递为媒介的决策（信息处理）系统。

在西蒙看来，管理人（经济主体）是具有有限理性的行为主体，这意味着人类的行为并非完全理性，与古典政治经济学主张的完全理性的"经济人"理论形成了鲜明的对比。

为了实现客观理性，西蒙认为，行为主体需要通过下列途径将自己的所有行为融合成一个完整的模式：

（1）在决策之前，从全局的角度看待每个备选行动方案；
（2）考察每一个可能的选择所导致的全部复杂后果；

（3）具备一套价值体系，作为从全部备选行为中选定其一的决策准则。

但在真实的决策环境下，如果特定的选择可以达到一定的目的，那么人们一般不会再考虑所有其他的选择。

> 管理人寻求满意而非最优，所以，他不用先考虑一切可能的备选行动方案，也用不着确认存在着全部备选行动方案，便可以进行选择。其次，由于他把世界看成是近乎空旷的，不考虑所有事物之间的一切相互联系（它们会使思考和行动如入烟海），所以管理人能用相对简单的经验方法来进行决策。这些方法不至于给他的思考能力强加上无法负担的重任。

也就是说，不同于理性的经济人，有限理性的管理人不会将理性"最优化"，而会基于"令人满意"的准则来做出决策。经验方法会导致习惯固化以及决策固化，人们只能在有限范围内进行思考。此外，经验方法还可能会导致"正常化偏误"，甚至使人无法做到有限理性的判断。

西蒙虽然认为人类的认知能力有限，但在思维深处，他依旧对组织潜力抱有强烈期待：作为个体的人类只能具备"有限理性"，但组织完全可以超越这一局限。

此前，经济学一直基于理性经济人展开研究，西蒙的理论对这些经济学的基本命题产生了巨大影响。与此同时，西蒙还将组织定义为其成员信息沟通与相互联系的复杂模式，为近代组织理论打下了坚实的基础。

人物生平：

赫伯特·亚历山大·西蒙（1916—2001年）：20世纪科学界的一位奇特的通才，其学识渊博、兴趣广泛，研究工作涉及心理学、人工智能、经营学、组织理论、语言学、社会学、政治学、经济学、认知科学、系统科学等广阔领域，并做出了创造性的贡献。1978年，西蒙凭借"对经济组织内部的决策过程进行的开创性研究"，荣获诺贝尔经济学奖。此外，他作为人工智能领域的先驱，与艾伦·纽厄尔共同参与了多个决策支持系统的构建。

参考书目：

《经理人员的职能》切斯特·巴纳德；《现代经济学：博弈论，行为经济学，制度经济学》泷泽弘和

《通往奴役之路》

（弗里德里希·冯·哈耶克）

《通往奴役之路》（*The Road to Serfdom*，1944 年）是奥地利籍经济学家、哲学家弗里德里希·冯·哈耶克最知名的一部经济学著作。哈耶克认为，国家计划经济制度必然会向专制、奴役人民的方向迈进。

在该书中，哈耶克推翻了当时的普遍理解，特别强调指出了法西斯主义（极权主义）、纳粹主义（国家社会主义）与社会主义在本质上的共性，前两者和后者并不是对立的概念。换言之，在主张国家优于个人、以国家计划经济取代市场经济方面，法西斯主义、纳粹主义和社会主义的思想实属同根同源。

此外，哈耶克还将存在于法国社会的理性傲慢所带来的危险视为一大问题，将笛卡尔以来的理性主义称为"建构理性主义"，对国家计划经济进行了批判，认为由部分精英主导可以合理构建国家和社会这种复杂事物的想法是极其不现实的。

同时，哈耶克认为，凯恩斯政策也同样会使国家通往极权主义的道路。哈耶克指出，这里所讨论的体制选择并不是指每个人能否按照一般标准获得合理份额，而是要在由少数决策者决定份额分配的体制和由个人或企业来决定份额分配的体制中做出选择。

国家计划经济的前提是政治相对于经济更具有优越性，但哈耶克认为，人类并不具备能够破坏所有现有秩序、建立全新秩序的智慧。他基于英国经验主义阐述了"自愿秩序"的重要性，并认为参与者能够根据个人利益和偏好做出判断的市场体制才是最有效率的经济形态。

哈耶克在该书中进行了如下论述。

> 构成我们共同道德准则的条规，数量越来越少，性质上却越来越具一般性。
>
> （中间省略）
>
> 我们任何一个人都没有这样包罗万象的价值尺度。

（中间省略）

也就是说，就这些字眼的通常意义而言，他是一个利己主义者，还是一个利他主义者——是无足轻重的。十分重要的东西是这个基本事实，即任何人都只能考察有限的领域，认识有限需要的迫切性。无论他的兴趣以他本人的物质需要为中心，还是热衷于他所认识的每个人的福利，他所能关心的种种目标对于所有人的需要而言，仅仅是九牛一毛而已。

本书出版后，哈耶克被视为自由至上主义（Libertarianism）的代表思想家之一。自由至上主义重视个人自由，也重视经济自由。这种政治思想甚至对撒切尔主义、里根经济政策以及小泉结构改革都产生了深远的影响。

米尔顿·弗里德曼对该书给予了极高的评价，认为其迎来了20世纪末期社会主义的崩坏与市场主义的胜利，其意义堪比18世纪后亚当·斯密给世界所带来的贡献。哈耶克本人也被誉为"在经济学界自亚当·斯密以来最受人尊重的道德哲学家和政治经济学家"。此外，在宏观经济政策干预市场的问题上，与哈耶克针锋相对的约翰·梅纳德·凯恩斯也评价该书是一部伟大的著作，并在道德和哲学层面给予了全盘同意。但社会经济学家卡尔·波普尔则对哈耶克的观点提出了质疑，他认为自由市场才是使社会秩序面临威胁的最大因素，招致独裁者出现的原因在于反复的经济萧条和泡沫破裂。

人物生平：

弗里德里希·冯·哈耶克（1899—1992年）：出生于奥地利维也纳，英国知名经济学家、政治哲学家。奥地利经济学派的代表学者之一，最初以货币经济周期理论著称，但其研究领域并不局限于经济学，还涉及科学方法论、政治哲学、法哲学、社会思想等。同时，他也是一位活跃的自由主义思想家。针对财政金融宏观经济政策作为景气政策介入市场的功过是非，他与他一生的竞争对手约翰·梅纳德·凯恩斯展开了轰轰烈烈的论战。哈耶克的思想和汉娜·阿伦特、卡尔·波普尔一样，皆是反对极权主义，捍卫个人自由，但哈耶克本人自称为古典自由主义者。

参考书目：

《与凯恩斯和剑桥对抗》弗里德里希·冯·哈耶克；《资本主义与自由》米尔顿·弗里德曼；《凯恩斯大战哈耶克》尼古拉斯·韦普肖特；《市场与大师：西方思想如何看待资本主义》杰瑞·穆勒

《决定版　富裕社会》　岩波现代文库/铃木哲太郎［译］
《金融狂热简史》　钻石社/铃木哲太郎［译］

《富裕社会》
《金融狂热简史》

（约翰·肯尼思·加尔布雷思）

《富裕社会》（*The Affluent Society*，1958 年首次出版，1984 年第四版发行）是美国新制度学派经济学家、"经济学巨人"约翰·肯尼思·加尔布雷思创作的经济学经典著作，主要讨论了经济富裕给美国社会带来的转型以及富裕中存在的各种严峻问题。

加尔布雷思指出，在"富裕社会"中，扩大生产是优先于一切的第一要务。但以扩大生产量为富裕标准的经济学观点，不过是受限于生产至上主义价值观的表现，加尔布雷思对此表示了批判。

随着社会愈加富裕，当人们的欲望获得满足之时，还会激发出更多新的欲望。从这一观点来看，生产至上主义经济学观点甚至对富裕本身都构成了一种威胁。换言之，在现代消费生活中，生产者的广告投放以及市场营销会激发出消费者原本并未意识到的欲望，从而使其产生依赖性消费。加尔布雷思将这种现象命名为"依赖效应"（dependence effect）。

加尔布雷思指出，"富裕社会最奇异的特征"在于对民间生产给予毫不吝惜的关怀和鼓励，而对公共部门职权进行严格的制约。他强调了政府的低效率性，并将税收视为对自由的威胁，指出富裕社会中依然存在大量贫困、贫富不均的现象，政府对那些在贫困中苦苦挣扎的人视而不见，主张政府的职责便是恢复社会平衡（social balance）。由此，加尔布雷思常常被认为是"最早的后物质主义者（Post-materialism）之一"。

该书一经出版，便引起了强烈反响，为约翰·肯尼迪、林登·约翰逊两届美国政府所实施的公共投资政策（"向贫困开战"）做出了重大贡献。但同时，自由至上主义者安·兰德则严厉批评道："加尔布雷思所主张的，不过是中世纪的封建主义。"

《金融狂热简史》（*A Short History of Financial Euphoria*，1990 年）是加尔布雷思的另一部经济学著作。书中探讨了几个世纪以来世界上所发生的金融泡沫及其破灭的过程，揭示了人类和资本主义追逐利润的本质。

加尔布雷思分析了金融泡沫生成与破灭过程的本质特征，即一旦狂喜亢奋情绪（陶醉热病）出现，人们就会被暴富的美梦遮住双眼，只想拼命冲进投机大潮中，但这一行为会不断炒高价格，最后导致泡沫破灭，惨淡而终。所有金融泡沫的共同之处在于杠杆，即经由借贷提升投资效率的杠杆效应。

当金融狂热潮再次出现时，不仅金融规制和经济学理论无法发挥其实质性效果，甚至在泡沫经济的鼎盛时期，投机者对怀疑派还会更加排斥。

加尔布雷思认为，金融史上的泡沫之所以会反复发生，缘于人们追逐利益的本质。对金融事件记忆的"出奇短暂"，导致人们对泡沫并不具备足够的警戒，当下一次亢奋来临之时，人们依旧会狂热地投身于金融浪潮之中。

金融泡沫的种子原本就内藏于资本主义之中。为了更好地把握国家与我们自己的金融命运，加尔布雷思在该书中劝诫道："必须时刻保持高度警惕，并时刻提防泡沫的迹象。"

人物生平：

约翰·肯尼思·加尔布雷思（1908—2006年）：出生于加拿大安大略省，经济学家，新制度学派的领军人物。他因身高超过2米且成就卓越，被誉为"经济学巨人"。在经济学的研究过程中，他回避了晦涩难懂的数学化模型，用通俗易懂的政治经济学进行输出，被称为"20世纪读者群最广、著作阅读数最多的经济学家"。1934—1975年，他以终身教授身份在哈佛大学任教，著有50多部著作和1000多篇论文，还曾服务过富兰克林·罗斯福、哈里·S.杜鲁门、约翰·肯尼迪和林登·约翰逊四届美国政府。他与肯尼迪总统是朋友，1961年起，受命出任美国驻印度大使，支援印度政府的经济开发。1972年，他当选美国经济学会会长。

参考书目：

《不确定的时代》约翰·肯尼思·加尔布雷思

《资本主义与自由》 日经 BP CLASSICS/村井章子 [译]

《资本主义与自由》

(米尔顿·弗里德曼)

《资本主义与自由》(*Capitalism and Freedom*,1962 年)是美国经济学家米尔顿·弗里德曼创作的一部有关"自由"的政治经济学著作。该书与约翰·斯图亚特·密尔的《论自由》、弗里德里希·冯·哈耶克的《通往奴役之路》齐名。

弗里德曼提倡不受国家限制的自由市场,认为应该摒弃所有对市场的监管。该书着重介绍了弗里德曼这一经济自由主义思想,并在第 1 章中进行了如下论述。

经济安排在促进自由社会方面起着双重作用。首先,经济安排中的自由本身在广泛意义上可以被理解为自由的一个组成部分,所以经济自由本身是一个目的。其次,经济自由也是达到政治自由的一种不可缺少的手段。

此外,弗里德曼论述道:"19 世纪的自由主义者,把扩大自由认为是改进福利和平等的最有效的方法。20 世纪的自由主义者,把福利和平等看作自由的必要条件或者它的替代物。以福利和平等的名义,20 世纪的自由主义者逐渐赞成古典自由主义所反对的国家干涉和家长主义(paternalism)政策的再度出现。"他还批评了现代的自由主义(liberalism),并列举了 14 个政府不应采取政策或理应废除相关政策的领域,其中包括农产品补贴、进口关税和出口限制、物价和工资管制、工业和银行管制、通信和广播管制、老年人的退休养老金制度等社会保障制度和福利、事业和职业执照、公共住宅、和平时期的征兵制、国家公园等。

弗里德曼认为国家的职能范围应该受到限制,应将其缩减到不妨碍个人自由的最低限度,并主张自由主义者并非无政府主义者,政府应该出手纠正市场失灵。此外,他认为货币制度的管理和运行等中央银行货币政策不能交由市场掌管。在这一点上,弗里德曼的立场与主张自由货币论的弗里德里希·冯·哈耶克截然相反。

财政政策通过财政支出的临时收入增长和乘数效应来调整经济,但弗里德曼对此进行了全盘否认，坚持认为凯恩斯政策与停滞膨胀息息相关。此外，他还批判了自由裁量性财政政策（discretionary fiscal policy），认为实行凯恩斯政策后，经济扩张→失业率下降→通胀预期上升→工资上涨→物价上涨→实际 GDP 增长率下降→失业率再上升，最终结果只会导致物价的上涨。

此外，弗里德曼否认企业会关注利润之外的社会事业，并断言企业援助和慈善活动是"不恰当的资本使用途径"。企业的最终所有者是股东，企业经营者的使命在于使股东利益最大化，弗里德曼明确反对企业承担追求利润以外的社会责任。

最后，弗里德曼在该书中得出了如下结论。

> 这些政府措施的主要缺陷是，它们为了追求所谓的普遍利益，企图通过政府来迫使人民采取违反他们自己直接利益的行动。
>
> （中间省略）
>
> 因此，这些措施被人们所知的最强大和最富有创造力的一种力量反对，即数以百万计的人追求他们自己利益的力量，按照他们自己的价值观来过他们自己生活的力量。这就是这些措施经常得到与原有意图相反的结果的主要原因。这也是一个自由社会的主要力量之一，并且可以说明为什么政府的规章制度不能制止它。

人物生平：

米尔顿·弗里德曼（1912—2006 年）：批判凯恩斯需求管理政策的现代货币主义理论学者，新自由主义经济学的代表学者。他认为，货币供给的改变是影响经济生产的首要原因，对短期经济波动以及长期通货膨胀具有决定性影响。他提出了货币的中立性，即从长期看，货币供应量的变动只会影响物价，并不会对实物经济造成影响。作为芝加哥经济学派的领军人物，他一生培养了大批经济学家，并于 1976 年荣获诺贝尔经济学奖。

参考书目：

《休克主义：灾难资本主义的兴起》娜奥米·克莱恩；《经济学如何扭曲了世界：经济民粹主义时代》森田长太郎；《智慧资本：从诺奖读懂世界经济思想史》托马斯·卡里尔；《近代经济学思想》森岛通夫；《论自由》约翰·斯图亚特·密尔；《通往奴役之路》弗里德里希·冯·哈耶克

《贫穷和饥荒：论权利与剥夺》

（阿马蒂亚·森）

《贫穷和饥荒：论权利与剥夺》(*Poverty and Famines: An Essay on Entitlement and Deprivation*, 1981 年) 是印度经济学家、哲学家、亚洲首位诺贝尔经济学奖得主阿马蒂亚·森创作的经济学著作。该书从微观经济学的角度阐释了贫困的相关机制。

该书分析了 20 世纪发生在世界各地的重大饥荒的原因，如 1943 年的孟加拉大饥荒、1972 年的埃塞俄比亚饥荒、1968 年的非洲萨赫勒地区的饥荒以及 1974 年的孟加拉国饥荒，向从未遭到质疑的传统观点提出了挑战，否定造成饥荒的原因是国家粮食供应能力的不足。在此基础上，森着眼于粮食分配机制，用实例阐明了饥荒是由人们获取食物的能力和权利（entitlement）遭到破坏造成的。

据估算，在孟加拉大饥荒中，6000 万人口中有 200 万—300 万人死于饥饿、疟疾以及饥荒期间的环境污染。其中，受饥荒影响最大的是渔民、运输工人、农业劳动者、手工业者和其他产业工人，而受影响程度最小的是贫农和佃农。

有数据显示，饥荒的根本原因并不是孟加拉粮食的严重短缺，而是在第二次世界大战期间，战时经济通货膨胀所造成的物价上涨，投机倒把所造成的恐慌性囤货、购买和持货不放，以及禁止粮食出口等措施致使粮食储备迅速消失。

传统观点曾一度认为造成饥荒最重要的原因无非是食物短缺和生产力不足，而该书通过实证研究，揭示了贫困的真正原因是市场失灵，为开发经济学开辟了全新的视角，具有划时代的意义。

森还认为，经济学不只是冷冰冰的数字，还应重视同理心、关联性和利他性，需要充分感知并触及弱势群体的喜怒哀乐。此外，在评估社会善恶之时，最重要的基准不是经济富足程度，而是每个人能否发挥可行能力（capability）。

从 20 世纪 80 年代末开始，森所提倡的通过提高人的可行能力来消除贫困的人类发展理论接连得到联合国、联合国开发计划署、世界银行等国际组织的积极提倡和运作。此外，它还被采纳到联合国开发计划署 1990 年创立的人类发展指数（Human

Development Index，简称 HDI）之中。

2000 年 9 月，联合国千年首脑会议将联合国千年发展目标（Millennium Development Goals，简称 MDGs）确定为 21 世纪国际社会的发展目标，其中第一项目标便是"消除极端贫困和饥饿"。在 MDGs 取得了有限的成功且到期之后，2015 年，联合国可持续发展目标（SDGs）登场，继续指导 2015—2030 年的全球发展工作。

2001 年，在日本政府和时任联合国秘书长科菲·安南的倡议下，由时任联合国难民署高级专员的绪方贞子和森共同担任主席，创立了"人类安全委员会"，并于 2003 年向安南秘书长提交了最终报告——《人类安全现状：保护和赋权于人民》。

"人类安全保障"与传统的"国家安全保障"相辅相成，旨在让人们从"恐惧"和"匮乏"这两种威胁中获得解脱，以实现其个人自由和可行能力，确保其拥有富有尊严的生活。此外，2012 年联合国大会还通过了有关人道主义人员的安全保障的大会决议。

人物生平：

阿马蒂亚·森（1933—）：印度经济学家、哲学家。其外祖父是研究中世纪印度文学的著名学者，与首位亚洲诺贝尔文学奖得主、印度诗翁拉宾德拉纳特·泰戈尔过从甚密，阿马蒂亚这个名字就是泰戈尔为其取的，意为"永生=不朽之人"。森出生于印度孟加拉地区的书香门第，9 岁时经历了 1943 年的孟加拉大饥荒。森毕业于加尔各答大学总统学院（现加尔各答大学），后进入剑桥大学三一学院继续深造，并于 1959 年获得博士学位。此后，他相继在印度德里大学经济学院、伦敦经济学院、哈佛大学等高等学府任教。1998 年，森出任剑桥大学三一学院院长，后再次出任哈佛大学教授。其现任配偶艾玛·乔治娜·罗斯柴尔德是第三代罗斯柴尔德男爵维克多的三女儿，是位经济史学者，也是剑桥大学名誉教授、哈佛大学历史学教授。

参考书目：

《论经济不平等》阿马蒂亚·森；《再论经济不平等》阿马蒂亚·森

《第五项修炼：学习型组织的艺术与实践》 英治出版/枝广淳子、小田理一郎、中小路佳代子 [译]

《第五项修炼：学习型组织的艺术与实践》

（彼得·圣吉）

《第五项修炼：学习型组织的艺术与实践》（*The Fifth Discipline: the Art and Practice of the Learning Organization*，1990年）是美国管理学家彼得·圣吉创作的一本世界级管理学畅销书。在该书中，他提出了自主、灵活和不断变化的"学习型组织"理论。

该书被《哈佛商业评论》评为"过去75年来最优秀的管理书籍"之一，还被《金融时报》评为"最重要的五大管理书籍"之一。

圣吉所提出的"学习型组织"，指的是能够充分发展组织成员能力，可以实现他们所期望的、能够充分培养员工创造性思维模式，且组织成员拥有共同愿景并善于不断学习的组织。在这样的"学习型组织"中，各成员能够朝着共同的目标采取有效的行动，并且能够持续有效地提升自我能力。

"学习型组织"的核心在于弹性（resilience），即恢复力和柔韧性。"学习型组织"没有定式，其最重要的特性是能够在瞬息万变的环境中攻克重重难关，拥有强健的恢复力来迅速适应环境变化，并且能够不断学习，持续进化。

圣吉认为，为了实现最为宏伟的蓝图，组织必须进行以下"五项修炼"（修炼指的是必须学习和掌握的理论和技术，以及必须实践的挑战）。

第一项修炼——系统思考（Systems Thinking）。系统思考既是构成"学习型组织"的根基，也是可以统合其他四项修炼的核心概念，它要求人们用系统的观点对待组织的发展。组织和人类活动都是一种"系统"，都会受到细微且息息相关的行动的牵连，彼此之间相互影响。系统思考可以帮助我们认清整个变化形态，并且了解应如何有效地优化整体、解决复杂问题。

第二项修炼——自我超越（Personal Mastery）。"超越"意味着"精熟"，"自我超越"即个人实现了成长。这项修炼要求人们不断厘清什么才是自己最重要的事情，不断学习怎样才能更清晰地把握现状，使自己置身于理想和现实之中，持续学习以实现自我超越。

第三项修炼——改善心智模式（Improving Mental Models）。心智模式根深蒂固于个人或组织深处的固化形象和心态，也可以说是人们的心理习惯，影响着人们认识现实的模式。此外，它还是每个人与世界产生关联的前提，决定着个人和组织的行为模式。因此，个人和组织若想获得变革和成长，就必须率先深刻认识这种心智模式。

第四项修炼——树立共同愿景（Building a Shared Vision）。共同愿景，即组织成员共同的愿景。在圣吉看来，当人们拥有衷心渴望实现的目标时，便会主动努力学习，积极追求卓越。而共同愿景源于个人愿景，如果能够先明确个人愿景，让其转化为能够鼓舞组织的共同愿景，那么就能帮助组织成员主动而真诚地奉献和投入。

第五项修炼——团队学习（Team Learing）。团队学习，即拥有共同愿景的组织相互协作、共同学习。要想在日益复杂的环境中不断有所收获，除了个人成长外，团队的成长也尤为重要。

圣吉的"学习型组织"管理理论探究了个人和组织团队学习能力的根源，为组织管理带来了全新的理念。该书出版后迅速席卷全球，现已被世界各地众多企业和非营利组织认同，并得到了成功的实践应用，在全世界范围内引发了一场创建"学习型组织"的管理浪潮。

人物生平：

彼得·圣吉（1947—）：美国麻省理工学院（MIT）斯隆管理学院资深教授，国际组织学习协会（SoL）创始人。1978年，圣吉在麻省理工学院斯隆管理学院取得博士学位后，担任该校教授。圣吉指出了传统分级管理范式的局限性，提出了自主、灵活、不断变化的"学习型组织"理论。1999年，《经营战略》（Business Strategy）将其评为"近百年来对商业战略影响最大的24个伟大人物"之一。

参考书目：

《重塑组织：进化型组织的创建之道》 弗雷德里克·莱卢

《货币论》

（岩井克人）

《货币论》（1993年）是日本经济学家岩井克人创作的经济学著作，旨在验证货币的通用依据及其意义。

卡尔·马克思在《资本论》（详见第086页）中，从劳动价值论的视角，将金银定义为劳动产品，并通过金银来阐释货币的价值。但岩井指出，现代国家增加发行没有金银和财源支持的纸币，是很正常的一种现象，因此上述说法显然并不成立。此外，货币商品论认为"金银之所以被用作货币，是因为其是一种高价值商品"，但这与"货币所表现出的商品价值始终高于其原材料的价格"这一事实背道而驰。此外，按照经济学中的通论——货币法定说的定义，货币是法制的产物，所以才可以在市面上流通。

针对以上观点，岩井指出：货币的价值是社会赋予的，我们之所以承认并接受货币，是因为相信"其他人"也会承认货币的价值。换言之，货币并没有像汽车、宝石等物品那样具有价值的实体，而是形成了一种自我循环论法，即"货币之所以作为货币而流通，是因为货币作为货币实际上正在流通"。从投机的定义——"利用市场出现的价差进行买卖并从中获得利润，即购买商品并不是为了自己使用，而是为了以后卖给他人"看，使用本身没有任何价值和用处的货币并使其流通，这种行为正是一种纯粹的投机行为。

现代中央银行所实行的银行货币政策本身便是这种自我循环论法的体现。但这种政策本身具有二律背反性，即在提高经济效率的同时，也会增加经济的不稳定性。

古希腊的亚里士多德意识到了货币的不可思议之处，并在《政治学》（详见第249页）中指出，货币原本是一种交换的手段，但其存在目的逐渐转为储存，人们不再热衷于过上更好的生活，而只是为了生存。不断寻求更多的货币、本质上是一种"货币无限增值活动"的资本主义，便缘起于此。

马克思认为，人不仅在法律上是平等的，在货币面前也是平等的。货币使每个个体摆脱了一切共同体的束缚，促进了由独立、平等的公民所构成的政治制度——民主制度的发展。此外,货币社会本质上具有投机性和不稳定性,人们的自由本身也会给社会带来一定的危机,所以其最终归宿便是民粹主义和极权主义的噩梦。

针对资本主义的最坏状况——"恐慌"(货币泡沫)和"恶性通货膨胀"(货币危机),岩井论述道:"在人类社会中'让自己成为自己'的困难和在资本主义社会中'让货币成为货币'的困难之间,至少在形式上存在着严密的对应关系。"

货币使人类获得自由。能够拥有自己的领地,能够自行决定自己的目的,这既是自由的本质,也是人类的尊严所在。但残酷的事实是,自由和安稳,并不可兼得。

因此,基于伊曼努尔·康德(详见第204页)的道德法则,即"要只按照你认为,也能成为普遍规律的准则去行动",岩井指出,不同于同情心和同理心等个人感性的准则,这种不给他人造成干扰的最低义务准则是一种更为普遍的行动原则。此外,岩井还从中发现了资本主义社会的未来可能性。

人物生平:

岩井克人(1947—):国际基督教大学特聘教授、东京大学名誉教授、日本学士院会员。他曾任东京大学大学院经济学研究科科长、东京大学经济学部部长、日本学术会议经济学委员会委员长等要职。他基于微观经济学基础理论,建立了宏观不均衡动力学理论体系。近年来,他以股份公司的双层结构理论为基础,定义了公司与经营者之间的信任关系。

参考书目:

《岩井克人谈"欲望的货币论"》丸山俊一、NHK《欲望的资本主义》制作组;《货币野史》菲利克斯·马汀

《社会共通资本》 岩波新书
《经济学能否使人幸福》 东洋经济新报社

《社会共通资本》
《经济学能否使人幸福》

(宇泽弘文)

《社会共通资本》(1994年)是日本数理经济学家宇泽弘文创作的经济学著作,书中阐述了社会共通资本的概念及其重要性。

现代资本主义社会及其背后的经济学中存在着种种问题,卡尔·马克思将其根本原因概括为"人类异化"。现如今,资本主义与共产主义之间的斗争已经画上了休止符,但上述现象依旧未能改变。

面对现代经济社会中的各种严峻问题,宇泽心中始终存在着强烈的危机感——"能否在资本主义中植入一种机制,以使人们恢复原本的人性?""人为何不是社会的核心,而要遭到全球市场经济的摧残呢?"

对此,宇泽提出了"社会共通资本"的概念,并在该书开篇论述道:"社会共通资本可以视为一种社会结构,这种结构能让一个国家或地区的所有公民都过上富裕的生活,能够让他们发扬自己的优秀文化,并且能够持续、稳定地维持一个充满人性魅力的社会。"

具体地说,社会共通资本可以分为三个范畴,即自然环境、社会基础设施、制度资本。其中,自然环境包括山脉、森林、河流、湖泊、湿地、海洋、水、土壤以及空气等;社会基础设施包括道路交通设施、桥梁、铁道、上下水管道、电力以及燃气等;制度资本则包括教育、医疗、金融、司法、文化等。

管理社会共通资本的时候,有一点极为重要,即社会共通资本绝不能按照政府规定的标准或者规则来管理和运营,也不能交由市场管理,任其追逐利润。社会共通资本必须基于各个领域专家的专业见解,遵照职业规则来进行管理和运营,这与现代可持续发展目标(SDGs)的观点是一致的。

在《经济学能否使人幸福》一书中,宇泽以社会共通资本的概念为核心,提出了"以人为本的经济学"观点,主张"比起经济效益,社会应当更加重视人的尊严"。下面是关于宇泽的两个具有代表性的小故事。

一个是 1983 年宇泽被选为日本文化功劳者，在向昭和天皇讲授经济学课程时发生的故事。他在书中写道：

> 在此之前，我一直苦于将人心融入经济学的思考方式之中。但经济学的基本思考方式，原本就是将经济剥离人心，以寻求存在于经济现象中的经济规律及其运作法则。从这个角度看，将人心融入经济学，可谓是一种禁忌。
>
> （中间省略）
>
> 针对这一令我苦恼不已的问题，昭和天皇说道："经济虽说死板，但我想说人心是更重要的。"此言一出，我顿感醍醐灌顶。对我来说，这可以算得上一次如哥白尼式革命般的重大转机。

另一个是有关《新事》（拉丁语为 Rerum novarum，又译为"新事物"）通谕的故事，这是罗马教皇就重要社会问题向全世界发布的一封公开信。

1891 年，时任罗马教皇的利奥十三世发出一道通谕，其副标题是"资本主义的弊害和社会主义的幻想"（Abuses of Capitalism and Illusions of Socialism）。在《新事》通谕发布 100 周年之际，宇泽应罗马教皇约翰·保罗二世之邀，就新版通谕进行提案时，重申了"社会主义的弊害和资本主义的幻想"这一极富预见性的核心议题。

在此基础上，约翰·保罗二世于 1991 年 5 月 1 日发布了新版《新事》（New Rerum Novarum - Abuses of Socialism and Illusions of Capitalism）通谕。其中有一个问题值得所有经济学家深思——资本主义国家和社会主义国家中同样存在着各种各样的弊端和缺陷，因此超越资本主义和社会主义的问题框架，思考究竟什么才是人类最理想的经济体制，才是经济学家的职责所在。

人物生平：

宇泽弘文（1928—2014 年）：日本经济学家、东京大学名誉教授，主攻数理经济学。因其在决策理论、两部门增长模型、不均衡动力学理论等方面贡献卓越，1983 年被选为日本文化功劳者，1989 年当选为日本学士院院士，1995 年当选为美国国家科学院外籍院士，1997 年荣获日本文化勋章，2009 年获得蓝色星球奖等。此外，在 1976—1977 年间，宇泽曾任世界计量经济学会主席。

参考书目：

《汽车的社会性费用》宇泽弘文；《经济学观点》宇泽弘文；《宇泽弘文·杰作论文全集》宇泽弘文；《与资本主义斗争的男人：宇泽弘文与经济学的世界》佐佐木实；《经济学的宇宙》岩井克人；《贫乏物语》河上肇；《有闲阶级论》索尔斯坦·凡勃伦

《新装版 创造知识的企业》 东洋经济新报社/梅本胜博 [译]

《创造知识的企业》

(野中郁次郎、竹内弘高)

《创造知识的企业》（*The Knowledge Creating Company*，1995年）是"日本知识管理之父"野中郁次郎和日本管理学家竹内弘高的合著作品。该书指出，只有有组织地进行知识创造，才能让日本企业拥有足够的竞争力。这本书最初用英语写成，后来被翻译成包括日语在内的多种语言版本，畅销全球。

日本企业为何一跃成为汽车和家电行业的世界霸主？野中和竹内将视线投向了日本企业的知识管理方式，开始探究日本企业在国际社会获得成功的奥秘所在。书中指出，日本企业的成就在于，能够"有组织地进行知识创造"，在组织创造出新知识后，能够将新知识融入组织整体，并运用至产品、服务、业务流程等方面。

野中和竹内二人将"人类知识"分为"显性知识"和"隐性知识"两种。前者是可以用语言表述的知识，包括文字陈述、数学方程、技术说明书和手册等；后者则是难以用语言描述的知识，源自个人的体验与经验。西方文化更关注显性知识，东方文化则更重视隐性知识。日本企业的优秀之处在于，其能够将组织成员所拥有的隐性知识与显性知识很好地结合起来。隐性知识以往常常被管理学忽视，其实这一类知识中包含着个人信念、价值观、直觉以及看待事物的视角等无形因素，是人类集体行为的重要组成部分。

正如彼得·德鲁克所言，在21世纪，知识才是最关键的资源。不同于自然资源需要依靠原始积累，知识是人们在人际关系中创造的管理资源。根据使用知识之人的想法、理想与感情的不同，知识的意义与价值还可以进行动态变化。能够将这种知识运用到企业管理之中的，便是创造知识的企业。该书认为，将企业看作创作知识的组织，而非单纯的营利工具，这一点至关重要。

该书出版后，"知识管理"的思想在管理学界传播开来。"知识管理"旨在通过分享员工的知识、经验与诀窍，来提高企业整体的生产率、竞争力与企业价值。野中和竹内认为，在企业创新活动的过程中，隐性知识和显性知识相互作用、相互转化，这种知识转化的过程实际上就是知识创造的过程。此外，他们还提出了知识转化的四种基本模式——潜移默化（Socialization）、外部明示（Externalization）、汇总组合（Combination）和内部升华（Internalization），即著名的"SECI模型"，一种可以实现创造力和效率平衡的管理手段。其中，创新正是"SECI模式"的核心所在。

在该书中，野中和竹内以知识为关键词，引经据典——从古希腊到禅宗，再从古典经济学到现代管理理论——并以东西方的知识模式差异为焦点，对企业商品开发等领域的知识运用进行了详细分析，使该书成为一部不同寻常的管理学著作。自古希腊以来，"人类知识"一直都是认识论的中心课题。以往管理学的研究焦点都是探究"如何存在"的存在论，而知识创造管理将它与探究"如何了解"真理的认识论结合在了一起。从本质上看，知识创造管理是一种全新的企业观，超越了以追求利益为目的的既定管理定义，是一种追求良好生活方式的过程。

继该书之后，野中与竹内又合著了《拥有智慧的企业：企业持续创新之道》（*The Wise Company*: *How Companies Create Continuous Innovation*，2019年）一书，将讨论重点从知识创造转移至苏格拉底提倡的"实践智慧"（phronesis），并描述了公司应如何进行知识实践。

人物生平：

野中郁次郎（1935—）：日本管理学家，被誉为"日本知识管理之父"。曾任一桥大学名誉教授、加州大学伯克利分校特别名誉教授。2017年，他荣获加州大学伯克利分校哈斯商学院终身成就奖，他是第五位获此殊荣的学者。其英文著作《创造知识的企业》斩获多个奖项，其论文也被发表在《哈佛商业评论》上。除此之外，野中的多部著作均以英文出版，他是为数不多的在美国也享有盛名的日本管理学家。

竹内弘高（1946—）：日本管理学家。他曾任哈佛大学商学院教授、一桥大学名誉教授、国际基督教大学理事长。其研究涉及市场营销、企业战略等领域。

参考书目：

《智慧企业：从知识创造到知识实践的新模式》野中郁次郎、竹内弘高

《增补改订版 创新者的窘境：大公司面对突破性技术时引发的失败》 翔泳社/玉田俊平太［监修］/伊豆原弓［译］

《创新者的窘境：大公司面对突破性技术时引发的失败》

（克莱顿·克里斯坦森）

《创新者的窘境：大公司面对突破性技术时引发的失败》（*The Innovator's Dilemma: When New Technologies Cause Great Firms to Fail*，1997年）是哈佛商学院教授克莱顿·克里斯坦森的著作。在该书中，他提出了"创新者的窘境"这一管理理论，阐释了行业巨头在与新兴企业的竞争中逐渐失去市场主导权的原因。

在克里斯坦森看来，创新可以细分为三种形态：（1）"破坏性创新"（Disruptive Innovation），即打破现有产品的价值，创造全新的价值和市场；（2）"持续性创新"（Sustaining Innovation），即根据主流客户的需求，不断延续或强化产品性能；（3）"效率创新"（Effciency Innovation），即不断改进现有产品，帮助公司生产更便宜、更优质的产品。

例如，苹果个人电脑的出现，致使商用微型电脑市场逐渐消失，这便是一种破坏性创新；计算机芯片处理能力的不断提升，可以归为持续性创新，在这种情况下，只是产品在不断更迭，创新本身并不会成为助力企业成长的源泉。而效率创新的目的是，用更少的资源办成更多的事，生产制造更多的产品，比如减少员工数量，增加自由现金流。

实际上，目前大部分创新都属于持续性创新或者效率创新。因此，现金流用于投资下一轮的破坏性创新，让分别承担不同角色的三种创新形态不断循环往复——这种理想的商业循环很难实现。

对于大型企业来说，与现有产品相比，由破坏性创新所产生的产品，无论是质量上还是利润率上，在初始阶段几乎没有任何可比性，致使其缺乏吸引力。此外，由于现有产品更具有优势，所以人们往往只专注于如何对其进行改进，并未关注客户的新需求，从而导致了对破坏性创新的忽视。因此，当大型企业进入新兴市场面临市场变化和新技术的挑战时，反而会屈居人后。当其他企业的破坏性创新价值得到广泛认可时，传统产品的原有价值便会惨遭破坏，从而丧失市场主导权。

以创新技术和商业模式打败现有企业并成为大型企业后，这些成熟企业往往会失去创新性，陷入"大企业看起来事事做对，却依旧免不了失败"的深渊——克里斯坦森将这种状况称为"创新者的窘境"。

克里斯坦森认为，20世纪70年代以来的金融理论，正是近年来发达国家创新循环失效的原因之一。

例如，如果想提高投资效率指标——净资产回报率（Return On Net Asset，简称RONA），可以选择通过创新来创造利润，以扩大分子（利润），或是通过整体外包来缩小分母（净资产）。但从方法论的角度来看，实现后者更为轻松。同样，内部收益率（Internal Rate of Return，简称IRR）也是如此。从财务角度来看，比起投入资本后需要很长时间才能收回成本的破坏性创新，投资市场既有产品的效率创新更为快速有效。

人物生平：

克莱顿·克里斯坦森（1952—2020年）：美国管理学家，哈佛商学院教授。1975年，在杨百翰大学获得经济学学士学位，并荣获"最佳毕业生"称号。后来，他获得牛津大学经济学硕士学位、哈佛商学院工商管理硕士（MBA）学位和工商管理博士（DBA）学位。他曾在波士顿咨询公司担任顾问和项目经理，为制造业提供咨询服务。1992年，他成为哈佛商学院的教授，并凭借其首部著作《创新者的窘境》确立了破坏性创新（Disruptive Innovation）理论，成为企业创新研究的第一人。他在创新和企业成长方面的研究备受肯定，曾连续三次位列"全球最具影响力的50位管理思想家"（Thinkers50）榜首。他67岁时因白血病并发症逝世。自年轻时起，克里斯坦森便饱受疾病困扰，30岁时被确诊为1型糖尿病，58岁时心脏病发作，此外还被查出癌症，但他一次次地挺了过来。作为一名管理学家，无论在学术方面，还是在人品方面，克里斯坦森都广受爱戴。

参考书目：

《双元性经营："两手抓"战略开拓未来》查尔斯·奥赖利三世、迈克尔·塔什曼；《创建双元性组织：打破大企业病的"攻守经营"策略》加藤雅则、查尔斯·奥赖利三世、乌尔里克·谢德

《休克主义：灾难资本主义的兴起 上·下》 岩波书店/几岛幸子、村上由见子 [译]

《休克主义：灾难资本主义的兴起》

（娜奥米·克莱恩）

《休克主义：灾难资本主义的兴起》（*The Shock Doctrine：The Rise of Disaster Capitalism*，2007年）是加拿大记者娜奥米·克莱恩的著作。该书着眼于美国的"休克主义"，揭露了世界经济统治的真相。

所谓"休克主义"，即"灾难资本主义"，指的是在受到大规模集体冲击后进行的偏激的原教旨主义市场改革。特指美国政府和全球企业利用重大危机，诸如战争、政变以及海啸、飓风等自然灾害，或故意制造危机，强行进行的过激性经济改革。

克莱恩将灾难资本主义的思想起源追溯到米尔顿·弗里德曼（详见第115页）领导的芝加哥学派。该学派主张"只有危机才能带来真正的变革"，支持彻底的市场原教旨主义以及消除监管和私有化，并反对凯恩斯主义经济学。

"休克主义"的第一个例子，是弗里德曼的弟子们在1973年智利皮诺切特政变中实施的新自由主义经济改革。芝加哥学派在攻击大政府和福利国家的同时，试图将微观经济学方法应用于分析各种社会现象，而并非局限于市场经济。但这种政策遭到美国公众的拒绝，致使其无法在美国国内推行。

而智利接受了上述芝加哥学派的改革理念。1956年，在美国政府的呼吁下，"智利计划"启动，智利天主教大学的学生前往美国芝加哥大学经济学系学习。这些毕业生回到智利后不久，便占据了皮诺切特政府中的要职。与此同时，奥古斯托·皮诺切特在美国中央情报局（Central Intelligence Agency，简称CIA）的支持下，邀请"芝加哥男孩"（芝加哥大学毕业的智利经济学家）负责重组智利的经济政策。他们在"小政府"的旗帜下，在智利推行公共部门私有化，减少包括福利、医疗和教育在内的社会开支。弗里德曼将这些新自由主义改革成果称为"智利奇迹"（英语为 Miracle of Chile，西班牙语为 milagro de Chile）。但实际上，这一时期智利经济增长放缓，还导致了社会贫困化的加剧。

放眼全球，利用公众在大规模集体冲击——政变、战争与自然灾害——之后的混乱与迷失，比如苏联解体（1991年）、"9·11"恐怖袭击事件（2001年）、伊拉克战争（2003年）、印度尼西亚苏门答腊岛海啸（2004年）和卡特里娜飓风（2005年），进行激进的经济改革的现象在世界各地层出不穷。

例如，斯里兰卡沿海地区遭受苏门答腊岛海啸袭击后，斯里兰卡政府实施了引进外资的旅游开发计划（阿鲁甘湾资源开发计划）。斯里兰卡政府虽然将这次自然灾害归咎于"悲惨命运的捉弄"，但也认为"这场天灾为斯里兰卡提供了难得的机遇"。

卡特里娜飓风登陆新奥尔良后，巨浪给这座城市造成了巨大的损失，但当选该地众议院议员的理查德·贝克却说："如此一来，新奥尔良的低收入者的公共住房被一扫而尽。此前单靠我们的力量无法实现，这就是上帝的旨意。"

除了上述言论之外，还有很多经济学家认为，大灾难对于实现市场经济改革来说至关重要，克莱恩对此感到忧虑重重。

人物生平：

娜奥米·克莱恩（1970—）：加拿大记者、畅销书作家和社会活动家。她出生于加拿大蒙特利尔，其父母因反对越南战争从美国移居至加拿大。克莱恩被誉为"21世纪初世界上最著名的女性知识分子和活动家"之一。除了为《卫报》（The Guardian）、《纽约时报》（The New York Times）、《波士顿环球报》（The Boston Globe）、《民族周刊》（The Nation）、《纽约客》（The New Yorker）等报刊撰稿外，她还担任美国调查新闻网站"拦截者"（The Intercept）的高级特派员。

参考书目：

《改变一切：气候危机、资本主义与我们的终极命运》娜奥米·克莱恩

《黑天鹅：如何应对不可预知的未来 上·下》 钻石社/望月卫 [译]

《黑天鹅：如何应对不可预知的未来》

（纳西姆·尼古拉斯·塔勒布）

《黑天鹅：如何应对不可预知的未来》（*The Black Swan：The Impact of the Highly Improbable*，2007 年）是认识论学者、前对冲基金经理纳西姆·尼古拉斯·塔勒布的著作。该书主要向公众阐释了"黑天鹅"这种小概率重大稀有事件。

在 1967 年发现澳大利亚黑天鹅之前，欧洲人认为所有天鹅都是白天鹅，而第一只黑天鹅的出现完全颠覆了人们的既有认知。此后，人们开始用"黑天鹅"来形容不可预测且能颠覆一切的重大稀有事件。

现如今，"黑天鹅"这一词语用来特指那些谁也无法根据以往经验和概率进行预测的极端且影响力巨大的金融危机以及自然灾害，比如雷曼事件、东日本大地震、福岛核事故等。此外，重尾分布（heavy-tailed distribution）、肥尾分布（fat-tailed distribution）和长尾分布（long-tailed distribution）等表示概率分布曲线不像正态分布（数据的分布聚集在平均值附近）那样成指数衰减，而是更为平缓地延伸分布，这一发现也与"黑天鹅"的想法一致。

塔勒布认为，"黑天鹅"事件满足以下三个特征：（1）具有意外性，即它在通常的预期之外；（2）会给人以非常强烈的冲击；（3）虽然具有意外性，但人的本性促使我们在事后为它的发生编织理由，并且或多或少认为，它是可被解释和预测的。

此外，决定历史进程的重大事件，特别是金融全球化和资本集中化早已给我们敲响了警钟："全球化发生了，但并非只带来了好处。它还导致全球在互相牵制状态下生出脆弱性，同时降低了波动性，并制造了稳定的假象。换句话说，它创造了毁灭性的'黑天鹅'事件。"

塔勒布立足于苏格拉底的怀疑论，并指出我们并不像自己想象的那般了解世界，不应该盲目地使用过去的数据来预测未来。而且，人类倾向于认为世界具有某种结构，且认为人们可以理解世界。塔勒布将这种固有的思维谬误称为"柏拉图化谬误"（the Platonic fallacy），并将其归纳为以下三种。

（1）叙述谬误（Narative fallacy）。即在事情发生后"虚构"出"关系"，并给予其有意义的解释，自圆其说地找到"这样"或"那样"的说辞来"证明"事件发生的必然性。

（2）游戏谬误（Ludic fallacy）。即用游戏的简单模型来预测真实世界的复杂状况。

（3）默认统计规律可靠的谬误（Statistical regress fallacy）。即从过去的事情中获取经验，从这些经验中提炼统计规律，并认为可以利用这些规律来预测未来。

如上所述，塔勒布对可以轻易构建的数理模型以及统计学模型持有强烈的怀疑态度，并强烈批判了随机漫步模型（通过概率论对股票价格走势进行数学描述的理论）及其相关概率论。塔勒布认为很多人都忽视了"黑天鹅"的存在，他曾多次公开批评金融学界以及经济学家们。

此前，塔勒布就曾对始于2020年的新型冠状病毒（COVID-19）全球性大流行发出过预警，并预测这种病毒传播将会是非线性的且极其复杂的。他认为，在全球关联性不断加强的情况下，此次疫情完全是可以预测的"白天鹅"事件。

人物生平：

纳西姆·尼古拉斯·塔勒布（1960—）：美国风险管理理论学者。塔勒布曾在华尔街交易多种衍生性金融商品，后来成为认识论研究者。针对"应该如何在人们不理解的世界中生活和行动"以及"如何处理偶然性和未知性事件"等问题，塔勒布提出了有关不可预测的重大稀有事件——"黑天鹅"的理论，并在2008年国际金融危机后，提出了建立对"黑天鹅"有抵抗力的社会（Black Swan robust society）的十项原则。

参考书目：

《反脆弱：从不确定性中获益》纳西姆·尼古拉斯·塔勒布；《非对称风险：风险共担，应对现实世界中的不确定性》纳西姆·尼古拉斯·塔勒布

《新的企业模式：创造没有贫穷的世界》

（穆罕默德·尤努斯）

　　《新的企业模式：创造没有贫穷的世界》（*Creating a World without Poverty：Social Business and the Future of Capitalism*，2008 年）是孟加拉国格莱珉银行（Grameen Bank，即孟加拉乡村银行）创始人穆罕默德·尤努斯的著作。书中阐述了作者多年来一直思考并付诸实施的"社会企业"的概念，并指出这是一种解决社会问题的新型企业形式。

　　尤努斯提出了"创造没有贫穷的世界"的宏伟愿景，并于 1976 年成立了非政府组织（Non-Governmental Organizations，简称 NGO），主要向贫穷的农村妇女提供低利率的小额贷款，以帮助她们改善生活水平。1983 年，格莱珉银行["格莱珉"一词源自孟加拉语的"乡村"（gram）一词]正式成立为独立法人机构，开始在孟加拉国全国范围内推广小额信贷（无担保小额贷款）以支持农村贫困人口的自我创业，为孟加拉的减贫事业做出了重大贡献。

　　格莱珉银行模式成为许多国际组织和非政府组织援助活动的典范，小额信贷也成了备受国际瞩目的扶贫新方式。随着这种扶贫金融模式在世界各地的推广，尤努斯因"从社会底层推动经济与社会发展"的努力，获得了 2006 年度诺贝尔和平奖。

　　尤努斯和格莱珉银行致力于从各个方面消除贫困，并不断开发着各种类型的服务，帮助贫困人口解决住房、教育以及医疗等相关问题。除此之外，格莱珉银行还创办了相关企业，以推进当地产业的发展、移动电话和互联网的普及以及可再生能源的利用。

　　在该书中，尤努斯列举了与法国食品巨头达能集团合资成立格莱珉达能食品有限公司（Grameen Danone Foods Ltd.）的例子，提出了利用公司技术和资源来解决全球社会问题，如用来解决贫困、疾病、教育、环境以及能源等的建议。

　　尤努斯相关企业的业务模式便是其所提倡的社会企业形式。具体地说，社会企业应以承担社会责任、增进社会利益为目标，用企业的方式来解决各个国家和社会所面临的问题，且在实现目标的过程中不追求分红和利润，致力于实现社会企业的宗旨和为社会做出贡献。

在尤努斯看来，现在的资本主义将人类视为单一的实体，认为其目的只是实现利益最大化。在这种资本主义原理下，人们难以追求除金钱增殖之外的目标，更无法实现自己"希望对这个时代有所贡献"的愿望。从这种结构看，尤努斯认为，要求营利性公司承担企业社会责任（Corporate social responsibility，简称 CSR）是不合理的。

尤努斯指出，真实的人类是一种更多元性的存在，企业应该还有除追求利润最大化以外的目的。基于这种考虑，尤努斯提出了一种有别于营利性企业的新型企业模式——社会企业。这种新型企业的目标不在于追求股东利益最大化，而在于社会利益最大化。社会企业既能够保持企业的可持续盈利，又能为社会做出贡献，正是可以替代营利性企业社会责任和慈善事业的最佳代表，在全球引起了极大的关注。

此外，尤努斯还指出，除了追求社会利益的企业之外，社会企业还可以是穷人拥有的、能够帮助他们追求最大利益并减轻其贫困压力的企业。

人物生平：

穆罕默德·尤努斯（1940—）：孟加拉国经济学家。1983 年，他创立了孟加拉乡村银行，并因此获得了被誉为"亚洲的诺贝尔奖"的拉蒙·麦格赛赛奖、世界粮食奖、日经亚洲奖、福冈亚洲文化奖等国际奖项。2006 年，他获得诺贝尔和平奖。此外，尤努斯还是联合国可持续发展目标的倡导者之一。2018 年，日本艺人经纪公司吉本兴业和尤努斯共同出资，成立了以摆脱贫困和缩小贫富差距为目标的小额信贷公司——尤努斯-吉本社会行为株式会社（yunus-yoshimoto Social Action Co，Ltd.，缩写为 yySA）。

参考书目：

《从数据得知 2030 年地球的身姿》夫马贤治

《全球化的悖论》 白水社/柴山桂太、大川良文［译］

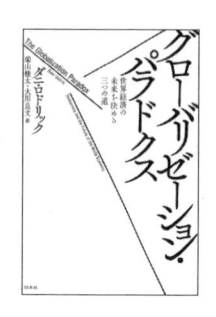

《全球化的悖论》

（丹尼·罗德里克）

《全球化的悖论》（*The Globalization Paradox：Democracy and the Future of the World Economy*，2011 年）是土耳其裔经济学家丹尼·罗德里克的著作。书中阐述了"全球化的不可能三角"的观点，即全球化（economic globalization）、国家主权（national determination）与民主（democracy）三者不可能同时成立，最多取其二。

在国际金融政策方面，还存在另外一种"不可能三角"（Impossible trinity）的经济学论调，即资本自由流动、固定汇率和货币政策独立性三者不可能兼得，罗德里克的"全球化的不可能三角"的观点正是该假说的国际政治版本。

罗德里克认为，未来全球化只有三条路可走：一是选择全球化和国家主权而牺牲民主；二是选择全球化和民主而抛弃国家主权；三是选择国家主权和民主并抑制全球化。

罗德里克认为，在全球化、国家主权与民主中，我们应该选择牺牲全球化。也就是说，在承认全球自由贸易带来的利益的同时，选择上述第三条路，逐渐降低全球化程度，重新恢复世界经济的稳定。如果从当今世界的现实出发，承认国家是以政治、经济和社会生活的综合体获得存续，那么全球化的悖论便会永久存在。

现如今，很多时候人们会将市场和政府置于对立面，但罗德里克指出，如若没有政府治理，市场便无法正常运作。第二次世界大战后，布雷顿森林体系（Bretton Woods system）依托于美国的资本主义世界盟主地位得以建立。随后，继布雷顿森林体系崩溃、东西方冷战结束后，21 世纪迎来了"零国集团时代"（详见第 138 页）。目前的最大问题在于，没有霸权国家的存在，是否还能建立全新的全球经济合作格局。

此外，选择上述第三条路后，还会面临其他诸多挑战。罗德里克指出，对于新兴国家的可持续发展来说，民主至关重要，但从发达国家的发展经验可以看出，民主所指引的答案并非总是正确的。基于国家主权和民主的统治，也有可能会加深国家间的对立，进而为世界经济带来更多不稳定的要素。

有人反驳道，如果国家之间存在市场治理规则无法触及的夹缝区域，那么可以设定类似《跨太平洋伙伴关系协定》（Trans-Pacific Partnership Agreement，简称 TPP）的共同规则。但罗德里克指出，这种论调无疑是错误的。

若想使市场平稳运行，金融、劳动、社会保障等领域的制度必须完善，政府的再分配和宏观经济管理也必须到位，并且缺一不可。但目前在市场和统治方面还存在一个根本性的问题——确保全球市场平稳运行的制度不够发达，并且也不存在一个能够掌控全局的全球政府。

换言之，国家层面上的市场和统治不分你我，但在全球层面上，二者之间有所脱节。对此，罗德里克认为，尽管贸易和金融能够超越疆境不断发展壮大，但统治无法超越国家主权，这便是全球化经济中存在的最大悖论。

人物生平：

丹尼·罗德里克（1957—）：土耳其裔经济学家。其专业为国际经济学、发展经济学以及国际政治经济学。他出生于土耳其伊斯坦布尔，哈佛大学毕业后，进入普林斯顿大学深造，获经济学博士学位。他曾任哈佛大学助理教授、副教授，哥伦比亚大学教授，哈佛大学肯尼迪政府学院国际政治经济学教授，2013 年任普林斯顿高等研究院教授。

参考书目：

《文明的冲突与世界秩序的重建》萨缪尔·亨廷顿；《零国集团时代：谁是新世界格局中的赢家和输家？》伊恩·布雷默

《转变：未来社会工作岗位需求变化及应对策略》 PRESIDENT 社/池村千秋 [译]
《百岁人生：长寿时代的生活和工作》 东洋经济新报社/池村千秋 [译]

《转变：未来社会工作岗位需求变化及应对策略》
《百岁人生：长寿时代的生活和工作》

(琳达·格拉顿、安德鲁·斯科特)

《转变：未来社会工作岗位需求变化及应对策略》(*The Shift*: *The Future of Work is Already Here*, 2011 年) 是组织行为学全球性权威、伦敦商学院教授琳达·格拉顿的著作。她在书中列举了当今世界的五大趋势——科技进步、全球化发展、人口结构变化和长寿化、社会变化以及能源和环境问题的加剧，并预测了这五大趋势会给人们的职业生涯及职业路径设计带来怎样的影响。

根据以伦敦商学院为核心的"未来工作方式联盟"的描绘，2025 年职业人士的生活将呈现出两极分化的状态：既有人忍受着孤独与贫困，"漫无目的地迎接未来"；也有人享受着自由与创造，极为"主动地构建自己的美好未来"。

格拉顿指出，今后人们可以主动选择自己的工作伙伴、工作地点以及工作方式，我们究竟会拥有怎样的生活剧本，完全取决于我们能否在工作上做出转变。在对未来工作方式进行全方位的预测后，格拉顿提出了三项具体的转变之路：从肤浅的通才到精通的专家，从孤立的竞争者到创造性的连接者，从贪婪的消费者到充满激情的生产者。

在格拉顿看来，若想抓住机遇，做一名幸福、成功的工作者，我们必须摆脱漫不经心迎接未来的姿态，不再一味地接受即将来临的黑暗现实，不断做出自己认同的选择，并积极主动构筑属于自己的未来。

《百岁人生：长寿时代的生活和工作》(*The 100-Year Life*: *Living and Working in an Age of Longevity*, 2016 年) 是琳达·格拉顿和伦敦商学院教授安德鲁·斯科特合著的著作，书中主要阐述了以"百岁人生"为前提的人生规划。

过去传统的人生模式一般分为三个阶段：接受教育、工作、退休养老，即"刻苦学习 20 年、辛勤工作 40 年、乐享晚年 20 年"。但是该书认为，随着长寿时代的到来，在发达国家中，2007 年出生的每两人中就会有一人活到 103 岁。面对即将到来的"百岁人生时代"，我们需要将"三阶段人生"转变成"多阶段人生"，做出与以往不同的人生规划。

在百岁人生成为常态的社会中，我们需要工作到 70 岁，甚至到 80 岁。全新职业不断涌现，经历变化的时机也会越来越多。面对这一切变革，我们自身的人生经验和具备的技能，已经不足以应付这个长寿时代。育儿阶段过后，依旧还有漫长的人生，家庭和工作的关系也会发生改变，长寿人生并不意味着晚年时代的延展，而意味着我们可以享受更长久的青春岁月。人生不会再以年龄简单划分，无论是重返校园，还是转岗返聘，抑或是享受长假，我们将拥有更多样化的人生选择。

该书指出，在多阶段人生中，无形资产无疑比金钱更重要。这里所说的无形资产具体可以分为三类：第一类是生产资产，即可以帮助我们在工作中获得更多成效的技能和知识；第二类是活力资产，这类资产关乎精神和身体的健康与福祉，包括友谊、积极的家庭关系和伙伴关系以及个人健康；第三类是转型资产，即适应变化、改变自我的能力以及面对全新经历的开放态度。这些无形资产不仅会让我们过上更美好的人生，对有形资产的形成也有重要的推动作用。

该书在日本出版后十分畅销，"百岁人生时代"这一新词也被各大媒体争相报道，后因日本政治家小泉进次郎的使用而广为人知。2017 年 9 月，日本政府成立了"人生 100 年时代构想会议"，由时任首相安倍晋三担任议长，着手研究能够适应"百岁人生时代"经济社会发展的政策模式。

人物生平：

琳达·格拉顿（1955—）：伦敦商学院教授，研究人力资源战略意义以及组织行为学的全球性权威。她每次都能进入世界最具权威性的管理思想家排行榜"Thinkers50"。此外，她还是推动组织创新的"热点运动"（Hot Spots Movement）的创始人，并带头发起了"未来工作方式联盟"（Future of Work Consortium），旨在探讨 2025 年人类的工作方式。

安德鲁·斯科特（1965—）：伦敦商学院经济学教授。其研究重点是宏观经济，包括财政政策、债务管理、货币政策、资产市场和风险分担、开放经济、动态经济学模型等。

参考书目：

《我们子孙后代的经济可能性》约翰·梅纳德·凯恩斯；《你要如何衡量你的人生》克莱顿·克里斯坦森、詹姆斯·奥沃斯、凯伦·迪伦；《"扯淡"的工作：一种理论》大卫·格雷伯

《零国集团时代：谁是新世界格局中的赢家和输家？》 日本经济新闻出版社/北泽格 [译]

《零国集团时代：谁是新世界格局中的赢家和输家？》

(伊恩·布雷默)

《零国集团时代：谁是新世界格局中的赢家和输家？》(*Every Nation for Itself*：*Winners and Losers in a G-Zero World*，2012 年) 是美国政治学家伊恩·布雷默的著作。在书中，他提出了"零国集团"的概念，描述了当今时代人们正处于一个群龙无首的世界。

随着欧美国家影响力的下降以及发展中国家国内重视度的提高，国际政治格局出现了权力空白，于是造成了"零国集团"的出现。所谓"零国集团"，具体是指没有任何一个国家或国家联盟有能力、有意愿制定并执行全球经济议程的世界格局。

第二次世界大战后，美国成为当时世界上的唯一超级大国，称霸资本主义世界，就此步入了"一超独大"的G1时代。然而，随着美国经济实力的衰退，美国的世界霸主地位被主要由发达国家组成的七国集团（Group of Seven，简称G7）取代。自2008年"雷曼事件"以来，新兴国家快速崛起，包含新兴国家在内的二十国集团（Group of 20，简称G20）成为国际经济合作的主要论坛。

但是，G20并没有共同的价值观和目标，实际上和没有世界领袖的G0（零国集团）无异，布雷默将这种"真空状态"定义为"产生灾难的孵卵器"。

由于没有强制性的国际制度和规则，在以亚洲为中心的地区冲突多发，风险与日俱增。在"中国崛起"、"中东局势动荡"和"欧洲重新设计"三大因素的影响下，有的国家能够很快适应"零国集团"的格局，如巴西、土耳其以及非洲大陆国家能够与多国保持密切的联系，这些国家可以有效分散风险，归属于胜者阵营；而像日本和以色列，这类国家高度依赖美国的实力，政治力学风险接连不断，是"零国集团"世界中最易受伤害的国家。

但需要强调的是，"零国集团"世界并不是一种新的国际秩序，只是一个历史过渡阶段，最后还是要被其他新的国际秩序取代。所以，目前世界面临的问题便是——究竟会是哪个国家取得下一个时代的领导权。此中的关键在于，中美之间究竟是伙伴关系还是敌对关系，以及中美以外的国家是否具备独立发挥作用的能力。

布雷默列举了四种未来最有可能出现的世界场景：第一种可能是，中美两国同舟共济，共担责任，呈现出"两国集团"（G2）的格局；第二种可能是，大体上相互合作的中国和美国与其他强国分享领导权，出现一种"大国协调"（concert of nations）机制；第三种可能是，"零国世界"将中美两国推到了互相敌对的位置上，世界进入2.0版本的"冷战"（cold war 2.0）时代；第四种可能是，全球权力分散化，国际政治呈现出"区域化的世界"格局，即世界将被分裂成不同的地区，而每一个地区都会由一个或几个大国来主导或掌控。

以上述观点为前提，考虑到美国、欧洲、日本等发达国家或地区会因受困于国内问题而无法构建共同的经济和安全保障政策，以及中国和美国对"国家资本主义和自由市场资本主义的区别"有着不同的见解，因此，未来世界呈现出上述第三种或是第四种场景的可能性更高。

布雷默指出，美国若想重新获得世界领导力，首先必须攻克巨额财政赤字以及无休止的党派斗争问题，此外还必须承认意识形态化的外交胁迫政策并非良策。

人物生平：

伊恩·布雷默（1969—）：美国政治学家、全球最大的政治风险咨询公司欧亚集团的创始人兼总裁。他曾任职于哥伦比亚大学、东西方研究所、世界政策研究所、劳伦斯·利弗莫尔国家实验室和亚洲社会政策研究所。1998年，他创立了欧亚集团。

参考书目：

《全球化的悖论》丹尼·罗德里克；《自由市场的终结：谁是国家与企业之战的赢家?》伊恩·布雷默；《从数据得知2030年地球的身姿》夫马贤治

《你要如何衡量你的人生》 翔泳社/樱井祐子 [译]

《你要如何衡量你的人生》

(克莱顿·克里斯坦森、
詹姆斯·奥沃斯、凯伦·迪伦)

《你要如何衡量你的人生》（*How Will You Measure Your Life*，2012年）这本书脱胎于克莱顿·克里斯坦森为哈佛大学毕业班学生所做的演讲。

克里斯坦森在哈佛商学院的同学杰弗里·斯基林，曾是麦肯锡①有史以来最年轻的合伙人，也是后来的安然公司CEO，在商界一度大展宏图。克里斯坦森得知其锒铛入狱时深感震惊，究竟是什么原因令这位曾经意气风发、正直有为的青年才俊在不知不觉中走上了人生歧途呢？

在哈佛商学院毕业生重聚的时候，克里斯坦森发现包括斯基林在内的很多人，尽管职业成就辉煌，但整个人生显然是不幸的。尽管克里斯坦森本人一直遭受着心脏病发作、恶性肿瘤和中风等多种疾病的困扰，几次徘徊在死亡边缘，但他仍坚持立足于研究和教学一线。该书便是他以最后一场学生讲座的演讲内容为中心书写而成。

该书开篇提出了以下三个简单的问题。

我怎样才能获得事业的成功和幸福？

怎样才能让我与配偶、孩子、亲戚和密友之间的关系成为我永久幸福的源泉？

我怎样才能正直一生，远离犯罪？

这些问题都是在询问"什么才是我们衡量自己人生的正确标尺"，这也正是该书的主旨所在。它们虽然看似都是一些再简单不过的问题，但却也是克里斯坦森大多数同学从未思考过的问题。希望读者通过阅读该书找到这些问题的答案，这便是克里斯坦森的

---

① 麦肯锡，是世界级领先的全球管理咨询公司，由美国芝加哥大学商学院教授詹姆斯·麦肯锡于1926年在美国创建。自1926年成立以来，公司的使命就是帮助领先的企业机构实现显著、持久的经营业绩改善，打造能够吸引、培育和激励杰出人才的优秀组织机构。

著书诉求。

克里斯坦森认为，说到底商业问题就是人类集合体（即组织）的问题。当人们直面人生的课题时，管理理论一定会和个人生活方式的问题有所重叠。该书介绍了许多或成功或失败的企业和个人案例，比如如何协调真正动力和生活优先事项之间的关系？如何取得人生计划与意外机遇之间的平衡？如何确保资源分配与自己认为的重要事项是一致的？

在该书的最后，克里斯坦森说道：

> 我向我的学生保证，如果他们花时间去找到自己的人生目标，那么就会同意那是自己发现的最重要的东西。
>
> （中间省略）
>
> 长期看来，对目标的了解将胜过作业成本法、平衡计分卡、核心竞争力、破坏性创新、营销4P理论、五种力量模型，以及其他我在哈佛讲授的主要商业理论。
>
> （中间省略）
>
> 我们希望这本书能帮助你正直地生活。但最重要的是，我们希望如果在生命的最后彼此可以相遇，再一起来评价我们的人生时，我们都可以得到满意的结果。什么是你这辈子最重要的东西？你将如何评价你的人生？

克里斯坦森不仅在战略理论和管理学领域成就卓越，同时作为一名虔诚的基督徒，他还拥有极为高尚的人格。该书的原版讲稿文章 *How Will You Measure Your Life*（《你要如何衡量你的人生》）是《哈佛商业评论》（*Harvard Business Review*）历史上下载量最多的文章，广受好评。

该书出版时，恰逢《哈佛商业评论》在时任哈佛商学院院长的尼廷·诺利亚领导下开始转变航向，更加重视培养德行和人格的商业道德教育的时期。从这一点上足以见得克里斯坦森的话语和生活方式对其周围的人影响之大。

人物生平：

详见《创新者的窘境：大公司面对突破性技术时引发的失败》（本书第127页）处介绍。

参考书目：

《给后世的最高遗产》 内村鉴三

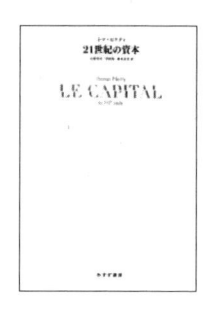

《21世纪资本论》

（托马斯·皮凯蒂）

《21世纪资本论》（法语为 Le Capital au XXIe siècle，2013年）是法国经济学家托马斯·皮凯蒂创作的一部全球畅销书，被誉为"21世纪的《资本论》"。在该书中，皮凯蒂用实际数据证明了股票、债券和房地产等资产产生的"资本收益率"（r）长期跑赢"经济增长率"（g）的现象。

皮凯蒂仔细验证了过去300多年的数据，发现资本收益率（r）平均维持在每年5%左右，而平均每年经济增长率（g）维持在1%~2%。由此看来，导致财富不平等加剧的基本原因可以归结为"r>g"这个不等式。如果从资本中获得的收益率远超经济增长率，那么富人阶层只需持有股票、债券和房地产便可不断累积财富，而普通工人阶层的工资只能处于极为缓慢的上涨速度。

眼下最重要的问题不在于贫富差距的大小本身，而在于贫富差距是否被正当化了。近年来，越来越多的世袭富人阶层即使不工作也可以通过财产继承来扩大利润。如此一来，财富得不到公平的再分配，"拥有资本的富人"会更富，"没拥有资本的穷人"会更穷，贫富差距不断拉大，进而引发整个社会的不稳定。

有人认为，曾经的社会中并不存在如今这种贫富差距，现代社会只不过"碰巧"是一个存在贫富差距现象的社会。对此，皮凯蒂反驳道，贫富差距是资本主义的固有现象，只不过在发生两次世界大战和世界经济大萧条的1910—1960年，社会贫富差距并未如此悬殊而已。

此外，在第二次世界大战后的经济高速发展时期，高经济增长率削弱了财产继承的重要性。但从20世纪70年代后期开始，针对富裕阶层和大企业的减税等政策，导致社会贫富差距再次扩大。

基于此，皮凯蒂否定了宏观经济学家西蒙·史密斯·库兹涅茨的假说——"在资本主义经济中，经济发展初期会拉大贫富的不平等，但当经济增速放缓之后，社会贫富差距又会随之缩小"，并用具体数据表明，在该假说提出的1955年，社会贫富差距确实在缩小，但到了20世纪80年代后期，社会贫富差距再次扩大。

资本主义的一大特点在于，资本的有效配置并不以公平分配为目的。美国人普遍信仰着"美国梦"——任何一个美国人，无论什么出身，只要有决心和毅力，就可以沿着经济阶梯向上爬。但皮凯蒂在该书中证实了一个事实：与其他国家相比，当今美国人口的社会流动性并不高。

因此皮凯蒂指出，财富不平等应该通过财富的再分配来解决，并提出建议：为了在全球化进程中缩小贫富差距，全球应统一实行严格的财产征税制度和最高80%的所得税累积税制。此外，该书还探讨了另外一个主题——针对经济全球化所带来的跨境避税潮，国家之间有必要签订国际税收公约，以防止富人阶层将资产转移到"避税天堂"。

皮凯蒂着眼于此前并未受到足够关注、数据也不充分的贫富差距论，十五年磨一剑，收集了多个国家的历史数据，并绘制出过去三百多年世界上多个国家财富分配不平等的演变过程，这也是该书最富价值之处。皮凯蒂在其网站上公开了该书使用的所有数据、图表以及表格，并对应有法语、英语以及日语版本。

人物生平：

托马斯·皮凯蒂（1971—）：法国著名经济学家，他的主要研究课题是财富与收入不平等，尤其擅长站在历史比较的视角进行研究。他是创立巴黎经济学院的核心人物，现任该学院教授。此外，他还是法国社会科学高等研究院研究主任。在经济不平等领域，皮凯蒂建树颇多，已成为该领域的理论标杆。

参考书目：

《资本论》卡尔·马克思；《不平等社会：从石器时代到21世纪，人类如何应对不平等》沃尔特·沙伊德尔

《货币野史》 东洋经济新报社/远藤真美 [译]

《货币野史》

(菲利克斯·马汀)

《货币野史》(*Money：The Unauthorised Biography*，2013 年）是英国经济学家菲利克斯·马汀创作的视角独特的货币论，认为货币的本质是一种基于信任的"信用清算体系"。

该书的开篇首先讲述了南太平洋雅浦岛（Yap）上巨大石轮货币"费币"(fei）的故事。这种货币体积巨大，不易携带，所以即使交易之后所有者发生了变化，费币还是原封不动地留在相同的地方。标准的货币理论认为，货币产生于物物交换的不便，而后便于携带且稀有的金银渐渐被用作货币。然而，没有任何人真正见证过仅仅依靠以物易物而得以建立的经济体系，雅浦岛的经济体系也并非以物易物。

雅浦岛市场上只有三种产品——鱼、椰子、海参，主要凭借信用来交易。交易产生的债务一般通过抵销来结算，账款都留到以后的交易中再转结。到了需要清算未结债务的时候，人们会用费币来支付。

所谓货币，并不是指铸造的金币、银币或者纸币——货币和制成货币的素材其实并没有任何关系。货币的实质并不是一种作为交易媒介的商品，而是一套以转让信用的形式让交易得以循环的"社会性技术"。

该书中提到了两个"约翰"的事例，即约翰·洛克和约翰·劳，两者之间形成了鲜明的对比。一般来讲，洛克作为明示出近代社会存在方式的道德哲学家，世间对其评价皆是肯定的；但对于劳，世人将其定义为大量发行纸币致使法国经济和社会陷入大混乱的欺诈师。

为了开发"新大陆"——法属北美殖民地路易斯安那，劳在那里成立了一家名为"密西西比公司"的股份公司，并用其股票来交换公债。这一举措消除了法国政府的赤字状态，劳也因其功绩被任命为法国财政总管。然而，当人们意识到路易斯安那的开发不过是在画饼后，股价暴跌，银票纸币信誉全无。最终，劳被赶出了法国。

但马汀对上述两个约翰的评价，却与社会上的一般看法完全相反。马汀认为，洛克认为货币中必须包含一定量的贵金属的观点，正是引发金融市场危机的原因；而对于劳所认为的"解决财政问题、恢复经济不应拘泥于金银储备，而应该发行纸币"的举措，马汀认为这是人为调节货币供给量的首次尝试。从后来世界转向不兑现纸币本位的浮动汇率制来看，反而是劳更具先见之明。

在马汀看来，货币必须具备三个基本要素：第一个基本要素，是用来衡量货币价值的抽象价值单位；第二个基本要素，是信用记录体系；第三个基本要素，是原始债权人可以将债务人的义务转移到第三方，来结清某些无关的债务。其中，第一个基本要素是社会现实的属性，而非物理世界的属性。此外，由于还涉及如何分配财富和收入以及由谁来承担经济风险等伦理问题，马汀认为货币的抽象价值单位应该交由政治来决定。

因此马汀指出，恰当地认识经济，也意味着要认识政治、历史、心理学以及伦理道德。按照凯恩斯的说法，"经济学是一种道德的科学，而不是一种自然科学"，马汀认为一名经济学家必须"在某种程度上成为数学家、历史学家、政治家和哲学家"。

人物生平：

菲利克斯·马汀（1974—）：英国宏观经济学家，现任伦敦资产管理公司狮子信托公司（Liontrust Asset Management）的固定收益部合伙人、策略师。他曾在牛津大学学习古典学、发展经济学，在约翰斯·霍普金斯大学学习国际关系学。后来他曾在世界银行参与前南斯拉夫国家冲突后的支持重建工作。

参考书目：

《货币论》岩井克人；《21世纪的资本主义论》岩井克人；《货币简史：从花粉到美元，货币的下一站》卡比尔·塞加尔；《伦巴第街：货币市场记述》沃尔特·白芝浩；《毛毛》米切尔·恩德；《恩德的遗言：从根源质询货币》河邑厚德、GROUP现代

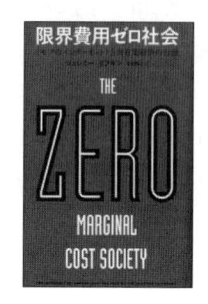

《零边际成本社会》 NHK 出版/柴田裕之 [译]

《零边际成本社会：一个物联网、合作共赢的新经济时代》

（杰里米·里夫金）

《零边际成本社会：一个物联网、合作共赢的新经济时代》（*The Zero Marginal Cost Society：The Internet of Things, the Collaborative Commons, and the Eclipse of Capitalism*，2014年）是美国文明评论家杰里米·里夫金的著作。书中主要阐述了生产商品和服务的边际成本降至零的经济范式将给经济模式带来颠覆性的转变。

里夫金指出，随着新技术将生产效率和生产力提高到极致，增加生产商品和服务的成本（边际成本）将无限趋近于零，而且除了初始投资和初期成本之外，不会再产生其他成本，商品和服务在未来将会接近于免费。

以书籍为例。印制初版时，设备费、人工费、印刷费、纸张费、墨水费等成本必不可少，但在第二版以后的印制过程中，就只需要花费印刷费、纸张费以及墨水费。加之，纸质书籍变身为电子书籍，版数的概念都将不复存在。如果脱离知识产权的束缚，虽然最初会产生设备成本和人工成本，但因为只是数据的复制，边际成本为零。

3D 打印机也是一个很好的例证。它的出现不仅削减了原材料的浪费，而且与传统的中央集中式制造不同，其人工干预更少，整体制造成本可以得到极大的降低。此外，当 MOOC（Massive Open Online Courses，大规模网上公开课）等大型在线讲座的边际成本降至为零时，参加讲座几乎免费，全球学生都可以无偿享受到一流大学的授课资源。

现代经济学理论以资源的稀缺性为前提。但当每个人都能免费得到他们所需要的东西时，稀缺性将无法创造利润，利润本身就会消失于世。这样一来，便产生了一个终极矛盾——现代经济学理论，即驱动资本主义的市场原理不再具有意义，资本主义将会走向衰落。

在未来世界中，共享型经济将颠覆之前的市场型经济。人们协同生产、共享和管理商品和服务，并向"协同共享"的范式转变。在协同共享的机制下，曾经的买（消费者）卖（生产者）双方让位于集生产者和消费者于一体的产消者（Prosumer），所有权让位于共享访问权，市场让位于网络。从市场经济中获得解放的人们，会更加关心物品的使用价值和经验价值，而不是物品的交换价值或地位。曾经的"共享的悲剧"（The Tragedy of the Commons）——每个人都可以自由支配的共享资源被过度消耗直至枯竭——将逆转为"共享的喜剧"（The Comedy of the Commons）。

如此一来，"理性经济人"对私利的追求将演变成"同感驱动人"对繁荣和幸福的同感。事实上，与无论拥有多少财富也终将适应并被更多欲望驱动的过去的一代人相比，千禧一代（Millennials，即20世纪80年代至21世纪初出生的一代人）已经不再过度重视物质的价值。

不同于之前围绕资源稀缺性和物品交换价值展开讨论的经济学，里夫金以充裕性与使用价值、分享价值为中心开创性地探讨了全新的经济模式。虽与以往的常识相去甚远，但这正是现下正在开始发生的范式转变，零边际成本社会必将开启一个全新的大变革时代。

人物生平：

杰里米·里夫金（1945—）：美国社会批评家、华盛顿特区经济趋势基金会主席，并在美国宾夕法尼亚大学沃顿商学院高级管理人员教育项目中担任高级讲师。作为咨询公司代表，他正在欧洲和美国推进协同共享（collaborative commons）以及物联网（Internet of Things，简称IoT）基础设施的建设。此外，他还曾为世界各国元首和政府高官担任顾问，其中包括欧盟委员会主席以及德国总理安格拉·默克尔（Angela Merkel）。

参考书目：

《欧洲梦：21世纪人类发展的新梦想》杰里米·里夫金；《免费：商业的未来》克里斯·安德森

《从 0 到 1》NHK 出版/关美和 [译]/泷本哲史 [序]

《从 0 到 1：开启商业与未来的秘密》

（彼得·蒂尔）

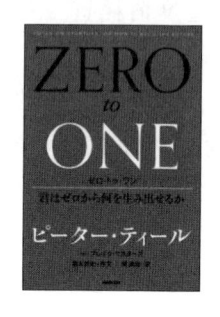

《从 0 到 1：开启商业与未来的秘密》（*Zero to One*：*Notes on Startups*，*or How to Build the Future*，2014 年）是在硅谷极具影响力的美国企业家彼得·蒂尔在母校斯坦福大学畅谈创业的演讲内容汇总。

以蒂尔为核心的在线支付服务商 PayPal 的创始成员在 2002 年将所有股份出售给 eBay 后，创建了 YouTube、Tesla、SpaceX、Yelp 和 Yammer 等领先科技创新公司，取得了一次又一次的成功。

PayPal 创始成员极具凝聚力，在硅谷有"PayPal 黑帮"之称，其成员包括特斯拉公司 CEO 埃隆·马斯克，而蒂尔便是"PayPal 黑帮"的核心人物。

蒂尔出生于西德，一岁时随家人移居美国。从小被称为神童，跳级进入斯坦福大学学习哲学。从斯坦福法学院毕业后，蒂尔曾先后在法院、律师事务所和投资银行工作，后来创立了 PayPal。在 eBay 收购了 PayPal 之后，蒂尔开始投资创业公司。通过 LinkedIn 创始人雷德·霍夫曼的介绍，他与马克·扎克伯格相识并一拍即合，成为 Facebook 的首位外部投资者。

蒂尔曾有这样一句著名的话："我们想要一辆可以飞的汽车，得到的却是 140 个字符。"其中"140 个字符"是对毫无创新的 Twitter（推特）的调侃。蒂尔认为，人类需要的不是"从 1 跨越到 N"的水平进步，即照搬已取得成就的经验推广至全世界，而是需要"从 0 到 1"的垂直进步，即用技术的力量创造出全新的事物。

该书的最大特点在于"失败者才去竞争，创业者应当选择垄断"的观点。该观点极大地颠覆了自世界著名管理学家迈克尔·波特以来的现代管理论，对竞争才是企业发展源泉的观点进行了全面否定。

蒂尔指出，竞争产生了商品化，进而导致了并不产生利润的价格竞争，而垄断企业可以享受高利润率，并可以果断地将充裕的资金投入研发，进而继续孕育创新技术。

蒂尔举例论述道，Amazon（亚马逊）开始做在线图书零售书店不久，便成为全世界最大的线上书店，其成功的原因便是首先垄断小型市场，继而慢慢扩大市场。也就是说，垄断市场本身十分必要。蒂尔在提出问题——"在什么重要真相上，你与其他人有不同的看法？"后进一步论述道，通过寻找"隐藏的真相"，我们便可以找到能够垄断的市场。

借用蒂尔的话说，这才是实现"从0到1"进步的最重要因素。此外，他还呼吁，企业不要像在不断试错中逐步成长的精益创业（Lean Startup）一样满足于微小的成功，而应该制定长期愿景和计划，从而实现持续的成长。

人物生平：

彼得·蒂尔（1967—）：美国企业家、投资家、PayPal创始人，出生于西德法兰克福。他在硅谷影响力巨大，是"PayPal黑帮"（PayPal Mafia）的核心人物。此外，他还积极参与慈善活动和政治活动，并通过蒂尔基金（Thiel Foundation）成立了"突破实验室"（Breakout Labs）和蒂尔奖学金（Thiel Fellowship）。在政治方面，他主张自由至上主义，并在2016年11月加入了美国前总统特朗普政府过渡团队。

参考书目：

《彼得·蒂尔传》托马斯·拉波尔德；《一网打尽》布拉德·斯通；《硅谷钢铁侠：埃隆·马斯克的冒险人生》阿什利·万斯；《Facebook效应：看Facebook如何打造无与伦比的社交帝国》大卫·柯克帕特里克；《史蒂夫·乔布斯传》沃尔特·艾萨克森

《创业维艰》日经BP/滑川海彦、高桥信夫［译］/小泽隆生［序］

《创业维艰：如何完成比难更难的事》

（本·霍洛维茨）

《创业维艰：如何完成比难更难的事》（*The Hard Thing About Hard Things*：*Building A Business When There Are No Easy Answers*，2014年）是硅谷顶级风险投资人本·霍洛维茨创作的一本管理指南，讲述了什么才是管理难题中真正的难题。

在个人博客中，霍洛维茨从自己作为一名计算机科学专业学生的经历讲起，毫无保留地奉上了自己在软件工程师、联合创始人、CEO、投资人等经历中获得的体验和洞见，累计阅读量已超过千万人次。

该书中提出的管理难题包括：如何解雇员工？如何裁掉高管？如何给好朋友降职？可以从朋友公司挖人吗？大公司高管为何难以胜任小公司的工作？如何最大限度地减少办公室政治？什么才是适度的野心？当天才员工变成超级混蛋时该如何处理？顺境中的CEO和逆境中的CEO有何区别？……

霍洛维茨说，当他每次读到一本管理类或励志类的书时，他总是在想，书中所列举的难题还不是真正的难题。当最初的宏图伟业破灭，午夜梦回惊出一身冷汗的时候，当公司陷入低谷绝境，但还需重振员工士气的时候，这些才是真正的困难局面。不幸的是，并没有任何良方可以帮助我们掌控错综复杂、变幻不定的局势，或是指导我们应该如何激励自己的团队。

从这个意义上说，该书与其他管理学家和咨询顾问的教科书有着根本的区别。借用霍洛维茨本人的话说："逆境中的CEO忙于真刀真枪地迎击对手，根本顾不上看那些纸上谈兵的顾问写就的管理学大作。"

在该书中，霍洛维茨用了许多笔墨来描述心理问题。他从自身经验出发，指出一个CEO最难做到的，就是对自己内心的控制。组织设计、流程设计、指标设置以及人员安排都是相对简单的工作，对内在情绪的控制才是最为艰难的。

> 在CEO的生涯中，我无数次产生放弃的念头。我曾见过不少人在重压之

下借酒消愁，或是干脆停止努力。他们有充分的理由来为自己的放弃做辩解，可这些人中，没有一个人能称为杰出的 CEO。杰出的领导者会直面痛苦。无眠的长夜，涔涔的冷汗，还有难以名状的"煎熬"，他们都曾经历。每当我遇到成功的 CEO，总会向他们讨教成功经验。泛泛之辈的答案可能是非凡的战略举措、敏锐的商业嗅觉，或者其他一些溢美之词，而杰出的 CEO 们往往只有一个统一的回答："我没有放弃。"

霍洛维茨在对风险投资行业进行研究时，偶然发现了一个潜在的问题：大多数风投公司往往通过将创始人 CEO 更换为更为专业的职业 CEO 来解决问题。但在霍洛维茨看来，公司最应该做的事情是，为技术性创始人提供扶持和指导，以加速他的学习进度，帮助创始人攻克难关、成长为优秀的 CEO。

现如今的商业世界中，没有任何人能够清晰地规划出未来的发展蓝图。商海浮沉并非教科书式的纸上谈兵，无论是风险投资管理者，还是那些看起来永恒屹立不倒的大型企业的白领，所有人都需要具备"即使是赤身裸体一头扎进前路莫测的原始丛林，也能求得一线生机"的顽强的实践知识。

人物生平：

本·霍洛维茨（1966—）：硅谷最知名的风险投资公司——安德森-霍洛维茨（Andreessen Horowitz）的联合创始人和总合伙人，硅谷顶级投资人，其投资案例包括 Airbnb、GitHub、Facebook、Pinterest 和 Twitter 等。在此之前，他是 Opsware（该公司前身为 Loudcloud）的联合创始人兼首席执行官。该公司在 2007 年被惠普以超过 16 亿美元的价格收购。

参考书目：

《富人思维》贾森·卡拉克尼斯

《重塑组织》 英治出版/铃木立哉［译］/嘉村贤州［解说］

《重塑组织：进化型组织的创建之道》

（弗雷德里克·莱卢）

《重塑组织：进化型组织的创建之道》（*Reinventing Organizations：A Guide to Creating Organizations Inspired by the Next Stage of Human Consciousness*，2014年）是比利时组织发展顾问弗雷德里克·莱卢创作的一本社会变革启蒙书。书中提出了一种随着技术进步突破现有组织局限性、以个人自律为前提的理想组织形式，即青色（Teal）组织。

青色组织没有森严的上下级关系，没有严苛的销售目标，也没有精确的预算，是一种全新的管理方式。其中，"Teal"一词来源于绿头鸭头部羽毛的颜色。莱卢以综合理解人类、组织、社会和世界的认知框架——"整体理论"为基础，为每个阶段及与之对应的组织模式都赋予了一种颜色。莱卢指出，当今世界已经开启了第五阶段的新型进化型模型，并用"绿头鸭的羽毛颜色"（Teal）来形容它。

在科技领域，迄今为止人类已经进行了各式各样的创新。现如今，市面上几年前完全无法想象的新产品层出不穷，但组织模式并没有出现太大的创新，只是在原始的军队式组织模式上进行着一次次微小的改进。正如该书的书名"重塑组织"所示，莱卢希望在组织模式上实现一定的突破。

组织模式形成之前的阶段，是人类所进入的一个被称为"魔幻"的意识阶段，该阶段对应以血缘关系为核心的小家庭到上至数百人的部落宗族，莱卢将其称为"魔幻—品红范式"。接下来，组织模式的第一阶段是"冲动—红色范式"，这种组织模式由恐惧支配，常见于黑手党和黑帮中。第二阶段是"服从—琥珀色范式"，由包括规则、纪律和规范在内的等级结构控制，教会和军队都是该种组织的实例。现代社会的主流是第三阶段的"成就—橙色范式"，旨在通过预测未来、设定目标、提高效率来获得成果，但该种组织模式的金字塔式等级结构，会导致组织因过于追求效率和成果而忽视人性。第四阶段是"多元—绿色范式"，作为达成型组织模式的对立面而诞生，但这种模式下的极端平等主义也存在着一定的风险，如无法统一各种意见而陷入死胡同。

第五阶段"进化—青色范式"的诞生，便是为了打破上述种种问题困境。这种组织模式既不是层级结构中的自上而下的意思决策,也不是自下而上的达成共识,而是能够适应激烈变动时代的生命型组织。第四阶段之前的组织的成员们,在与他人对比中主张自我世界观的正当性;但在进化型组织中,决策标准从外在转向内在。为了过上更加美好的生活,人们不再寻求别人的评价抑或是成功、财富、归属感,而是努力实现内在精神世界充实的人生。

社会思想家理查德·巴雷特曾说:"公司的运营,要么基于小我的恐惧,要么源自灵魂的爱。"但在青色组织中,职场建立在爱和信任的基础之上。

面对社会的急速变化,传统老旧的劳动方式不再适应当下,工作方式改革相关的讨论备受关注。但莱卢在该书中强调,工作方式改革的前提——组织自身的改革才是第一要务。

人物生平:

弗雷德里克·莱卢(1969—):比利时独立学者、组织发展顾问、教练、引导师。在麦肯锡咨询公司多年从事组织变革项目后独立。在对世界各地组织进行了两年半的调查后,他执笔创作了该书。目前在进行教练指导和演讲活动的同时,他也积极传达着该书的理念。

参考书目:

《第五项修炼:学习型组织的艺术与实践》彼得·圣吉

《经济动物》NTT 出版/植村博恭、矶谷明德、远山弘德 [译]

《经济动物：自利的人类如何演化出利他道德?》

(塞缪尔·鲍尔斯)

《经济动物：自利的人类如何演化出利他道德?》(*The Moral Economy：Why Good Incentives Are No Substitute for Good Citizens*，2016 年)是美国激进经济学家塞缪尔·鲍尔斯的经济学著作。该书提出了受人类道德原则所驱动的"道德经济学"的经济思想。

鲍尔斯从新古典经济学出发，逐渐对主流经济学产生了根本性怀疑，并提出了"激进经济学"这一新兴经济学说。同时，激进经济学也是一场批判既有经济学的革新运动，旨在将激进经济学理论用作准确阐明现实的工具。此外，通过研究行为科学和复杂性科学，鲍尔斯最终得出了"经济活动受人类道德原理驱动"的道德经济学观点。

大卫·休谟、亚当·斯密、杰里米·边沁等经验论社会学家，以"自私"是人类行为原理的核心为前提，展开了对社会秩序缘何得以成立的考察。此外，斯密在《道德情操论》(详见第 077 页)一书中，将人类的"同感"确认为维持社会存在与成立的核心行动原理。

一般经济学观点认为，在规划制度与政策时，可以通过嵌入控制利己心的激励机制来引导个人和企业的最优行动，如薪酬和罚款等。这一观点的前提是"理性经济人"的人类观，即在激励机制的引导下，人们会选择做出能够使自己利益最大化的行动。

相较于主流经济学家以人类的理性选择为考察的出发点，鲍尔斯立足于亚里士多德、马基雅维利、休谟等人的思想史谱系，用人类的伦理选择取代了人类的理性选择，强调"道德"在市民社会中的存在。

此外，鲍尔斯还指出，以金钱激励措施为基础的法律制度和政策往往不会奏效。这是因为将人类行为原理与金钱得失计较挂钩，会削弱公民道德的力量，如人类与生俱来的责任、义务和利他性。

例如，该书列举了以色列托儿所接孩子的案例。由于很多家长接孩子的时间较晚，托儿所决定对接孩子迟到的家长征收低额罚款，结果现实中迟到的家长反而更多了。低额罚款制度的存在，让很多家长将迟到重新理解为金钱问题，而非道德问题，他们认为金钱可以买来迟到时间，于是就更加坦然地迟到了。

如上所述，一旦政策出错，激励机制的他律性反而会抑制人们的自律性，甚至还会产生与预期截然相反的消极作用。

鲍尔斯指出，为了摆脱这种困境，需要重视具有互惠合作以及利他性的个人存在，人们会通过规则本身受到教育，从而改变自己的态度。优秀的法律能够培养优秀的公民，利己的个体通过相互合作可以得出更好的结果，所以制定能够让人们相互合作的规则才是重中之重。

上述便是鲍尔斯提出的基于良好道德引导的市民社会新风貌。在该书最后，鲍尔斯得出的结论是：立法者应该培养这种互惠合作的、为他人考虑的价值观，并形成相应的规则，促使人们走向合作。

人物生平：

塞缪尔·鲍尔斯（1939—）：美国激进经济学家，推动了基于进化社会科学的微观经济学的发展。他最初学习新古典经济学，后逐渐对主流经济学产生了根本性怀疑，开始向马克思主义经济学的概念框架倾斜。1968年，他在美国成立了激进政治经济学联盟（Union for Radical Political Economics），"激进政治经济"开始向组织化和规范化的学术流派演进。

参考书目：

《美国资本主义和学校教育》塞缪尔·鲍尔斯、赫伯特·金迪斯；《美国衰退的经济学：滞胀的解剖与克服》塞缪尔·鲍尔斯、托马斯·魏斯科夫、大卫·戈登

《共同利益经济学》 日本经济新闻出版社/村井章子 [译]

《共同利益经济学》

（让·梯若尔）

　　《共同利益经济学》（法语为 *Économie du Bien Commun*，2016年）是诺贝尔经济学奖得主、法国著名经济大师让·梯若尔创作的经济学启蒙著作，旨在面向大众读者论述经济学应有的姿态。

　　如果把书名直译过来，就是《共同善的经济学》。在"雷曼事件"以后，人们对经济学的不信任感愈发普遍。在这种情况下，经济学应该如何帮助人们获得共同追求的幸福，以及经济学家到底应该做些什么呢？针对这些问题，梯若尔分别从"经济学与社会"、"经济学家职业"、"经济制度框架"、"巨大的宏观经济挑战"和"产业挑战"五个视角一一进行了论述。

　　梯若尔通俗地阐释了未来数年乃至数十年内世界面临的诸多重大社会挑战，以及应对这些挑战，经济学应该在哪些地方突破现有的思维窠臼。这里所说的挑战，包括国家与市场的关系、企业组织与企业管理、气候变化、失业、欧洲前景、金融监管、金融危机、竞争与产业政策、数字化革命、创新以及产业监管等。

　　上述挑战的共同之处在于，它们都是由信息不对称（asymmetric information）引发的社会课题。一说到主流经济学家，民众的普遍印象是这些专业人士只关注市场。但市场其实不过是一种手段，其本身并非目的，而且国家和市场是相辅相成的关系，政府的职责在于纠正市场失灵，但绝不能代替市场。

　　对梯若尔来说，经济学是实现亚里士多德提出的共同善（common good）的手段，即"能够使社会存续的自由平等人民的共同价值"。那么，为了让世界更加美好，经济学能够为这个社会做出怎样的贡献呢？梯若尔主张，经济学的职责在于提出能够提高共同利益的制度和政策，他如下论述道：

　　　　经济学并非为私有财产和个人利益服务，也不为那些想利用政府权力强推其价值观或保证其个人利益的人服务。它既不支持完全基于市场的经济，也不为全部由国家掌控的经济背书。经济学致力于实现共同利益，其最终目标是让世界变得更美好。为此，经济学的终极任务是找到促进共同利益的制度和政策。

现代经济学以"理性经济人"（拉丁语为 homo economicus，英语为 economic man）假说为基础，构建了其经济理论体系。在此期间，经济学与社会学、法学、哲学、历史学、政治学等曾经近似的学科领域相脱离，开辟了自己独有的研究航道。然而近年来，脑科学、心理学、神经科学和人类基因组领域的研究发展迅猛，人类行为相关数据积累和研究均取得了重大进展。最新研究表明，人类并未遵循经济理论所设想的合理行为。

当下，经历"雷曼事件"等诸多经济危机后，有关经济理论局限性的讨论逐渐浮出水面。针对个人行为和社会现象这一课题，梯若尔认为，经济学家应该多多学习其他领域的内容，经济学成果完全可以为其他学科提供全新的视角。文化人类学、法学、经济学、历史学、哲学、心理学、政治学以及社会都是同样有关个人、群体和社会的学科，且在19世纪末期，这些学科原本就不分你我，未来社会科学重新合为一体是学科发展的必然趋势。

人物生平：

让·梯若尔（1953—）：法国经济学家。他曾任法国社会科学高等研究院（EHESS）教授等职，现担任法国图卢兹大学产业经济研究所科研所长。其研究领域极为广泛，涵盖了产业组织论、监管政策、组织理论、博弈论、行为经济学、金融和宏观经济学以及心理经济学等领域。2014年，他凭借"对市场力量和监管的分析"荣获诺贝尔经济学奖。

参考书目：

《政治学》亚里士多德；《从数据得知2030年地球的身姿》夫马贤治

第 **5** 章

宗教/哲学/思想

世界各地的神话大多拥有同一种基本叙事模式，即"英雄之旅"（hero's journey），其中包括启程、试炼、胜利以及归来这四个阶段。有些神话早已超越了传说的范畴，并与部族的祭祀习俗融为一体。神话虽是人类对于世界起源的共通理解，却并非如宗教一般具有规范性。

西方哲学始于人类对自然、对外部世界的理解验证，即世界是如何开始的，以及自然是由什么构成的。然而从古希腊哲学开始，人们并非只关注自然，而是更倾向于思考人类的本质，以及该如何认知人类。柏拉图发表理念论之后，本质主义开始大行其道，人们开始认为世间万物皆有本质，人类也具有人性之本质。

"人类可以通过理性、逻辑和数学来接近甚至到达超越人类知觉与经验的本质。"——这种理性主义、逻辑主义的思维与基督教文化交相融合，后被中世纪的神学（经院哲学）以及近代哲学中的大陆理性主义继承。而英国经验主义认为，人类无法认识到超越其经验的事物的本质，休谟的怀疑主义指出了理性和经验的局限性，并对英国经验主义进行了完善。

进入18世纪后，伊曼努尔·康德通过批判理性本身，提出了人类无法认识到产生经验的"物自体"以及是人类的认知构成了现象的观点，这使得人们对于认知的理解发生了翻天覆地之巨变（又称哥白尼式革命），探究人类认知的近代认识论也自此诞生。

20世纪初期，以萨特等人为代表的存在主义开始登上历史舞台。存在主义认为，事物并非最初就具有本质，而是存在先于本质并决定本质，人的本质也是由其行为决定的。之后，以列维-斯特劳斯等人为代表的结构主义逐渐崭露头角。结构主义认为，人类自我由环境（结构）规定，探究这一结构才是重中之重。

到了20世纪下半叶，以德里达为首的后结构主义思潮开始兴起。该理论认为，结构本身就处于不断的变化之中，静态的真实和结构并不存在。从不断脱离结构外在躯壳的视角看，人们也称之为"解构"。

至此，人们开始认为万物皆是相对的（相对主义），世间并不存在绝对真理。这就是所谓的"元叙事的终结"。

《吉尔伽美什史诗》 筑摩学艺文库/矢岛文夫 [译]

《吉尔伽美什史诗》

（作者不详）

　　《吉尔伽美什史诗》（*The Epic of Gilgamesh*，公元前2100—约公元前1000年）是世界上最古老的神话故事，讲述了乌鲁克第一王朝时代统治着古代美索不达米亚地区的君主吉尔伽美什（约公元前2600年）的半生传奇。

　　吉尔伽美什的父亲是乌鲁克君主卢加尔班达，母亲是女神宁松。他拥有三分之二神体、三分之一人体的半人半神之躯，但并非不死之身。与人类一样，他最终也要面临死亡的命运。

　　目前人们所知的内容皆出土于新亚述时期位于古都尼尼微的亚述巴尼拔图书馆（尼尼微皇家图书馆）。公元前1300—公元前1200年，这些内容被整理成标准的巴比伦语版本，即所谓的"标准版"。

　　考古学家乔治·史密斯发现，这部出土于亚述巴尼拔图书馆遗迹的英雄史诗，以楔形文字刻于两万多片泥板之上，是以吉尔伽美什为主人公的叙事诗的一部分，其中那段大洪水的故事便是《旧约圣经》中"诺亚方舟"的原型。彼时，西欧社会一直相信《圣经》是世界上最古老的书，这一发现给当时的世人带来了巨大的冲击。

　　《吉尔伽美什史诗》的叙事结构正是约瑟夫·坎贝尔在《千面英雄》（详见第225页）中归纳的"英雄之旅"基本模式——主人公踏上前往传奇世界的旅途（启程）、克服诸多苦难（试炼与胜利）以及回归到原来的世界（归来）。

　　在记录其故事的泥板中描述，吉尔伽美什既是一位战无不胜的英雄，也是一名冷酷无情的暴君。统摄天地的众神之首阿努听到百姓对吉尔伽美什暴行的控诉后，命令创造女神阿鲁鲁为吉尔伽美什制造一个对手，以磨灭他的傲慢。阿鲁鲁便用泥土创造了恩奇都。起初，恩奇都并未意识到自己的使命，自由地生活在荒原之中，与野兽为伴。直到有一天，他从巫女口中得知吉尔伽美什的暴行，便动身前往乌鲁克。

　　此时，吉尔伽美什也在梦中遇到了恩奇都。在现实中初见时，二人便大战一场，却难分胜负。经此一战后，他们开始惺惺相惜，并成了至交好友。之后，二人结伴踏上了冒险之旅。他们打败了看守森林的怪物洪巴巴，斩下它的首级后凯旋。女神伊什塔尔为吉尔伽美什的雄姿所倾倒，试图诱惑吉尔伽美什，却遭到了拒绝。愤怒的伊什塔尔请求其父天神阿努派出带来旱灾的天之公牛摧毁乌鲁克城，却被吉尔伽美什与恩奇都合力打败。然而最终，恩奇都却因杀死洪巴巴和天之公牛受到了众神的惩罚，病重而亡。

吉尔伽美什因恩奇都之死知晓了死亡的恐惧，于是他开始艰难跋涉，踏上了探访舒鲁帕克圣王乌特纳皮施提姆之旅，试图寻找永生。乌特纳皮施提姆是大洪水后唯一的生还者，也是唯一的永生者。他向吉尔伽美什讲述了洪水的传说，并告诫道："永生是神赐予我的恩惠，不得传于人类。"但吉尔伽美什并没有放弃。乌特纳皮施提姆的妻子怜悯吉尔伽美什的遭遇，便说服了丈夫传授给他获得永生的秘密——只要能拿到生长于海底的永生之草，便能获得长生不死之身。后来，吉尔伽美什拿到了永生之草，踏上了返回乌鲁克的归途。但由于在野外沐浴之时，一条蛇衔走了永生之草，最终吉尔伽美什也未能获得永生。回到乌鲁克之后，吉尔伽美什开始建造城墙，其名被载入史册，流芳后世。

人物生平：

作者不详。现存的最古老的《吉尔伽美什史诗》抄本是公元前 2 千纪（公元前 2000—公元前 1001 年）初期的苏美尔语版本。其最初的编纂可以追溯到公元前 3 千纪（公元前 3000—公元前 2001 年），但并未留下原始版本。以苏美尔语版为基础，《吉尔伽美什史诗》被翻译成巴比伦语、亚述语、赫梯语等版本，并以楔形文字记录在泥板上，传播到了世界各地。

参考书目：

《善恶经济学》托马斯·赛德拉切克；《世界最古老物语：巴比伦·赫梯·迦南》西奥多·H. 加斯特；《千面英雄》约瑟夫·坎贝尔

《吠陀》 岩波文库/辻直四郎［译］

《吠陀》

（作者不详）

《吠陀》（梵语为 वेद，英语为 *Veda*）是印度最古老的文献，也是古代印度神话的总称。《吠陀》并非一人之著。公元前 1000—公元前 500 年，印度人世世代代口口相传，而后编纂成书，留于后世。

古印度发祥于印度河文明，其中包括哈拉帕、摩亨佐·达罗等城市文化。公元前 1500 年左右，雅利安人入侵印度河流域，定居在印度西北部的旁遮普地区。到了公元前 1000 年左右，雅利安人又迁移至恒河流域。

诞生于这片地区的以自然崇拜为基础的吠陀神话，可以追溯到以雅利安人为代表的印欧语系的共同时代。在梵语①中，"吠陀"的释义为"知识"。

印度的圣典分为《天启书》与《圣传书》。古代印度教圣人曾言，《天启书》是神赐予的恩惠，《吠陀》是《天启书》的一部分。其中留存下来的大部分是赞歌集形式的本集，包括《梨俱吠陀》（ṛgveda）、《娑摩吠陀》（sāmaveda）、《夜柔吠陀》（yajurveda）、《阿闼婆吠陀》（atharvaveda）四部分。

这四部赞歌集又分别由其主体部分本集与注释、附属部分构成。注释与附属部分指的是《梵书》（brāhmaṇa）、《森林书》（Āraṇyaka）、《奥义书》（Upaniṣad）三部分。其中，《奥义书》阐释了奥秘的哲学，认为"梵"是控制宇宙的本原，"我"是支配个人的本原，"我"即"梵"，"梵"即"我"，"梵"产生了"我"，而"我"最终会回归于"梵"，即"梵我合一"。这一思想对后世印度的世界观产生了巨大影响。

在《吠陀》中，《梨俱吠陀》是四部本集中最古老的本集。公元前 1500 年左右，雅利安人迁移至印度河流域后，于公元前 1200—公元前 1000 年完成了对《梨俱吠陀》的

---

① 梵语（Sanskrit）是印度等南亚、东南亚国家使用的古老语言，作为一种雅语、文言、书面语，被广泛用于文学、哲学、学术和宗教之中。梵语源自吠陀文献中的吠陀语，也是印度教的礼拜语言，大乘佛教中的许多经典都由梵语写成。

编纂（早期吠陀时代）。雅利安人迁移到恒河流域后，在公元前 1000—公元前 500 年完成了其他三部本集的编纂（晚期吠陀时代）。雅利安人在恒河流域扩张的五百年，史称"吠陀时代"。

《梨俱吠陀》共 10 卷，由 1028 篇赞歌构成，可谓诸神赞歌的集大成者。雅利安人的宗教以《梨俱吠陀》为中心，创建了主持背诵吠陀祭祀仪式的祭祀阶级，其中位居阶级最上位的就是婆罗门。这便是婆罗门教的起源。

《娑摩吠陀》收录的是祭祀仪式中配合旋律吟唱的诸神赞歌，《夜柔吠陀》则收录了祭祀仪式中吟诵的祭词。此外，《阿闼婆吠陀》是神秘巫术仪式与咒术的集合。"阿闼婆"是传授此种吠陀的种族名称，意为"由名为阿闼婆的种族所传"，书中的主要内容为祈福禳灾的咒法与巫术。

《吠陀》记载着各种神话，并写明了创造神毗诃波提（Bṛhaspati）和毗首羯磨（viśvakarman）创造了世界万物。然而到了印度教两大史诗的时代，《摩诃婆罗多》和《罗摩衍那》（详见第 181 页）将世界的最高本原"梵"人格化，称其为创造之神梵天（Brahma）。此后，印度人开始信奉创造之神梵天、维护之神毗湿奴和破坏之神湿婆为印度教的三位最高主神，并宣扬梵天创造了宇宙万物。

人物生平：

  作者不详。2003 年，在联合国教科文组织的《保护非物质文化遗产公约》生效前，《吠陀圣歌传统》就已被《人类口头与非物质文化遗产代表作宣言》列入《人类非物质文化遗产代表作名录》，并于 2009 年首次申报中被正式列入了人类非物质文化遗产名录。

《伊利亚特 上·下》平凡社LIBRARY/吴茂一［译］
《奥德赛 上·下》岩波文库/松平千秋［译］

《伊利亚特》
《奥德赛》

（荷马）

　　《伊利亚特》（古希腊语为 Ιλιάς，英语为 Iliad）与《奥德赛》（古希腊语为 ΟΔΥΣΣΕΙΑ，Ὀδύσσεια，Odysseia，英语为 the Odyssey）是公元前 8 世纪中期古希腊的长篇史诗。其作者荷马据说是位吟游诗人，但关于荷马是否确有其人以及荷马是否是这两部史诗的作者等问题，至今仍没有定论。

　　《伊利亚特》讲述了迈锡尼文明时期（约公元前 1450—约公元前 1150 年）的特洛伊战争（公元前 1200 年中期），《奥德赛》则讲述了英雄奥德修斯在特洛伊战争后的流浪生活。在古希腊，这两部史诗的地位和希腊神话几近齐平，都是公民必备的素养与知识储备。

　　《伊利亚特》这部史诗共 24 卷，以希腊神话为题材，讲述了希腊人远征围攻小亚细亚特洛伊城的故事。其中，整个故事以特洛伊战争第十年中的某一天英雄阿喀琉斯的愤怒开始，并以特洛伊英雄赫克托耳的盛大葬礼终止。

　　特洛伊远征军（希腊联军）统帅阿伽门农在战争中俘虏了太阳神阿波罗祭司克鲁塞斯之女克鲁塞伊斯，阿波罗怒而向希腊联军射下箭雨。为了平息阿波罗的怒火，阿喀琉斯要求阿伽门农释放克鲁塞伊斯。阿伽门农答应送还，但强硬要求将阿喀琉斯的战利品——一名宠妾占为己有，以弥补自己的损失。在女神雅典娜的安抚下，阿喀琉斯虽将自己的宠妾让给了阿伽门农，但愤而退出了战场。后来，阿喀琉斯重返战场，将敌将尽数击杀，仅凭一人之力扭转了战局。最终，阿喀琉斯与特洛伊王子赫克托耳的决斗，以阿喀琉斯的压倒性胜利告终。在赫克托耳的父亲普里阿摩斯国王的恳求下，阿喀琉斯归还了赫克托耳的尸体。在赫克托耳的盛大葬礼中，整个故事落下了帷幕。

　　特洛伊战争具体指的是位于迈锡尼的阿卡亚人远征军（希腊联军）进攻特洛伊城（伊利奥斯一带）的十年攻城战。除了《伊利亚特》和《奥德赛》，《库普利亚》（Cypria）、《厄提俄皮斯》（Aethiopis）、《伊利帕尔息斯》（Iliupersis）等史诗中也有特洛伊战争的相关描述。在 19 世纪 70 年代以前，人们曾一直认为特洛伊战争只是个神话传说。

在海因里希·施里曼特发现特洛伊城遗址废墟后,特洛伊战争的真实性才终于得到了证实。

《奥德赛》意为"奥德修斯之歌",是《伊利亚特》的续篇,主要讲述了伊塔卡英雄奥德修斯在特洛伊战争之后流浪十年,经历无数艰难险阻后才终得重归故土、重登王位的故事。由于《奥德赛》比《伊利亚特》晚了一个世代,所以当今很多人认为《奥德赛》的作者并非荷马。

奥德修斯足智多谋,在特洛伊战争中献木马计里应外合攻破了特洛伊,却在凯旋回国途中遭遇海神作祟,致使船只漂流到了地中海各地。历尽各种艰辛危难后,在斯克里亚岛国王阿尔喀诺俄斯的帮助下,奥德修斯终得重返阔别了20年的故乡伊塔卡。

奥德修斯与其子忒勒马科斯见面后,得知了自己离家期间发生的诸多事情。原来在他多年离家未归后,一群无赖认为奥德修斯早已身亡,便肆意糟蹋他的领地,蚕食他的财产,还向他的妻子珀涅罗珀求婚。奥德修斯惩治了这些恶霸后,最终与妻子重逢,阖家团聚。源于奥德修斯的漫漫归家路,"奥德赛"一词已经被广泛用来形容艰苦跋涉的漫长旅程。

人物生平:

荷马(公元前8世纪末):古希腊吟游诗人,是西方最早文学作品《伊利亚特》与《奥德赛》的作者。"荷马"原意为"人质"或"被赋予追随义务的人"。目前仍无法判断荷马究竟是真实存在的人物还是虚构的人物,也无法确定他是这两部史诗的作者。

参考书目:

《吉尔伽美什史诗》;《梨俱吠陀》

《论语》岩波文库/金谷治 [译注]

《论语》

(孔子)

《论语》(*The Analects*)(公元前5—公元前1世纪)是记录儒家学派(confucianism)创始人孔子及其弟子言行的语录文集。在孔子去世400年后,由其门下弟子及再传弟子编撰成书。

孔子是中国春秋末期的思想家,鲁国陬邑(今中国山东省曲阜县)人。彼时周王朝早已名存实亡,政治混乱,社会秩序崩塌。在此背景下,孔子以"回到周王朝初期"为理想,主张重建身份阶级秩序以及以仁政治理天下。

《论语》成为重要经典的契机是宋学(朱子学)中"四书"的确立。南宋儒学家朱熹(朱子)身为宋学的集大成者,极大地发展了宋学,在由《诗》《书》《礼》《易》《春秋》所构成的"五经"之外,从《礼记》中摘出了《中庸》《大学》后,与《论语》《孟子》合为"四书",并将其置于儒学的核心位置。自此,《论语》作为儒家经典,既是历代儒家学子研习之核心书经,也成为中国思想的根基。

《论语》共10卷,分20篇,由512章节构成。马克斯·韦伯曾在《儒教与道教》一书中说道:"《论语》中的内容很像是印第安老酋长的口吻。"正如他所言,《论语》本就是原原本本地记录了孔子时常对他人口头讲述的道理,并未成为体系化的理论。

《论语》中有较多关于学问的记述,除此之外还有涉及社会秩序等方面的相关内容,不过其所讲的都是切合日常生活的实践性伦理。孔子的道德思想涉及"忠""孝""仁""义""礼""智""信""恕"等多个方面,其思想的核心是基于"忠"的"仁爱"思想。《论语》不仅要求人们要乐于学习,完善自我,还要做到孝顺父母、悌顺长者。

"学而时习之,不亦说乎。"(能有机会将所学的知识运用到实际生活中,不也是很愉快的事情吗?)

"知之为知之,不知为不知,是知也。"(知道便是知道,不知道便是不知道,这才是真正的智慧。)

"温故而知新,可以为师矣。"(温习旧知识,并能从中得到新的理解与体会,凭借这一点，就足以成为老师。）

"有朋自远方来，不亦乐乎。"（有志同道合的朋友远道而来，不也是很愉快的事情吗？）

"过而不改，是谓过矣。"（有过错却不加以改正，这才是真正的过错。）

此外，为《论语》作注的历史，也正是整个中国学术的发展历史。早在汉代，就有马融、郑玄等人为《论语》作注，但现存最早的《论语》注解是三国时期魏国何晏撰写的《论语集解》。南宋时期，儒学家朱熹从自己的立场出发，对《论语》进行了独到的注解，并将其汇编成《论语集注》。

在应神天皇时代（约390年），《论语》经由百济传播到了日本。江户时代以后，随着朱子学的盛行，以《论语集注》为代表的《四书章句集注》备受推崇，数百年间都被定为中国科举考试的必考教材，成为对后世影响深远的儒家经典。

17世纪，曾在中国大陆进行传教活动的耶稣会传教士将《大学》、《中庸》与《论语》翻译成了拉丁语，并由传教士柏应理在欧洲首次出版。中国哲学作为"Chinoiserie"（在欧洲流行的一种中国风尚）的一部分，对伏尔泰、查理·路易·孟德斯鸠、弗朗斯瓦·魁奈等欧洲启蒙思想家产生了巨大影响。

人物生平：

孔子（公元前552/551—公元前479年）：中国春秋时期思想家。以"Confucius"（孔夫子的拉丁语音译，夫子是对老师的尊称）之名闻名欧洲，并与释迦牟尼、耶稣、苏格拉底合称为"四圣"。孔子逝世后，孔门弟子开始逐步分化，形成了儒家八派。其中，孟子提倡"人性本善"，推崇"仁义"，即在孔子学说的核心道德的"仁"上加之可以付诸实践的"义"。荀子则主张"人性本恶"，主张礼治主义。从战国时期到汉代初期，儒家学说还未露圭角，但在汉朝"罢黜百家，独尊儒术"后，儒家思想迅速发展，一举成为中国思想之根本。儒学将《诗》《书》《礼》《乐》《易》《春秋》这六部周朝典籍奉为儒家经典之"六经"，并从儒家角度对其进行了注解，汇整了《礼记》《易经》《春秋左氏传》《春秋公羊传》《春秋穀梁传》等注释书籍。

参考书目：

《论语与算盘》涩泽荣一

《苏格拉底的申辩·克里托篇》 岩波文库/久保勉 ［译］

《苏格拉底的申辩》

（柏拉图）

　　《苏格拉底的申辩》（古希腊语为 $A\pi o\lambda o\gamma\acute{\iota}\alpha\ \Sigma\omega\kappa\rho\acute{\alpha}\tau o\upsilon\varsigma$，英语为 Apology of Socrates，公元前4世纪）是古希腊哲学家柏拉图早期的一篇对话录，其中描述了民众法庭对苏格拉底的死刑判决以及苏格拉底的自我申辩过程。

　　公元前399年，70岁的古希腊哲学家苏格拉底被人指控"不信城邦之神，败坏青年"。对于此项罪名，苏格拉底进行了全面彻底的反驳，但最终还是被判处了死刑。但是，这次审判在苏格拉底死后的多年间仍存在争议。

　　在伯罗奔尼撒战争中，雅典被斯巴达打败，导致古希腊政权产生动荡。人们开始声讨异己分子，诸如诡辩家（教授辩论技巧、政治和法律知识的专业辩论家）与哲学家，等等。

　　彼时，苏格拉底也公开表示自己收到了来自"神灵"（daimonion）的神谕，却遭人批判，被控以蔑视传统宗教、引进新神、腐化青年、反对民主和亵渎神明等罪名，最终被判处死刑。

　　公元前399年，由500名雅典公民组成的陪审团在民众法庭上针对苏格拉底的罪行进行审判。对此，苏格拉底为自己展开了申辩。本书便是以该场面为题材展开论述。

　　在被确定为有罪之后、进行量刑投票之前，苏格拉底面向全体听众发表了他此生最后一场演说。苏格拉底本可以选择被放逐，从而免去一死，但他全盘反驳，拒绝一切妥协，始终坚持自我，最终选择欣然赴死。

　　那苏格拉底的一切行为是如何开始的呢？——从他怀疑德尔斐神谕开始。"苏格拉底是最有智慧的人"这一神谕引发了苏格拉底的思考，他认为这是神赋予他的使命，他必须秉承神的旨意，推动众人皆去追求真理，升华灵魂，即使国家明令禁止这种做法，他也不能停下脚步。通过与众多所谓的"智者"对话，苏格拉底得出了一个结论——自己虽非智者，但能认识到这一事实的人才是最具有智慧的人。

　　柏拉图在《苏格拉底的申辩》的续作《克里托篇》中再次叙述了这一观点。他指出，对于苏格拉底来说，正义就是在深思熟虑后坚持贯彻自己认为的最好的事情，并时刻做好准备，从而在任何情况下都能为自己申辩。也就是说，对于苏格拉底来说，选择死亡远比乞求生命的延续更加绚丽，也更加伟大。

在针对苏格拉底的审判中，相比于不敬神之罪名，不遵循集团行为准则的态度是一项更加重大的罪名。目睹了苏格拉底壮烈的一生后，他的学生柏拉图创建了阿卡德米学院（柏拉图学院），直到公元529年东罗马帝国皇帝查士丁尼大帝下令关闭为止，该学院一共存续了900余年。在这所学院里，辩论者的安全与言论自由可以得到足够的保障，人们可以不受任何特定政治信条的约束，进行自由的辩论，从而接近真理，这也是今日大学之设立理念。

从这本著于2400年前的书中，我们可以认识到，讲真话、做异端是一种可能致死的危险行为，而大学便是那个能够保障我们安全地追寻自由、追求真理的存在。

人物生平：

柏拉图（公元前427—公元前347年）：古希腊哲学家，苏格拉底的弟子，也是亚里士多德的老师。柏拉图思想是西方哲学的主要来源，英国哲学家阿弗烈·诺夫·怀海德曾说过："整个西方哲学史就是对柏拉图对话录的注脚。"柏拉图现存的作品大都是通过对话的形式记载下来的，其中对话录中的叙述者大多是其老师苏格拉底。柏拉图曾多次前往意大利半岛和西西里岛，并与毕达哥拉斯学派多有接触。60岁时，他曾教导叙拉古的僭主狄奥尼修斯二世，以期实现哲人当政之目标，但最终因流言蜚语而以失败告终。步入晚年的柏拉图在雅典创办了柏拉图学院，竭力培养真正能够成为理想国家统治者的人才。

参考书目：

《理想国》柏拉图

《希波克拉底全集 1—3》　产学社 ENTERPRISE/大槻真一郎［翻译・责编］

《希波克拉底誓言》

（希波克拉底）

古希腊医生希波克拉底被尊为"医学之父"，在其死后，其弟子们编纂了《希波克拉底全集》。其中，收录了记述医生伦理、客观性等向希腊诸神宣誓的宣誓文就是《希波克拉底誓言》（古希腊语为 Ἱπποκράτειος ὅρκος，英语为 The Hippocratic Oath）。

希波克拉底最重要的功绩之一，就是使医学从原始的迷信和巫术中脱离了出来，并将其发展成为重视临床和观察的经验科学。以往的医学都是向医神阿斯克勒庇俄斯祈祷或是借助于巫术等具有魔法性质的事物，而希波克拉底认为疾病是一种自然现象，着手建立了科学的西方医学基础。

希波克拉底的医学观念，经过古罗马时期希腊医学家克劳迪亚斯·盖伦的发展，对整个西方医学产生了巨大的影响，因此希波克拉底被世人尊为"医学之父"。此外，"生命短暂，医术之路道阻且长""让食物成为你的药物，而不要让药物成为你的食物"等名句也被认为出自希波克拉底之口。

《希波克拉底誓言》是希腊医生世家子弟完成学业，正式成为医生时所宣之誓言，现在在医学院的毕业典礼上，学生们也会朗读此誓词。1948 年，第二次世界医学会（World Medical Association，简称 WMA）在《希波克拉底誓言》的基础上，将其伦理本意进行了现代化改版和系统化，制定了《日内瓦宣言》。

《希波克拉底誓言》开篇的第一句为"医神阿波罗、阿斯克勒庇俄斯、许癸厄亚、帕那刻亚及天地诸神为证，鄙人敬谨宣誓，愿以自身能力、判断力所及，遵守此约。"

接下来的内容从"凡授我艺者敬之如父母，作为终身同世伴侣，彼有急需我接济之。视彼儿女，犹我弟兄，如欲受业，当免费并无条件传授之。凡我所知无论口授书传俱传之吾子、吾师之子及发誓遵守此约之生徒，此外不传与他人"到最后的"倘使我严守上述誓言时，请求神祇让我生命与医术能得无上光荣，我苟违誓，天地鬼神共殛之"为止，一共被分为九条。

其中，守护病患的生命和健康、严禁因病患的身份和贫富而区别对待、维护医界名誉及尊严等内容被誉为现代医疗伦理之根本。

经济学家岩井克人（详见第121页）在研究股份公司管理时，将公司和公司经营者的关系比作人形净琉璃中的木偶和木偶师的关系。详细来说，公司经营者（木偶师）并非股东的代理人，而是受到公司（木偶）信任的委托人。为了维持这种信任关系，单方当事人需要承担忠实义务，即只为其他当事人的利益而忠实地工作，而非追求自我利益。

岩井克人在这里所说的公司经营者所需具备的"职业伦理"，在医生、律师等专业领域中，也是其从业者同样必须具备的职业道德伦理。所有这些职业道德要求的背景即为《希波克拉底誓言》的理念。

同样，提出了"社会共通资本"观点的宇泽弘文（详见第123页），也用与《希波克拉底誓言》相同的句式阐述了"社会共通资本的职业专业化集体"的伦理和任务。

人物生平：

希波克拉底（约公元前460—公元前370年）：古希腊伯里克利时期的医生。他出生于伊奥尼亚地区南部科斯岛的一个医生世家，传说其祖先是太阳神阿波罗之子医神阿斯克勒庇俄斯。传说他学医后游历希腊各地，但其详细生平无从得知。他与苏格拉底处于同一时代，在柏拉图的《对话录》中也有登场。他还与率先提出原子论的自然哲学家德谟克利特（希腊文：Δημόκριτος）是朋友。其希腊语医学著作被翻译成阿拉伯语版本后流传到阿拉伯，进而流传到整个欧洲。

参考书目：

《经济学的宇宙》岩井克人；《公司是谁的所有物》岩井克人；《未来的公司》岩井克人

《尼各马可伦理学 上·下》岩波文库/高田三郎 [译]

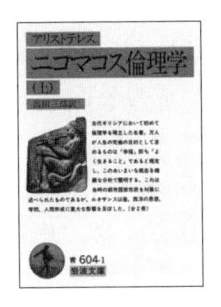

《尼各马可伦理学》

(亚里士多德)

　　《尼各马可伦理学》(古希腊语为 Ἠθικὰ Νικομάχεια，英语为 *Nicomachean Ethics*，公元前4世纪) 是"万学之祖"古希腊哲学家亚里士多德的伦理学著作，由其儿子尼各马可将其有关伦理学的草稿与授课讲义整理成书。

　　以亚里士多德之名流传至今的伦理学著作还有《欧台谟伦理学》和《大伦理学》，但相比之下，《尼各马可伦理学》更为完善和系统，思想也更加成熟。

　　亚里士多德认为，人的本性在于"热爱知识"，希腊语称其为"philosophia"，如今的"哲学"(philosophy) 一词就来源于此。亚里士多德所说的哲学，是满足求知欲的求知行为本身以及这一行为带来的所有成果，几乎现在所有的学科都在这个范畴之内。

　　亚里士多德伦理学以幸福为出发点，认为人类是追求"善"的理性动物，只要遵循理性，做出至善之选择，幸福自然会随之而来。

　　《尼各马可伦理学》开篇就提出了人类的目的即为对"善"的追求——"每种技艺与研究，同样地，人的每种实践与选择，都以某种善 (agathon) 为目的。所以有人说，所有事物都以善为目的。"亚里士多德接着指出，人类所追求的终极目标——"最高善"——并不是快乐、财富或者名誉，而是"幸福"。

　　亚里士多德认为，实践哲学的最终目的并非止步于了解最高善，而是以最高善为目标良善地生活。他说：

　　　　如果一种活动在以合乎它特有的德性的方式完成时就是完成得良好的；那么，人的善就是灵魂的合德性的实现活动，如果有不止一种的德性，就是合乎那种最好、最完善的德性的实现活动。

　　在此基础上，亚里士多德还认为，了解"德性"之本质，即"德"是什么，便可以使人类灵魂合乎德性，让人向善而生。于是，他把探究德性作为其伦理学的中心课题。这里的"德",指人类所具备的品质,包括智慧、节制、尊敬、正义等。亚里士多德将其区分为"理智德性"(即理智的德)与"道德德性"(即道德的德)两种。前者通过理性学习而获得,后者则通过习惯养成而获得。正如下文所述:"我们由于从事建筑业而成为建筑师,由于奏竖琴而成为竖琴演奏者。同样,由于实行公正而成为公正之人,由于实行节制和勇敢而变成节制、勇敢之人。"

亚里士多德认为,追求伦理之德性共分为三种:两种恶——过度与不及,以及位于二者之间的"中庸"(希腊语:Mesotes),善行意味着非极端的、适度的行为,即"中庸之德性"。

作为该书的续篇,亚里士多德在《政治学》(详见第249页)一书中论述了"成为良善之人"的实践之道。

人物生平:

亚里士多德(公元前384—公元前322年):古希腊哲学家。他出生于马其顿的斯吉基拉城(今希腊北部),其父亲是马其顿国王的宫廷御医。亚里士多德曾就读于雅典的柏拉图学院,后应马其顿国王腓力二世之邀,担任马其顿王子亚历山大(后来的亚历山大大帝)的老师。亚历山大大帝登基后,亚里士多德回到了雅典,并在雅典郊外建立了吕克昂学院。亚里士多德将当时的哲学细分为伦理学、自然科学等学科,并建立起相应的学科体系,因此被称为"万学之祖"。亚里士多德的著作包罗万象,除形而上学、伦理学、逻辑学等哲学相关的学科外,还涵盖了政治学、宇宙论、天文学、自然科学(物理学)、气象学、博物学,以及生物学、诗歌、戏剧和如今的心理学,并对伊斯兰哲学、中世纪经院哲学以及近代哲学、逻辑学产生了重大的影响。

亚里士多德主要著作一览:

《工具论》(逻辑学著作的总称)、《物理学》、《论天》、《论产生和毁灭》、《气象学》、《论灵魂》、《自然诸短篇》、《宇宙论》、《动物志》、《动物之构造》、《动物之运动》、《动物之生殖》、《形而上学》、《尼各马可伦理学》、《大伦理学》、《欧台谟伦理学》、《政治学》、《诗学》

《物性论》岩波文库/樋口胜彦［译］

《物性论》

（提图斯·卢克莱修·卡鲁斯）

　　《物性论》（拉丁语为 De rerum natura，英语为 On the Nature of Things，公元前 1 世纪）是罗马共和国末期的诗人、哲学家提图斯·卢克莱修·卡鲁斯著的六步格诗集，全文共 6 卷，7400 行。书中阐述了伊壁鸠鲁（公元前 341—公元前 270 年）的宇宙观，主张原子论自然观与无神论。

　　该书是现存的唯一一本卢克莱修著的长诗集。自写成之后，它的存在一直不为人所知，整整湮没了一千余年。1417 年，意大利人文主义者，同时也是古籍发掘专家的波焦·布拉乔利尼在德国的一个修道院中发现了该书的抄本。

　　2012 年普利策奖获奖作品《大转向：世界如何步入现代》（The Swerve: How the World Became Modern）一书中生动地描述了一个"千年抄本重见天日，人类文明自此改变"的故事——自波焦·布拉乔利尼发现《物性论》的抄本后，这本书引发了巨大的讨论，在文艺复兴时期的欧洲广泛传播，并将人们从中世纪基督教的世界观中解放了出来。

　　古希腊哲学家伊壁鸠鲁以享乐主义著称，是伊壁鸠鲁学派的创始人。他认为，"快乐"即人们摆脱现实烦恼的状态，人生岁月应该完全用在追求快乐上。后世，人们将伊壁鸠鲁主义与享乐主义画上了等号，但其实伊壁鸠鲁主张的是精神上的快乐，而非肉体上的放纵，他甚至认为肉体上的快乐莫不如说是一种"痛苦"。斯多葛学派则认为，人生的目的在于追求道德与伦理，幸福不过是这一行为的结果。与之相反，伊壁鸠鲁学派主张人生的目的就是追求幸福。

　　该书中伊壁鸠鲁的自然思想来源于德谟克利特（约公元前 460—公元前 370 年）的原子论，即"宇宙空间中，除物质（原子）和虚空（真空）外别无他物"。伊壁鸠鲁立足于原子论，认为世界由无法继续分割的物质微粒原子以及虚空构成，并认为"自然界的首要原则如下：没有任何事物可以通过神的力量而无中生有"。

　　伊壁鸠鲁认为，面对雷电、地震、日食等无法解释的自然现象时，以为其中有神明的干预，并对此心怀恐惧，其实这种恐惧才是人类苦难与不幸的开始。他还指出，如果人们能在不提及神明的前提下用原子运动来解释这些自然现象，那么人们就能够摆脱迷信，消除不安，于平稳幸福中安度一生，并且能够理解到，自然界的基本构成要素与普遍法则本就是人生中莫大的喜悦之一。

如上所述，伊壁鸠鲁认为一切现象皆具有因果关系，并解释了世界由原子和虚空构成的自然规律。人类在把握这一存在时离不开感觉，感觉既是知识的唯一源泉，也是判断是非善恶的标准。

此外，他认为一切会随着死亡消灭，并试图通过这一观点将人类从对死后惩罚的恐惧中解放出来——"死亡同神一样不足惧，因为死亡只是人的感觉的丧失。当人活着时，死亡还没有到来；当死亡到来时，人已经不存在。因此，死亡与人生并不相干"。

《物性论》一书以一首维纳斯颂开篇，欧洲文艺复兴早期佛罗伦萨画派著名画家桑德罗·波提切利的代表画作——《维纳斯的诞生》将这一幕生动形象地描绘了出来。米歇尔·德·蒙田的《蒙田随笔》（详见第387页）一书中，有近百段内容引用自《物性论》，从这一点上尤其可以看出蒙田与卢克莱修在批判"用死后世界的悲惨噩梦来绑架道德"这一行为上颇有共鸣。

人物生平：

提图斯·卢克莱修·卡鲁斯（约公元前99—公元前55年）：罗马共和国末期的诗人、哲学家。

参考书目：

《蒙田随笔》米歇尔·德·蒙田；《大转向：世界如何步入现代》斯蒂芬·格林布拉特

《爱比克泰德语录》中公 CLASSICS/鹿野治助 [译]

《爱比克泰德语录》

（爱比克泰德）

《爱比克泰德语录》（古希腊语为 Ἐπικτήτου διατριβαί, Ἐγχειρίδιον Ἐπικτήτου，英语为 The Discourses of Epictetus，The Enchiridion of Epictetus，约 1 世纪）是古希腊斯多葛学派哲学家爱比克泰德的语录汇总及其节选汇编。

斯多葛学派哲学，一言以蔽之，即实用的生活智慧。其中，《爱比克泰德语录》在所有斯多葛学派作品中传阅最广，对后世产生了极其深远的影响。

爱比克泰德教导人们即使身处苦难之中，也要保持平静，这种教诲对著名的"帝王哲学家"、斯多葛主义者——罗马帝国第十六位皇帝马可·奥勒留（详见第 384 页）也产生了深远的影响。此外，基督教的神学家们，以及近代法国哲学家布莱士·帕斯卡等人也从爱比克泰德的思想中汲取了大量养分。

爱比克泰德虽与塞涅卡、马可·奥勒留并称为斯多葛学派晚期的代表哲学家，但他的出身与另外两人格外不同。爱比克泰德是奴隶之子，童年时被贩卖至罗马为奴，服侍皇帝尼禄的大臣爱帕夫罗迪德，后来得到机会学习斯多葛学派哲学。获得自由之身后，他开始在罗马教授哲学，直到皇帝图密善即位后将哲学家们驱逐出罗马。此后，爱比克泰德移居希腊，开办了自己的学校，继续以哲学教育为生。

爱比克泰德本人并未留下任何著作。公元 2 世纪的罗马政治家、历史学家阿利安年轻时曾受教于爱比克泰德，他把当时爱比克泰德的许多谈话"尽可能原汁原味"地记录了下来，最终整理成了广为流传的《爱比克泰德语录》。

在爱比克泰德的思想中，最重要的一点就是"区分可控之事和不可控之事，以及分清力所能及之事与鞭长莫及之事"。

我们可以自由地控制诸如意见、动机和欲望等属于自我意志的活动，但我们无法掌控诸如身体、财产、声誉和权力等外在事物。前者不会受到外界的干扰，但后者却可与自我相分离，并且可能会被他人、他物控制或妨碍。如果无法正确理解这一本质，天真地认为自己可以自由地支配可控范围之外的事物，或试图把他人之事置于自己的掌控之中，那么我们必会因始料未及的妨碍干扰而感到悲伤沮丧，甚至还会为此指责身边之人。因此，爱比克泰德指出，若要获得自由与幸福，就必须明确上述区别，并做出自我取舍。

在以下列举的名言中，全都饱含着爱比克泰德的深刻哲学思想。

"困扰我们的，并非发生在我们身上的事情，而是我们对其意义的解读。"

"不要要求事情依照你所希望的方式发生，而是希望事情依照实际该发生的方式发生，那么你的日子就会过得很愉快。"

"并非脏话或是拳头会侮辱你，而是你心中把这些视为侮辱的想法在侮辱你。因此，当有人似乎在挑衅你时，千万记住，这只不过是你自己对事情的判断挑衅了你自己。不要让这些无关痛痒的表象扰乱你的心绪。"

"如果你因为太想讨得他人的欢心，而让外界左右了自己的情绪，那么你的计划注定会以失败告终。"

"为了自己，现在马上决定自己的生存方式以及想想如何度过这一生吧。无论是踽踽独行在这世间时，还是与人相伴时，都要把自己决定好的路坚持走下去。"

"普通人的立场和品质——从外部世界而非从自身上期待得失。哲学家的立场和品质——从自身上期待所有利害得失。"

人物生平：

爱比克泰德（约50—135年）：古希腊斯多葛学派哲学家。他出生于小亚细亚的弗里吉亚（今土耳其境内），曾在罗马教授哲学。86年，他前往希腊的尼科波利斯，创办了自己的学校，并在当地度过了余生。目前存世的记载爱比克泰德教诲的文献极其稀少，只有《爱比克泰德语录》以及其他后世作家提及爱比克泰德的"片段"汇总资料集。日本学者将上述文献合并后出版了《人生谈义》一书。

参考书目：

《论生命之短暂》塞涅卡；《沉思录》马可·奥勒留；《哲学的指引：斯多葛哲学的生活之道》马西莫·匹格里奇；《成功人士的7个习惯》史蒂芬·柯维

《中论 上·中·下》REGULUS 文库/三枝充惪 [译注]

《中论》

（龙树）

《中论》（又称《根本中论颂》，梵语为 *Mūlamadhyamaka-kārikā*，汉语音译为"摩陀耶摩迦阿波达拉拿摩"，200 年左右）由早期大乘佛教僧侣龙树（梵语为 Nāgārjuna，汉语音译为"那伽曷树那"）所著。该书对自原始佛教时期便存在的缘起法做出了独到的解读，对之后的大乘佛教（详见第 038 页）的思想发展产生了重大影响。

梵文原典由 27 章 449 偈（汉译本为 445 偈）的偈颂（歌颂佛之教诲与功德的韵文）组成。在青目（Piṅgala，生卒年不详）注释的基础之上，鸠摩罗什（*Kumārajīva*，344—413 年）对其进行了汉译。

该书逐一驳斥了佛教诸派与南传上座部佛教的论藏（梵语：Abhidharma；巴利语：Abhidhamma）中所论述的形而上学的达摩（梵语：dharma；巴利语：dhamma），认为其已偏离了释迦教义的真正含义。书中的论述也正是龙树思想的展现——"凡是缘起即是无自性，无自性即名之为'空'。宇宙万物相依相待，并不孤立"。

真正的涅槃（Nirvana）是一切分别和戏论尽数灭除的境界，即明确人之因果原则，并领悟自我对道理的无知才是苦恼之根源。消灭了烦恼、欲望、生死诸苦，便是跳脱了生死轮回，达到了宗教修行上的至高境界。

该书基于大乘佛教经典《般若经》中强调的基于"空"的概念"空观"，对"中道"思想进行了阐述。该书为大乘佛教提供了夯实的理论基础，是中观派（梵语：Mādhyamika）、三论宗和藏传佛教的重要论藏。

3 世纪时，宣扬龙树空观的中观派在印度兴起，《中论》便是中观派的基础典籍。4 世纪时，瑜伽行唯识学派诞生，其借冥想（瑜伽）来观心识之本质，认为诸事万物皆由八识组成，与中观派共同形成了印度大乘佛教的两大思想流派。瑜伽行唯识学派首先假设心识之外，再无存在，而最深层的阿赖耶识（个人最根本的意识、心灵、生命）是自我意识在外界之显现（唯识无境），但归根结底，阿赖耶识也为空无（境识俱泯①）。

除了《中论》外，龙树的《十二门论》与其弟子提婆的《百论》也传到了中国，三者一同成为三论宗的三部创宗经典。三论宗后被传至日本，成为南都六宗之一。

人物生平：

龙树（约150—250年）：印度佛教僧人。"龙树"二字是其梵文名称"Nāgārjuna"的汉译。据传，他出生于德干高原克里希纳河流域的著名佛教遗址纳加尔朱纳康达。在习得婆罗门教教义后，他开始接触佛教，学习了当时的上座部佛教和早期大乘佛教佛法。大乘佛教中观派以他为创始者，此外，莲如以后的净土真宗还称他为"八宗（所有大乘佛教宗派）共祖"。龙树又称龙猛，是日本真言宗"付法八祖"（以教法次第相承的八大祖师）中的第三位祖师，即龙猛菩萨。

---

① 境识俱泯，佛学术语，意为外界和心识二者浑合一体无分别，是一种归本于空的状态。（译者注）

《新译 罗摩衍那 1—7》 东洋文库/中村了昭 [译]
《摩诃婆罗多 上·中·下》 第三文明选书/查克拉瓦尔蒂·拉贾戈巴拉查理 [著]/奈良毅、田中娴玉 [译]

《罗摩衍那》
《摩诃婆罗多》

（蚁垤/毗耶娑）

　　《罗摩衍那》（梵语为 *Rāmāyana*，英语为 *Ramayana*）是一部以梵语写就的古印度长篇叙事诗。全诗共分 7 卷，包含 24000 颂。一般认为其成书于 3 世纪左右，相传由印度诗人蚁垤（约公元前 5—公元前 1 世纪？）将印度教神话与拘萨罗国王子罗摩的传说编写定本。

　　"罗摩衍那"意为"罗摩的历险经历"，主要讲述了罗摩王子为夺回被劫走的妻子悉多，率领大军挑战罗刹魔王罗波那的故事。该书将罗摩王子描述为毗湿奴神的化身，这也正是后世罗摩深受崇拜的缘由。

　　《罗摩衍那》收录了许多神话传说，宗教文学色彩浓郁，在东南亚一带广为流传。该书深深渗透进了当地文化，是当地人耳熟能详的作品。甚至在当下的绘画、雕塑、建筑、音乐、舞蹈、戏剧和电影等领域中仍能看到其身影。在日本，平安时代末期的佛教说话集《宝物集》也对《罗摩衍那》进行了描述。

　　《摩诃婆罗多》（梵语为 *Mahābhāratam*，英语为 *Mahabharata*）是古印度另一部享誉世界的长篇叙事诗。"摩诃"意为"伟大的"，"婆罗多"意为"婆罗多族"，书名直译过来便是"伟大的婆罗多族的故事"。

　　《摩诃婆罗多》成书于古普塔王朝时期（320—550 年左右），是印度教的圣典之一。相传其作者是毗耶娑（意为"编写者"），但目前一般认为该书是吟游诗人将公元前 4 世纪起的故事以口头吟诵的方式创作流传，并于 4 世纪末最终成书。

　　《摩诃婆罗多》原书由梵语写成，共 18 卷，包含 100000 颂以及由 16000 颂构成的附录，内容篇幅相当于《罗摩衍那》的 4 倍，与《罗摩衍那》并列为印度的两大史诗，也是印度神话的重要文献之一。此外，它还与古希腊的《伊利亚特》《奥德赛》并称为

"世界三大叙事史诗"。

这部史诗以印度列国的纷争时代为背景，描写了人类人口急速增长，大地女神不堪重负，婆罗多族以此为源头爆发大战的故事。诸多神明、英雄和智者也被卷入其中，最终发展成为持续 18 天之久的"俱卢之战"。

正如印度的正式国名是意为"婆罗多王之领土"的"婆罗多"，婆罗多族便是古印度英雄婆罗多王的子孙后代。同属婆罗多族的般度五子与持国百子为争夺王位爆发了冲突。

《摩诃婆罗多》史诗包罗万象，除上述核心故事外，还包括插话《莎维德丽传》《那罗传》，以及宗教哲学长诗《薄伽梵歌》。这三部作品作为独立的文学作品，在印度社会中家喻户晓。其中，共享一妻德罗波蒂（Draupadī）的般度五子，尤其是俊美无边的阿周那（Arjuna）、力大无穷的怖军（Bhīma）与持国百子中的长子难敌（Duryodhana）之间的对决颇受大众欢迎。

不过上述这些主体故事不到《摩诃婆罗多》全书篇幅的一半，书中大多是与神话、传说、道德和戒律相关的插话。《摩诃婆罗多》成书后被翻译成印度的各种语言，很早便传播至爪哇、马来、泰国和巴厘岛，对当地文化产生了深远影响。这些插话中还包括"一角仙人"（Ṛṣyaśṛṅga）的故事，这也正是日本歌舞伎十八番剧目之一《鸣神》的原型。2017 年，由印度神话改编的歌舞伎新作《极付印度传：摩诃婆罗多战记》在日本歌舞伎座上演。

《忏悔录 1—3》中公文库/山田晶 [译]
《上帝之城 1—5》岩波文库/服部英次郎、藤本雄三 [译]

《忏悔录》
《上帝之城》

(奥古斯丁)

《忏悔录》(拉丁语为 Confessiones，英语为 Coniessions，398 年) 是基督教神学家奥古斯丁的自传体回忆录，也是古代基督教的文学杰作。奥古斯丁阐明了罗马天主教会的存在意义，建立起基督教的神学根基，被基督教教会封为圣人。此外，其思想也为后世的西方思想奠定了基础，他也因此被誉为"西欧之父"。

从忏悔年轻时代的罪恶，到坚信上帝之存在，奥古斯丁在这本书的前半部分对自我一生进行了赤裸裸的披露与忏悔。奥古斯丁在书中坦言，他年轻时耽溺情欲，行鼠窃狗盗之事，罪孽深重，后因友人之死哀恸万分，开始惧怕死亡。他幡然悔悟，皈依了基督教。在皈依基督信仰前的十年间，奥古斯丁一直信奉以"善恶二元论"著称的摩尼教，直到他阅读了马尔库斯·图利乌斯·西塞罗的《霍尔腾西乌斯》，领悟到哲学之于生活的重要性才脱离了摩尼教。

在该书的后半部分，奥古斯丁对《旧约圣经》中的"创世记"进行了解释，从而为旧约与新约两部圣经成为罗马天主教会之支柱打下了基础。此外，他针对"上帝创造世界之前在做什么"的疑问，展开了关于时间的论述。

《上帝之城》(拉丁语为 De Civitate Dei contra Paganos，英语为 The City of God Against The Pagans，426 年) 是奥古斯丁于异族入侵、西罗马帝国逐渐衰落之时，为捍卫教会立场、明确教会存在意义而著。全书共 22 卷，前 10 卷讲述了世俗世界的"地上之城"，后 12 卷则叙述了隐匿于地上之城中的"上帝之城"。该书对创世以来的世界的两段历史(两城观)进行了描述。

410 年，西哥特人(古代日耳曼人的分支)攻陷罗马，异教徒趁机大肆攻击基督教。为驳斥异教徒的责难，奥古斯丁著成此书。他在书中称，"上帝之城"位于人类看不到的精神世界，教会正是"地上之城"中代表"上帝之城"的存在，以此来拥护教会的至高地位。他还写道，即使罗马帝国这一"地上之城"陷落，信徒们于"上帝之城"中仍有依托,那便是以罗马教皇为首的教会。

罗马帝国国教基督教及其教会并不是为了服务国家而存在,而是高于国家之存在——奥古斯丁的思想为此提供了强有力的依据支撑。

此外,奥古斯丁支持"三位一体说",即创世主"圣父"(father)、降生世间的"圣子耶稣基督"(son)和来自圣父与圣子的"圣灵"(holy spirit)这三个位格(persona)在本质上实为一体。这一观点经奥古斯丁理论化,成为天主教的中心思想。

13世纪,经院哲学的代表神学家托马斯·阿奎那继承了奥古斯丁的思想,将神学与亚里士多德哲学相融合,建立起一个信仰和理性相统一的全面系统性的神学体系。阿奎那在其著作《神学大全》(详见第187页)中大量引用了《忏悔录》和《上帝之城》中的言论。

此外,《忏悔录》中表露出的个人主义信仰,以及《上帝之城》中显示的教会也逃脱不了世俗的思想,这些都成为批判教会的有力依据,对后来的宗教改革产生了重大影响。

人物生平:

奥古斯丁(354—430年):罗马帝国(西罗马帝国)时代的基督教神学家、哲学家、传教士,活跃于狄奥多西一世正式承认基督教为国教的时期。作为一名教父,他为正统信仰的建立做出了卓越的贡献,在古代基督教世界的拉丁文化圈中具有极大的影响力。他因被天主教、圣公会、路德宗、东正教和非卡尔西顿派(Non-Chalcedonian Orthodox Churches)尊为圣人,又被称为"圣奥古斯丁"。

参考书目:

《论三位一体》奥古斯丁;《西塞罗的〈霍尔腾西乌斯〉的部分翻译和构成案》广川洋一;《神学大全》托马斯·阿奎那

《正法眼藏 全译注 1—8》 讲谈社学术文库/增谷文雄

《正法眼藏》

（道元）

《正法眼藏》（1253 年）是日本佛教曹洞宗创始人道元用半生写就的佛教思想著作，写于 1231—1253 年，全篇共 87 卷。在该书中，道元继承了中国曹洞宗的教义，主张通过坐禅来回归佛法，强调实践比理论更为重要。

"正法眼藏"一词，原意为佛教正法，以其为名流传下来的书籍有以下三种：

(1)《正法眼藏》(1147 年)，共 3 卷，大慧宗杲著；

(2)《正法眼藏（日语假名版）》（日语假名记述），75 卷+12 卷+拾遗 4 卷，道元著；

(3)《正法眼藏（汉字版）》，300 则公案合集，道元摘选。

为表达其禅宗思想，道元从禅宗语录，尤其是从出现在公案中的重要问答中进行了挑选，并对其进行说明和注释，著成了《正法眼藏（日语假名版）》。禅宗语录多达 10 余种，道元从中选取了重要的 300 则禅宗问答，编纂成《正法眼藏（汉字版）》，该书也是《正法眼藏（日语假名版）》的蓝本。

当时所有佛教典籍皆由汉字写成，为了正确传达真理，道元特意选择用日语假名书写。他重书旧卷，增加新卷，并计划将其扩充至 100 卷，但最终因病只写到了第 87 卷。后来有人发现了编纂时遗漏的 4 卷，将其添入《正法眼藏（日语假名版）》中。

道元在该书中指出，释迦牟尼的"自内证"（自己内心所证悟之境界）是所有佛法之根源。要达到"自内证"，便需要"禅定"（心定之状态，外禅内定，专注一境），即坐禅。坐禅才是禅门正法，才是众生通往安乐之道路。

道元还指出，成佛[①]永无止境，并非达到一定境界即可成佛。即使成了佛，也要继续证佛而不休，继续无限的修行才是成佛之本质（修证一等）。修行之人效法释迦牟尼，一心专注于坐禅修行（只管打坐）。

曹洞宗既是中国禅门五宗[②]之一，也是日本佛教禅宗[③]之一。此宗派认为，只管打

---

① 成佛，佛学术语，即通过实践修行达到最终彻悟，成为佛陀。

② 中国禅门五宗，即曹洞宗、临济宗、沩仰宗、云门宗、法眼宗。

③ 日本佛教禅宗，即曹洞宗、日本达摩宗、临济宗、黄檗宗、普化宗。

坐，觉悟自现，无论出家修行还是在家修行，只要专心坐禅，求道者皆可开悟。

6世纪初，菩提达摩从印度来到中国，创立了禅宗，并以坐禅为基本修行方式。唐朝末年，这种以坐禅为中心的佛教团体被称为"禅宗"。中国禅宗从唐朝蓬勃发展至宋朝，后于明朝开始由盛转衰。

镰仓时代初期，禅宗传入日本，曹洞宗和临济宗两宗作为镰仓佛教广为流传。室町时代，曹洞宗和临济宗于幕府庇护下，发展成为日本佛教。在日本，以坐禅修行为主的佛教宗派多被统称为"禅宗"。明治维新后，日本著名佛教学者、禅学大师铃木大拙（详见第430页）将禅宗由日本传播到了美国与欧洲。

此外，随着美国旧金山禅修中心创办者铃木俊隆的著作《禅者的初心》（*Zen Mind, Beginner's Mind*）一书的传播，以及其弟子丸泰仙在欧洲的传教，Zen（禅）在全世界范围内传播开来，大放异彩，美国和欧洲都建有曹洞宗和临济宗的寺院。

人物生平：

道元（1200—1253年）：日本镰仓时代早期的禅宗僧人，日本佛教曹洞宗的创始人。据传，其父是内大臣久我通亲，其母是摄政关白藤原基房之女伊子。道元3岁失怙，8岁失恃，14岁出家，在比叡山修行学习。贞应二年（1223年），道元与僧人明全一同入宋求法。曾先后遍访天童山、天台山等圣地，领会曹洞之禅道后，于嘉禄三年（1227年）返回日本。宽元二年（1244年），道元在福井越前建立吉祥山永平寺（初名为伞松峰大佛寺），开创了曹洞宗。宝治元年（1247年），道元应北条时赖之邀，前往镰仓传教。

参考书目：

《道元》和辻哲郎；《日本精神史研究》和辻哲郎；《叹异抄》亲鸾、唯圆

《神学大全 1·2》中公 CLASSICS/山田晶 [译]

《神学大全》

（托马斯·阿奎那）

《神学大全》（拉丁语为 Summa Theologica，13 世纪）是中世纪经院哲学神学家托马斯·阿奎那的神学著作。这本书系统整理了当时的天主教神学，完善了经院哲学①，是经院哲学的集大成者。

该书论证了上帝的存在与教会的正当性，对后世基督教产生了深远影响，与奥古斯丁的《上帝之城》（详见第 183 页）、约翰·加尔文的《基督教要义》并称为"基督教三大经典著作"。

"神学大全"意为"神学纲要""神学之集大成"，广义上指 13 世纪基督教神学体系化过程中所创作的神学著作；狭义上一般指的是阿奎那的本部神学著作。

1266 年，阿奎那开始提笔撰写该书。虽然该书的写作始于 1266 年，但后来阿奎那戛然搁笔，使得《神学大全》变成了未完成的作品。未竟部分后由其弟子雷金纳德进行了补全。据传，1273 年 12 月 6 日，阿奎那在一次弥撒仪式中与上帝直接接触，心境发生了巨变，自称"与所见相比，过去所写的一切犹如草芥，所写尚不及所见之万一"，于是选择了封笔。

阿奎那撰书时参考了诸多著作，提取书中理论的矛盾点与论据，将其融会贯通的同时，还提出了自己独到的见解。被其引用的学者都是当时在神学界拥有极大影响力的人物，比如亚里士多德、彼得·伦巴德、奥古斯丁等。

该书第一集为"上帝论"，讲述了上帝、三位一体以及上帝的创造及其创造物等；第二集为"伦理学"，讲述了人类这一理性创造物面对上帝的信仰以及行为；第三集为"教理神学"，讲述了上帝与人类的居间者基督以及宽恕等。该书体现出阿奎那对《圣经》诸事的理解，以及以基督教为中心的世界观。

---

① 经院哲学，即中世纪欧洲教会和修道院在其所设附属学校"schola"中研究并教授的神学、哲学理论，其宗旨是用理性方式论证基督教教义，为宗教教义提供学术依据。

阿奎那将基督教思想与亚里士多德哲学相结合，极力协调信仰和理性之间的矛盾，构建起统一的综合性学术体系，这便是他一生中最大的成就。中世纪基督教世界曾长期对神学和基督教以前的亚里士多德哲学之间的矛盾展开辩论，目的是使二者得以调和。对此，阿奎那认为，如果理性无法证明世界的永恒性，那么可以通过将信仰与理性分离来解决这一棘手课题。

阿奎那还认为上帝之存在可以通过自然理性来证明：地球上昼夜交替是由于太阳、月亮等附属天体在围绕着地球运转，而巨大天体得以运转，正是位于天外的"推动者"——上帝存在的证明。由此，地心说成为中世纪不可动摇的学说。

在叙述形式上，该书借鉴了中世纪大学特有的教育形式——论辩，全文以问题形式写成，共有2669个问题。阿奎那先列明论题（thesis）题目，并在每个论题之下先论述反方观点，最后基于上述观点做出高度整合的解答。

经院哲学的名言"哲学是神学的婢女"便是来自该书对"神学是否高于其他诸学"一问的思考。阿奎那认为，神学所探究的是超越理性的事物，而其他学科只不过是关注服从于理性的事物，所以提出了"神学高于哲学"（哲学服务于神学）这一观点。

人物生平：

托马斯·阿奎那（约1225—1274年）：中世纪欧洲经院哲学神学家的代表人物。他先进入修道院学习，后在巴黎的修道院和大学中教授神学。1256年，他获得神学家最高学位，在大学任教期间还著有许多著作。作为与圣保禄、奥古斯丁（详见第184页）齐名的人物，他被教会赐予"天使博士"（Doctor Angelicus，意为像神使一样的博士）的封号。1323年，教皇约翰二十二世在法国亚维农将其封为圣人。

参考书目：

《上帝之城》奥古斯丁；《基督教要义》约翰·加尔文

《方法论》岩波文库/谷川多佳子 [译]

《方法论》

（勒内·笛卡尔）

《方法论》（法语为 Discours de la méthode，1637 年）是"近代哲学之父"勒内·笛卡尔的著名哲学论著，讲述了追求真理的方法论。该书出版时的正式名称为《科学中正确运用理性追求真理的方法论（方法序论），以及其在屈光学、气象学和几何学中的尝试》。原著作收录了《屈光学》《气象学》《几何学》三篇论文，全书超过 500 页，篇幅宏伟。今日的《方法论》指的是该书前 78 页的序言部分。

该书表明，人与人之间具有达成共同认识的可能性，这一点意义重大。在基督教就是绝对真理的时代背景下，笛卡尔与之前的哲学家们的观点截然不同。他试图超越宗教与文化的差异，通过理性来触碰普遍真理。

该书的核心思想——"我思故我在"（拉丁语为 Cogito, ergo sum；法语为 Je pense, donc je suis；英语为 I think, therefore I am），是哲学史上最著名的命题之一，也是近代哲学的起点。该命题确定了作为思维主体的自我（精神）及其存在。笛卡尔倡导通过人类自身拥有的自然之光（理性）寻求真理，而非遵循当时经院哲学的教义——通过"信仰"追寻真理。

笛卡尔合理地证明了尽管理性是由上帝赋予的，但人类可以通过理性来判断事物的存在。这一观点使近代具有独立判断能力的个人概念得以诞生，也成为以理性为根基的自然科学不断发展的基石。

《方法论》第一部分以"良知（bon sens），是世界上分配得最均匀的东西"这一名言开篇，批判传统经院哲学中几乎没有确实之物。在此基础上，为追求真理，笛卡尔提出了"自明律"（只接受可以断定为正确的事物）等原则以及格准（自我抉择时的行为准则），剔除一切值得怀疑的事物。他将这种通过一次次质疑得出真理的方法称为"怀疑论"。

笛卡尔认为，包括数学的永恒真理在内，在所有事物都接受怀疑后，唯有净化后的精神是无疑的，唯有正在思考的自我是存在的，即"我思故我在"是唯一不可怀疑的真理，这也是哲学的第一原理。

笛卡尔还提出了"物质无思想，精神无广延"的"心物二元论"。他认为世界上存在两个实体，一个是只具思维能力而不具广延属性的"精神实体"（心），另一个是只具广延属性而不具思维能力的"物质实体"（物），二者截然不同，彼此独立存在。

在此基础上，笛卡尔进一步演绎了上帝的存在、本质与灵魂，完成了"上帝存在的证明"。他认为数学与几何学研究得出的概念是不可怀疑的永恒真理，是上帝创造的产物。这些概念与其他创造物同样依赖于上帝，由此可以推导出上帝的存在，即笛卡尔所说的逻辑构成——"我们不可能从不完美的实体上得到完美的概念（永恒真理），因此世界上必定有一个完美的实体，即上帝必定存在"。

人物生平：

勒内·笛卡尔（1596—1650年）：法国哲学家、数学家。幼时就读于耶稣会的拉弗莱什（La Flèche）学院，该学院试图协调信仰与理性，将经院哲学纳入了课程。由于此学院的知识体系建立在缺乏严谨性的神学与经院哲学之上，爱好数学的笛卡尔对此顿生怀疑。后来他进入普瓦提埃大学学习医学和法律，获得了法律学位。大学毕业后，他游历欧洲各地以开阔视野，在此过程中，他确立了自己普遍数学的逻辑哲思，这也是《方法论》的核心概念。1633年，伽利略·伽利雷因主张日心说被宗教裁判所定罪后，笛卡尔放弃了出版其著作《论世界》。他在《方法论》一书中也简述了《论世界》中的内容，但由于担心被宗教裁判所判为异端，所以匿名出版了《方法论》初版。当时，学术论文多用天主教会的官方语言拉丁文书写，笛卡尔却选择用其母语法语创作了《方法论》。他的朋友将法语中的"Je pense, donc je suis"（通过思考而意识到我的存在，即由"思"而知"在"）翻译成了拉丁语"Cogito, ergo sum"（我思故我在）。笛卡尔后来在其拉丁文著作《哲学原理》中也使用了这一表述。

参考书目：

《第一哲学沉思集》勒内·笛卡尔；《哲学原理》勒内·笛卡尔

《用几何学方法作论证的伦理学 上・下》岩波文库/畠中尚志 [译]

《用几何学方法作论证的伦理学》

(巴鲁赫・德・斯宾诺莎)

《用几何学方法作论证的伦理学》（拉丁语为 *Ethica*, *Ordine Geometrico Demonstrata*，英语为 *Ethics*, *Demonstrated in Geometrical Order*，1677 年）是荷兰哲学家巴鲁赫・德・斯宾诺莎创作的伦理学著作，通常简称为《伦理学》（拉丁语：*Ethica*）。在该书中，斯宾诺莎利用欧几里得几何学的方法对形而上学、心理学、认识论、伦理学展开了论述。该书凝聚了他毕生的思索，极具系统性。

斯宾诺莎在去世的两年前完成了该书的撰写，但由于其《神学政治论》受到有神论者和反民主势力的猛烈攻击，成为禁书，他不得不放弃出版《伦理学》。后来，他的朋友在他死后将该书出版。该书内容颇具革命性，颠覆常识，出版之初便被视为无神论者亵渎神明之书，无人理会。然而到了 18 世纪后期，德国发生了"泛神论之争"（就如何接受斯宾诺莎哲学而展开的一系列争论）。以此为契机，该书被重新审视。

斯宾诺莎的思想为一元论思想，同时也属于泛神论的一种，认为"神是万物的本体"，神存在于所有现实事物的内部，事物是神不同的表现形式。

斯宾诺莎的泛神论，可用"神即自然"一语来表述。他认为，神内在于所有现象之中，所有现象也都内在于神之中。这一思想从根本上否认传统基督教中"人格神"的概念，并把犹太教、基督教和伊斯兰教共有的根本教义——"超越神"排除在世界观之外，严重脱离了当时人们的常识，被视为过激的异端。

传统哲学认为个别事物（与其他事物不同的每个事物）也是实体，但斯宾诺莎认为神才是唯一实体。他认为，只有神是完全独立的实体，无须依赖他物而存在，而个别事物的成立会受到其他事物的限制，只能存在于相互联系之中。

斯宾诺莎还认为，所有客体都具有精神，动物、植物甚至矿物都是神的一部分。这种"一切存在的事物都由唯一的实体构成"的观念，被称为"实体一元论"，对后世产生了巨大的影响。

在此之前，以柏拉图为代表的世界观是二元的，认为现实世界和思想世界相互独立。然而，斯宾诺莎认为，思想和现实只是同一实体（神）的不同属性。斯宾诺莎的真理观与泛神论相同，认为思想与现实实为一体，只存在唯一的自给自足、自我满足的世界。

神是永恒的存在，可以掌握全局；而人是有限的存在，只能把握整体中的极小部分，无法摆脱自由意志的假象。从古代到中世纪，人类的思维框架的构建都基于目的论，即认为从人类的行为到历史现象、自然现象等，一切事物都有其存在的目的。

但斯宾诺莎彻底否定了目的论。他认为，一切意志、目的或价值都是有限的存在——人类独自的幻想产物，这些只不过是将人类的有限性投影在了无限的实体（神）之上。

人物生平：

巴鲁赫·德·斯宾诺莎（1632—1677年）：荷兰哲学家，其拉丁名是贝内迪克图斯·德·斯宾诺莎（Benedictus De Spinoza）。他与勒内·笛卡尔、戈特弗里德·威廉·莱布尼茨齐名，被称为"17世纪近代西方哲学的三大理性主义哲学家"。斯宾诺莎的哲学体系是具有代表性的泛神论思想，对后世的无神论和唯物论产生了很大的影响。他还对伊曼努尔·康德、约翰·戈特利布·费希特、弗里德里希·威廉姆·约瑟夫·谢林、格奥尔格·威廉·弗里德里希·黑格尔、卡尔·马克思等产生了重要影响。除此之外，在当代，法国思想家吉尔·德勒兹还著有《斯宾诺莎与表现问题》和《斯宾诺莎的实践哲学》等研究斯宾诺莎的书，对斯宾诺莎哲学的现代性表示了认可。

参考书目：

《神学政治论》巴鲁赫·德·斯宾诺莎；《斯宾诺莎与表现问题》吉尔·德勒兹；《斯宾诺莎的实践哲学》吉尔·德勒兹

《思想录 上·中·下》岩波文库/盐川彻也 [译]

《思想录》

（布莱士·帕斯卡）

《思想录》（法语为 Pensées，1670 年）是法国哲学家布莱士·帕斯卡的哲理散文集，由其家人将其生前为出版书籍做准备而留下的大量片段草稿整理、编纂并出版成书。该书初版的正式名称为《思想录：论宗教和其他主题的思想》。

"Pensées"意为"思维、思想"。该书收录了帕斯卡《基督教护教学》的部分章节，其内容旨在驳斥自由思想家试图通过理性来讨论宗教问题的观点，捍卫了基督教的正当性，并引导人们走向信仰。1662 年，帕斯卡抱病去世，并未完成此书，他的家人整理了他遗留下来的草稿，并于 1670 年出版了该书。

由于科学迅猛发展，彼时的欧洲开始掀起一股理性可以代替基督教来揭示真理的思潮，帕斯卡在此时指出了理性万能主义的危害。他认为，神存在于不同于人类的秩序之中，人不可能从逻辑上证明神的存在。同时，他也否定了同时代的勒内·笛卡尔（详见第 190 页）的"几何学精神"和"机械论自然观"，否定了其通过哲学来证明神之存在的方法论，他在《思想录》中如下说道：

> 真正的雄辩会嘲笑雄辩，真正的道德会嘲笑道德；这就是说，判断的道德——它是没有规则的——是嘲笑精神的道德的。因为感觉之属于判断，正如科学之属于精神一样。敏感性乃是判断的构成部分，几何学则是精神的构成部分。能嘲笑哲学，这才真是哲学思维。

此外，该书中最著名的一句话是"人是一根能思想的苇草"，其具体的表述如下：

> 人只不过是一根苇草，是自然界最脆弱的东西；但他是一根能思想的苇草。用不着整个宇宙都拿起武器来才能毁灭他；一口气、一滴水就足以致他死命了。然而，纵使宇宙毁灭了他，人却仍然要比致他死命的东西更高贵得多；

因为他知道自己要死亡，以及宇宙具有的优势，而宇宙对此却是一无所知。因而，我们全部的尊严就在于思想。正是由于它，而不是由于我们所无法填充的空间和时间，我们才必须提高自己。因此，我们要努力好好地思想，这就是道德的原则。

人就像一根苇草，在自然面前无能为力，但正是由于具有思想，人类也是可以囊括整个宇宙的伟大存在。同时，人类日复一日地陷入倦怠与消遣的社交生活中，无法阻止政治权利的不正之风，也是愚蠢而可悲的存在。帕斯卡引用了圣经《以赛亚书》中的"压伤的芦苇，他（基督）不折断"，用"有思想的苇草"一词来形容人类这种既伟大又可悲的双重性。

帕斯卡认为，将兼具伟大与可悲属性的人拯救出来的，不是人类学层面的哲学，而是神学层面的基督教。他还劝诫人们拒绝无能的理性，从内心深处寻求上帝，并以此来揭示引领人类解决矛盾、摆脱痛苦的是基督教。

人物生平：

布莱士·帕斯卡（1623—1662年）：法国哲学家、自然哲学家、物理学家、思想家、数学家、基督教神学家、发明家、实业家。帕斯卡出生于法国中部的克莱蒙（今克莱蒙费朗），其父亲是地方官员，从事税务相关的工作。帕斯卡是一位早熟的天才，但也英年早逝，终年39岁。他既是思想家，也是科学家，在多个领域都具有卓越的才能，因发明计算器和研究大气压而享有盛名。后人为了纪念帕斯卡，用他的名字命名了有关流体静力学的定律——帕斯卡定律以及压强的单位"帕斯卡"。

《人类理解论 1—4》岩波文库/大槻春彦 [译]
《完译 政府论》岩波文库/加藤节 [译]

《人类理解论》
《政府论》

（约翰·洛克）

《人类理解论》(《人类理智论》，*An Essay Concerning Human Understanding*，1689 年) 和《政府论》(《政府论两篇》，*Two Treatises Of Government*，1690 年) 是英国哲学家约翰·洛克的两部代表作。

《人类理解论》是洛克关于经验论的哲学著作。洛克在该书中将英国经验主义系统化，并因此被誉为"英国经验主义之父"。《政府论》则是洛克的政治著作，他在该书中论述了自由主义思想，从理论上为英国光荣革命（1688—1689 年）正名，其中关于社会契约和抵抗权的思想对美国《独立宣言》(1776 年) 和法国《人权宣言》(1789 年) 都产生了重大影响。

因否定了君权神授说[①]，洛克担心受到英国国王的迫害，于 1683 年逃亡至荷兰。1688 年，英国掀起光荣革命。次年，洛克回到英国，从此致力于写作。

1689 年，《人类理解论》出版，书中主要阐明了人类探究知识与真理的能力。洛克反对主张人类生来就具有理性观念的天赋观念说，认为人生来是一块"白板"(tabula rasa)，一切观念都来源于后天的经验。他还指出，既然我们只能从经验中获得外部事物的观念，那么我们能做的只是认识和加工罢了，至于这个事物原本归属于何种性质，我们不得而知。此后，拉丁语版本的《人类理解论》于 1700 年出版，此译本使洛克的经验论得以在欧洲大陆广泛传播。

洛克的另一部著作《政府论》出版于 1690 年，该书是一本政治哲学著作，分为上下两篇。洛克通过社会契约说[②]驳斥了君权神授的思想，并主张个人权利高于公权力。

为探究国家权力之起源，洛克提出了"自然状态"这一概念。自然法在自然状态中

[①] 君权神授说，即认为君主的权力由上帝授予且神圣而不可侵犯的政治思想。
[②] 社会契约说，即认为国家和法起源于社会契约的政治学说。

起支配作用，财产权是每个人的自然权利，而劳动是财产权的起源（劳动价值论）。如果个人权利受到侵犯，当事人有权进行反抗（抵抗权）。

为维持社会秩序，人们放弃了一部分自然权利，并将其让渡给政府。如果政府违背人民的意愿，剥夺人民的生命、财产以及自由，那么人民便可以推翻其统治。这种凭借抵抗权来保障人民生命和财产权的思想，被1776年的美国《弗吉尼亚权利宣言》所继承，该宣言宣布了人民享有自然权利。

此外，洛克还认为，政府建立在人民的信托之上，需保障人民的自然权利，倘若立法权和执行权都掌握在一人之手，那么权利将有被滥用的风险，故而必须采取分立理论。

洛克的分权理论将国家权力分为立法权、执行权和对外权，此三权并非平等，拥有立法权的议会享有最高权力。这一理论拥护了光荣革命后发展起来的君主立宪制。后来查理·路易·孟德斯鸠以此为基础，在《论法的精神》（详见第261页）一书中提出了三权分立学说，即司法权、立法权和行政权分属于三个不同的国家机关，三者相互制约，权力均衡。

人物生平：

约翰·洛克（1632—1704年）：英国哲学家。被认为是最具影响力的一位启蒙思想家，也被世人誉为"英国经验主义之父"。在《人类理解论》中，他系统地阐述了经验主义认识论。此外，他也是一位知名的政治哲学家，被称为"自由主义之父"。他在《政府论》等著作中的政治思想成为英国光荣革命的理论依据，其中关于社会契约以及抵抗权的观点对美国《独立宣言》和法国《人权宣言》都产生了重大影响。

参考书目：

《社会契约论》让-雅克·卢梭；《论法的精神》查理·路易·孟德斯鸠

《论人类不平等的起源和基础》岩波文库/本田喜代治、平冈升［译］
《社会契约论》岩波文库/桑原武夫、前川贞次郎［译］

《论人类不平等的起源和基础》
《社会契约论》

（让-雅克·卢梭）

　　《论人类不平等的起源和基础》（法语为 *Discours sur l'origine et les fondements de l'inégalité parmi les hommes*，1755 年）是法国政治哲学家让-雅克·卢梭创作的哲学著作。1753 年，位于法国中东部城市第戎市的第戎学院公布了"人类不平等的起源是什么？其是否为自然法所认可？"的征文题目，卢梭撰写了《论人类不平等的起源和基础》一文参赛。虽然最终落选，但该文章于 1755 年在荷兰得以出版。

　　该书第一部分考察了社会形成之前的人类自然状态，以及此时的自然人是何种模样。第二部分则讨论了处于自然状态下的人类为何、又如何发生了改变并形成了社会，这一切又是如何导致了不平等的积聚。卢梭从自然法（基于人类自然本性和理性的应该被普遍遵守的法律）的角度出发，论述了不平等是否可以被接受。

　　卢梭认为，人类的自然状态是一种基于自爱（保存自身的欲望）和对他人怜悯的和平状态。在此状态下，自然人能在给定的环境中自给自足地生活，拥有一种无垢的精神。然而后来，人类开始农耕、开垦土地、饲养家畜，在此种文明化进程中，私有财产制度导致了托马斯·霍布斯在其《利维坦》（详见第 259 页）中所说的"一切人反对一切人的战争状态"，使人类脱离了自然状态。

　　此外，文明化使人类陷于"要么合作，要么死亡"的境地，但相互不信任导致人类之间难以建立合作关系。为了防止人类最后在斗争中灭亡，社会中出现了"欺骗性社会契约"。最终，认可财富私有的私有财产制度成为律法，财产受到国家保护，贫富差距以及认可贫富差距的法律成为强者剥削并支配弱者的保护伞。

　　卢梭得出结论：私有制发展到最后，人类具有的仅是"缺乏道德的荣誉、缺乏智慧的理性、缺乏幸福的快乐"。随着不平等的弊害疯狂生长，罪恶在社会中滋生蔓延，不平等变得合法化，最终发展到现在的社会状态。换言之，卢梭认为正是私有财产制度导致了霍布斯所言的战争状态。

　　如上所述，卢梭探究了文明化导致人类丧失了根本的自由、社会陷入了不平等的过程，严肃抨击了当时的社会。在此基础之上，卢梭得出的结论是：即使不平等是人类不可避免的结局，但若是被法律所允许的人为的不平等超出了自然的不平等，那便是不自然的不平等，这种行径违背了自然法，无法容忍。

该书蕴含了卢梭对文明的批判，即不平等破坏了人类的自然状态，最终导致人类道德的堕落。后来，针对1755年里斯本大地震①的解释与描述，卢梭与法国启蒙思想家伏尔泰反目，进而又与当时在法国启蒙运动中对人类理性持有信任态度的进步知识分子形成了对立。

《社会契约论》（法语为 Le Contrat social，1762年）是《论人类不平等的起源和基础》的续篇，该书继承了霍布斯（详见第260页）和约翰·洛克（详见第196页）的"社会契约"的概念，同时还提出了更加现代的社会契约学说。该书反对特权政治，并构想出一个理想社会——每个人都是自由而平等的公民，都可以参与社会契约并形成社会集团。

关于社会契约，卢梭提出了一个前提——"要寻求出一种结合的方式，使它能够以全部共同的力量来护卫和保障每个结合者的人身和财富；而同时这一结合又使每一个与全体相联合的个人只不过是在服从自己本人，并且仍然像以往一样自由"。

在此基础上，卢梭还提出，人们必须默默接受一项社会契约条款，即"每个结合者及其自身的一切权利全部都转让给整个集体"。至于结合者，作为集体，他们被称为"人民"；作为主权权威的参与者，他们被称为"公民"；作为国家法律的服从者，他们被称为"臣民"。

在这种社会契约中，所有人的条件都是平等的，权利不会集中在任何一个特定的人身上，每个人都可以交换相同的权利，从而获得更大的权利。然而，若是每个人都追求一己私利，国家便会崩溃，所以结合者们应该团结于一个以共同利益为导向的"普遍意志"（人们作为一个整体时的意志）之下。

卢梭主张确立一种基于自律的政治体制，即根据社会契约，所有结合者成员都是自

---

① 里斯本大地震发生于1755年11月1日万圣节，地震有感半径达200千米，西欧广大地区都遭受了强烈震荡，对以葡萄牙首都里斯本为中心的整个欧洲造成了巨大破坏。推测震级为9.0，死亡人数高达55000—62000人。这场地震摧毁了欧洲最繁荣的海洋国家的首都，进而成为导致葡萄牙衰落的契机。彼时人们认为，地震并非自然现象，而是天谴。"葡萄牙援助了众多教会，并在海外殖民地大力宣扬基督教，这样一个虔诚的天主教国家为何会遭受如此天谴？为何会在万圣节这一天摧毁了无数教堂和城市？为何无论善人恶人，甚至是无辜的孩童都要面临死亡？"对于这些问题，神学和哲学都无法做出令人信服的解答。这次地震也给予了当时众多思想家巨大的冲击，许多哲学家都对里斯本大地震进行了讨论。尤其是伏尔泰，他在其著作《老实人或乐观主义》（1759年）和《里斯本灾难哀歌》（1756年）中严厉批判了当时盛行的"乐观主义"哲学，反对其"上帝已经尽可能给予了这个世界最好的秩序，所以这个世界就是最好的世界"的观点。他认为，里斯本被摧毁，十万人丧生，所以上帝（造物主）并不仁慈。[出处：研究调查报告书《关于里斯本地震及其文明史意义的研究》（2015年3月，日本公益财团法人兵库震灾纪念21世纪研究机构）]

由而平等的单一公民，会依据希求公共正义的普遍意志来自行制定法律并服从。在此基础上，公民的生命和财产安全皆由国家来保障。

此外，卢梭认为，政府应是人民的公仆，同时他反对代议制，论述了直接民主制的可能性。他认为间接民主制会不可避免地将人民划分为统治阶级与被统治阶级，所以他支持人民直接集中决策的直接民主制，即一体的人民服从于一体的人民意志。

伏尔泰等当时的启蒙思想家将英国的间接民主制视为理想制度，而卢梭对此批判道：

> 英国人民自以为是自由的，但其实大错特错。他们只有在选举国会议员的时间里，才是自由的。议员一旦选出之后，他们就成了奴隶，他们就重归于零、化为乌有了。在那短促的自由时间中，他们运用自由的那种办法，也确实是值得他们丧失自由的。

如此，《社会契约论》论述了一种"主权在民"的人民主权理论，作为近代民主主义的经典之作，对后来的政治思想产生了重大影响。

人物生平：

让-雅克·卢梭（1712—1778 年）：法国哲学家、政治哲学家、作曲家。卢梭出生于日内瓦共和国，主要活跃于法国。1728 年，卢梭逃出日内瓦，在华伦夫人的庇护下，从信奉加尔文主义的新教徒改宗为天主教徒。此后，他寻求独立，尝试了各种工作，但皆未成功，直到 1742 年他踏上了前往巴黎的旅程。在此期间，他进行了大量创作，包括自然科学、教育等方面的文章、诗歌、音乐以及戏剧。1743—1744 年，卢梭担任法国驻威尼斯共和国大使蒙太古伯爵的秘书，此外他还在巴黎做过秘书、家庭教师等工作，同时还进行着音乐活动，曾一度为德尼·狄德罗和让·勒朗·达朗贝尔撰写《百科全书》的音乐部分。1750 年，在应征论文《论科学与艺术》获第戎学院奖金后，卢梭声名鹊起。1755 年，里斯本发生大地震，卢梭与启蒙思想家伏尔泰等进步知识分子开始发生争执。1762 年，其著作《社会契约论》和《爱弥儿》在巴黎和日内瓦以扰乱社会秩序、破坏基督教教义为由被列为禁书，卢梭本人也遭到当局通缉，后逃亡至瑞士、英国和法国等地，生活漂泊不定。

参考书目：

《爱弥儿》让-雅克·卢梭；《论科学与艺术》让-雅克·卢梭；《利维坦》托马斯·霍布斯；《政府论》约翰·洛克

《纯粹理性批判 上・中・下》 岩波文库/篠田英雄 [译]
《实践理性批判》 岩波文库/波多野精一、宫本和吉、篠田英雄 [译]
《判断力批判 上・下》 岩波文库/篠田英雄 [译]

《纯粹理性批判》
《实践理性批判》
《判断力批判》

(伊曼努尔·康德)

《纯粹理性批判》（德语为 Kritik der reinen Vernunft，1781 年）、《实践理性批判》（德语为 Kritik der praktischen Vernunft，1788 年）、《判断力批判》（德语为 Kritik der Urteilskraft，1790 年）是德国古典哲学（德国唯心主义哲学）创始人伊曼努尔·康德的哲学巨著三部曲，合称为"三大批判"。

康德分别"批判"（彻底的验证考察）了"纯粹理性"（纯粹理论理性）、"实践理性"（纯粹实践理性）和"判断力"。其中，"纯粹理论理性"指人们认识事物时的一般认知能力，"纯粹实践理性"指人们分辨善恶并确定自我该做什么的选择能力，"判断力"则指人民感知自然和美的审美能力。

自柏拉图（详见第 170 页）以来，西方哲学一直认为，存在之事物的真正性质——"本质"是超越事物的存在，不受感知或经验的约束，只能通过理性、逻辑和数学等方式接近或抵达。这种理性主义思想在中世纪神学（经院哲学，详见第 187 页）以及当时的哲学主流——以笛卡尔（详见第 190 页）为代表的理性主义（大陆理性主义）中得到了继承，但其思想根基之"理性"仍旧暧昧模糊。

大陆理性主义有一个前提：在上帝的保护和帮助之下，理性认知才成为可能。该思想认为，上帝将理性均分给人类，若人类能够正确地运用理性，便可以掌握理解世界的规律。与之相对，约翰·洛克（详见第 196 页）开创的英国经验主义认为，所有知识都来源于经验，人类根本无法认识到先验的（超越经验的）真实存在（世界本身，即物自体）。

对此，康德尝试融合大陆理性主义和英国经验主义，推翻了此前认为事物先于知识而存在、遵循主观即可获得知识的观点，认为正是存在于主观之中的超验性（先验的）形式构建了对事物的认识。

换句话说，康德认为并不是"我们的知识遵循事物"，而是"事物遵循我们的知识"，我们认识到的客观对象并不是"物自体"，而是由知识能力所规定的"现象"。哥白尼（详见第335页）提出的日心说使得天文学界发生了巨大变革，康德便自比哥白尼，将自己在认识论中提出的思维方式的转变称为"哥白尼式革命"。

传统哲学在理性的基础上探究形而上学，而康德却提出了一个根本问题："我能知道什么？"他尝试通过"批判"理性本身来界定人类理性认识可以到达的程度。他认为，只有通过"批判"来确定人类理性的极限，才能构建真正的哲学。

在"三大批判"中，康德试图通过"批判"来表明"理性"①"悟性"②"感性"③这三者构成了人类认识能力的界限，并规定了其各自的作用。也就是说，康德认为这三本书正是抵达真正哲学（形而上学）的前提和预备。

康德认为，在有限的范围内，即便上帝并不存在，人类也能理性认识世界。他敦促人类精神独立，并将人视为世界的主角。正因这"三大批判"，康德的哲学被称为"批判哲学"。康德本人则称自己的哲学为"超验观念论"（先验观念论），并将自己的思想与哲学史上的其他思想加以区分。

康德在《纯粹理性批判》中探究了知识之真理，在《实践理性批判》中探究了道德之善，在《判断力批判》中探究了审美之美。从这个意义上说，人们认为这三本书囊括了柏拉图哲学体系中的"真、善、美"三大理念。

在《纯粹理性批判》（第一批判）中，康德同时继承了大陆理性主义和英国经验主义，并试图批判性地超越二者。所以该书也是西方哲学史上最为重要的著作之一。

该书以如下序言起始：

> 人类理性在其知识的某个门类里有一种特殊的命运，就是：它为它无法摆脱的问题所困扰；因为这些问题是由理性自身的本性向自己提出来的，但它又不能回答它们；因为这些问题超越了人类理性的一切能力。

紧接着，在"导言：纯粹知识和经验性知识的区别"中，康德说道：

> 我们的一切知识都从经验开始，这是没有任何怀疑的；
> （中间省略）
> 但尽管我们的一切知识都是以经验开始的，它们却并不因此就都是从经验中发源的。因为很可能，甚至我们的经验知识，也是由我们通过印象所接受的

---

① 理性，指由思考能力将收集到的信息汇总形成一个观点的能力，是高级认识能力。
② 悟性，指分析并理解由五感所得信息的能力，是高级认识能力。
③ 感性，指五感，即视觉、听觉、嗅觉、味觉和触觉，是低级认识能力。

东西〈直观中接受的东西〉和我们固有的知识能力〈悟性〉（感官印象只是诱因）从自己本身中拿出来的东西〈悟性概念〉的一个复合物。

因此康德认为，人类的思维中有诸多制约，能认识的事物也有极限。也就是说，康德认为，人类可以认识到的是自然与科学，而无法认识上帝、灵魂等与宗教相关的事物。

在该书中，康德首先区分了先验（超验）世界本身（物自体）与人类看到的世界（现象），并思考了人类认识事物的方式。传统怀疑论认为，知识的内容取决于人类的精神，并由此否定了知识的合理性。而康德认为，先验的限制对于所有人来说都是共通的，在该限制范围内，所有知识对于人类来说都是合理的。在此基础上，康德分析了理性之知识在何种程度上是可能的（知识的界限）以及理性是如何与世界本身（物自体）产生关联的（知识的可能性）。

事物对象使人类的知识得以成立。然而将其整合成知识的是以"悟性（知性）"①与"感性"②为媒介的、人类主观的先天形式。此外，理性并非直接作用于知识，人类虽然能推论世界本身（物自体），却无法得知世界本身（物自体），这便是理性的界限。

以此为基础，康德提出了四个有关人类存在之根本的问题，并对其展开了论述。——宇宙是否拥有起源？能否将世界细分为最小单位（如原子）？人类是否拥有自由意志？上帝是否存在？

《实践理性批判》（第二批判）是一部实践哲学（伦理学、道德学）著作，主要论述人在特定情况下该如何行动、该以何种基准来决定做何事等有关自由意志的问题与道德原理。

关于"我该如何活着"的问题，康德提出了定言命令这种规定意志独立于经验之外、普遍适用的道德法则，即"要这样行动，使得你的意志的准则任何时候都能被看作一个普遍立法的原则"。通俗地说便是，"谁都不能特殊对待自己。不可只为自己获利，但也没有必要因为自己独自承担责任而抱有义务感与罪恶感"。此外，定言命令要求人不计算得失，不重行为的目的与结果，无条件遵守道德法则。只有以定言命令为行为动机时，行为才是真正的道德行为。而根据道德法则规定自身行为的可称为"自律"，只有达到意志之自律，人才得以自由，这也是理想的生活之道。鉴于此，康德认为，道德法则就是自由的认识依据，自由就是道德法则的存在理由。

"纯粹实践理性"认为理性与意志有关，这一点与"纯粹理论理性"有所不同。第

---

① 此处的悟性，指将感觉到的事物转化为语言或概念的能力。
② 此处的感性，指通过感觉捕捉外界刺激的能力。

一批判（纯粹理论理性说）认为"纯粹理论理性"是经验性知识中能力的界限，仍停留在消极阶段；第二批判（纯粹实践理性说）则指出"纯粹实践理性"使人类的道德得以成立，具有积极的力量。

"纯粹理论理性"无法证明意志之自由、灵魂之不死以及上帝之存在，但"纯粹实践理论"却可以证实其存在。康德在此表明了基于是否愉快的生活方式和基于道德法则的生活方式的本质区别：若是将是否愉快当作生活原则，这一原则将因人而异，瞬息万变，毫无稳定性；而若是将基于尊敬与义务的德性当作定言命令来遵守，心灵会变得安定，还能获得进一步提升自我的动机。

《判断力批判》（第三批判）是一部美学著作，涉及"判断力"所决定的审美判断和鉴赏判断。该书主要考察了以关乎真伪的"纯粹理论理性"与关乎善恶的"纯粹实践理性"为媒介的能力——"判断力"，并论述了人类为何能感受到绘画、音乐与自然之美。

判断何为"美"，于艺术而言，这种能力不可欠缺。康德认为，"美"是主观的，不具客观之依据，但同时它又寻求人类的普遍认同，且这种认同是合理的，并通过绘画、音乐、雕塑、建筑和诗歌等艺术形式论述了这种关于"美"的主观性和普遍性。

在美学判断中，鉴赏判断下的"美"与内心情感中孕育的"崇高"关系紧密。鉴赏判断指人们基于个人品位、兴趣来判断事物之美丑，此判断并不是通过了解事物性质而做出的客观性判断，而是基于主观是否愉悦来做的判断。如若你感知到某物是美的，那它便是能带给你快乐的事物，它便是你的品位所在。关于这一点，康德在书中如此说道：

> 鉴赏判断并非认识判断，因此也非逻辑判断，而是审美判断。这里的审美判断意味着判断依据只能是主观的。
>
> （中间省略）
>
> 表象与唯有愉快和不愉快的感情间的关系不可能是客观的。实际上，这关系中没有指明客体中的任何东西，不过是主体被表象刺激到后感觉到自己本身。

与此相对，产生于内心情感中的"崇高"指的是能让人们直觉上判断为庞大的数量，或是人类无法抵抗的巨大灾厄，比如峭壁、雷云、火山、飓风、海洋、瀑布、暴风雨、地震、战争与神灵等。

"美"是一种合目的性的、和谐的快感，来源于悟性（知性）和想象力，而"崇高"来源于理性和想象力。康德认为，在感受、意识并趋向"崇高"的这一过程中，脱离纯粹理论理性而培育自由意志的审美判断，在趋近于合乎道德性的纯粹实践理性之时，发挥了至关重要的作用。

人物生平：

伊曼努尔·康德（1724—1804年）：普鲁士王国（德国）哲学家、柯尼斯堡大学哲学教授。康德出生于东普鲁士的首都柯尼斯堡（今俄罗斯加里宁格勒），并在当地度过了他的大半生。康德原是一名天文学家，直到57岁他写下《纯粹理性批判》，他才真正作为哲学家开始活跃。他的批判哲学被解释为"结合理性主义和经验主义"的尝试，他本人被誉为德国唯心主义哲学的鼻祖，而约翰·戈特利布·费希特、弗里德里希·威廉姆·约瑟夫·谢林和格奥尔格·威廉·弗里德里希·黑格尔（详见第206页）则紧随其后。

参考书目：

《论优美感与崇高感》伊曼努尔·康德

第 5 章　宗教/哲学/思想

《精神现象学 上·下》 筑摩学艺文库/熊野纯彦 [译]

《精神现象学》

(格奥尔格·威廉·弗里德里希·黑格尔)

　　《精神现象学》(德语为 Phänomenologie des Geistes，1807 年) 是近代哲学集大成者格奥尔格·威廉·弗里德里希·黑格尔的哲学著作，论述了人类的精神从感觉这一最基础的意识发展为绝对知识的过程。

　　黑格尔是德国唯心主义的代表哲学家，与约翰·戈特利布·费希特、弗里德里希·威廉姆·约瑟夫·谢林齐名。18 世纪末至 19 世纪中叶，以德国为中心掀起了唯心主义的风潮，这一哲学学派试图将世界视为一个具有普遍理念的系统。黑格尔批判性地继承了伊曼努尔·康德的《纯粹理性批判》(详见第 200 页)，从而完善了德国唯心主义。

　　该书的序言中有一段著名语句，直接且明确地展现了黑格尔的立场。

　　　　精神的生命不是表现为害怕死亡，与荒芜保持绝对的距离，而是表现为承受死亡，并在死亡中保存自身。只有当精神在一种绝对的支离破碎状态下重新找到自己，它才能赢得它的真理。

　　全书以客观唯心主义为立场，以"什么是确定的"为主题，极富辩证思维地论述了意识从自发到自觉的各个发展阶段，即"意识""自我意识""理性""伦理精神""宗教""绝对知识"六个阶段。辩证法是黑格尔哲学方法论中的核心，即针对一个命题(论点)提出一个相反的命题(论点)，再将这两个命题统一起来，提出一个更高层次的解决方案(合命题)的过程。黑格尔经过累积辩证，论述了人类精神从认识到现象背后的实体，再到抵达包罗万象的"绝对精神"的过程。

　　黑格尔认为，精神的本质是在自身外部并无依据的事物，所谓"绝对精神"，即精神经历辩证法之过程，不受周围环境影响就能发挥其真正的能力。自然世界和精神世界都建立在"绝对精神"这一原理之上，当"绝对精神"采取物体之形式时，便是自然世界；当"绝对精神"采取意识之形式时，便是精神世界。

借此，黑格尔意在否定康德提出的"现象"与"物自体"相互独立的二元论，并试图建构以自我为中心的一元论哲学体系。康德认为人类的精神是静态的，主张理性具有界限；而黑格尔认为人类的精神是动态的，且可以辩证地生长，因为"绝对精神"既是实体，也是主体。此外，黑格尔还认为，精神不断成长，直到没有不同的力量与自我对抗时，就获得了"绝对精神"。

如此，黑格尔指出，若是理性能理解的范围无限扩大，那么"物自体"的世界将会无限缩小，最终，万物都将纳入可理解之范畴。

人类的精神扩大了理性的认识范围——这一观点为人类主宰自然提供了哲学依据，并成为后来工业革命期间推动现代化和机械化的根据。此外，辩证法原理认为世界是一个不断变化与发展的过程，这正是"绝对精神"基本运动的产物，这一观点后来被马克思主义继承。

人物生平：

格奥尔格·威廉·弗里德里希·黑格尔（1770—1831年）：德国唯心主义的代表哲学家。黑格尔出生于神圣罗马帝国的邦国符腾堡公国的首府斯图加特的一个官吏家庭。1788年，黑格尔进入图宾根大学学习哲学和神学。1789年，他于邻国法国经历了法国大革命，随后在海德堡大学任教，后应邀接替费希特任职于柏林大学，担任了大量课程，逐渐形成了黑格尔学派。1829年，他被任命为柏林大学校长，但因当时霍乱肆虐而病倒，于1831年溘然长逝。黑格尔生活于18世纪末至19世纪初，这时神圣罗马帝国中诸侯国林立，领土分裂，拿破仑入侵之后，德意志开始走向统一。拿破仑入侵普鲁士时，黑格尔曾偶然目睹其在马背上的英姿，便将拿破仑视为"世界灵魂"，说拿破仑是"骑在马背上的世界灵魂"。除了《精神现象学》《法哲学原理》《逻辑学》等哲学著作之外，黑格尔还创作了《美学讲演录》《哲学史讲演录》等著作，在诸多领域留下了不朽的成就。

参考书目：

《法哲学原理》格奥尔格·威廉·弗里德里希·黑格尔；《逻辑学》格奥尔格·威廉·弗里德里希·黑格尔

《致死的疾病》 岩波文库/斋藤信治［译］

《致死的疾病》

（索伦·克尔凯郭尔）

《致死的疾病》（丹麦语为 Sygdommen til Døden，1849 年）是丹麦哲学家索伦·克尔凯郭尔以 Anti-Climacus 为笔名发表的哲学著作，书名全称为《致死的疾病——为了使人受教益和得醒悟而做的基督教心理学解说》。在该书中，他批判了同时代以黑格尔为顶峰的近代理性主义和基督教会。

《新约圣经》中"约翰福音"第 11 章第 4 节中，耶稣在复活其病逝的朋友拉撒路时曾说："这疾病并不致死。"该书的书名——"致死的疾病"一词便是来源于此。在该书中，"致死的疾病"意为"绝望"。

该书分为两部分，第一部分是"致死的疾病是绝望"，第二部分则是"绝望是罪"。

第一部分的开篇，便是广为流传的名言："人是精神。但什么是精神？精神是自我。但什么是自我？自我是一种自身与自身发生关联的关系。"克尔凯郭尔继而将绝望分为四种形式：无限的绝望、有限的绝望、可能性的绝望、必然性的绝望。同时他指出，不致死的疾病是希望，而致死的疾病是绝望，是"自我的丧失"。

换言之，死亡并非绝望，逃避活在当下的、真正的自我才是绝望的开端。绝望始于没有意识到真实自我的无自觉状态。若是无法处理好与自我的关系，自暴自弃、对自我敷衍了事，人就会达到觉醒的绝望，进而这种绝望会沦为真正的绝望。克尔凯郭尔认为，莫不如说正是这种绝望的深化，才是通往"真正的自我"的途径。

在第二部分中，克尔凯郭尔指出，丧失自我即意味着丧失了与上帝的联系，绝望是一种不会随着肉体消亡而终止的疾病，是一种罪。若要应对这种疾病，人可以信仰基督教，在上帝面前舍弃自我，便是信仰，这种信仰可以治愈疾病。人与动物的不同之处在于，人类正是由于拥有自我，才会产生绝望，因此人类能够在绝望中找到意义。

此外，克尔凯郭尔还认为，无论我们在现实世界中追求何种理想抑或是可能性，都无法避免死亡带来的绝望，因此只能相信上帝救赎的可能性。这与传统基督教认为通过信仰可以获得救赎的观点格格不入。

彼时，黑格尔哲学席卷欧洲，从逻辑上（即辩证法）解释了世界和整个历史。对此，克尔凯郭尔认为，若是遵从逻辑描述现实，那么活在现实世界中的"我"将被纳入体系之中，变成一个刻板的概念。换言之，克尔凯郭尔认为，黑格尔哲学遗漏了在具体情境中做出决断的或是选择从中逃避的"我"，并指出每个人的生命都具有各自的世界和历史无法还原的固有本质。

克尔凯郭尔关注的并不是作为一般的、抽象概念的人，而是作为个别的、具有具体事实存在的人，他被誉为"存在主义的创始人与先驱"。

人物生平：

索伦·克尔凯郭尔（1813—1855 年）：丹麦哲学家、思想家。他出生于丹麦哥本哈根，被称为"现代存在主义哲学的创始人与先驱"。其父米卡埃尔是一位虔诚而严肃的基督徒，对后来克尔凯郭尔的思想产生了巨大的影响。克尔凯郭尔受到了黑格尔哲学的影响，但反对其理性中心主义思想，并猛烈抨击了黑格尔、黑格尔哲学流派以及当时的丹麦教会。他站在主观唯心主义的立场上，试图于不安和绝望中寻求个人的主体性真理。在进入 20 世纪之前，克尔凯郭尔在丹麦之外仍鲜为人知，但 1909 年后，神学家施伦普夫（Schrempf）将克尔凯郭尔的全部著作译为德语后于德国出版，这些著作对卡尔·巴特、马丁·海德格尔、卡尔·西奥多·雅斯贝尔斯等辩证神学家和存在主义哲学家产生了巨大影响，克尔凯郭尔也就此举世闻名。

参考书目：

《非此则彼》索伦·克尔凯郭尔；《恐惧的概念》索伦·克尔凯郭尔；《NHK 广播深夜航班·绝望名言》头木弘树、NHK《广播深夜航班》制作组

《查拉图斯特拉如是说 上·下》 岩波文库/冰上英广 [译]

《论道德的谱系》 岩波文库/木场深定 [译]

《查拉图斯特拉如是说》
《论道德的谱系》

(弗里德里希·威廉·尼采)

《查拉图斯特拉如是说》(德语为 *Also sprach Zarathustra*，1883—1885 年）是"存在主义先驱""生命哲学家"弗里德里希·威廉·尼采的代表作。尼采十分憧憬苏格拉底之前的古希腊，对于仅仅探索世界与理性的哲学持批判态度，意在该书中探究现实中真实存在的人类。

该书由主人公查拉图斯特拉的讲演构成，主要包括其"永劫回归""上帝之死""超人"等哲思。

查拉图斯特拉在山中隐居十年，后得知上帝已死，便下山在群众面前宣讲其主张。他试图传授关于永劫回归、上帝之死和超人之说，但彼时的众人仍受传统道德的约束，对此充耳不闻。最终，查拉图斯特拉放弃向人们讲述其思想，再次返回山中。他在山上遇到许多"高人"，并在与他们的交流中感到欣喜异常。故事的最后，查拉图斯特拉再次下山，重复了同样的旅程。

"永劫回归"这种世界观认为，世界并不是朝着某个目标前进，而是一遍又一遍地重复上演着同一个世界。尼采否定了基督教中将生活的苦痛留到来世解决的观念，他认为即使是毫无意义的人生也将无休止地重复，这也造就了他的超人思想。

尼采认为，基督教的价值观和形而上学的世界观与人类观虽是西方社会的主流，但其疏远了真实存在的人类。此外，他称"上帝已死"，以此宣告了苏格拉底以来持续支撑西方社会的根本思想的死亡。人类绝非理性的生物，而是由弱者对强者所抱有的负面情绪——无名怨恨所驱动的生物。尼采将这些恐惧冲突、畏葸不前、寻求安逸的普罗大众称为"末人"(与奴隶一同构成群氓的低等人类)。相反，超越这些人的便是强者，可谓"超人"(高等人类)。

《论道德的谱系》(德语为 *Zur Genealogie der Moral*，1887 年）是尼采为阐述其前一年出版的《善恶的彼岸》一书而编著的伦理学著作。该书由三篇文章组成："善与恶、好与坏""罪孽、内疚及其他""禁欲主义理念意味着什么?"。

该书追溯并探究了道德的谱系,以此来明晰人类善恶判断出现的原因以及善恶判断的价值。此处的"道德"指基督教中的"通往上帝真理之路"(即道德价值)。尼采将道德划分为"奴隶道德"和"主人道德",前者源于人类的无名怨恨,后者则为统治阶级所有,是自我肯定的表现。二者的区别在于,抱有无限怨恨的人类从自身外部寻求价值基准,而贵族阶级从自身内部创造价值标准。

尼采认为,基督教的诞生是为了回应并助长弱者的无名怨恨,并试图以此来否定以内部价值尺度来判断是非的道德。对此他予以严肃批判,并尝试于该书中颠覆传统的基督教道德观念。

人物生平:

弗里德里希·威廉·尼采(1844—1900年):德国哲学家、古典文史学者。他出生于德意志邦国之一的普鲁士王国。如今作为存在主义的代表思想家之一,为世人所熟知。年仅26岁时,尼采成为瑞士巴塞尔大学的古典语言学教授,后放弃普鲁士公民身份,成为无国籍人士。因健康问题,尼采35岁时从大学辞职,直至1889年患上精神疾病,尼采一直在创作哲学著作,出版了诸多书籍。其思想对后世的哲学家、思想家和文学家都产生了深刻影响。其著作《查拉图斯特拉如是说》一书突破了哲学与思想的界限,对文学、艺术等诸多领域产生了巨大影响,被称为"哲学史诗"。理查德·施特劳斯从该书中获得灵感,创作了交响诗《查拉图斯特拉如是说》,此诗也被电影《2001:太空漫游》作为开场乐使用。

参考书目:

《善恶的彼岸》弗里德里希·威廉·尼采;《人性的、太人性的》弗里德里希·威廉·尼采

《精神分析引论 上·下》新潮文库/高桥义孝、下坂幸三 [译]

《精神分析引论》

(西格蒙德·弗洛伊德)

　　《精神分析引论》（德语为 *Vorlesungen zur Einführung in die Psychoanalyse*，1917 年）是奥地利心理学家、"精神分析学之父"西格蒙德·弗洛伊德创作的心理学著作，原文内容由弗洛伊德的授课讲稿组成。

　　该书汇编了弗洛伊德于 1915—1917 年在维也纳大学教授精神分析的讲义，全书分为三部分：第一部分为"过失心理学"，第二部分为"梦"，第三部分为"神经病通论"。1933 年，弗洛伊德的《精神分析引论新讲》出版，被认为是《精神分析引论》的续作。

　　弗洛伊德认为，过失行为是人类心理活动中两种不同意图之间产生冲突的表现，其原因在于人类压抑了自我的本能欲望。而"梦"是人的无意识经扭曲后的替代品，即梦是被压抑的潜意识愿望的满足。此外，"神经病"与过失行为和梦相同，是患者无意识的外化表现。

　　"精神分析"指的是弗洛伊德为治疗患者的精神病而创造的精神疗法，也指由此发展而来的深层心理学体系。弗洛伊德使梦的解析、对无意识的理解等精神病理学得到了世间的关注，为精神分析的发展做出了巨大贡献。但另一方面，其精神分析理论的科学性受到诸多质疑，至今仍饱受争议。

　　弗洛伊德认为，人类的行为并非基于理性，而是受到了身体、过去的经验、他人的存在、成长环境和情绪等非理性因素的强烈控制。他将人的心理过程分为"意识"、"潜意识"以及"无意识"，并指出幼儿期的性体验是自卑情结的根源，这种情结遭到了压抑，形成了无意识。

　　弗洛伊德又将人格结构分为"超我""自我""本我"。其中"本我"指人格最原始的部分，是本能性冲动的贮存库，而"力比多"（生的本能）和攻击性（死的本能）都发生于本我之中。

　　弗洛伊德指出，力比多来源于本我，是一种具有性特质的内心能量，可以转化为各种欲望，人类所有的活动都是力比多的变体。他进一步解释道，文化活动和道德性自我防御也是一种力比多的变体，或者说是一种自我的无意识防御，以保护自我免受力比多的影响，艺术与科学活动亦是如此。他还认为，本我归属于无意识，自我与超我对本我加以约束和压抑，而人类的异常行为便是本我与自我、超我之间发生冲突的表现。

此种有关力比多的观点，与维多利亚时代高度压抑的性道德观息息相关。弗洛伊德将能量守恒定律引入到心理学中，指出一个人可消耗的精神能量有限，如若超出这个限度，便会招致疾病或神经衰弱，并以此构建了其理论基础。

19世纪的学者对于人类的理性深信不疑，但弗洛伊德的理论证明，无论人类的心理是否正常，其都会基于共同的原理运作，人的行为中都有无意识因素的作用，这一观点无疑对当时的学者产生了巨大冲击。

弗洛伊德创立的精神分析疗法后又发展为强调文化、社会因素的新弗洛伊德学派学说，在许多国家得到了发展。

此外，精神分析理论指出了近代理性中心主义的虚幻性，对文学、社会学、教育学和文化人类学等领域影响颇深。

人物生平：

西格蒙德·弗洛伊德（1856—1939年）：奥地利精神病医师、心理学家。出生于奥匈帝国的摩拉维亚省弗赖堡镇（现捷克共和国普日博尔市）的一个犹太家庭。在维也纳大学医学系学习生理学、进化论和神经病理学之后，他曾前往巴黎留学，对神经病的治疗产生了兴趣。在担任神经病理研究者之后，弗洛伊德成为一名精神病医师，并发展形成精神分析理论，作为研究神经病、自由联想法、无意识精神分析学的创始人而闻名于世。1938年，纳粹占领维也纳，弗洛伊德逃亡至伦敦，次年在该地去世。

参考书目：

《梦的解析》西格蒙德·弗洛伊德；《摩西与一神教》西格蒙德·弗洛伊德；《为什么有战争》阿尔伯特·爱因斯坦、西格蒙德·弗洛伊德

《善的研究》 岩波文库

《善的研究》

（西田几多郎）

《善的研究》（1911 年）是日本著名哲学家、京都学派创始人西田几多郎的哲学著作，是其建立日本式哲学体系的一次尝试。

该书共分为四编，第一编为"纯粹经验"，第二编为"实在"，第三编为"善"，第四编为"宗教"。

西田在序中提出，他想"把纯粹经验当作唯一的实在来说明一切"，认为"经验是根本性的，从此出发就能摆脱唯我论，且经验又是能动性的，从而能与费希特以后的超越哲学相协调"。基于此种想法，西田首先撰写了第二编，该编也是该书的核心部分。

基于第二编，西田撰写了论述"善"的第三编，接着又撰写了第一编，以明晰"纯粹经验的性质"，最后才着手写第四编，以阐述"宗教乃哲学之终点"的思想。西田写道，在撰书过程中，他认为该书的真正主题并不是哲学研究，而是"人生的问题"，故而将其命名为《善的研究》。

"纯粹经验"指"未经任何思维加工、没有主客观之分的直接经验"。这是一种十分纯粹的意识状态，未加任何后来赋予的概念与解释。在此状态下，认识与它的对象达到了完全合一。

在该书中，西田将禅宗的"无我寂静"理论化，得出了"纯粹经验"的概念，超越了勒内·笛卡尔（详见第 190 页）以来将世界分为"认识主体"和"认识客体"的心物二元论。

唯物主义基于物质实在来观察一切，唯心主义基于自我存在来观察一切，而"主客合一"的"纯粹经验"与这二者不同，主张主观和客观皆处于未分化状态，不能只从单一的角度来观察现实。西田认为，主客体二元对立是抽象概念的产物，本质上不过是一个侧面的不同作用。换句话说，西田的思想属于一元论，认为"纯粹经验"就是唯一实在。

在此基础上，西田于晚年提出了"绝对矛盾的自我同一"思想。他指出，主观与客观、善与恶、生与死等概念看似矛盾，但实际上它们是相辅相成的，已经超越了对立关系，在根源上具有关联性。

西田还认为，只有超越了主客体之间的区别，意识到善作为一种可能性，一直存在于人类心中，并能够将心比心、换位思考，人格才能实现真正的善。

有人认为，西田的"绝对矛盾的自我同一"思想是对铃木大拙（详见第430页）的"即非理论"在西方哲学语境中的重新解读。

从1911年本书出版到1945年日本战败并进行"公职追放"的30余年间，正是京都学派活跃的核心时期。京都学派被誉为"日本最伟大的智慧"，但在第二次世界大战前，却成为日本在大东亚战争中侵略口号"八纮一宇"的思想支撑。

1942年，日本举办了"近代的超克"座谈会，旨在"重新审视西方哲学史"。在此，京都学派知识分子重估东洋文化，寻求自己的身份认同，从而逐渐走向了"西洋已穷途末路，东洋才是世界中心"的大东亚思想。这同时也是京都学派的局限之处。

人物生平：

西田几多郎（1870—1945年）：日本京都学派创始人、京都大学名誉教授。正如西田所说，"哲学的动机必须是人生的悲哀"，其哲学思想便是建立在其悲哀人生的体验之上。青年时期，西田的骨肉至亲（姐姐、弟弟、两个女儿和长子）相继去世，其自身还受到学历歧视，其父生意失败后破产，后又与妻子第一次离婚，遭遇了诸多苦难。从东京帝国大学毕业后，西田回到故乡成为一名中学教师，同时沉浸在思考中，最终写成了《善的研究》一书。在其高中同窗铃木大拙的影响之下，西田开始参禅，并以此为基础，将东洋思想与西方哲学相融合，创立了日本独有的"西田哲学"。

参考书目：

《日本的灵性》铃木大拙；《阅读日本哲学："无"的思想源流》田中久文

《存在与时间 1—3》 中公 CLASSICS/原佑、渡边二郎 [译]

《存在与时间》

（马丁·海德格尔）

《存在与时间》（德语为 Sein und Zeit，1927 年）是德国存在主义哲学家马丁·海德格尔的存在主义代表著作。海德格尔被誉为 "20 世纪最伟大的哲学家"，他在该书中重新审视了 "存在的意义"，建立了其存在主义哲学体系。

该书以 "存在" 为主题，意在证明 "时间" 是使所有存在拥有可能性的基础。

对此，海德格尔在该书的开篇陈述如下：

> 具体而微地把 "存在" 问题梳理清楚，这就是本书的意图。其初步目标则是对时间进行阐释，表明任何一种存在之理解都必须以时间为其视野。

对此，海德格尔关注的并不是特定事物的存在问题，而是存在自身的意义问题，即 "为什么是有而不是无？" 的问题。

自亚里士多德以来，西方哲学之根本便是 "何为存在" 这一问题。传统存在主义（形而上学）曾提出上帝与自然的存在，以对此作出解答，并混淆了 "存在者"（不依存他物、作为其自身存在的事物）与使存在者得以存在的 "存在"（存在本身）的区别，更未探讨存在本身的问题。

海德格尔批评这种西方哲学并未探讨真正的存在，是哲学史上的 "存在遗忘"。此外，为探寻存在本身的意义，海德格尔采用了现象学[①]的方法论，将 "存在者" 与 "存在" 做出区分，并向 "存在者存在着，到底是什么意思？" 这一问题发起挑战。

在海德格尔看来，在所有存在者中，只有理性的 "人类" 才有可能关注并理解存在的意义。因此，为了明确存在本身的意义，需要分析 "此在"（人类）究竟拥有何种构造。这种针对此在（人类）的分析又被称为 "基础存在论"，该理论为所有存在者的意

[①] 现象学，指一种将现象描述为有别于对象的纯粹意识体验的哲学。

义提供了基础。

海德格尔指出，当笛卡尔认为只有"我思"不容置疑之时，处于思考中的"我"的存在并未被规定，因而人类存在的本质便全由人对自身的理解方式定义。海德格尔对笛卡尔的这种思想持批判态度。他还认为，此在（人类）存在于时间的流动之中，其在过去与世界的关系决定了现在的存在，而现下与世界的关联又决定了未来的存在，所以时间性构成了此在（人类）原始的存在意义。

海德格尔认为，自主追寻未来可能性的生活方式是符合存在论的生活方式，反之，若不关注未来的可能性，停留在千篇一律的日常之中，便是一种"沉沦"。

海德格尔最初撰写该书时，提出了阐明"存在的意义"这一远大的目标。但实际上，最终出版的内容只有导言中所列写作计划的三分之一。即便如此，该书仍对存在主义、结构主义、后结构主义等20世纪哲学，以及精神分析、文艺理论和神学产生了广泛影响。

人物生平：

马丁·海德格尔（1889—1976年）：德国存在主义哲学家（海德格尔本人一直拒绝被称为存在主义哲学家或存在主义者）。最初学习基督教神学，后来受到胡塞尔的现象学、莱布尼茨、康德和黑格尔等人的德国唯心主义以及克尔凯郭尔和尼采的存在主义的影响，海德格尔通过解释亚里士多德和赫拉克利特等人的古希腊哲学，发展了其独有的存在主义哲学。《存在与时间》一书是现代存在主义哲学之起源，被誉为20世纪大陆哲学中最重要的哲学著作之一。此外，20世纪30年代，海德格尔支持纳粹之举引发了争议，致使其名声毁誉参半。

《摩西与一神教》 筑摩学艺文库/渡边哲夫 [译]

《摩西与一神教》

(西格蒙德·弗洛伊德)

《摩西与一神教》(德语为 *Der Mann Moses und die monotheistische Religion*,1939 年)是西格蒙德·弗洛伊德的遗作。他在该书中针对犹太教的起源提出了一个全新的假说。

世间宗教大都起始于多神教,但与犹太教、基督教和伊斯兰教相关的亚伯拉罕宗教则是一神教。根据《旧约圣经》中《出埃及记》的描述,犹太教的创始者及其民族领袖摩西出生于埃及,是一个希伯来人(犹太人)的儿子。

对此,身为犹太人的弗洛伊德提出了一个令人震撼的假说:摩西并非希伯来人,而是出生于身份尊贵异常的埃及贵族家庭,摩西传教给希伯来人的正是世界上第一个为否定埃及自古以来的多神教而建立的一神教,即埃赫那吞的宗教(阿吞神教)。

弗洛伊德指出,公元前 14 世纪左右,埃及第 18 王朝国王阿蒙霍特普四世(后改名为埃赫那吞)发起了一场宗教革命。那时埃及民族本信仰以太阳神阿吞为首的多神教,但埃赫那吞却下令只能信仰唯一的神祇——太阳神阿吞,并将首都从底比斯迁至北部的阿玛尔纳,取名为"埃赫塔吞"。在古埃及历史中,此次改革被称为"埃赫那吞改革"。阿吞神教信仰太阳神,认为应信奉玛阿特(真理与正义)而生活,是人类历史上第一个纯粹的一神教。

然而,埃赫那吞死后,原本就反对一神教的祭司们卷土重来,他们抵制阿吞神教,并将首都重迁回底比斯。但一神教已被阿玛尔纳当地的人们所继承,他们便是后来的犹太人。公元前 1250 年左右,那时埃及已恢复为多神教。为躲避来自埃及的迫害,边境地区总督摩西带着阿玛尔纳人离开了埃及,前往应许之地迦南(出埃及记)。

然而,由于摩西主张上帝的绝对性,而犹太人为了反抗摩西严格的一神论,杀死了摩西(弑父的原罪)。弗洛伊德认为,这导致了犹太人的俄狄浦斯情结[①](Oedipus com-

---

[①] 俄狄浦斯情结,即恋母情结,指儿童无意识地对异性父母产生性依恋,并对同性父母产生敌意的倾向。

plex）。最终，犹太人将自己杀害的摩西视作犹太教的始祖，并宣称自己是"神选之民"，以此来大力发展其选民观宗教。

为了证实自己所提出的假说，弗洛伊德列举了许多证据。例如，"摩西"这一希伯来语的名字在埃及也十分常见；古代神话中许多英雄故事的主角都有高贵的出身，但也会通过乔装打扮掩饰自己的身份；犹太教采用了埃及独有的割礼戒律；犹太教中没有关于死后世界的描述；埃赫那吞死后，守旧派复兴了多神教，所以埃赫那吞的亲信逃离了埃及。

弗洛伊德撰写此书时，正值纳粹加剧迫害犹太人之时。在此背景下，作为犹太人和精神病学家，弗洛伊德试图用其精神分析法探究犹太民族所承载的精神根源。

针对此书的批判此起彼伏，许多人认为弗洛伊德的假说过于贸然，缺乏客观证据，且将"弑父"套用在杀害摩西上是十分不合理的。即便如此，该书针对一神教起源所提出的假说，时至今日仍旧至关重要。

人物生平：

详见《精神分析引论》（第211页）处介绍。

参考书目：

《图腾与禁忌》西格蒙德·弗洛伊德；《为什么有战争》阿尔伯特·爱因斯坦、西格蒙德·弗洛伊德；《弑摩西者：拉比阐释在现代文学理论中的体现》苏珊·汉德尔曼

《我的奋斗 上·下》 KADOKAWA/角川文库/平野一郎、将积茂 [译]

《我的奋斗》

（阿道夫·希特勒）

《我的奋斗》（德语为 Mein Kampf，1925 年）是纳粹德国元首阿道夫·希特勒的自传。这也是笔者选出的 200 本书中，唯一一本应为人类所铭记的反面教材。

希特勒统治时期，该书在德国民众心中的地位宛若圣经。其内容分为两部分：第一部分是"民族主义世界观"，讲述了希特勒的前半生及其世界观；第二部分是"国家社会主义运动"，阐述了其政治宣言与今后的政策方针。

该书前半部分记录了希特勒的童年时期经历、在维也纳的生活，以及到纳粹党成立为止的人生经历。后半部分则提出了其在战争、教育等领域的政策宣言。其中纳粹主义世界观尤为突出，认为世界上各种族正在为夺取霸权而无休止地斗争。他在该书中，一方面倡导反犹主义，另一方面还鼓吹了雅利安人的种族优越性。

在对外关系上，希特勒敌视法国与苏联，认为英国和意大利是目前的最佳合作伙伴。他还表示，德国只能通过扩大贸易、获取殖民地、征服苏联以扩大领土来实现国家利益，这也成为苏德战争的起因之一。

该书还声称，日本人是一个缺乏文化创造力的民族，此外还有许多诸如此类的对日本的歧视性言论。

人物生平：

阿道夫·希特勒（1889—1945 年）：德国政治家，出生于奥地利。第一次世界大战后，他加入德国工人党，将该党改名为国家社会主义德国工人党（纳粹），并于 1921 年成为该党领袖。1923 年，于慕尼黑发动啤酒馆政变，以失败告终，并被捕入狱，在监狱中他口述了《我的奋斗》一书。随后，纳粹党成为德国第一大党，希特勒也于 1933 年就任首相，并于 1934 年被任命为元首及总统。1939 年，他入侵波兰，发动了第二次世界大战。1945 年，希特勒于战败前饮弹自尽。由于德国严禁出版赞美纳粹党或希特勒的刊物，故而德国禁止该书的任何复印和出版。然而，自2016年1月1日之后，即希特勒死后70年之际，该书著作权保护期结束，该书已属公有领域，于是《我的奋斗》注释版得以出版，在德国也可读到其德语版本。

参考书目：

《极权主义的起源》 汉娜·阿伦特

《新版 逃避自由》 东京创元社/日高六郎 [译]

《逃避自由》

（艾瑞克·弗洛姆）

《逃避自由》（*Escape from Freedom/The Fear of Freedom*，1941 年）是美籍德裔社会心理学家艾瑞克·弗洛姆创作的心理学著作。该书从心理学角度分析了"逃避自由"的心理机制，并揭示了个体的自由如何催生了法西斯主义。

该书将弗洛伊德之后的精神分析法应用于整个社会，独具一格。弗洛姆特别关注到大众难以承受自由之重担而试图逃避的心理特征，并指出希特勒等现代独裁者与古代、中世纪独裁者的根本性区别在于，他们立足于大众的自发支持之上。

16 世纪的宗教改革虽将人们从中世纪社会的传统桎梏中解放了出来，但另一方面也给每个人带来了孤独感和孤立感。同样，由于近代资本主义允许个人自由从事经济活动，所以每个人都必须对自己的行为负责，这使得人们孤独感、无助感丛生。

弗洛姆认为，当人们无法作为有机体独立成长并达到自我实现时，就会陷入精神危机。此种危机可能会导致对他人的攻击以及虐待狂、受虐狂、权威主义的产生。这也正是第二次世界大战期间希特勒大受德国民众一致拥戴的原因所在。身处 20 世纪的现代、拥有当时世界上最民主的宪法《魏玛宪法》（德语为 *Weimarer Verfassung*）的德国却仍旧出现了独裁者，究其根本原因，正在于此。

人物生平：

艾瑞克·弗洛姆（1900—1980 年）：美籍德裔社会心理学、精神分析和哲学的研究者。出生于法兰克福，父母皆是犹太教徒。他曾就读于法兰克福歌德大学，后进入海德堡大学改学社会学、心理学和哲学，并在阿尔弗雷德·韦伯（马克斯·韦伯的弟弟）、卡尔·西奥多·雅斯贝尔斯和海因里希·约翰·李凯尔特的指导下获得了学位。自纳粹夺取政权后，弗洛姆移居至瑞士日内瓦，后于 1934 年与法兰克福学派的主要成员一起移居至美国，并在哥伦比亚大学任教。1962—1974 年在纽约大学担任精神分析学教授。

参考书目：

《极权主义的起源》 汉娜·阿伦特

《开放社会及其敌人 1·2》 未来社/内田诏夫、小河原诚 [译]

《开放社会及其敌人》

(卡尔·波普尔)

《开放社会及其敌人》(*The open society and its enemies*,1945 年)是出生于奥地利的哲学家卡尔·波普尔的政治哲学著作,阐述了"开放社会"的重要性。

波普尔批判了弗洛伊德的精神分析学、阿德勒的心理学等,主张"可证伪性",认为言论是能获得纯粹科学的重要条件。可证伪性是科学哲学观点,意为"某一言论具有被观察结果或试验结果证伪的可能性"。波普尔将其作为科学的基本条件,指出可证伪性的有无是区分科学与非科学的标准。

该书由两卷组成,第一卷的标题为"柏拉图的符咒"(The Spell of Plato),第二卷的标题为"预言的高潮:黑格尔、马克思及余波"(The High Tide of Prophecy: Hegel, Marx, and the Aftermath)。

波普尔指出,神秘的、部落的或集体主义的社会是"封闭社会"(closed society),而"开放社会"(open society)是一种人道主义的、平等主义的、政治自由的、每个人都面临个人决定的社会。

波普尔继而指出,哲学传统试图阻止社会从封闭向开放过渡,意在停留在封闭社会中,因而导致了极权主义。他强烈批判了柏拉图,认为柏拉图的思想正是极权主义的起源。此外,他还批判了黑格尔基于辩证法的进步史观以及马克思认为事物按照一定规律进行历史性发展的历史主义。

在该书的第一卷中,波普尔分析并批判了古希腊哲学家柏拉图。波普尔认为,至今人们仍被柏拉图的伟大误导。柏拉图在其《理想国》(详见第 247 页)中主张"哲人王政治",即认为应由学习哲学并能掌握理念之本质的少数精英来统治国家,维持亘古不变的秩序等级。波普尔指出,这便是彻底的极权主义。

波普尔还批判柏拉图根本没有阐释其老师苏格拉底的人道主义和民主主义思想。他指出,苏格拉底是一位真正的理性主义者,他始终保持着一种自己可能会犯错误的谦逊态度,旨在通过对话来接近真理,从不在意对话对象的身份地位如何。与此相反,柏拉图主张少数人通过权威将凭直觉获得的知识定性为正确的,从这一点来看,柏拉图无疑是一个伪理性主义者。

在第二卷中,波普尔分析并批判了黑格尔的辩证法和马克思的历史观。马克思关注穷困的工人阶级,波普尔对此给予了肯定,但同时也指出其以科学之名预测未来之举存在着问题。若未来早已确定,那么可以说连法西斯主义也不过是共产主义革命的准备阶段。

波普尔坚持认为,未来充满不确定性,人类需要通过不断试错以及理性对话来创建更加美好的社会。

人物生平：

卡尔·波普尔（1902—1994年）：英国哲学家,出生于奥地利维也纳。他在维也纳大学获哲学博士学位后,在中学任教。1937年,随着纳粹吞并奥地利的威胁越来越大,身为犹太人的波普尔移民至新西兰,在位于克赖斯特彻奇市的坎特伯雷大学任哲学讲师,并在此期间撰写了《开放社会及其敌人》一书。第二次世界大战后,他迁居英国,在伦敦政治经济学院任教,讲解逻辑和科学方法论。许多哲学家都曾受到波普尔的影响,如英籍匈牙利科学哲学家伊姆雷·拉卡托斯、英国哲学家约翰·沃特金斯和奥地利裔美籍科学哲学家保罗·费耶阿本德。他和经济学家弗里德里希·冯·哈耶克是朋友关系。此外,美国著名投资人乔治·索罗斯也深受波普尔的影响,他在自己的著作和演讲中曾数次提及《开放社会及其敌人》一书。

参考书目：

《科学发现的逻辑》卡尔·波普尔;《逃避自由》艾瑞克·弗洛姆;《极权主义的起源》汉娜·阿伦特;《一九八四》乔治·奥威尔

《新译版 千面英雄 上·下》 早川文库 NF/仓田真木、斋藤静代、关根光宏 [译]

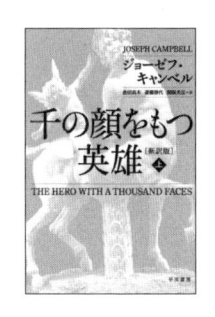

《千面英雄》

(约瑟夫·坎贝尔)

《千面英雄》（*The Hero with a Thousand Faces*，1949 年）是美国神话学家约瑟夫·坎贝尔的著作，该书指出世界各地神话具有共通的模式，并论述了其基本结构。

从世界上最古老的英雄史诗《吉尔伽美什史诗》（详见第 161 页）到描述奥德修斯传奇之旅的《奥德赛》（详见第 166 页），以及大力神赫拉克勒斯的神话、释迦牟尼的修行、亚瑟王的传说以及伊邪那岐和伊邪那美的故事，坎贝尔尽数研究了世界神话，最终发现这些神话都具有一个惊人的共通之处。

坎贝尔指出，这些英雄故事中的主人公都经历了以下三个阶段：(1) 启程，即离开风平浪静的生活，踏入冒险之旅；(2) 试炼与胜利，即历经艰难险阻，最终取得胜利；(3) 归来，即带着能够造福社会的新力量从冒险之旅中归来。

《星球大战》等科幻电影便是采用了这一基本叙事模式，歌剧、小说、戏剧等领域也都对此进行了参考。这一基本叙事模式对全世界的创作者都产生了重大的持续性影响。

坎贝尔运用弗洛伊德和荣格的精神分析法，解释了人类为这种英雄传说所吸引的缘由，并指出这与存在于人类无意识深处、超越个人经验的、所有人类都具有的先天结构——"集体无意识"有关。

人物生平：

约瑟夫·坎贝尔（1904—1987 年）：美国研究比较神话学及比较宗教学的知名学者。他原在达特茅斯学院学习生物学和数学，转学至哥伦比亚大学，获得英国文学的学士学位和中世纪文学的硕士学位，后作为哥伦比亚大学的特别研究员前往欧洲留学，在巴黎大学和慕尼黑大学学习古法语、普罗旺斯方言和梵语，之后在纽约州的莎拉·劳伦斯学院任教。

参考书目：

《上帝的面具》约瑟夫·坎贝尔；《神话学》克洛德·列维–斯特劳斯

《忧郁的热带1·2》 中公CLASSICS/川田顺造 [译]

《忧郁的热带》

（克洛德·列维-斯特劳斯）

《忧郁的热带》（法语为 *Tristes tropiques*，1955年）是法国文化人类学家克洛德·列维-斯特劳斯的著作。该书是作者于20世纪30年代寻访巴西原始部落之旅的民族志记录汇总。该书通过对未开化社会的分析，阐述了社会的结构，被誉为文化人类学及结构主义的经典之作。

据该书描述，列维-斯特劳斯在历经一系列事件后踏上了探访巴西之旅，并在那里进行了实地研究调查。后来，在德国占领下，法国维希政权大肆迫害犹太人，列维-斯特劳斯也开始了逃亡生活，战后才回到法国。在这诸多经历之中，列维-斯特劳斯逐渐形成了其文化人类学思想，并对受西方文明迫害的少数民族产生了共鸣。

该书还批判了西方中心主义，指出每个民族都有其独特的结构，从西方的角度判断民族的优劣是毫无意义的。

此外，列维-斯特劳斯还批判了让-保罗·萨特的存在主义，认为重要的是主体之间的结构，而非主体。在该书的最后一章中，列维-斯特劳斯指出，"这个世界开始的时候，人类并不存在，这个世界结束的时候，人类也不会存在"，并说道：

> 从人类开始呼吸、开始进食的时候起，经过发现和使用火，一直到目前原子与热核的装置发明为止，除了生儿育女以外，人类所做的一切事情，就只是不断地破坏数以亿万计的结构，把那些结构支解分裂到无法重新整合的地步。

人物生平：

克洛德·列维-斯特劳斯（1908—2009年）：法国文化人类学家。其对于人类亲属关系及神话结构相关的研究成果丰硕，极度完善了结构主义人类学，对人文科学和当代思想产生了深远影响。列维-斯特劳斯是20世纪60—80年代的主流思想结构功能主义的核心人物之一，被誉为"结构功能主义之父"。与其他结构主义者不同，列维-斯特劳斯的文章思想十分明确，其对结构主义所依据的数学知识并无错误的理解，也并未卷入"索卡尔事件"（1995年，纽约大学物理学教授艾伦·索卡尔故意模仿后现代思想家的文体，堆砌科学术语和数学公式，写就了一篇全然错误的论文，并将其投稿至后现代思想的代表学术杂志，结果该论文却投稿成功，得以刊登，引起了知识界的一场轰动）之中。

参考书目：

《神话学》克洛德·列维-斯特劳斯；《野性的思维》克洛德·列维-斯特劳斯；《存在与虚无》让-保罗·萨特；《时髦的空话：后现代知识分子对科学的滥用》艾伦·索卡尔、吉恩·布里克蒙

《句法结构》 岩波文库/福井直树、辻子美保子 [译]
《句法理论的若干问题》 岩波文库/福井直树、辻子美保子 [译]

《句法结构》
《句法理论的若干问题》

(艾弗拉姆·诺姆·乔姆斯基)

《句法结构：附〈语言理论的逻辑结构〉序论》(*Syntactic Structures*，1957年) 是"现代语言学之父"、美国语言学家艾弗拉姆·诺姆·乔姆斯基的语言学著作。乔姆斯基在该书中提出了"生成语法理论"(generative grammar theory)，为语言学研究带来了根本性变革。

在"近代语言学之父"弗迪南·德·索绪尔之前，人们一直认为，语言是通过后天的经验与学习习得的，语言学是探究个别语言的固定结构的科学，语言符号的语音和形态都与其语义毫无关系，所有语言之间也并不存在什么共同之处。

20世纪50—60年代，脑科学并未向前发展，也未有学者探讨语言是如何诞生的、大脑的语言能力究竟为何物，但当时的乔姆斯基却已经发表了诸多有关句法结构的著作。

生成语法理论是一种语言学理论，它将语法理解为一系列语言形式规则的集合，根据这些有限的规则，可以创造出无限个语法正确的句子。乔姆斯基认为，人类的认知结构中存有一种与生俱来的语言获得装置，并指出了所有语言都存在一种不受语言差异影响的普遍语法理论。这一研究让语言学迎来了重大转机。

在《句法理论的若干问题》(*Aspects of the Theory of Syntax*，1965年) 一书中，乔姆斯基首次全面而具体地阐明了生成语法理论的概念，并形成了其"标准理论"。

乔姆斯基指出，句法包括所有语言共通的普遍"生成语法"以及通过后天学习习得的"个别语法"。人类能不假思索地说出具有一定意义的语言，正是有赖于人类与生俱来的生成语法。

这种与母语无关的、所有人类大脑中生来便具备的句法能力，被乔姆斯基称为"普遍语法"(universal grammar)。乔姆斯基认为，这一普遍特性是人类与生俱来的生物学特征，并主张语言先天论，将语言视为人类的生物学器官。此外，他还认为，通过研究这一共通的语言规则，不仅可以明确语言的结构，还能够掌握人类的心理活动，即人类所具备的先天的普遍理性的结构。

乔姆斯基的生成语法理论将语言的基础——句法规则体系化，创立了一种科学的语言理论，并在语言学领域中掀起了一场"乔姆斯基革命"。

乔姆斯基的生成语法理论作为符号系统相关的数学理论，为建立阐明人类思维结构的认知科学做出了贡献，并引发了一场"认知革命"。除语言学外，心理学和脑科学等诸多领域都受到了这一革命的影响。

然而时至今日，针对乔姆斯基所提出的革命性的生成语法理论，世间还未发现任何科学证据能够证明人类大脑中的某处神经回路与生成语法和普遍语法具有关联。但毫无疑问，自乔姆斯基之后，语言和语言能力都已经成为脑科学领域中的重要研究课题之一，生成语法和普遍语法也已经成为探讨语言诞生相关论题的关键。

人物生平：

艾弗拉姆·诺姆·乔姆斯基（1928—）：美国语言学家、麻省理工学院（MIT）教授，是活跃于语言学、哲学、语言哲学、认知科学、逻辑学等广泛人文社会科学领域中的"宗师"级人物，其语言理论是现代语言学的重中之重。其影响甚至还扩散到计算机科学、数学以及心理学等领域。此外，乔姆斯基还著有许多关于战争、政治、媒体等领域的著作，塑造了现代的一种重要思想。因其对美国外交政策、国家资本主义和媒体的批评，在世界也颇有影响。他称自己的立场为"起源于启蒙主义和古典自由主义的核心传统无政府主义"。

参考书目：

《语言的脑科学》酒井邦嘉；《乔姆斯基与语言脑科学》酒井邦嘉

《自私的德性》 BUSINESS 社/藤森佳代子［译］

《自私的德性》

（安·兰德）

《自私的德性》（*The Virtue of Selfishness：A New Concept of Egoism*，1964 年）是美国现象级作家、政治思想家安·兰德创作的散文集，书中蕴含了其政治思想。

兰德至今仍在美国保守派中拥有压倒性的支持者，该书全面展现了其彻底的自由至上主义（libertarianism）思想。

兰德否定利他主义，支持合理且符合道德的利己主义，并将理性置于一切其他人类的价值之上。她还反对共产主义、国家主义和无政府主义，坚信小政府主义（Minarchism）以及自由放任资本主义是唯一能够保障个人权利的社会系统。她还提出了"客观主义"（Objectivism）的哲学体系，认为"世界与人类思维无关，是客观存在的绝对之物，唯有理性是人类认识世界、应对世界、获得生存知识的唯一手段"。

兰德的两大长篇小说《阿特拉斯耸耸肩》（*Atlas Shrugged*）和《源泉》（*The Fountainhead*）至今仍在全美畅销。虽然这两本书在文学批评和学术领域几乎被忽视，但其对美国右派政治运动和自由至上主义产生了持续而强烈的影响，是美国年轻人的必读书。

该书标题中的"德性"（virtue），又译为"美德"。兰德认为，"利己主义"是一种"美德"，是人类正确的生存之道。兰德的"利己主义"思想认为，上帝、国家以及社群都不值得信赖，唯有依赖人类的理性和合理性才能得以生存。这种思想与我们通常从"利己主义"一词联想到的"自私自利"截然不同，它是一种彻底的肯定并追求人类"生存"的思想。

在兰德看来，利他主义迫使人们为他人服务，甚至否定自我的生活，是一种强制性的、压迫性的、毁灭性的思想。利他主义者不珍视自我，因而也注定无法珍视他人。若无法意识到自我人生的不可替代性，便也无法意识到他人人生的重要性，甚至可能会心平气和、无动于衷地踩躏践踏他人的人生。同样，道德中立主义者也不过是在逃避责任。兰德颂扬的善是"活到底、延续自己的生命"；她谴责的恶是"明明活着却如同死了"。

在这一激进思想的背后,是兰德对苏联的共产主义、对犹太人的歧视,对纳粹极权主义、对犹太人大屠杀的强烈反抗与抵抗精神。兰德认为,如果世界上只有利己主义者,那便永远不会发生战争。

同时,兰德在书中强烈谴责了种族歧视,彻底批评了那些给个人贴上"种族"标签、完全不顾个人特点而对其加以歧视的种族主义者。此外,尽管她批评了利他主义,但同时也认为,作为主体的个人在自我意志下的自愿牺牲也是合乎道理的。

2008年"雷曼危机"之时,在此之前担任美国联邦储备委员会(FRB)主席的艾伦·格林斯潘深受兰德思想的影响,其行为是导致金融危机的诱因之一。因此,美国也涌现出越来越多对兰德思想的批判之声。

人物生平:

安·兰德(1905—1982年):美国政治思想家。与弗里德里希·冯·哈耶克和米尔顿·弗里德曼同为自由意志主义(自由至上主义)的倡导者。兰德的原名为阿丽萨·济诺维耶芙娜·罗森鲍姆,出生于俄罗斯圣彼得堡的犹太人家庭,并在当地接受了教育。1926年,独自逃亡至美国,在那里挣扎着维持生计,并立志在好莱坞成为一名剧作家。1943年,《源泉》出版,兰德因此备受关注。1957年,《阿特拉斯耸耸肩》(美国国会图书馆称其为"美国20世纪影响力仅次于《圣经》的书")出版,兰德自此声名鹊起。《阿特拉斯耸耸肩》和《源泉》在兰登书屋评选的"20世纪百大英文小说"排行榜中分别名列第一、第二,多年来一直保持着极大影响力。

参考书目:

《源泉》安·兰德;《阿特拉斯耸耸肩》安·兰德;《查拉图斯特拉如是说》弗里德里希·威廉·尼采;《资本主义与自由》米尔顿·弗里德曼;《自私的基因》理查德·道金斯

《改订版 正义论》 纪伊国屋书店/川本隆史、福间聪、神岛裕子 [译]

《正义论》

(约翰·罗尔斯)

《正义论》(*A Theory of Justice*, 1971年)是美国哲学家约翰·罗尔斯著的政治哲学著作,论述了人类应当捍卫正义的依据。

该书将约翰·洛克与让-雅克·卢梭的社会契约论(详见第198页)与理性选择理论①相结合,提出了规范伦理学②模型。此前,除功利主义外,规范伦理学并不具备其他强有力的理论依据。在此意义上,该书可谓伦理学与政治哲学领域的代表之作。

自古希腊以来,伦理学中一直对该如何通往理想社会持有争论。"正义论"原本指的便是这种争论——"什么是正义?""什么是平等?""我们应该如何分配权利与财产?"此前,杰里米·边沁、约翰·斯图亚特·密尔所主张的"最大多数人的最大幸福"的功利主义(详见第269页)是伦理学的主要思想,罗尔斯对此予以批判,试图将支撑民主主义的价值判断——"正义"置于首位,并据此展开了有关政治社会中判断基准的"正义论"。

罗尔斯区分了正义与善,认为善因人而异,而正义是一种中立的、制约行为的规范。他指出,为谋求社会各成员间的互惠互利,需要一种冒险的合作,即社会的诸多制度,正义正是这种社会制度首先应发挥的效用。此外,社会正义的原则规定了社会活动中最稳妥、最恰当的利益分配方法。

古典功利主义将个人效用最大化的选择原则扩大应用于整个社会,对此,罗尔斯批判道,将所有单独的个体看成是一种单一的人格,并在人与人之间进行结算的推理方式无法成立。正义虽然可以通过制度得以体现,具有规定社会基本结构的性质,但也不能侵犯每个人的基本自由。

罗尔斯依照社会契约论的思路,首先设想了一种可以保证公正选择的理想状态,在

---

① 理性选择理论,即以行为人的理性为前提的社会理论。
② 规范伦理学,即从道德观点探究能够指导人类行为的学科。

这样的情况下，全员一致选择的原则便是最公正的正义原则。由此，罗尔斯得出了正义的两个原则："第一个原则"为能让每个人平等地得到最广泛的基本自由；"第二个原则"则是积极援助社会、经济上的最少受惠者与弱势群体。

该书中有关正义的概念超越了伦理学和政治哲学等学科领域，给当时的人们带来了极大的影响，同时也引发了诸多争论。

例如，因"哈佛白热化课堂"而闻名的迈克尔·桑德尔（详见第236页）站在社群主义（共同体主义）的立场上，反驳了罗尔斯的正义优先于善的思想，认为正义无法脱离社群中共通的善的生存方式而存在。

还有人从自由意志主义（自由至上主义）的角度出发反驳道，通过制度来纠正个人能力的差异，是对个人权利的侵犯。

1995年，罗尔斯发表了论文《广岛核轰炸50年反思》（*Reflections on Hiroshima：50 Years after Hiroshima*），提出了战争中法的原则，强烈谴责美国向广岛投放原子弹的行为，并称其为"骇人听闻的道德恶行"。

人物生平：

约翰·罗尔斯（1921—2002年）：美国政治哲学家。1950年，他完成博士论文《一项关于伦理学知识基础的研究：对于品格的道德价值的判断的考察》，在普林斯顿大学获得博士学位。罗尔斯曾先后在康奈尔大学和麻省理工学院（MIT）任教，后于1962年出任哈佛大学教授。在《正义论》一书中，他系统地论述了理应取代功利主义的实质性的社会正义原则，认为其是公正的正义论。这一思想对自由主义和社会契约的复兴产生了重大影响，并在伦理学和政治哲学领域做出了重要贡献。

参考书目：

《公正：该如何做是好?》迈克尔·桑德尔

《后现代状态》 水声社/小林康夫 [译]

《后现代状态：关于知识的报告》

（让-弗朗索瓦·利奥塔）

《后现代状态：关于知识的报告》（法语为 La condition postmoderne，1979 年）是法国哲学家让-弗朗索瓦·利奥塔的著作，该书主要论述了失去社会共同价值观和意识形态的后现代主义时代。

利奥塔将能够解释世界一切事物的思维框架称为"元叙事"，后现代主义则是进步主义和启蒙主义等以现代为依据的"元叙事的衰落"。

在该书中，利奥塔描述后现代之状态时，称之为"经历了各种变化的文化处境"，而这些变化从 19 世纪末开始就影响科学、文学和艺术的游戏规则，并自行将依靠"元叙事"的科学定位为"现代"，继而叙述道："叙事功能失去了自己的功能装置：伟大的英雄、伟大的冒险、伟大的航程以及伟大的目标。"

简言之，元叙事囊括了历史上的哲学与思想，后现代便是对通过元叙事来为知识辩护的行为的怀疑。后现代思想运动批判了对人类进步予以信赖的现代哲学和科学，并试图从中脱离而出。

该书不仅给思想界带来了巨大的冲击，还传播至建筑界与文学界，成为盛极一时的时代潮流。

人物生平：

让-弗朗索瓦·利奥塔（1924—1998 年）：法国哲学家、巴黎第八大学教授、国际哲学学院院长。他与雅克·德里达、吉尔·德勒兹等哲学家同为后现代主义的代表思想家。作为一位激进的马克思主义者，利奥塔曾活跃于阿尔及利亚，回国后参与了 1968 年的巴黎"五月风暴"。他倡导"元叙事的终结"和"知识分子的终结"，并开创了当代思想中的后现代主义。在"索卡尔事件"（详见第 227 页）中，他因其论文中数学与科学术语的不恰当使用遭受了阿兰·索卡尔的批判。

参考书目：

《向儿童解释的后现代》让-弗朗索瓦·利奥塔；《逻辑哲学论》路德维希·维特根斯坦；《时髦的空话：后现代知识分子对科学的滥用》艾伦·索卡尔、吉恩·布里克蒙

《公正：该如何做是好？》　早川文库 NF/鬼泽忍［译］

《公正：该如何做是好？》

（迈克尔·桑德尔）

　　《公正：该如何做是好？》（*Justice: What's the Right Thing to Do?* 2010 年）是美国哲学家迈克尔·桑德尔围绕有关"正义"的诸多问题所创作的世界级畅销书。

　　该书提出了许多有关道德观和伦理观的终极性问题，其中最著名的当数"电车难题"（trolley problem）——"如果杀死一个人能换来五个人的生命，是否应该杀死那一个人？"此外，该书还提及了"向富人征收高额税额，再将税收分配给穷人，这是否公正？""我们有义务为父辈犯下的错误而赎罪吗？"等著名难题。

　　书中融汇了亚里士多德、伊曼努尔·康德、杰里米·边沁、约翰·罗尔斯等历史上著名的哲学家的思想，通过提出各种问题来为读者答疑解惑。在该书的最后，桑德尔提出了三种考量公正的方式，即"福利"（效用）、"自由"和"德性"，并强调了"德性"，即"连带性责任意识"的重要性。

　　该书源于桑德尔的政治哲学系列课程"公正"（justice）。这一课程是哈佛大学历史上选修学生人数最多的课程，创下了哈佛大学的历史纪录。2009 年，美国公共广播公司制作了收录该讲座的"Justice With Michael Sandel"节目并播出。次年，日本广播协会（NHK）将其作为《哈佛白热化课堂》播出，在日本社会掀起了一股热潮。

人物生平：

　　迈克尔·桑德尔（1953—）：美国政治哲学家、哈佛大学教授。毕业于布兰迪斯大学，并于牛津大学获得博士学位。2002—2005 年，担任乔治·沃克·布什总统设立的生命伦理委员会委员。他是社群主义（共同体主义）的代表人物，对著有《正义论》（详见第 232 页）的约翰·罗尔斯持批判态度。他支持共同体主义，认为历史形成的传统共同体中才具备个人存在之根基，主张将社会重新打造成共同体。他认为美国社会已陷入极端的个人主义之中，公共精神衰退，并引发了各种社会问题。他在哈佛大学教授的本科生通识课程"公正"（justice）十分受学生欢迎，以至于哈佛大学自建校以来首次向公众开放讲座,并在电视上播放其授课内容。

参考书目:

《哈佛白热化课堂讲义录+东京大学专题课程》迈克尔·桑德尔;《金钱不能买什么:金钱与公正的正面交锋》迈克尔·桑德尔;《正义论》约翰·罗尔斯

《为什么世界不存在》

（马库斯·加布里尔）

  《为什么世界不存在》（德语为 *Warum es die Welt nicht gibt*，2013 年）是德国哲学家马库斯·加布里尔所著的哲学著作。在该书中，加布里尔基于"后真相"（指个人情感以及个人信念较客观事实更能影响舆论的情况）蔓延的时代背景，论述了其"新实在论"（新现实主义）的立场。新实在论这一理论不仅承认了我们所认知到的现实之存在，甚至还承认了道德事实的客观存在。

  经历了 2001 年美国频发的恐怖袭击以及 2008 年的"雷曼事件"后，现代社会已从不认可社会实存的后结构主义跨入了假新闻泛滥的后真相时代。

  全球资本主义无限制的蔓延，在世界各地造成了前所未有的不平等与贫困。在此背景下，逆全球化的民粹主义开始兴起，美国前总统特朗普的当选与英国脱离欧盟便是最具代表性的事件。这背后隐藏着道德相对主义，即认为西欧、俄罗斯、中国都有其各自的道德体系，不存在评价伦理道德的普遍标准。但若是深究这一思想，最终只会陷入"世间不存在正义，存在的只有征服"的思维之中。

  唯物主义认为将自然科学应用于经济与社会之中，才是拯救人类的途径。这一意识形态已弥漫至整个世界，无疑加快了全球资本主义的发展进程。对此，加布里尔充分承认了科学的实用性，但否认了主张只有自然科学才可能接近唯一实在的科学至上主义。

  上帝已死，现代宏大叙事落幕，一切都变得相对。不仅是宗教，就连自然科学中的真理也不再绝对。在这种后真相时代中，我们人类正面临着一场精神危机，这正是加布里尔的担忧之处。

  为了打破这种时代的桎梏，"新实在论"应运而生。其核心在于脱离本质主义[①]与相对主义[②]之间的对立关系，开辟第三条道路。

[①] 本质主义，即认为个别事物必定有其本质，而本质又决定了其内在现实的观点。
[②] 相对主义，即认为知识和价值与其他观点具有相对关系的观点。

新实在论的新颖之处在于，其指出了存在的多元性、同时性和等值性，认为现实不仅限于物理对象之中，还存在于与其相关的看法、情绪、信念、幻想等一切意义场中。从这个意义上讲，实存之视角可以无限延伸，故而不可能有一个"世界"能够涵盖全体实存。换言之，包含所有事物的单一现实是不存在的，即"世界不存在"。

但即便如此，我们仍可以理解世界之本质，这便是新实在论的另一主张，即认为既然我们自身是属于现实的一部分，那么本质上不可知的现实应该是不存在的。

加布里尔认为，不同文化中存在着普遍的道德价值观与伦理观，其中包含着人类属于同一物种——动物的这一生物学依据。加布里尔站在以人为本的立场上，反复强调普世价值和人性对于人类的重要性。

人物生平：

马库斯·加布里尔（1980—）：德国哲学家。凭借研究晚期谢林，获得了海德堡大学博士学位。在纽约新学院大学哲学系担任助理教授后，于2009年以29岁的"低龄"成为德国波恩大学哲学系教授。他精通多门语言（德语、英语、意大利语、葡萄牙语、西班牙语、法语和汉语），并熟习古典语言（古希腊语、拉丁语和《圣经》希伯来语）。作为继后结构主义（后现代主义）之后的新实在论的领军人物，加布里尔是目前世界上最受瞩目的哲学家。

参考书目：

《当世界史的指针卷土重来："新现实主义"如何看待世界》马库斯·加布里尔；《极权主义的克服》马库斯·加布里尔、中岛隆博；《马库斯·加布里尔：欲望时代的哲学》九山俊一、NHK《欲望时代的哲学》制作组

《科学家也是普通人》岩波新书

《科学家也是普通人》

（中村桂子）

《科学家也是普通人》(2013)是日本生命志研究专家中村桂子的著作。在该书中，中村桂子基于其有关"生命志"的研究成果，揭示了现代所需知识的存在方式。

中村将生命科学与地球历史遗迹生态系统联系起来，提倡能够解读生命之历史故事的"生命志"（Biohistory）。生物的基因组（完整的遗传信息）包含了每个生物体各自的历史，我们可以从中了解每个生物个体。此外，基因组还容纳了生命起源以来长达40亿年的历史，通过基因组我们还可以了解整个生物的庞大史诗。

中村所提倡的生命志之根基在于日本哲学家大森庄藏所主张的一元论世界观。大森指出了科学的局限性，认为科学语言只致力于描述物质，却无法描述心灵。他还指出，"我"与自然一心同体，并无主客之分。

同样地，中村认为，不应将重细节分析的西方和重总体掌握的东方视为二元对立，而应将二者叠加起来再行理解。即不仅要有纤毫毕现、细致入微的"工笔画"，还要有能够广泛、整体、综合地捕捉事物特征的"轮廓画"，二者须"重叠描绘"。

中村还说，起源于16世纪与17世纪科学革命的现代世界观，即"机械论世界观"已席卷当今世界。此种世界观诞生于伽利略·伽利雷（自然是一本用数学文字写成的书）、弗朗西斯·培根（对自然的技术控制）、勒内·笛卡尔（机械论的非人化）、艾萨克·牛顿（粒子机械论）等人的思想潮流之中。

然而，中村认为，仅凭这样的世界观难以理解"充满生命力的自然"，必须有一门科学能够与日常生活并存。在经历了2011年东日本大地震和福岛核事故之后，中村再次确信了一个显而易见的事实——人类是生活并存在于自然之中的生物。

福岛核事故导致专家的思维行动与大众社会相去甚远，甚至使一种令人难以置信的氛围逐渐蔓延开来。中村将此归结为——专家们已经失去了其作为生活者的感觉，他们只会遵循封闭集体的价值观生存，并通过一系列的声明，向国民传达了这一实际情况。

中村还提出了质疑：最近大学的经济系只学习以市场竞争为中心的微观经济学和宏观经济学。如若没有像亚当·斯密、约翰·梅纳德·凯恩斯和弗里德里希·冯·哈耶克那样，拥有根植于经济之中的思想，是否能算一名真正的经济学家呢？

尤其是自金融资本主义的全盛时期以来，经济已经脱离了消费者的生活，科学技术的存在方式也遭到了歪曲。中村指出，现代生命科学领域所研究的并非"了解作为生物的人类，并从中探索全新的生活方式"，而是"将人类视为机器，开发技术以维修这一机器出现的故障，并从中赚取利润"。

对此，中村提出了一种基于科学的"知识"的存在形式——我们不仅要综合把握自然与生物的性质，还要认识到人类是生物，是自然的一部分，知识应遵循人类的生活方式而存在。不仅是科学家，包括政治家、官僚、商业人士在内的全体人类都需深刻认识到这一点。

人物生平：

中村桂子（1936—）：日本生命科学家、生命志研究专家、JT 生命志研究馆名誉馆长。毕业于东京大学理学院化学系，并于东京大学大学院完成了其生物化学博士课程。曾担任三菱化成生命科学研究所人类·自然研究部部长、早稻田大学人类科学部教授以及日本国立环境研究所与大阪大学合作研究大学院教授等职务。

参考书目：

《生命志是什么》中村桂子；《道德情操论》亚当·斯密；《经济学犯罪：从短缺经济到过剩经济》佐伯启思

第 6 章

国家/政治/社会

古希腊哲学家亚里士多德在《政治学》（详见第249页）一书中提到，人类是一种"政治动物"，出生时处于不成熟状态，在"政体"（国家、社会）之中，才得以发展完善。

　　在《理想国》（详见第247页）一书中，柏拉图探讨了国家的理想状态，认为"国家最好由哲学家统治，他们了解社会所追求的最高善"。《沉思录》（详见第383页）的著者、罗马帝国第16位皇帝马可·奥勒留的统治时期是为数不多实现"哲人王政治"的事例之一。

　　一般来说，国家是"拥有固定领土、人民和排他性统治组织的政治共同体"。传统观念认为，首先须存在一个政治共同体，相应的统治机构才得以建立。然而，尼科洛·马基雅维利在其《君主论》（详见第257页）一书中颠覆了这一"常识"性看法，他提出了一个现实的国家概念，即认为"首先存在作为统治机构的国家，国家再基于其能力拥有土地与人民"。

　　在《利维坦》（详见第259页）中，托马斯·霍布斯认为国家的建立并非单纯的暴力夺取权力，并提出了"社会契约论"这一全新理论。约翰·洛克与让-雅克·卢梭对这一理论提出了批判性思考，由此确立了人民主权的概念。洛克的人民主权思想对美国宪法产生了巨大影响，而卢梭的人民主权论则对法国革命影响深远。

　　如今，我们所说的"国民"（nation），是伴随近代西方"民族国家"（nation-state）的成立而出现的一个概念，人们默认它由单一或几个同质的民族组成，且是具有共同文化和社会经验的集团。17世纪左右，欧洲出现了民族国家体制。历经19世纪的帝国主义时期，在第二次世界大战后，旧殖民地国家纷纷独立，这一体制也开始在世界范围内推广开来。

　　爆发于这些民族国家之间的战争，便是近代战争。法国大革命促进了近代民族国家的形成，国家可以通过中央集权领导下的征兵制度扩大军队规模。随后，拿破仑开始改革，从根本上革新了此前的一切战略、作战和战术，为20世纪以后的全面战争体制树立了原型。

　　"战争是政治的延续"——卡尔·冯·克劳塞维茨在《战争论》（详见第264页）中毫不隐讳地揭露了近代战争的本质。国家与战争互为表里，国家通过战争扩大其权力范围。对此，美国社会学家查尔斯·蒂利（Charles Tilly）论断："战争催生国家，国家制造战争。"

《新订 孙子》岩波文库/金谷治 [译注]

《孙子》

（孙武）

《孙子》（*The Art Of War*，公元前 5 世纪中叶—公元前 4 世纪中叶）是由中国春秋时期的后起之国吴国的臣子、著名军事战略家孙武所著的兵书，是世界上最著名的军事战略书籍之一。

对于孙武其人究竟是否真实存在，中国历史学家仍莫衷一是。该书的成书过程大致如下。

春秋时期，孙武完成了《孙子》原作。战国时期，孙武的后代孙膑对该书的内容加以充实，形成了接近如今版本的《孙子》。此后，多人对其进行补充。三国时期，该书被整理为十三篇，并被编为由魏武帝曹操注释的《魏武帝注孙子》。上述便是流传至今的《孙子》之谱系。

该书共十三篇，前三篇为战前准备，分别为《始计篇》、《作战篇》和《谋攻篇》。《始计篇》中提出，出兵前需深思熟虑，估算战事胜负的可能性，并制订作战计划；《作战篇》提出了不能陷入持久战之中的论点；《谋攻篇》则讲述了应以智谋而非武力取胜。

第四篇到第六篇为作战谋划。其中，第四篇为《军形篇》，即攻守各自所需的准备；第五篇为《兵势篇》，即军队的"势"决定胜负；第六篇为《虚实篇》，即作战须抓住主动权，以求以少胜多。

后七篇则主要讲述了如何在实际战场上调动军队，分别为《军争篇》（先发制人，控制要地）、《九变篇》（随机应变以应对瞬息万变的战局）、《行军篇》（觉察阻碍进军之事物，保证有利的态势）、《地形篇》（根据地形灵活改变战术）、《九地篇》（适用于九种地形的战术）、《火攻篇》（火攻之法）以及《用间篇》（收集并利用可靠的情报）。

"孙子曰：兵者，国之大事，死生之地，存亡之道，不可不察也。"——这是《孙子兵法》的开篇第一句，其含义为：战争是能够决定国家命运之大事，它关系到国家与百姓的生死存亡，必须慎重思考和研究。

孙子还有言："百战百胜，非善之善者也，不战而屈人之兵，善之善者也。"即，作战前需评估敌方与己方的兵力，运用智慧，绝不打败仗，以最小的代价取胜，甚至不战而胜，这才是最为理想的作战。

在该书问世之前，人们一直认为，战争的胜负取决于武运。但孙武认为，胜负绝非天定，而在人为，并制定了取胜之策略，形成了其军事理论。他还超脱战争这一现象本身，从国家统治的视角俯瞰战争，警戒世人不要轻易发动战争，警惕因持久战而消耗国力。

直至今日，该书仍广为流传。这是因为它不仅从眼前的战场上解读战争，还放眼于战争与国家的关系来论述战争。

日本战国时期的著名政治家武田信玄以"风林火山"为军旗，便是受到了《孙子》中的名句"其疾如风，其徐如林，侵掠如火，不动如山"的影响。美国前国务卿科林·鲍威尔等现代军事领导人的思想也都受到了该书的巨大影响。此外，甚至商界中的许多领袖人物，比如软银集团的创始人、总裁兼首席执行官孙正义与微软创始人比尔·盖茨也都对该书爱不释手。

人物生平：

孙武（约公元前535—约公元前470年）：中国春秋时期著名军事思想家、军事战略家。"孙子"是世人对其的尊称。他出身于齐国贵族田氏，公元前517年左右，其族内纷争不断，孙武携家外逃至江南吴国。据传，此后孙武于吴国都城姑苏郊外定居，并在此写下了十三篇《孙子》。《史记》（详见第251页）中记录了孙武初次觐见吴王阖闾时的逸事，但关于孙武其人是否真实存在，自古以来中国历史学家一直存有争议，至今仍无定论。

参考书目：

《孙子兵法：深思熟虑的"人生战略之书"的读法》守屋洋；《赢家的逻辑：孙子兵法商学院》田口佳史；《战争论》卡尔·冯·克劳塞维茨

《理想国 上・下》岩波文库/藤泽令夫 [译]

《理想国》

（柏拉图）

《理想国》（古希腊语为 Πολιτεία，英语为 The Republic）是柏拉图所著的古希腊哲学对话体经典之作，主要讲述了苏格拉底在雅典一位名为克法洛斯的长者家中，与其谈论"何为理想之国"的对话。原书的副标题为"论正义"。

该书共十卷，首先讨论了"如何正确地生活"与"何为正义"。为了揭示个人正义（即德性）的方法论，该书首先探究了国家正义。

接下来，该书将国家的构成者分为守护者（统治者）、军人、生产者（民众）三类，并从人类的智慧（理性部分）、勇敢（意志部分）、节制（欲望部分）三种品质出发讨论正义。

书中指出，具有智慧的人成为统治者，具有勇气的人成为军人，而民众能够节制地生活，这便是国家的正义。也就是说，国家的正义在于其成员能各自履行自身职责。

柏拉图将这一理想状态下的国家称为"贤人政治"，将缺乏智慧、只追求荣誉的国家称为"荣誉政治"，将缺乏勇气、贫富差距加大的国家称为"寡头政治"，将人民追求自由的国家称为"民主政治"，将由愚民选举出独裁者的国家称为"僭主政治"。

贤人政治国家堕落的第一阶段便是向荣誉政治过渡。此时，统治阶级开始只追求荣誉，纷争逐渐滋生，求胜勇气占据优势，军人开始执掌国家权力。

第二阶段是向寡头政治过渡。在此阶段，象征权力的金钱取代了荣誉与胜利的地位，财富决定参与国家事务的权利。

第三阶段是向民主政治过渡。此时，贫富差距急剧扩大，穷人开始试图谋划革命以反抗富人。革命胜利后，群众便掌握了国家控制权。

一个国家堕落的最终阶段是沦为僭主政治的阶段。即，并不具有王室血统的人僭越自身身份，成为国家的统治者，同时也意味着这一僭主通过煽动愚昧的民众来掌握统治权。

柏拉图认为，处决其老师苏格拉底的民主政治是第二糟糕的政治体制。柏拉图本人还经历了雅典的民主制度和西西里岛锡拉库萨的僭主制度，这些都反映在其对上述政治体制的评价之中。

柏拉图指出，贤人政治是最正确的国家体制。贤人政治便是"哲人王政治"，在此种政体中，哲学家成为国王，或是国王接受了良好的哲学教育，使政治与哲学合为一体。他指出，如果一个国家不是由这种哲人王统治，那么这个国家便会走向不幸。

哲学家热爱"知识"与"真理"，若要成为一名哲学家，就必须认识到"善的理念"（使善成为善的最高理念，即永恒不变的事物本质）。柏拉图认为，若想引领国家走向正确的道路，统治者就必须通过学习哲学来触及"善的理念"。

近代以前，许多人认为该书中的理想国理论是一种乌托邦思想，19世纪的英国认为这是精英主义国家的管理典范。进入20世纪后，人们认为其是共产主义与独裁国家的意识形态源泉，尤其是在《开放社会及其敌人》（详见第223页）一书中，卡尔·波普尔严厉批判哲人王与列宁和希特勒直接相关。

人物生平：

详见《苏格拉底的申辩》（第169页）处介绍。

参考书目：

《正义论》约翰·罗尔斯；《公正：该如何做是好？》迈克尔·桑德尔

《政治学》中公 CLASSICS/田中美知太郎、北嶋美雪、尼崎德一、松居正俊、津村宽二［译］

《政治学》

(亚里士多德)

　　《政治学》（古希腊语为 $T\alpha\ \Pi o\lambda\iota\tau\iota\kappa\acute{\alpha}$，英语为 *Politics*，公元前 4 世纪）是亚里士多德的著作，是《尼各马可伦理学》（详见第 173 页）的续篇，也是政治学史上最重要的经典之一。在该书中，亚里士多德探讨了能够实现人类最高善（幸福）的理想国家体制。

　　亚里士多德提出，人类是唯一能够感知善与恶、对与错的动物，这是人类的特性。他还认为，人是天生的"政治（古希腊语为 $\pi\acute{o}\lambda\iota\varsigma$，英语为 polis，意为'古希腊城邦'）动物"，只能生存于持有一定目的的集体之中。家族是因日常生活的需要而产生的共同体，为了实现更好的生活，村落逐渐形成，最终诞生了城邦，其目的在于实现脱离日常需求的最高善。因此，在探究政治的理想存在形式之时，首先需要思考家族及其根基——私有财产制度。

　　亚里士多德对其老师柏拉图的"理念论"（详见第 044 页）持批判态度。他认为，事物的存在具有四个原因：质料因（构成事物的材料）、形式因（事物展现出来的形式）、动力因（引起运动和变化的原因）和目的因（事物存在的目的），而这四种原因构成了一切存在着的事物。

　　在此基础上，亚里士多德提出，城邦的存在也具有其特定目的，那便是在道德层面令公民正确善良地生活。为了探讨何为最佳国家体制，亚里士多德首先考察了现实希腊城市中实际存在的政治体制，这一点与柏拉图在《理想国》（详见第 247 页）中倡导的理想主义国家体制（哲人王政治）形成了鲜明的对比。

　　此外，亚里士多德根据统治者的人数，即由一人统治、少数人统治，还是由多数人统治，以及统治的目的，即以促进公共利益还是牟取私利为基准，将政体分为六类。

　　（1）以促进公共利益为目的、由一人统治的"君主政体"；（2）以牟取私利为目的、由一人统治的"僭主政体"；（3）以促进公共利益为目的、由少数人统治的"贵族政体"；（4）以牟取私利为目的、由少数人统治的"寡头政体"；（5）以促进公共利益为目的、由多数人统治的"共和政体";(6)以牟取私利为目的、由多数人统治的"平民政体"。

亚里士多德指出,其中寿命最短的政体是僭主政体和寡头政体,而考虑公共利益的君主政体、贵族政体和共和政体才属于正当的或正宗的政体。由于参与统治的公民越多越有利于公共利益,因此亚里士多德认为,由大众参与统治的共和政体是最为理想的政体。因此他提出,凡是公民(女性、奴隶和外国人除外),都应积极参与城邦政治。

在该书中,亚里士多德还提及其在《尼各马可伦理学》中探讨的"中庸"的重要性。他警示世人,若出现了富人只知统治、穷人只知服从的情况,社会中就会产生极端贫富差距,从而引发从平民政体到寡头政体的变革。此外,亚里士多德强调,以大量且稳定的中产阶级为基础建立社会具有重要意义。

基于此,亚里士多德指出,由于国家由自由且平等的公民构成,所以必须依法治国。此外,法律的正确与否,取决于能否被大众接受,法律不以公民长期形成的习惯为基础,便不足以令民众信服。

人物生平:

详见《尼各马可伦理学》(第173页)处介绍。

参考书目:

《理想国》柏拉图

《史记 1—8》 筑摩学艺文库/小竹文夫、小竹武夫 [译]

《史记》

（司马迁）

《史记》（约公元前 91 年）是中国西汉武帝时期史学家司马迁编撰的纪传体史书，位列中国二十四史之首，与《汉书》齐名，世人对其评价颇高。

公元前 1—2 世纪，欧亚大陆之上崛起了两个帝国，分别是罗马帝国、中国汉朝。公元前 221 年，秦朝一统天下之后，江山易主，汉朝取代了秦朝，并在汉武帝时期迎来了鼎盛时期。司马迁编撰《史书》便是在这一时期。该书以纪传体成书，分别以皇帝、臣子的传记以及国家大事为主题进行了记录。在此之后，纪传体成为中国正史的标准形式。

该书共分为五个部分，分别是本纪十二篇、表十篇、书八篇、世家三十篇以及列传七十篇，共一百三十篇，约五十二万六千五百字。

"本纪"是全书提要，以王朝的更替为体，记述了帝王的言行政绩，包括传说中的五帝，以及夏、殷、周、秦乃至汉武帝时期的历代皇帝。"表"则按照年表记录了诸皇帝的各项史事。"书"记录了国家政治以及经济等方面的变迁。"世家"则描述了诸侯世家的兴衰，从周朝的太公望到春秋战国时期的诸侯王，反叛秦朝的陈胜、吴广等人也均在其中。此外，汉武帝时期，儒教逐渐成为国教，因此非诸侯王的孔子也被记录在内。"列传"中记录的则是上述类别以外的留名历史的人物。

在中国，除儒家经典五经（《诗》《书》《礼》《易》《春秋》）之外，春秋战国时期出现的诸子百家（孔子、老子、庄子、墨子、孟子、荀子等人物，以及儒家、道家、墨家、名家、法家等学派）都拥有其自身的历史传承，但从未有过一部书籍完整记录了中国的全部历史。对此，司马迁没有拘泥于任一学派，而是利用古往今来的各种古籍，综合而全面地记录了历史。

《史记》一书传入日本的时间并不明确，但最晚不会迟于 6 世纪，因为圣德太子在《十七条宪法》中引用了该书的内容。如今日本使用的 "鸡口牛后" "完璧" "鸿门宴" "国士无双" "四面楚歌" "酒池肉林" "背水一战" "曲学阿世" "旁若无人" 等惯用语均出自该书。

此外，"刎颈之交"一词也出自《史记》，讲的是中国战国时期赵国臣子蔺相如与廉颇之间的故事，二人友谊深厚，能够为彼此上刀山、下火海，即使因为对方被斩首也在所不惜。司马迁在《史记·廉颇蔺相如列传》传末赞道："知死必勇，非死者难也，处死者难也。"

司马迁为于匈奴一役中战败投降的李陵辩护激怒了汉武帝，被迫在死刑和宫刑之间作出抉择。为了完成父亲编撰史书的遗志，司马迁毅然选择了以腐刑赎身死。此后，他忍辱负重，以宦官身份成为天子近臣中书令，开始全心投入到《史记》的编撰之中。

司马迁在给其友人任安的书信《报任安书》中直抒胸臆道："仲尼厄而作《春秋》；屈原放逐，乃赋《离骚》；左丘失明，厥有《国语》；孙子膑脚，《兵法》修列；不韦迁蜀，世传《吕览》……草创未就，会遭此祸，惜其不成，是以就极刑而无愠色。"文章发语酸楚沉痛，笔端饱含其无限愤慨之情。

人物生平：

司马迁（公元前145/135—公元前87/86年）：中国周朝史官家族司马氏后代，西汉史学家。公元前108年，司马迁子承父业，接替其父司马谈成为太史令。公元前99年，因为被匈奴俘虏的李陵辩护，司马迁触怒汉武帝，被处以宫刑。大赦出狱后，司马迁成为宦官中书令（相当于天子的秘书长），继承其父遗志完成了著述《史记》的宏愿。

参考书目：

《汉书》班固

《新装版 贞观政要》中国古典新书/原田种成

《贞观政要》

（吴兢）

《贞观政要》（8 世纪）是中国唐代史学家吴兢所编撰的史书，记录了中国历史上最伟大的君主之一——唐朝第二位皇帝唐太宗李世民（598—649 年）的言行。

在唐太宗去世后的半个世纪中，吴兢将唐太宗与其要臣在治政时的问答汇编成了《贞观政要》一书。该书与中国古代史书《尚书》并称为"中国古代帝王的教科书"。《贞观政要》一书有两个版本，一是唐中宗时期呈奉的版本，二是玄宗时期的改编版本。

"贞观"指唐太宗在位时的年号，"政要"则意为"政治之要义"。自汉朝灭亡后，中国的混乱局面持续了 500 年之久。唐太宗一统中原，为唐朝三百年的繁荣昌盛奠定了稳固的基础。他不仅注重发展军事力量，还注重以文治国，其在位 24 年间，广泛任用贤才，整顿官制，开创了"贞观之治"这一太平盛世。

中国古代有一种职务叫作"谏官"，主要负责向皇帝忠言直谏。唐太宗尤其乐于接受臣下进言，并时刻谨记要成为最贤明的君主。

唐太宗在其即位前便招贤纳士，揽纳了以房玄龄和杜如晦为首的"十八学士"，为其将来的统治做好了准备。唐太宗兄长李建成的谋士魏征，曾劝说李建成除掉唐太宗，但唐太宗不计前嫌，不仅救了魏征的性命，还重用他为谏议大夫（该官职的职责在于对皇帝的过失进言劝谏）。唐太宗善于招收和重用有才之士，被世人誉为中国历史上的旷世明君。

在该书的开头，唐太宗谈到了身为君王应具备的原则和心态——"为君之道，必须先存百姓。若损百姓以奉其身，犹割股以啖腹，腹饱而身毙。"① 唐太宗一直警戒自身，克制欲望，不做任意妄为之事。

书中最著名的一句话是："帝王之业，草创与守成孰难？"②

---

① 此段的白话译文：身为君主，必须先对百姓施以恩惠，如若君王穷奢极欲，百姓民不聊生，就如同用自己大腿上的肉来填饱肚子，肚子填饱了，人也便死了。

② 此句的白话译文：帝王的事业之中，创业与守业哪个更为艰难？

对此，老臣房玄龄回答道："创建一国之事业，需从群雄割据之中取得最终胜利并一统天下，这一事业性命攸关，因此创业更难。"紧接着，新臣魏征回答道："新的朝代诞生之时，前朝战乱已平，百姓自然听从号令，拥立爱戴。但在新王朝建立之后，君主容易骄傲放纵，这会导致国家的衰落，如此看来守业更难。"

听完二人的意见后，唐太宗如是评价道："玄龄当初跟随我平定天下，历尽了艰难困苦，多次死里逃生，所以知道创业的艰难。魏征替我安定天下，担心出现骄奢淫逸的苗头，致使国家陷入危亡的泥坑，所以知道守业的艰难。"他告诫二人道："如今创业的艰难时刻既已过去，正因如此，守业这一难事就得和诸公一道慎之才是。"

如上所述，该书蕴含着许多有关育人用人、收服人心的道理。因此，日本自平安时代（794—1185年）以来，许多当政之士都曾阅读过该书。其中，明治天皇等历代天皇、北条政子和德川家康等人也都十分热衷于阅读该书。

人物生平：

吴兢（670—749年）：唐中宗和唐玄宗时期的历史学家，与《史通》（中国首部系统性的史学理论专著）的作者刘知几（661—721年）齐名，皆为唐朝史学泰斗。

参考书目：

《〈贞观政要〉的领导艺术》山本七平；《〈贞观政要〉：通过中国古典学习"世界最强领袖理论"》出口治明；《〈贞观政要〉的领袖学：守业难于创业》守屋洋；《尚书》；《君主论》尼科洛·马基雅维利

《列王纪：勇士鲁斯塔姆》 东洋文库/黑柳恒男［译］
《治国策》 伊斯兰原典丛书/井谷钢造、稻叶穰［译］

《列王纪：勇士鲁斯塔姆》
《治国策》

（菲尔多西/尼扎姆·莫尔克）

  《列王纪：勇士鲁斯塔姆》（波斯语为شاهنامه、*Šāh nāmah*，英语为 *Shahnameh*，1010 年）是波斯叙事诗诗人菲尔多西创作的长篇民族史诗。该书写于伊朗（波斯）伊斯兰萨曼王朝（875—999 年）统治下的波斯。波斯人曾被阿拉伯征服，为了发扬民族精神，菲尔多西写就了此篇与波斯建国相关的卷帙浩繁的长篇史诗。该史诗被誉为"伊朗民族文学中最伟大的波斯语杰作"。

  7 世纪上半叶，即以琐罗亚斯德教为国教的萨珊王朝（226—651 年）后期，以中期波斯语编撰而成的《王书》囊括了波斯诸王的历史。然而，信奉伊斯兰教的阿拉伯人在推翻萨珊王朝后，对波斯人实施了伊斯兰化政策，迫使波斯人从琐罗亚斯德教改信伊斯兰教，并强制其使用阿拉伯文字。在此背景下，《王书》也被翻译为阿拉伯语。但不幸的是，其原书和译本都已经散失。

  此后，波斯人成立萨曼王朝，波斯人民爱国主义情绪空前高涨，编撰独属于波斯的神话、传说和历史之风盛行。于是，菲尔多西以《王书》的内容为题材，编撰了《列王纪：勇士鲁斯塔姆》一书。

  约 980 年，菲尔多西着手撰写该书，历时 30 余年，最终于 1010 年完成，全书长达 6 万联（12 万行）。最初，菲尔多西打算将这部作品献给萨曼王朝的君主，但由于萨曼王朝于 999 年灭亡，所以菲尔多西将该书呈献给了突厥人建立的伊斯兰王朝——伽色尼王朝（962—1186 年）的君主马哈茂德。

  基于上述历史背景，该书中蕴含着琐罗亚斯德教的"善恶二元论"以及"二元宇宙论"的世界观。然而，由于该书创作于伊斯兰化后的伊朗时期，所以琐罗亚斯德教的世界观以及早期神话都被加以改编，以使其不违背一神教教义。

  就内容而言，该书汇编了古代波斯的神话、传说和历史，讲述了从第一代波斯国王凯尤马尔斯到萨珊王朝灭亡为止的 4 个王朝更迭里 50 位国王统治的兴衰大事。该书共分三大部分，第一部分描写了初始文明时期的神话故事，第二部分描写了各路英雄、勇士涌现的故事，第三部分则描述了萨珊王朝历代国王统治下的历史故事。其中，现代伊朗人最为熟悉的是描述人生虚幻和命运残酷的传说部分。无人能逃脱残酷的命运，人到了离去之时便会被带走，这种无常观和相关感慨在书中曾多次出现。

《治国策》（波斯语为سياست نامه、*Siyaāsat Nāma*，英语为 *Siyasatnama*，约 1090 年）是伊斯兰王朝大塞尔柱帝国（1038—1157 年）鼎盛时期的宰相尼扎姆·莫尔克创作的帝王学著作。该书探讨了王权的正当性与军事制度的理想方式，诸如得到神授王权之人的条件、君主需履行的职责等，还阐述了国家统治的真谛与要义，诸如如何实现公正的国家治理、如何统率宫廷与军队等。

该书结合了尼扎姆·莫尔克对于统治与政治的见解以及丰富的历史逸事，如《列王纪：勇士鲁斯塔姆》中提到的模范君主、传奇英雄的故事等。这类用波斯语撰写而成的统治术之书被称为"波斯语君王宝鉴"，《治国策》一书被誉为"君王宝鉴文学的代表作"。

人物生平：

菲尔多西（934—1025 年）：活跃于萨曼王朝和伽色尼王朝时期的波斯诗人。

尼扎姆·莫尔克（1018—1092 年）：伊斯兰王朝大塞尔柱帝国（今伊朗、伊拉克和土库曼斯坦地区）的宰相、学者，为塞尔柱帝国苏丹马立克沙所重用。尼扎姆·莫尔克是君主赐予的称号，意为"王国的纪纲"，其本名为哈桑·本·阿里·本·伊斯哈格·图西。

参考书目：

《古事记》；《贞观政要》吴兢；《君主论》尼科洛·马基雅维利

《君主论》岩波文库/河岛英昭 [译]

《君主论》

(尼科洛·马基雅维利)

《君主论》(意大利语为 *Il Principe*,1532 年)是"近代政治学之父"尼科洛·马基雅维利创作的政治思想著作。该书使政治独立于宗教与伦理之外,为近代政治学奠定了基石。该书深入分析了历史上形形色色的君主,并探究了君主应如何统治,以及获得权力后维持统治需要具备何种能力。

年轻时,马基雅维利成为佛罗伦萨共和国的外交官,在与当时的盟友法国、神圣罗马帝国等大国的谈判中,他发现仅凭诚意不足以解决问题。之后,共和国发生武装政变,马基雅维利也遭革职。在隐居乡下期间,他撰写了《君主论》一书,并将其呈献给了美第奇家族。

彼时,意大利分裂为许多小国,正处于动荡之中。在该书中,马基雅维利并未选择描述一个抽象的君主形象,而是聚焦于探究怎样的君主能够实现意大利的统一,并从这一视角出发,列举出大量希腊、罗马时期至今的各种君王实例,分析了其成功或失败的具体原因,提出了许多切实可行的具体建议。

马基雅维利原本是一位共和主义者,但面对国家混乱这一现实时,他得出了自己的结论——若想实现意大利的统一,需要一位像瓦伦蒂诺公爵恺撒·博尔吉亚一般既是军人又是政治家的强大君主。

马基雅维利认为,一位善良仁慈的君主固然值得称赞,但在现实中,这样的君主必定会逐渐衰落,做一位令民众惧怕的君主比做一位受人爱戴的君主更为安全。究其原因,这是由于人类本质上是自私而又虚伪的,即使看起来态度顺从,当利益受到威胁时也会奋起反叛,但对君主的恐惧,会令他们不敢生出反叛之心。马基雅维利还指出,做出政治决策需要保持无情且坚定的姿态,因此冷酷无情、人人畏惧的博尔吉亚是最为理想的君主形象。

如今,人们常说的"马基雅维利主义"指的便是马基雅维利主张的这种为达政治目的,可以使用任何权谋之术的观点。现在该词有时只是被单纯用来表示"为达目的不择手段"一义，但实际上，该词正视了人类的本性，并提出了一个极为重要的伦理问题。

此外，该书还详细探讨了许多人际关系方面的内容，比如如何施予恩惠、如何把握赏罚分寸、如何整合各类团体、如何对待下属以及如何掌握与他人的距离等。

在理想主义思潮盛行的文艺复兴时期，该书通过对人类现实姿态的观察，认为政治应与宗教和伦理道德分离开来，这一现实主义在当时的社会中具有划时代的意义。但另一方面，在此后很长一段时间里，该书都被认为是一种漠视道义伦理、冷酷无情的权利论。

然而，到了18世纪，卢梭在其《社会契约论》(详见第198页) 一书中对该书评价道："马基雅维利自称是在给君主讲课，但实际上他是在给人民讲大课，告诉他们正在被怎样的人所统治，《君主论》一书实为共和党人的宝贵教科书。"此外，孟德斯鸠和黑格尔也对该书颇为认可，这使得该书声誉大振，马基雅维利也被誉为"近代政治学之父"。

为了反驳伏尔泰对马基雅维利的赞美，普鲁士国王腓特烈大帝写下了《反马基雅维利》(Anti-Machiavel) 一文，并对《君主论》一书进行了逐章反驳，批判其违反了人道主义。但据传，腓特烈大帝本人的行为处事也体现着马基雅维利主义。

人物生平：

尼科洛·马基雅维利（1469—1527年）：意大利文艺复兴时期政治思想家、外交家。1498年，他出任佛罗伦萨共和国第二国务厅（负责军事和外交事务）长官，经常出使各国，与许多国家进行过外交谈判，其中与罗马尼阿公爵切萨雷·波吉亚（1475—1507年）的近距离交涉成为他撰写《君主论》的契机。博尔吉亚自小便被培养为神职人员，后晋升至枢机主教，23岁时自请辞去所有神职，受封成为瓦伦蒂诺公爵，并于1499年开始征服罗马尼阿（Romagna）地区。在控制了伊莫拉（Imola）、弗利（Forli）、切塞纳（Cesena）、佩萨罗（Pesaro）、里米尼（Rimini）、法诺（Fano）、法恩扎（Faenza）、博洛尼亚（Bologna）、乌尔比诺（Urbino）和卡梅里诺（Camerino）地区之后，博尔吉亚成为罗马尼阿公爵。博尔吉亚还曾聘请列奥纳多·达·芬奇为其军事建筑工程师，来整顿他的领地。博尔吉亚曾想统一意大利，但最终于31岁时战死。

参考书目：

《我的朋友马基雅维利：佛罗伦萨的兴亡》盐野七生；《马基雅维利语录》盐野七生；《优雅的冷酷：切萨雷·波吉亚的一生》盐野七生；《贞观政要》吴兢；《治国策》尼扎姆·莫尔克

《利维坦 1・2》中公 CLASSICS/永井道雄、上田邦义［译］

《利维坦》

（托马斯・霍布斯）

《利维坦》(Leviathan, 1651 年) 是英国政治家、哲学家托马斯・霍布斯的政治哲学经典之作。该书提出了一种全新的理论——社会契约说，书中系统阐述了国家的起源和发展，并以此突破了传统君权神授之观点，论证了君主专制制度的合法性。

该书的全称为《利维坦，或教会国家和市民国家的实质、形式和权力》(LEVIATHAN OR The Matter, Forme, & Power OF A COMMON-WEALTH ECCLESIASTICALL AND CIVIL)。"利维坦"一词取自《旧约圣经》的《约伯记》中海怪利维坦的名字，霍布斯以此来比喻一种不受教会牵制的强大国家，即君主专制国家。细看该书的封面插图时就会发现，这个头戴皇冠的利维坦是由无数个人形组成的，这些人便是将自身自然权利转让给政府的人。

霍布斯起笔该书时，正值英国社会动荡不安之时。清教徒革命领导者奥利弗・克伦威尔夺取政权后，后来的国王查理二世流亡至法国。在从清教徒革命到英国王权复辟的这一动乱时期，霍布斯撰写该书是为了效仿笛卡尔的机械论自然观，为一种全新的、人为的国家理论奠定基础。

该书指出，在自然状态下，人类互相行使自然权利，从而导致了"一切人反对一切人的战争"(the war of all against all)。霍布斯指出，为了避免此种混乱局面，也为了人们能和平而安全地共同生活，人们应当缔结契约，将其与生俱来的自然权利转让给国家（联邦）。这便是社会契约论。

一旦人们签订了契约，放弃其自然权利后，每个人就必须服从于代表整体利益的国家。代表这个国家意志的人为主权者，主权者以外的成员便是臣民（人民）。自此，国家与主权得以成立。

霍布斯指出，根据主权者的不同，可以把国家分为如下三种类型：第一种是君主制国家，在这种国家体制下，代表主权的仅仅是君主一个人；第二种是民主制国家，在这种国家体制下，代表主权的是议会的全体组成成员；第三种是贵族制国家，在这种国家体制下，代表主权的是议会的一部分成员。霍布斯认为，将所有权利交由主权者一人掌管的君主专制制度，才是最为理想的政治形态。

人们遵从自然法达成契约，将个人的自然权利转交给一个主权者，但这并不意味着人们放弃了自我保护与发动暴力的权利。主权者无法掌控所有臣民的行为，臣民可以在法律范围之外自由行动。此外，如果服从主权者的命令会令臣民无法自保，那么人民有权通过逃亡进行反抗。

约翰·洛克和让-雅克·卢梭批判性地继承了霍布斯的观点。洛克在其《政府论》（详见第195页）中，从自然状态的角度出发，重新探讨了社会契约框架下国家应有的存在形式。而卢梭在其《社会契约论》（详见第198页）中，讨论了在每个人拥有自由意志并结成社会契约的基础上，国家是怎样的存在。他二人与霍布斯的区别在于，霍布斯认为自然状态下的自然法是不完善的，但他二人却认为在自然状态下，自然法从始至终都得到了贯彻。

人物生平：

托马斯·霍布斯（1588—1679年）：清教徒革命至王权复辟时期的英国哲学家、政治学家。霍布斯自牛津大学毕业后，成为卡文迪许伯爵之子的家庭教师。霍布斯多次周游欧洲大陆，在此期间，他培养了哲学、政治和自然科学的素养。由于在《法的原理：论人性与政治体》一书中支持君主专制，霍布斯遭到议会派抨击，于巴黎度过了11年的逃亡生涯。在此期间，他成为同样在巴黎逃亡的皇太子（后来的查理二世）的家庭教师。1660年，英国王权复辟，霍布斯受到查理二世的厚待。但与此同时，他由于试图使用机械因果论来解释人民、国家以及一切事物，被宗教界认为是无神论者，被共和派认为是专制政治的捍卫者，受到了多方的严厉批判。

参考书目：

《政府论》约翰·洛克；《社会契约论》让-雅克·卢梭

《论法的精神 上·中·下》岩波文库/野田良之、稻本洋之助、上原行雄、田中治男、三边博之、横田地弘 [译]

《论法的精神》

（查理·路易·孟德斯鸠）

《论法的精神》（法语为 *De l'esprit des lois*，1748 年）是法国思想家查理·路易·孟德斯鸠创作的政治哲学著作。

孟德斯鸠整理资料、潜心著述，在该书的撰写上花费了 20 多年的心血，在立宪主义、权力分立、废除奴隶制、维护公民自由和法律规范等方面展开了大量论述。

此外，他认为政治体制应当反映每个共同体特有的社会及地理特征，并以通过宪法限制君主权力的英国限制王权制为例，批判了法国的绝对王权。在此基础上，他还进一步发展了约翰·洛克的权力分立理论，主张三权分立学说，即把政治权力分为立法权、行政权和司法权。

该书将政治体制分为共和制、君主制和专制。共和制又被分为民主制和贵族制，当国家相对广泛地扩大公民权利时，便是民主制；当国家试图限制公民权利时，便是贵族制。关于君主制和专制的区别，孟德斯鸠指出，如果存在限制统治者权力的中间势力（贵族、神职人员），这便是君主制；如果不存在这一群体，这便是专制。他还举例论证，日本江户幕府就是典型的专制政体。

孟德斯鸠的权力分立理论强调了贵族的作用，但同样适用于民主主义政治，并对 1788 年美国宪法和法国大革命期间的 1791 年宪法产生了深远影响。

人物生平：

查理·路易·孟德斯鸠（1689—1755 年）：法国启蒙运动思想家、法学家、历史学家，法兰西学院院士。他出生于贵族法官家庭，于波尔多大学学习法律，后前往巴黎游学。1716 年，其伯父去世，孟德斯鸠继承了伯父的男爵爵位和波尔多高级法院副院长一职。他 37 岁时辞去了波尔多高级法院副院长职务，从此潜心学术。

参考书目：

《政府论》约翰·洛克

《常识 另三篇》 岩波文库/小松春雄 ［译］

《常识》

（托马斯·潘恩）

《常识》（*Common Sense*，1776 年）是英裔美国哲学家托马斯·潘恩于费城匿名出版的一本 47 页的小册子。

即使在 1775 年的列克星敦和康科德战役中战胜了英国政府军，北美人民也仍然不愿独立，只是主张扩大自治权。对此，潘恩用通俗易懂的英语指出，既然英国不保护殖民地的权利，那么北美从其统治下独立这一想法便是"常识"，并以此来鼓励当时的公众支持美国独立。

潘恩在书中指出，受到全世界赞赏的英国政体实际上是君主世袭制与贵族制的封建残留，并全盘否定了北美殖民地人民所相信的英国民主主义神话。他还认为，只有独立，才能建立起一个真正自由而民主的国家。此外，有人担心脱离英国会对北美经济产生负面影响，对此，潘恩呼吁道，如果国家独立，实施自由贸易，那么北美的经济将会更加繁荣。

尽管彼时美国独立战争已经开始，但在最初，支持美国独立的人并不占多数。即便如此，该书发行仅 3 个月就卖出了 12 万册，最终销量为 50 万册，这也使得北美独立的势头更加强劲。

人物生平：

托马斯·潘恩（1737—1809 年）：英裔美国哲学家、政治活动家、革命家、思想家。出生于英国诺福克郡，其父是贵格会教徒，也是一名胸衣匠人。1774 年，凭借身处伦敦的美国科学家本杰明·富兰克林的推荐信，潘恩移居美国。他在费城尝试过多种职业后，担任杂志《宾夕法尼亚》的编辑，并发表了《常识》一书。

参考书目：

《人的权利》托马斯·潘恩

《永久和平论》 岩波文库/宇都宫芳明［译］

《永久和平论》

（伊曼努尔·康德）

《永久和平论》（德语为 *Zum Ewigen Frieden*：*Ein philosophischer Entwurf*，1795 年）是德国哲学家伊曼努尔·康德创作的政治哲学著作，他在该书中提出了建立永久和平的条件。

该书出版于 1795 年，这一年，法兰西共和国与普鲁士王国谈和，签订了《巴塞尔和约》，其最初目的是干涉法国大革命。18 世纪，欧洲国家之间纷争不断，《巴塞尔和约》所起到的作用也不过是昙花一现。在此背景下，康德开始探索一个根本性问题——如何实现永无战争的永久和平。

该书由两项条款构成：其一是先决条款，提出了建立永久和平的条件；其二是正式条款，揭示了实现永久和平的条件。

先决条款中列举了以下条件：（1）缔结和平条约不可以保留任何导致未来战争的材料；（2）一个自身独立的国家不会通过继承、交换、购买、赠予而被另一个国家所取得；（3）常备军要及时废除；（4）任何国家不得举外债来发动对外战争；（5）任何国家不得以武力干涉其他国家的体制和政权；（6）国家间不得采用在未来和平中会使双方的互信成为不可能的敌对行动，如暗杀、放毒、破坏降约，以及教唆叛国投敌等行为。以上先决条款都是走向和平的准备阶段，而正式条款提出了更为具体的条件：（1）每一个国家的公民体制都应该是共和制；（2）国际权利以自由国家的联盟制度为基础；（3）世界公民权利应限于以普遍友好为其条件。

该书指出了共和政体的优越性，并将其扩展至国际层面，认为应建立国家间的和平联盟，这对第一次世界大战后国际联盟的建立、主张"放弃发动战争的权利"的日本宪法第九条的确立都产生了巨大影响。

人物生平：

详见《纯粹理性批判》（第 200 页）处介绍。

《战争论 上·下》 中公文库/清水多吉 [译]

《战争论》

（卡尔·冯·克劳塞维茨）

《战争论》（德语为 *Vom Kriege*，1832 年）是普鲁士王国军事理论家卡尔·冯·克劳塞维茨创作的一部关于战争和军事战略的著作。

身为普鲁士军队的军官，克劳塞维茨参与了拿破仑战争。战后，他着手撰写该书，但最终在他离世一年后，该书才得以出版。

该书共分为八个部分。书中首先提出了战争的定义，然后分别论述了"战争的性质""战争理论""战略概论""战斗""军队""防御""进攻""战争计划"。该书最大的特点在于，将战争定义为"政治通过另一种手段的继续"。

在该书中，克劳塞维茨明确指出，战争是一种社会现象，兼具暴力性和政治性这两种性质。换言之，战争是一场扩大化的决斗，是一场暴力行为，而暴力使用产生的相互作用是没有限度的，最终将导致一场完全消灭敌人的绝对战争。但他还指出，由于战争中暴力的相互作用会受到政治、社会、经济与地理因素的制约，因此真实的军事历史中并不存在这种绝对战争。克劳塞维茨认为战争从属于政治，从歼灭战到武装监视，政治定义了一切战争的形式。

该书被誉为最重要的军事战略论著之一，至今仍被许多军事院校用作教材。

人物生平：

卡尔·冯·克劳塞维茨（1780—1831 年）：普鲁士王国军人（最终军衔为少将）、军事学者。

参考书目：

《孙子》孙武

《论美国的民主 1—2 上·下》 岩波文库/松本礼二 [译]

《论美国的民主》

(阿历克西·德·托克维尔)

《论美国的民主》(法语为 De la démocratie en Amérique，英语为 Democracy in America，第一卷出版于 1835 年，第二卷出版于 1840 年）是法国法学家阿历克西·德·托克维尔的著作。在该书中，他观察并描述了 19 世纪 30 年代的美国民主制度。

为研究美国的新监狱制度，托克维尔在法国政府的派遣下，前往美国进行了为期九个月的考察。在此期间，他对美国的政治制度等各方面都颇感兴趣，并做了相关记录。

由于民主政治遵循多数表决原则，多数人可以决定少数人的意志，如 20 世纪纳粹在德国通过选举掌握了全部政权一般，民主程序也可以令权力集中在特定的个人手中。因此，该书考察了以下问题：为何共和政体的议会民主制在许多国家都失败了，却独独在美国顺利推行？为何美国的民主主义如此发达，却并没有像革命后的法国那样滋生出"多数人的暴政"？

与欧洲不同的是，美国历史上并不存在封建制度和身份制度，因此美国早已实现了"平等"原则，并且由于美国有居民自治的习惯以及结社（association）的存在，"自由"也早已融于美国文化之中。也就是说，美国在拓荒时期就有了地方自治的习惯，"平等"的居民之间通过协商来进行决定，自决的"自由"在此时起就已经根深蒂固。彼时欧洲的贵族制度已趋于崩溃，托克维尔对此进行了回顾和深切反思，认为美国是革命进行得最完全且最和平的例子，并说自己"在美国看到了超越美国的东西"。

接着，托克维尔指出了宗教发挥作用的重要性。由于人们无法忍受心灵完全没有寄托的状态，因此托克维尔提出"人如果没有信仰，就必然会遭到别人奴役；而如果想有自由，就必须信奉宗教"。他认为宗教在美国发挥着强大的作用，正是宗教防止了美国出现"多数人的暴政"。

然而，托克维尔还指出："随着平等的胜利逐渐彻底，人们会慢慢服从于这个平等所产生的自然本性，努力强化国家权力，推动中央集权化。他们原本希望成为自由的人以后能够实现平等，但是随着平等在自由的帮助下得到进一步发展，他们反而更难拥有自由了。"他认为,即使是在美国,平等的发展也会危及自由的存续,从而有可能滋生出"多数人的暴政"。

当平等惠及整个社会时,个人受到的束缚都将消失,人际关系变化不定,因此人们反而难以忍受孤独,转而开始寻找能够引领自身的事物。其结果是,代表每个人并掌握整体监护性权力的国家将变得更加强大。

再看如今的美国,曾经扼制专制的"平等"与"自由"以及其推动者——白人中产阶级逐渐衰颓,曾经支撑人们的宗教信仰也日渐淡薄。在这种情况下,"多数人的暴政"出现的可能性已经达到了前所未有的高度。如今美国政治动荡不安、社会严重分化,正是其具体的表现。

人物生平:

阿历克西·德·托克维尔(1805—1859年):法国政治思想家、法学家、政治家。他历任法国法官、国会议员、外交部长,一生积极参政,参与过法国政治的所有"三权"(立法、行政和司法)。他的《论美国的民主》一书在欧洲和美国都广受好评,至今仍被誉为政治学、社会学和历史学的经典著作,并被指定为美国大学生的必读书。

参考书目:

《梦幻之地:从梦想到狂想,美国精神五百年》库尔特·安德森;《欧洲的异常毁灭》道格拉斯·穆雷;《美国的自由主义传统》路易斯·哈茨;《自由主义为何失败》帕特里克·迪尼;《逃避自由》艾瑞克·弗洛姆

《共产党宣言》 岩波文库/大内兵卫、向坂逸郎 [译]

《共产党宣言》

（卡尔·马克思、弗里德里希·恩格斯）

《共产党宣言》（德语为 Manifest der Kommunistischen Partei，1848 年）是德国社会思想家卡尔·马克思与其友人弗里德里希·恩格斯共同撰写的书。该书指出，共产主义的胜利是历史的必然组成部分，并呼吁工人阶级团结起来。该书与《资本论》（详见第 086 页）齐名，都是马克思主义文献中最为人广泛阅读的书籍之一。

1847 年底，共产主义者同盟（由流亡巴黎的德国共产主义者创建的流亡者同盟）第二次代表大会委托马克思和恩格斯起草一份共产主义者同盟纲领。此文件写成后于次年 2 月在伦敦出版，彼时正值法国二月革命①前夕。

最初的文件全文仅 23 页，但在 1872—1893 年，马克思与恩格斯曾多次为该书追加论述了后来工人运动成果的导言。

在该书中，马克思和恩格斯纵观人类历史进程，认为人类社会与自然界一样有其客观规律性，生产关系会随着生产力的发展而转变，并从历史发展观（历史唯物主义）的立场阐释了何为历史。

该书以这样两句名言开篇：

> 一个幽灵，共产主义的幽灵，在欧洲游荡。为了对这个幽灵进行神圣的围剿，旧欧洲的一切势力，教皇和沙皇、梅特涅和基佐、法国的激进派和德国的警察，都联合起来了。
>
> （中间省略）
>
> 共产主义已经被欧洲的一切势力公认为一种势力。

---

① 法国二月革命，即法国推翻七月王朝、建立第二共和国的资产阶级革命，是法国资产阶级革命的继续，也是资本主义发展史上的一个重要阶段。

此外，第一章的标题为"资产者和无产者"，此章首句指出，"至今一切社会的历史都是阶级斗争的历史"，并分析了资产阶级资本主义形成的历史，阐明了资本主义的归宿。

该书指出，自原始共产制度崩溃以来，人类社会的历史一直都是阶级斗争的历史。资本主义的发展导致资产者（资产阶级）牢牢掌握了经济以及政治统治权，并开始支配、压迫人民。这致使资产阶级和无产阶级（工人阶级）之间的阶级斗争逐渐激化，而无产阶级最终将战胜资产阶级，完成革命。这不仅意味着无产阶级将从资产阶级的统治中获得解放，也意味着阶级统治本身也将从社会中消失。自此，资本主义将被其自身创造出来的无产阶级所推翻，资本主义时代这一历史时代也将迎来终结。

在该书的最后，马克思指出，共产主义的胜利与人类的解放是历史的必然，并呼吁国际社会的工人阶级团结起来，原文所述如下：

> 共产党人不屑于隐瞒自己的观点和意图。他们公开宣布：他们的目的只有用暴力推翻全部现存的社会制度才能达到。让统治阶级在共产主义革命面前发抖吧。无产者在这个革命中失去的只是锁链。他们获得的将是整个世界。全世界无产者，联合起来！

2013年，该书与《资本论》第一卷第一版被联合国教科文组织（UNESCO）列入了《世界记忆名录》。

人物生平：

卡尔·马克思：详见《资本论》（第086页）处介绍。

弗里德里希·恩格斯（1820—1895年）：德国社会思想家、政治思想家、记者、实业家、共产主义者、军事评论家、革命家和国际工人阶级运动领袖。恩格斯与其友人马克思共同构建了科学社会主义世界观，并明确了工人阶级的历史使命。他于公于私都十分支持马克思，在世界工人运动、革命运动、共产主义运动的发展中发挥了指导作用。

参考书目：

《资本论》卡尔·马克思；《人新世的〈资本论〉》斋藤幸平

《论自由》 岩波文库/关口正司［译］

《论自由》

（约翰·斯图亚特·密尔）

　　《论自由》（*On Liberty*，1859 年）是英国社会思想家约翰·斯图亚特·密尔创作的政治学著作，该书主要论述了自由对于个人的意义以及国家对个人行使权力的界限。

　　一方面，密尔坚持认为，自由对个人的发展至关重要，一个人若要成为真正的人，就必须能够自由地思考与发言。这里所说的自由，特指个人对于国家权力的自由。他主张"伤害原则"，即只有在给他人造成实际伤害的情况下，国家权力才有权进行干预，其目的是保证个性、多样性与个人天赋，以推动社会文明的发展。

　　另一方面，密尔也发出警示：通过扩大参政权而得以实现的民主，有可能导致群众发起的"多数人的暴政"。杰里米·边沁将快乐量化，提出了"最大多数的人的最大幸福"原则，被称为"功利主义"。密尔对边沁的快乐量化抱有疑问，认为快乐不仅有量的不同，还有质的差异，因此他主张"质的功利主义"，并在《功利主义》一书中留下了一句名言："做不满意的人比做快乐的猪更好，做痛苦的苏格拉底比做快乐的傻瓜更好。"

　　密尔的思想对后来的自由主义（liberalism）、自由至上主义（libertarianism）都产生了巨大的影响。

人物生平：

　　约翰·斯图亚特·密尔（1806—1873 年）：英国政治哲学家、社会思想家。其父詹姆斯·密尔与边沁联系密切，他也因这层关系了解并继承了边沁的功利主义。密尔在诸多领域有成就，在政治哲学方面，他不仅影响了自由主义和自由至上主义，还影响了社会民主主义思潮；在伦理学方面，他是边沁所倡导的功利主义的捍卫者；在逻辑学方面，他影响了伯特兰·罗素等人的分析哲学，并作为早期科学哲学的哲学家而广为人知。他还是继大卫·李嘉图之后古典政治经济学的代表经济学家，在阿尔弗雷德·马歇尔的《经济学原理》问世之前，密尔所著的《政治经济学原理》一直都是古典政治经济学的代表教科书。

参考书目：

《政治经济学原理》约翰·斯图亚特·密尔;《密尔论大学》约翰·斯图亚特·密尔;《论美国的民主》阿历克西·德·托克维尔;《资本主义与自由》米尔顿·弗里德曼

《关于原始交换形式：赠予的研究》 岩波文库/森山工［译］

《关于原始交换形式：赠予的研究》

（马塞尔·莫斯）

《关于原始交换形式：赠予的研究》（法语为 *Essai sur le don : forme et raison de l'échange dans les sociétés archaïques*，1925 年）是法国文化人类学家马塞尔·莫斯的一部学术著作，主要对赠予与交换进行了开创性研究，原书的副标题为"古式社会中交换的形式与理由"。

莫斯详细研究了波利尼西亚、美拉尼西亚和美国西北部的民族学资料，以及古罗马、古印度教和日耳曼的法律和习俗。其对夸富宴①（potlatch）与库拉②（kula）等社会习俗的研究表明，赠予和交换已经超越了单纯的经济原则。

莫斯进一步考察了如何通过赠予和交换来激发现代社会制度的活力，比如社会保险、互助组织、职业社团等。他认为，赠予和交换这一现象同时出现在社会集团的宗教、法律、道德、审美、政治和经济等各个方面，是一种不能简单归为某一领域的"总体性社会事实"，正是赠予和交换令社会制度更加具有活力。

后来，莫里斯·戈德利埃、安妮特·韦娜和玛丽莲·斯特拉瑟恩等人类学家继承了莫斯的研究。此外，莫斯将赠予和交换系统视为"总体性社会事实"的思想也对乔治·巴塔耶、耶雅克·德里达等后世思想家产生了巨大影响。

人物生平：

马塞尔·莫斯（1872—1950 年）：法国社会学家、文化人类学家。出生于洛林，是社会学家埃米尔·杜尔凯姆的侄子。莫斯继承了杜尔凯姆的衣钵，展开了对"原始民族"宗教社会学与知识社会学的研究。在《关于原始交换形式：赠予的研究》一书中，他深入分析了夸富宴、库拉等交换体系，提出了一个全新的概念——赠予和交换是不能

---

① 夸富宴，即广泛存在于太平洋西北部原住民族中的赠答习俗，其目的是进行财富再分配。
② 库拉，即巴布亚新几内亚东部群岛岛民中常见的装饰品交换制度。

简单归为宗教、法律、道德、经济等领域的"总体性社会事实",对克洛德·列维-斯特劳斯的结构主义人类学产生了巨大的影响。

参考书目:

《西太平洋上的航海者》布罗尼斯拉夫·马林诺夫斯基

《大众的反叛》 筑摩学艺文库/神吉敬三［译］

《大众的反叛》

（何塞·奥尔特加·伊·加塞特）

《大众的反叛》（西班牙语为 La rebelión de las masas，1929 年）是西班牙哲学家何塞·奥尔特加·伊·加塞特所著的一部大众社会论代表性著作。近代公民社会向现代大众社会过渡期间，出现了"大众"（mass-man）这一集合体，大众社会论便是探讨大众的作用及意义的社会理论。

该书在开篇这样论述道：

> 不管是好是坏，当代欧洲的公共生活凸显出这样一个极端重要的事实，那就是大众开始占据最高的社会权力。就"大众"一词的含义而言，大众既不应该亦无能力把握他们自己的个人生活，更不用说统治整个社会了。

奥尔特加认为，"大众"一词并非如其刻板印象一般指代当时的下层工人阶级，大众同时存在于社会的上层阶级和下层阶级，甚至包括以前的贵族在内。大众其实是一种"中人"，他们只拥有欲望，却缺乏主动承担义务的崇高道德，他们认为自己与其他所有人一样，并乐于与其他人一样。

随着近代化的脚步不断向前，资产阶级（有产阶级）专家（工程师、医生、金融家、教师等）也逐渐增多。其中，奥尔特加激烈地批评了有产阶级中的科学家，他认为，科学家封闭在狭隘的世界中，是典型的"大众人"，也是"现代文明的野蛮人"。

他还指出，进入 20 世纪后，大众已成为绝大多数，他们掌握了社会权力，拥有了统治权，这便是"大众的反叛"。他说道："我们这个时代的典型特征就是，平庸的心智尽管知道自己是平庸的，却理直气壮地要求平庸的权力，并把它强加于自己触角所及的一切地方。"换言之，大众的反叛就是"人类彻底的道德沦丧"。

奥尔特加认为，"大众"的反义词是"贵族"。在他看来，掌握着从过去传承下来并扎根于生活中的知识，愿意与不同于自身的人相处，颇具耐心，十分宽容，积极接受约束自身的限制，并在这种限制之中发挥自身能力，这种秉持着自由主义宗旨的人，才是真正的"贵族"。

奥尔特加是自由主义的积极拥护者，他认为"在所有的政治形式中，最能体现人类追求共存之崇高意愿与努力的，就是自由民主政体"。这种政体极致地表达了为邻人着想的美德，是宽容的最高形式，是多数承认少数的权利，是这个星球上曾回响过的最崇高的呼声。

奥尔特加认为，法西斯主义（极权主义）和布尔什维克主义（马克思列宁主义）是与自由主义对立的存在。他严厉地指出，这二者与人类历史文化背道而驰，是"向野蛮主义的倒退"。

该书出版时，西班牙仍是军事独裁政权，苏联已在马克思列宁主义的指导下成立，纳粹法西斯主义也开始在德国兴起。在此时代背景下，该书敲响了社会大众化的警钟，一经出版就十分畅销，许多国家都陆续翻译出版了该书。

人物生平：

何塞·奥尔特加·伊·加塞特（1883—1955年）：西班牙哲学家。获马德里大学哲学博士学位后，为研究康德前往德国留学。回国后，奥尔特加成为马德里大学形而上学教授，同时也是一名评论家。西班牙内战后，他流亡到法国、阿根廷等地，回国后一心写作，全力推动西班牙的知识复兴。他父亲是西班牙一家主流报纸的总编辑，母亲是该报纸创始人的女儿，奥尔特加本人可谓是"出生在报纸印刷机上"。奥尔特加的兴趣并不限于形而上学，其著作涉猎领域广泛，包括文明与国家、文学和艺术等。他并未尝试系统地构建自己的思想体系，并自称为"无明确论证的学问"。此外，他还通过散文、具有启蒙性的论述文和面向普通民众的公众演讲等方式来表达自己的思想。

参考书目：

《孤独的人群：美国人社会性格演变之研究》大卫·理斯曼；《逃避自由》艾瑞克·弗洛姆；《极权主义的起源》汉娜·阿伦特；《规训与惩罚：监狱的诞生》米歇尔·福柯

《为什么有战争》

(阿尔伯特·爱因斯坦、西格蒙德·弗洛伊德)

《为什么有战争》(*Why War?*: *The Correspondence between Albert Einstein and Sigmund Freud*, 1932 年) 是 "现代物理学之父" 阿尔伯特·爱因斯坦与 "精神分析之父" 西格蒙德·弗洛伊德之间的往来书信。在第二次世界大战前的动荡期，该书信未曾面世，直到 2000 年才得以出版。

1932 年，当时的国际联盟请求爱因斯坦与他最希望与之交换意见的人通信，并就他认为的当今文明中最重要的问题展开讨论。对此，爱因斯坦抛出的问题是 "人类为什么要发动战争？"，他选择的通信对象是专门研究人类精神的专家——弗洛伊德。

彼时，爱因斯坦 53 岁，弗洛伊德 76 岁。两人都是犹太人，在纳粹德国势力急剧扩张之时，爱因斯坦被迫逃往美国，弗洛伊德则逃往英国。

在这封信中，爱因斯坦问道：

> 几个世纪以来，为了实现国际和平，许多人都进行了十分真诚的努力。但尽管如此，和平仍未到来。这种失败使得我们不得不坚信，是人类的心理出现了问题。在人们的心中，隐藏着各种各样与和平相抗衡的力量，这些强大的心理因素在发挥着作用，阻碍着寻求和平的努力的成功。
>
> （中间省略）
>
> 可能答案只有一个：因为人们内心深处潜伏着一种本能的欲望——被仇恨所驱使、想要毁灭对方的欲望。
>
> （中间省略）
>
> 在此，我提出我们的最后一个问题：我们能否将人类的心理引导至特定的方向，控制人类精神的演变，从而抵御仇恨和毁灭这一精神疾病呢？

对此，弗洛伊德回答道：

  这些毁灭性冲动能够得到满足，显然是由于它们与那些爱欲冲动或理想主义冲动混合起来所导致的。当我们从书本上看到过去的残酷暴行时，有时看上去仿佛理想主义的动机只被当作毁灭性愿望的借口；

（中间省略）

  因此，对我们的直接目的来说，我们完全可以从已经说过的话中得出如下结论：试图排除人的攻击性倾向是徒劳的。

（中间省略）

  诚如您自己所说，在任何情况下要完全排除人类的攻击冲动是不可能的，只要努力把它们通过非战争的渠道发泄出来就足够了。

（中间省略）

  我们反对战争的主要原因是，我们不得不这样做。我们之所以是和平主义者，是因为出于先天固有的原因，我们才不得已而为之。

（中间省略）

  现在，战争就是为了最彻底地反对文明过程施加于我们的心理态度，正是这个原因迫使我们反对战争。

  总的来说，弗洛伊德的回答是"凡是能促进文明发展的事物，都同时可用来反对战争"。人类具有一种本能的破坏欲，这种欲望无法摆脱，却能加以控制，使其不被激发出来。

  这两封书信交流虽然十分简短，但作为物理学和精神分析领域的大师对话，其内涵极其丰富，令人不禁深思人类的本质以及文化的意义。

  此外，在该书的日文版中，养老孟司（日本解剖学家）和齐藤环（日本精神科医师）二人在卷尾的解释也十分优秀。

人物生平：

  阿尔伯特·爱因斯坦（1879—1955年）：德国出生的理论物理学家。他从根本上改变了此前人们对物理学的认知，被誉为"20世纪最伟大的物理学家""现代物理学之父"。他提出了狭义相对论以及广义相对论、相对论宇宙学、解释布朗运动起源的涨落耗散定理、基于光量子假说的光的波粒二象性、爱因斯坦热容理论、零点能、半经典薛定谔方程和玻色-爱因斯坦凝聚等理论。因提出光量子假说阐明了光电效应，爱因斯坦被授予诺贝尔物理学奖。

  西格蒙德·弗洛伊德：详见《精神分析引论》（第211页）处介绍。

参考书目：
《自传：泥土与火焰的迷宫》加藤唐九郎

《新版 极权主义的起源 1—3》 美篶书房/大久保和郎 [译]
《新版 艾希曼在耶路撒冷：一份关于平庸的恶的报告》 美篶书房/大久保和郎 [译]

《极权主义的起源》
《艾希曼在耶路撒冷：一份关于平庸的恶的报告》

（汉娜·阿伦特）

《极权主义的起源》（*The Origins of Totalitarianism*，1951 年）是德国犹太裔政治哲学家汉娜·阿伦特创作的政治哲学著作，书中探讨了极权主义。

阿伦特亲身体验过极权主义，并以这一统治体制的出现为契机，开始了对于政治的思考。她试图通过考察历史来了解极权主义的产生原因，以及为何无法阻止它。

该书分为三部：《反犹主义》、《帝国主义》和《极权主义》。其中，《反犹主义》主要讲述了 19 世纪出现的反犹主义现象；《帝国主义》讲述了 19 世纪末至第一次世界大战期间的帝国主义和民族国家的崩溃；《极权主义》则讲述了 20 世纪极权主义在意大利和德国的崛起及其统治。

阿伦特指出，19 世纪拿破仑战争后出现了民族国家，它是一种建立在语言、历史和文化同质性基础上的集体，这导致了一种不同于以往对犹太人反感的反犹主义。

19 世纪末发展起来的资本主义对民族国家产生了巨大的影响。在资本主义经济向世界各地蔓延的过程中，出现了海外帝国主义，即英国和法国等国家通过武力征服来寻求海外殖民地。相比之下，德国与俄国的海外扩张步伐缓慢，于是它们踏上了大陆帝国主义的道路，即在欧洲大陆内扩张殖民。由于其海外扩张受阻，大陆帝国主义的民族主义和种族主义色彩逐渐增强。

进入 20 世纪后，阶级社会和阶级意识逐渐消失，出现了与此前公民社会相对的大众社会。大众对政治与公众问题漠不关心，却对极权主义表示支持，因为它提出了一个虚假但易于理解的世界观。因此，阿伦特认为，极权主义运动是一种群众运动。

阿伦特指出，"集中营通过使死亡本身无名……剥夺了死亡在任何情况下可能具有的意义。"换言之，她认为，犹太人集中营是极权主义证明其世界观的一种手段。

在该书中，阿伦特明确指出，极权主义的起源与西方的近代历史有着深刻的联系。

《艾希曼在耶路撒冷：一份关于平庸的恶的报告》（*Eichmann in Jerusalem：A Report on*

the Banality of Evil，1963 年）是阿伦特撰写的盖世太保（秘密警察）犹太人事务办公室主任阿道夫·艾希曼的审判记录，曾连载于《纽约客》杂志上。

为实现"犹太人问题的最终解决方案"（德语为 Endlösung der Judenfrage），艾希曼曾指挥将数百万犹太人转移到奥斯维辛集中营（该集中营的指挥官是鲁道夫·赫斯）。二战结束后，他逃亡到阿根廷，但于 1960 年被摩萨德（以色列的情报部门）查到行踪，被秘密押送至以色列，以"反人道罪""反和平罪"等 15 宗罪名受审，最后被判处有罪，并被处以绞刑。1961 年，耶路撒冷对此进行公开审判之时，阿伦特本人也参与了审判旁听，记录了从审判到处决艾希曼的全过程，并写就此书。

在审判中，艾希曼表示，他对于迫害犹太人的行为感到十分遗憾，但自己只是按照命令和法律履行自身职责，并主张自己无罪。在此之前一直将艾希曼视为邪恶权势化身的人们感到非常困惑：艾希曼实际上只是个小官吏，他犯下这一可怕罪行竟不是出于对犹太人的仇恨，而只是为了完成上级下达的任务。

谈到艾希曼时，阿伦特这样说道："他完全不明白自己所做的事是什么样的事情。……他并不愚蠢，却完全没有思想——这绝不等同于愚蠢，却是他成为那个时代最大犯罪者之一的因素。"她还指出："这种脱离现实与无思想，即可发挥潜伏在人类中所有的恶的本能，表现出了其巨大的能量。"她用"平庸"一词来描述无思想性与恶之间的"奇妙"关系，并给世人敲响了警钟。

在该书中，阿伦特还提出了一些疑问：以色列是否拥有审判权？侵犯阿根廷的国家主权并将艾希曼带入以色列是否正确？国际法对于"反和平罪"没有明确的定义，那么审判本身又是否正当呢？她还指出，犹太人也要对大屠杀负责，如犹太居民委员会的领导人。此外，苏联对波兰人的屠杀（卡廷森林事件）和美国对日本广岛和长崎的原子弹轰炸都没有受到审判，对此阿伦特也加以批判。

此书出版后，阿伦特受到犹太人社会和以色列犹太复国主义[①]者的强烈谴责，并被指控"为纳粹主义辩护"。

如此，阿伦特将纳粹党卫队军官艾希曼描绘成一个似乎随处可见的平庸之人，并指出"论及政治问题，服从等同于支持""平庸之恶有可能发生在任何一个人的身上"，这给人们带来了巨大的冲击。

人物生平：

汉娜·阿伦特（1906—1975 年）：出生于德国的犹太人，政治哲学家。她因研究分析滋生出极权主义的大众社会而闻名。1924 年，她在马尔堡大学师从马丁·海德格尔。

---

① 犹太复国主义（Zionism），是一种犹太民族主义思潮，号召散居在世界各地的犹太人返回巴勒斯坦，重建犹太国家，复兴犹太民族。

1925年，她转学至弗赖堡大学师从埃德蒙德·胡塞尔。1926年，她又来到海德堡大学，在卡尔·西奥多·雅斯贝尔斯门下攻读博士学位。纳粹上台后，开始对犹太人加以迫害，在此时期，阿伦特开始收集反犹主义资料，并协助人们逃离德国。1933年，纳粹掌权后，阿伦特逃亡至法国。第二次世界大战爆发后，1940年，法国部分领土被纳粹德国占领，1941年，阿伦特逃亡至美国。她曾任加利福尼亚大学伯克利分校、芝加哥大学、普林斯顿大学和哥伦比亚大学教授、客座教授，并于1967年被任命为社会研究新学院的哲学教授。

参考书目：

《人的境况》汉娜·阿伦特；《追寻生命的意义》维克多·埃米尔·弗兰克尔；《大众的反叛》何塞·奥尔特加·伊·加塞特

《我有一个梦想》 新教出版社/克莱伯恩·卡森、克里斯·谢泼德［编］/梶原寿［审译］

《我有一个梦想》

（马丁·路德·金）

  《我有一个梦想》（*I Have a Dream*，1963 年）是美国基督教新教浸礼会牧师马丁·路德·金为呼吁种族平等、消灭种族歧视而进行的演说。

  在美国各地民权运动发展势头正猛之时，马丁·路德·金在美国首都华盛顿特区组织集会，以纪念亚伯拉罕·林肯公布《解放黑人奴隶宣言》100 周年。1963 年 8 月 28 日，马丁·路德·金组织了"向华盛顿的伟大进军"的游行，规模极大，参与人数超过 20 万人。在林肯纪念馆的台阶上，马丁·路德·金即将结束演讲时，福音歌手马哈丽亚·杰克逊向他高喊"告诉大家你的梦想"，他便没有宣读事先准备好的演讲结尾语，而是以《我有一个梦想》（*I Have a Dream*）为题开始了即兴演说，讲述了他消灭种族歧视、实现种族和谐的梦想。

  这次演讲受到美国乃至国际上的高度赞扬，并与约翰·肯尼迪于 1961 年 1 月 20 日发表的总统就职演讲共同被誉为"20 世纪美国最著名的演讲"。

  马丁·路德·金领导的民权运动十分热烈，美国国内的公众舆论也随之高涨。1964 年 7 月 2 日，林登·约翰逊政府颁布了《民权法案》，这是美国建国后近 200 年以来美国在民权和劳动法上的标志性立法进程，它宣布了因种族、肤色、宗教信仰、性别或来源国而出现的歧视性行为皆为非法。

人物生平：

  马丁·路德·金（1929—1968 年）：美国新教浸礼会牧师。马丁·路德之名来源于发起宗教改革的马丁·路德。他因金牧师一名为人所知，是非裔美国人民权运动的领导者。他对民权运动做出的杰出贡献为人称道，后因"为消灭美国的种族偏见而开展非暴力抵抗运动"被授予 1964 年度诺贝尔和平奖。1968 年 4 月 4 日，在美国田纳西州孟菲斯市内的汽车旅店内，马丁·路德·金在与其他民权运动领导者碰头时，遭枪击身亡。他的墓志铭是"我自由了！感谢万能的主，我终于自由了！"。

参考书目：

《肯尼迪总统演讲集》 长谷川洁

《退出、呼吁与忠诚：对企业、组织和国家衰退的回应》 MINERVA 人文·社会科学丛书/矢野修一 [译]

《退出、呼吁与忠诚：对企业、组织和国家衰退的回应》

（阿尔伯特·赫希曼）

《退出、呼吁与忠诚：对企业、组织和国家衰退的回应》（*Exit, Voice, and Loyalty: Responses to Decline in Firms, Organizations, and States*，1970 年）是德裔政治经济学家阿尔伯特·赫希曼创作的社会科学领域的经典之作。他在该书中提出了组织中人类的行为原理。

赫希曼将组织中的个人为应对他们所面临的问题（如公司与消费者、股东、员工之间的关系）而采取的行动分为三类，分别是"退出""呼吁""忠诚"。

若成员对组织不满，其反应之一便是"退出"，如更换商品、出售股份、离职等，即不再做该组织的成员，从实际意义上说是一种逃跑。而通过投诉、内部举报、罢工等方式表达不满即"呼吁"，即维持组织成员的身份，但通过发声来推动组织的内部变革。"忠诚"是"退出"和"呼吁"的前提，成员的"忠诚"程度决定了他们采取反应的方式及其影响力。组织决策者通过这些反应找出问题所在并做出回应，以此来改善组织中存在的问题。

赫希曼批判了米尔顿·弗里德曼（详见第 115 页）提倡的允许自由"退出"学校的教育券制度。他指出，弗里德曼的观点缺乏这样一种视角，即学生可以留在学校里，通过"呼吁"来解决问题。

人物生平：

阿尔伯特·赫希曼（1915—2012 年）：德国出生的犹太政治经济学家。其专业是政治经济学和发展经济学，曾就读于弗里德里希·威廉大学，但由于其是犹太人，在纳粹上台后移居法国，并在巴黎和伦敦学习，后于的里雅斯特大学取得经济学博士学位。1940 年，他在法国从军，但在德国占领法国后，他逃往葡萄牙，后前往美国，在加州大学伯克利分校开始了其研究生活。他是耶鲁大学的客座研究教授、哥伦比亚大学的国际经济学教授、哈佛大学的政治经济学教授，还是普林斯顿高级研究院的教授。

参考书目：

《资本主义与自由》米尔顿·弗里德曼

《定本 想象的共同体：民族主义的起源与散布》 书籍工房早山/白石隆、白石沙耶［译］

《想象的共同体：民族主义的起源与散布》

（本尼迪克特·安德森）

《想象的共同体：民族主义的起源与散布》（*Imagined Communities*：*Reflections on the Origin and Spread of Nationalism*，1983 年）是美国政治学家本尼迪克特·安德森的著作，揭示了近代民族国家的建立过程。

安德森首先关注到民族国家建立之前的阶段，并考察了宗教共同体和王国在社会的组织化中究竟发挥了何种作用。他指出，民族是一种通过语言想象出来的、全新的政治共同体，并考察了民族主义从 18 世纪在欧洲出现到如今成为世界性政体的发展过程。

安德森还指出，民族和民族主义是一种"文化的人造物"，他在书中说道：

> 民族是一种想象的政治共同体——并且，它是被想象为本质上是有限的，但同时也享有主权的共同体。

他认为，资本主义兴起以及在这种时代背景下出版业的蓬勃发展（印刷资本主义），使这种集体想象成为可能。人们在大航海时代发现外语后，外语与本国语言的对比研究开始盛行，与此同时，在本国语言的媒体（报纸、杂志、政治宣传册等）的传播下，爱国主义这种意识形态得以诞生。

人物生平：

本尼迪克特·安德森（1936—2015 年）：出生于中国昆明的美国政治学家、康奈尔大学政治学系教授。其专业是东南亚地区研究和比较政治学，并以印度尼西亚独立革命的相关研究获得博士学位。其弟佩里·安德森是西方著名的马克思主义史学家。

参考书目：

《家庭、私有制和国家的起源》弗里德里希·恩格斯；《极权主义的起源》汉娜·阿伦特

《事实：用数据思考，避免情绪化决策》

（汉斯·罗斯林、欧拉·罗斯林、
安娜·罗斯林·罗朗德）

《事实：用数据思考，避免情绪化决策》（*Factfulness：Ten Reasons We're Wrong About the World–and Why Things Are Better Than You Think*，2018年）是瑞典公共卫生学家汉斯·罗斯林及其儿子欧拉、儿媳安娜共同撰写的著作，讲述了基于事实进行决策的重要性。该书的标题"Factfulness"（事实）是罗斯林的自创词，指一种基于事实而非主观来看待事物的世界观。

微软创始人比尔·盖茨称该书为"迄今为止所读书中最重要的一本"，并将这本书的电子版作为毕业礼物，送给了2018年美国所有应届毕业大学生。比尔·盖茨在博客中谈道，一直以来自己都在使用"发达国家"和"发展中国家"这类词语，但与该书相遇后，他才意识到，给国家贴上这种简单的标签毫无意义。

罗斯林在书中为我们提供了一种认识世界的新方法。例如，他按照收入水平，将世界上的70亿人口划分为四个不同的等级：第一等级的人，每人每天收入不足2美元，约有10亿人；第二等级的人，每人每天收入在2美元至8美元，共有30亿人；第三等级的人，每人每天收入在8美元至32美元，共有20亿人；第四等级的人，每人每天收入超过32美元，共有10亿人。

归属于第一等级的极度贫困者，每天能支配的生活费不足2美元，甚至连鞋都买不起。他们用篝火做饭，白天大部分时间都在挑水，夜里则一家人睡在土坯房中。20年前，第一等级赤贫人口所占比例约为30%，如今已降至15%以下，这意味着在这20年间，有近10亿人摆脱了极度贫困。

这一事实表明，在现实世界中，并不能简单划分出"发达国家"和"发展中国家"，大多数的人都是处于这二者之间。

我们往往会过于关注坏消息，却容易忽略好消息。这是由于人类容易陷入恐惧，"恐惧本能"会扭曲人类对事实的认知，从而使自己过于高估危险，把事情看得远比实际情况糟糕。

罗斯林探讨了人类所拥有的十大情绪化本能，分别是一分为二、负面思维、直线思维、恐惧本能、规模错觉、以偏概全、命中注定、单一视角、归咎他人以及情急生乱，并在该书中考察了该如何消除偏见，使人们能够基于事实认识事物。

该书开头便抛出了13个问题，并说道："如果你能答对三分之一以上的问题，你就比黑猩猩更了解这个世界。"这些问题都是三选一的选择题，即使是黑猩猩，也能拥有三分之一的正确率。但对数千人进行测试后，罗斯林发现，无论是未成年学生还是成年人，正确率都只有两成左右。

例如，其中的第一个问题是"在全世界所有的低收入国家中，能够接受初等教育的女性所占比例是多少？"，选项分别为20%、40%、60%，正确答案是60%。

罗斯林认为，如今世界正在急速发展，我们生活的世界比历史上任何时候都要更加富裕、安全、和平。尽管如此，报纸、电视、互联网等媒体和政治家们却都在助长错误世界观的蔓延。

人物生平：

汉斯·罗斯林（1948—2017年）：瑞典医生、公共卫生学家。2005年，他与其儿子欧拉·罗斯林以及儿媳安娜·罗斯林·罗朗德共同创立了Gapminder基金会。为了增进对可以自由访问的公共统计数据的使用和理解，以促进"以事实为基础的世界观察"（fact-based world view），他开发了一款Trendalyzer软件，该软件可以将国际统计数据转换成活动的、交互的和有趣的图表。

参考书目：

《当下的启蒙：为理性、科学、人文主义和进步辩护》史蒂芬·阿瑟·平克

第 7 章

历史/文明/人类

关于现代人所属的智人起源，有"人类单地起源说"和"多地区进化说"两种学说。其中，"人类单地起源说"是当今的主流学说。多数人类学家认为，非现代人的智人曾在20万年前到10万年前在非洲进化为现代人，之后于6万年前走出非洲，继而走向世界各地。

大约在11000年前，东方的新月沃土上诞生了农耕，文明就此有了基础。约公元前3200年，美索不达米亚出现了世界上最早的文字之一——楔形文字。日本社会学家桥爪大三郎指出，目前有四大文明流传至今，分别是以欧洲为中心、以基督教为基础的"欧洲·基督教文明"，以中东为中心、以伊斯兰教为基础的"伊斯兰文明"，起源于印度河流域、以印度教为基础的"印度文明"，以及起源于中国、以儒教为基础的"儒教文明"。

卡尔·马克思曾表示："人们自己创造自己的历史，但是他们并不是随心所欲地创造，并不是在他们自己选定的条件下创造，而是在直接碰到的、既定的、从过去承继下来的条件下创造。"爱德华·霍列特·卡尔在《历史是什么？》中指出："那些流传至后世的历史，总免不掉人们对其客观性的质疑。"纵观人类文明史，虽然有的历史观中存在"世界四大文明"，但这也不过是一种假说，即历史上最早出现了美索不达米亚文明、古埃及文明、古印度文明和中国文明这四大文明，且其后的文明都归属于这四大流派。

另外，截至20世纪上半叶，人们多以与"野蛮低劣"相对的"优秀文明"来定义文明，这在当时也是颇具影响力的主流观点。近代西欧的"进步史观"，将从未开化逐步发展到高度文明的时间区别，与文明西欧、半开化或半文明的亚洲各国、未开化的其他地区之间的地理区别交叠在了一起。

阿诺德·约瑟夫·汤因比的《历史研究》、彭慕兰的《大分流：欧洲、中国及现代世界经济的发展》等宏观历史观的出现，改变了此前偏颇的西方中心论观点。近年来，一个名为"全球史"的新兴研究领域兴起。该领域不再孤立地研究某地区的纵向历史，而是放眼全球，以世界范围内的地区以及人类群体之间的关联性为出发点，构建了全新的世界历史，并一改过去的西方中心论，开始着眼于数百年间的发展趋势，以跨地区的广阔视角进行历史研究。

此外，贾雷德·戴蒙德在《枪炮、病菌与钢铁：人类社会的命运》一书中指出，欧亚大陆文明之所以能够战胜并统治其他地区，原因"单纯是得益于地理性因素"，并从自然科学领域出发，对过往的历史观做了大幅修改。

《历史 上・中・下》岩波文库/松平千秋 [译]

《历史》

(希罗多德)

《历史》(古希腊语为ἱστορίαι，英文为 The Histories) 是古希腊历史学家希罗多德编著的历史著作，也是西方史学里首部完整流传下来的历史著作。由于该书对"历史"这一概念的形成产生了极大影响，古罗马雄辩家马尔库斯·图利乌斯·西塞罗将希罗多德誉为"历史之父"。

希罗多德曾在古代东方世界四处游历，收集各地故事，最后编写了该书。该书以波斯阿契美尼德王朝与古希腊城邦之间的希波战争（公元前499—公元前449年）为主线，介绍了希腊的本土情况，以及巴比伦尼亚、埃及、安纳托利亚、克里米亚、波斯等地的历史和风土人情，是一份宝贵的史学资料。

经亚历山大学者整理后，本书共分为9卷，每卷卷首均冠以文艺缪斯女神的名字，分别为"克利俄"（Clio，司掌史诗和历史的缪斯）、"欧忒耳佩"（Euterpe，司掌抒情诗的保护神）、"塔利亚"（Thalia，司掌喜剧的缪斯）、"墨尔波墨涅"（Melpomene，司掌悲剧的缪斯）、"忒耳普西科瑞"（Terpsichore，司掌舞蹈与合唱的缪斯）、"厄剌托"（Erato，司掌爱情诗的缪斯）、"波吕许谟尼亚"（Polymnia，司掌颂歌的缪斯）、"乌拉尼亚"（Urania，司掌天文的缪斯）、"卡利俄佩"（Calliope，司掌英雄史诗的缪斯）。

该书第1卷到第4卷主要讲述了东方各地的形成过程以及波斯的军事征服，第5卷到第9卷主要记述了希波战争的经过。其中，第9卷还详细描写了希腊联军击溃波斯军的全过程——在萨拉米斯海战中大获全胜的雅典斯巴达联军乘胜追击，在后续陆战中势如破竹，为赢得希波战争的胜利取得了决定性的成果。

人物生平：

希罗多德（公元前5世纪）：古希腊历史学家。生卒年不详，希波战争开始时，生于小亚细亚西南部的哈利卡那索斯（今土耳其境内的博德鲁姆）。公元前455年左右，居住在雅典——彼时的雅典作为提洛同盟的盟主，开始步入鼎盛时期。而后，希罗多德游历走访了小亚细亚、埃及、意大利南部等地区。据10世纪下半叶拜占庭帝国编纂的《苏达辞书》等资料记载，希罗多德由于参与了对统治者发起的政变，被驱逐出哈利卡那索斯，也以此为契机，开启了他的游历之旅。由于《历史》一书中有对伯罗奔尼撒战争的描述，所以可以认为，在伯罗奔尼撒战争爆发之时（公元前431年），希罗多德依旧在世。

参考书目：

《伯罗奔尼撒战争史》修昔底德；《伊利亚特》荷马；《奥德赛》荷马

《伯罗奔尼撒战争史》中公 CLASSICS/久保正彰 [译]

《伯罗奔尼撒战争史》

(修昔底德)

  《伯罗奔尼撒战争史》(古希腊语为 Ιστορία του Πελοποννησιακού Πολέμου,英语为 History of the Peloponnesian War)是古希腊历史学家修昔底德创作的历史著作。

  书中记录了从伯罗奔尼撒战争(公元前431—公元前404年)开始到公元前411年期间的具体经过,并没有记录到战争结束,属于一部尚未完成的作品。

  全书共8卷,第一卷勾勒了战前希腊历史的轮廓,属"考古学"部分;后面按编年体记事,将一年分为夏、冬两期,严格按照时间顺序,详细记录了从战争首年开始的史事。

  在伯罗奔尼撒战争中,修昔底德曾任雅典军队的将军。为了将这段史实传达给后人,他开始执笔写作该书。公元前422年,为了驰援色雷斯地区的殖民城市安菲波利斯,他率领舰队前往增援,但因作战行动失败而惨遭下台,被处以20年的流放之刑。

  此后,修昔底德广泛游历于希腊各地,从双方阵营中收集客观信息,继续执笔记录。因此,人们经常拿该书与希罗多德的《历史》作比较——相对于《历史》一书是"故事色彩较为浓重的历史书",该书则是"客观的历史记录"。

  该书的记录到公元前411年戛然而止,原因至今尚未明确。在修昔底德之后,苏格拉底的学生色诺芬延续了他的工作,将公元前411年之后的历史汇总到了《希腊史》一书之中。

人物生平:

  修昔底德(约公元前460—公元前395年):古希腊历史学家。因在伯罗奔尼撒战争中作战失败而被判处流放。公元前404年,伯罗奔尼撒战争以雅典战败画上句点,修昔底德获得特赦,得以重返故乡雅典,之后一直致力于著作活动。

参考书目:

  《历史》希罗多德;《希腊史》色诺芬

《正史 三国志1—8》 筑摩学艺文库/裴松之［注］/今鹰真、井波律子、小南一郎［译］

《三国志》

（陈寿）

《三国志》（280年左右）是中国三国时期蜀汉及西晋时期官吏陈寿著的历史书，记述了从东汉末年经魏、蜀、吴三国时代，再到西晋大一统时代（约180—约280年）的历史。

汉王朝历经400余年，最后礼崩乐坏，甚至连支撑大汉的儒教权威都不复存在。为了国家和组织的复兴崛起，天下群雄纷争，该书记录了这一时期的历史全貌。该书与西汉史学家司马迁的《史记》、东汉史学家班固的《汉书》、南朝史学家范晔的《后汉书》并称为中国正史二十四史中评价最高的"前四史"。

由于该书是西晋史书，西晋乃承魏而得天下，故尊魏为正统。不过陈寿对三国一视同仁，不仅书名如此，正文亦然。全书共计65卷，三国各自成书，分别为《魏志（魏书）》30卷、《蜀志（蜀书）》15卷、《吴志（吴书）》20卷，如实记录了三国鼎立的局势，这也是该书的特色之一。

此外，《魏书》第30卷《乌丸鲜卑东夷传·倭人条》中有邪马台国的相关记述，在日本，该部分内容被称为《魏志倭人传》。

东汉（25—220年）末年，由于宦官和外戚专权，汉廷动荡不安，民不聊生，最后爆发了农民起义——黄巾之乱，自此中国陷入了战乱状态。为了镇压叛乱，各地群雄割据，自此曹操（武帝）（155—220年）、刘备（161—223年）、孙权（182—252年）三人同时称霸，迎来了魏（220—265年）、蜀（221—263年）、吴（222—280年）三国鼎立的时代。

黄巾之乱引发战火不断。在这种动荡的局势下，一方面，继承汉王朝血统的刘备旨在匡扶汉室；另一方面，曹操在这场割据混战中崛起，逐渐掌控了中国的北方。为打倒南方的孙权，曹操遣兵南征。刘备采纳诸葛亮的进言，与孙权联手，在赤壁之战中击败了曹操。而后，刘备夺取了西部益州，与曹操、孙权分庭抗礼，三分天下。220年曹操病逝，其子曹丕迫东汉献帝禅让皇位，建立了魏国。至此东汉灭亡，魏、蜀、吴三国鼎立。

之后，刘备不顾诸葛亮的反对，选择征战吴国，结果大败，最终饮恨而亡。承其遗志的诸葛亮虽然多次北伐曹魏，但因积劳成疾，病逝五丈原。263 年，魏灭蜀，蜀汉亡。最后，握有曹魏大权的司马懿之孙司马炎（西晋开国皇帝，236—290 年）废魏元帝自立，于 265 年建立西晋（265—317 年）。280 年，晋灭东吴，统一中国。至此，时隔百年，三家归晋。

与作为正史的《三国志》不同，元末明初的作家罗贯中编著的《三国志通俗演义》（简称《三国演义》）是一部包含诸多逸事趣闻和虚构创作的小说，同时还是一本难得的"外行人专用兵法书籍"。

《三国志》尊魏为正统，而《三国演义》写于汉族建立的明王朝时代，故尊蜀为正统，对坚守汉室血脉的天才军师诸葛孔明以及被道教视为神祇信仰的关羽的描写更是浓墨重彩，并将二人刻画为豪杰英雄。

在日本，吉川英治基于《三国演义》创作的《三国》也颇负盛名。为了加以区分，人们便将史书《三国志》称为"正史"，而将像《三国演义》或以其为基础创作的文学作品称为"演义"。

人物生平：

陈寿（233—297 年？）：中国三国时期蜀汉及西晋时著名史学家。受到西晋开国皇帝司马炎（武帝）的赏识，编纂了《三国志》一书。东晋末、刘宋初的历史学家裴松之（372—451 年）为陈寿的《三国志》作注（"裴注"），注解中使用了陈寿未曾采用的奇闻逸事，而这些注文也为《三国演义》这部小说的诞生奠定了素材基础。

参考书目：

《史记》司马迁；《三国》吉川英治

《历史研究 1・2》 社会思想社/长谷川松治 [译]

《历史研究》

（阿诺德・约瑟夫・汤因比）

《历史研究》（*A Study of History*，1—3 卷出版于 1934 年，11—12 卷出版于 1961 年）是"20 世纪最伟大的历史学家"阿诺德・约瑟夫・汤因比撰写的历史著作。该书从文明兴亡的视角展开对历史的论述，是一部文明论经典巨著。

全书共 12 卷。其中，1934 年出版至第 3 卷，1939 年出版至第 6 卷，1954 年出版至第 10 卷，1961 年将重新考察修正的部分作为第 11 卷和 12 卷内容进行了出版。

汤因比最为辉煌的功绩在于，提出了"以文明为单位看待历史"的历史观。《历史研究》这部书的出现，使过去的种种文化和社会学说都能在文明学这一框架中得以编辑，文明的比较研究也因此得到进一步的发展。

汤因比主张，"历史研究可以自行说明问题的基本单位既不是一个民族国家，也不是另一个极端上的人类全体，而是我们称之为社会（society）的某一群人类"，并表示，"文明是包含至少一个以上的国家、多个种族和民族的大规模社会，并拥有与众不同的自身文化"。

汤因比认为，在人类的历史长河中，许多国家和民族反复历经兴亡盛衰。若想了解世界历史，与其研究一个又一个兴亡交替的国家，不如把拥有数百年乃至千年兴衰过程的文明作为历史研究的基本单位。

在该书中，汤因比将 6000 年的人类历史划分为 23 个文明，其中 21 个是"成熟文明"。

第一代文明：苏美尔、埃及、米诺斯（克里特）、古代中国、玛雅、安第斯。

第二代文明：希腊、叙利亚、赫梯、巴比伦、印度、墨西哥、育加丹（尤卡坦）。

第三代文明：西欧、拜占庭、俄罗斯、伊朗、阿拉伯、中国、朝鲜、日本。

此外，该书还将上述 21 个文明分成了五个系统，分别是"西欧基督教社会""东南欧和俄罗斯的东正教社会""从大西洋延至中国长城外部，以斜跨北非和中东的干燥地带为中心的伊斯兰社会""热带亚洲大陆印度的印度教社会""位于干燥地带与太平洋之间的亚热带及温带地区的远东社会"，并论述了各文明之间的关系（空间上的接触＝交流，时间上的接触＝文艺复兴）。

针对文明的诞生，汤因比提出了"挑战与应战"的理念。"挑战"指一个社会由于环境剧变或战争等因素而面临关乎生死存亡的考验；"应战"指想办法创造性地应对并克服这个考验。文明起源于面对"挑战"时的"应战"，并在克服各种考验与磨难的过程中不断发展。从这层意义上说，"挑战与应战"在文明的周期中发挥着重要的作用。

汤因比认为，诞生于"文明的黎明时期"的第一代文明，源于在恶劣的自然环境下，人类对于自然条件的应战。这些文明历经起源、发展、衰落和解体后，会过渡到下一代文明，所以前后时代之间存在着亲子关系。

汤因比的历史认识论一改西方中心论，认为西方历史不过是多个世界历史中的一个。他还指出，过去被西方文明征服的其他文明正在不断崛起，西方迟早会将主导权拱手让给东亚。

人物生平：

阿诺德·约瑟夫·汤因比（1889—1975年）：英国历史学家，曾任伦敦政治经济学院教授、英国皇家国际事务研究所理事、外交部研究司司长。牛津大学毕业后，汤因比曾远去雅典的英国考古学院进修，徒步漫游和实地考察了古代希腊、罗马的名胜遗迹。回国后，他在母校担任研究员，专门研究希腊和罗马的古代史。其伯父也是一位历史学家兼社会活动家，也叫阿诺德·汤因比。为区分二人，人们通常称呼其全名，即加上中间名"约瑟夫"，以免混淆。

参考书目：

《图解：历史研究》阿诺德·约瑟夫·汤因比；《伯罗奔尼撒战争史》修昔底德；《西方的没落》奥斯瓦尔德·斯宾格勒；《文明的冲突与世界秩序的重建》萨缪尔·亨廷顿

《新译 大转型：我们时代的政治经济起源》 东洋经济新报社/野口建彦、栖原学［译］

《大转型：我们时代的政治经济起源》

（卡尔·波兰尼）

《大转型：我们时代的政治经济起源》（*The Great Transformation–The Political and Economic Origins of Our Times*，1944年）是匈牙利经济人类学家卡尔·波兰尼的一部经济人类学经典著作，主要阐述了市场经济在人类历史中诞生以及发展的过程。

波兰尼先是从匈牙利流亡到英国，后又辗转至美国。在第二次世界大战期间，他基于自己对英国资本主义的切身感受和理解，写下了该书。

该书开篇写道："19世纪的文明已经瓦解。本书论及的是这次事件的政治和经济起源，以及它所引发的巨大转变。"继而对"大转型"进行了定义——当市场社会崩溃，社会相对经济体系重新占据优势，并在非市场经济的基础上构建出全新的文明（向后资本主义"复合社会"过渡）时，即为"大转型"。

波兰尼认为，一般情况下，"经济"是嵌于社会之中的。19世纪以后的市场经济在放大了部分人类经济原理后，进行了独立，是人类史上一种具有特异性的制度。通过观察西南太平洋西美拉尼西亚部落氏族社会中的"互惠"和"再分配"行为，波兰尼提出了"经济嵌于社会"这一观点。

继16世纪上半叶到18世纪上半叶的重商主义以后，市场开始发挥重要的作用。18世纪下半叶，第一次工业革命兴起，此后市场经济在全球范围内不断发展。过去从未出现过的"市场社会"诞生，"人"（劳动）、"自然"（土地）、"货币"皆开始被视为商品。

对此，波兰尼借用了英国诗人威廉·布莱克的诗作《弥尔顿》中的一句话，将市场经济在世界范围内扩散的情况称为"黑暗的撒旦磨坊"（dark Satanic Mills），并认为，"为了打造可以完全自我调节的市场经济，不得不将人类和自然环境转换为纯粹的商品"，这一行为势必会对社会和自然环境造成破坏。

作为佐证，波兰尼列举了英国圈地运动和济贫法滥用等事例。此外，他认为，接触欧美以外地区所造成的文化破坏，与市场经济全球化发展所带来的破坏性质相同，比如英国的殖民行为导致印度自然村落被破坏，美国对原住民进行强制土地分配（印第安保留地）等。他还指出，仅由市场价格控制的市场经济只是一个乌托邦式的假设，正是这种市场经济机制本身的不稳定引发了紧张局势，最终导致了大萧条的发生。此外，法西斯主义、社会主义、美国罗斯福新政等政治政策的出现，也是为了保护社会免受这种市场经济的影响。

波兰尼批判道，阐述经济领域的理论框架，原本应该从市场经济和非市场经济两方面下手，但现有的经济学不仅完全不适用于非市场社会主义，甚至对市场社会主义也只能进行片面的解释。

该书的理论对伊曼纽尔·莫里斯·沃勒斯坦（详见第303页）的"世界体系理论"产生了巨大的影响。此外，诺贝尔经济学奖得主约瑟夫·斯蒂格利茨在该书（新装版）的序文中指出了波兰尼著书时代与当今时代的共同之处，并认为该书堪称经典杰作。

人物生平：

卡尔·波兰尼（1886—1964年）：匈牙利经济学家，出生于奥匈帝国维也纳的一个犹太家庭，是物理化学家、哲学家迈克尔·波兰尼的胞兄。他以经济史研究为基础，构建了经济人类学理论。第一次世界大战期间，波兰尼曾在奥匈帝国的军队服役。1919年，为躲避共产主义和保守反动政权的镇压逃往维也纳，后又为躲避奥地利法西斯主义的镇压前往英国。1940—1943年旅居美国，执笔《大转型：我们时代的政治经济起源》一书。

参考书目：

《人的生计》卡尔·波兰尼；《现代世界体系》伊曼纽尔·莫里斯·沃勒斯坦；《威廉·布莱克诗集：〈手稿诗选〉〈弥尔顿〉及其他》松岛正一

《普及版 地中海与菲利普二世时代的地中海世界 1—5》 藤原书店/浜名优美 [译]

《地中海与菲利普二世时代的地中海世界》

（费尔南·布罗代尔）

《地中海与菲利普二世时代的地中海世界》（法语为 La Méditerranée et le Monde Méditerranéen à l'Epoque de Philippe II，1949 年）是法国历史学家费尔南·布罗代尔编写的社会经济史研究著作。该书原是布罗代尔的博士论文，后于 1949 年自费出版，并在 1966 年做了大幅修订。

布罗代尔着眼于地理条件和经济情况在历史中发挥的长期作用，勾勒出 16 世纪地中海世界的全貌，在 20 世纪的历史学界掀起了一场巨大的变革。

菲利普二世（在位时间：1556—1598 年）执政期间是西班牙最强盛的时期。其父卡洛斯一世除了是西班牙国王外，还兼任神圣罗马帝国的皇帝，所以菲利普二世从父亲手中继承了西班牙及其海外领土。他的母亲出身于葡萄牙王室，由于母系家族王室血脉已断，导致王位空缺，菲利普二世还坐上了葡萄牙国王的宝座，统治范围可谓十分广阔。

该书的第 1 部分"环境的作用"，主要讲述了地中海周围的自然环境和人类活动。例如在第 1 章"半岛：山脉、高原、平原"中，布罗代尔对地中海做了概况说明——地中海被意大利半岛、巴尔干半岛、小亚细亚、北非、伊比利亚半岛环绕，南靠撒哈拉沙漠，北有欧洲诸国，东临亚洲世界，西接大西洋，可谓"是个局促在陆地之间的海"。

第 2 部分"集体的命运和总的趋势"，主要论述了当时地中海周边的经济和社会，如货币和贵金属的流通，胡椒、小麦、葡萄酒等经济物资的陆路、海路贸易，以及与之相伴的社会动向。

第 3 部分"事件、政治和人"，逐一讨论了具体的历史事件，并以 1598 年 9 月 13 日菲利普二世的去世作为终结。16 世纪末期，地中海地区的政治兴趣已经转移至其周边地区。

布罗代尔着眼于文明在历史时间中的多层性，主张以"短时段""中时段""长时段"三个层次来把握历史。

最表层为我们通常所说的历史，即个人活动、事变/事件，这些都属于"短时段"

历史；中层是可以作为短时段历史背景的人口、国家、文化、经济等社会历史，这些的周期波动比短时段更为缓慢，属于"中时段"历史；深层包括作为中时段历史背景的自然、环境、结构等地理、地缘政治因素，这些属于"长时段"历史。

布罗代尔认为，上述三个层次的历史并非各自独立运作，持续时间较长的事物会给持续时间较短的事物带去影响。"长时段"以数个时代、数个世纪为单位进行活动，布罗代尔将"长时段"这一巨大结构定义为"长期持续"，并认为所有的一切均以这个"长期持续"为中心发展延续。以往的历史学通常只研究"短时段"的事件历史，而布罗代尔的历史学将历史分为三个层次进行探讨，从这一点上说可谓独树一帜。

如上所述，这种将分析社会结构作为中心课题展开研究的历史学派，被称为"年鉴学派"。布罗代尔作为该学派的核心人物，在培养年轻人才、促进历史学与相邻学科领域的交流方面均发挥了重要的作用。在他的影响下，历史学界人才辈出，比如提出"世界体系理论"的伊曼纽尔·莫里斯·沃勒斯坦（详见第303页）便是其中的一位。

人物生平：

费尔南·布罗代尔（1902—1985年）：法国历史学家，也是20世纪最伟大的历史学家之一。巴黎大学毕业后，他曾在阿尔及利亚的公立中学教书。在这期间，他对地中海世界产生了浓厚的兴趣。1940年，他被德军俘虏，被关在战俘营近五年，其间写就名为《地中海与菲利普二世时代的地中海世界》（日语版书名为《地中海》）的博士论文，后自费出版。1949年，布罗代尔晋升为法兰西学院院士，1956年起任高等实验研究院第六部主任，是年鉴学派的核心人物。

参考书目：

《十五至十八世纪的物质文明、经济和资本主义》费尔南·布罗代尔；《大转型：我们时代的政治经济起源》卡尔·波兰尼；《现代世界体系》伊曼纽尔·莫里斯·沃勒斯坦

《现代世界体系 1—4》 名古屋大学出版会/川北稔 [译]

《现代世界体系》

(伊曼纽尔·莫里斯·沃勒斯坦)

《现代世界体系》(*The Modern World-System*,第 1 卷出版于 1974 年,第 2 卷出版于 1980 年,第 3 卷出版于 1989 年,第 4 卷出版于 2011 年)是美国历史社会学家伊曼纽尔·莫里斯·沃勒斯坦的著作。书中提出了"世界体系理论",阐述了现代资本主义世界体系的起源,即"现代世界体系"的发展历程。

作为一种方法论,世界体系理论横跨政治经济学、社会学、历史学等领域,将整个世界作为单一体系,以宏观视角进行了观察研究。该理论认为,历史并不会在一个国家内终结,应尝试用比国家更大的单位来记述历史。

世界体系指,在包含多个文化体在内的广阔领域内展开的分工体制,历史上一般会以两种形态出现——或是伴随政治一体化出现的全球帝国,或是政治不统一的世界经济。一方面,虽然罗马帝国等全球帝国也是世界体系之一,但由于其整体政治统一,且政治体系只有一个,维持官僚结构的统治成本较高,所以无法长久存续。另一方面,在"漫长的 16 世纪"(1453 年拜占庭帝国灭亡到 1648 年《威斯特伐利亚和约》签订)中,现代世界体系以世界经济的形式现身于欧洲,它并没有形成单一的帝国,而是发展成为一个由经济、政治、文化三个基本维度构成的复合体,至今已存续了 500 年之久。

沃勒斯坦认为,过去存在的世界体系要么转变为全球帝国,要么早早消亡,而现代世界体系与其相反,它没有形成全球帝国,而是在政治分裂的状态下存续至今,这一点是二者的根本性区别。究其原因,历史体系中存在的资本主义证明,经济会在全球范围内不断发展,想要在政治上做到永久性的全面统一,几乎不太可能。

在 16 世纪主权国家形成时期的世界中,国际分工的出现让西欧成为世界的"中心"(包括基督徒统治下的地中海区域在内的西欧,即英国、荷兰、法国北部),财富从"边缘"(东欧、领属于西班牙的新世界国家)及其中间的"半边缘"(原本处于核心位置,现具有边缘结构特征的地区=法国南部、意大利、西班牙、葡萄牙)流向"中心",从而形成了以欧洲为中心的世界经济体系。

沃勒斯坦认为，在这样一个以欧洲为中心的单一性全球资本主义分工体系（资本主义现代世界体系）中，各国经济只能作为其组成要素发挥相应的作用。

当某个中心国家在世界体系内全方位压制其他国家时，该国家就成为"霸权"（hegemony）国家。在沃勒斯坦看来，资本主义世界体系经历了三个霸权周期，先后产生了三个霸权国家，即荷兰（17世纪中叶）、英国（19世纪中叶）和美国（第二次世界大战后到越南战争期间）。

上述这一观点继承了费尔南·布罗代尔（详见第301页）主张的"世界经济"概念，即在世界历史中，总会存在一个特定的经济中心，并以该中心扩展出周围的区域，后以此反复。但安德烈·冈德·弗兰克（详见第311页）则对世界体系理论提出了批评意见，认为沃勒斯坦与布罗代尔一样，都是将"世界经济"局限于现代西方的西方中心论。

该书指出，在现代世界体系中，世界经济带来的利润高度集中在中央区域，但由于缺乏统一的政治结构体系，很难纠正这种经济不平衡现象，且现代世界体系还会进一步导致内部地域差距的不断扩大。

人物生平：

伊曼纽尔·莫里斯·沃勒斯坦（1930—2019年）：美国历史社会学家。1968年，因越南战争、种族问题和大学自治问题，哥伦比亚大学爆发了学生抗议运动。以此事为契机，沃勒斯坦离开了哥伦比亚大学，就任加拿大麦吉尔大学社会学教授。他曾师从费尔南·布罗代尔（详见第301页）学习年鉴学派（Annales School）的历史学，提出了世界体系理论，并于1974年发表了将资本主义经济作为历史体系的《现代世界体系》第1卷。1976年，沃勒斯坦就任纽约州立大学宾汉姆顿分校社会学教授，并担任世界体系理论研究中心——费尔南·布罗代尔经济、历史体系和文明研究中心主任。2019年7月1日，沃勒斯坦发表了第500篇时事评论，也是他封笔前的最后一篇评论，题目为《这是结束，这是开始》，针对未来世界将会如何变化展开了论述。

参考书目：

《地中海与菲利普二世时代的地中海世界》费尔南·布罗代尔；《白银资本：重视经济全球化中的东方》安德烈·冈德·弗兰克；《大分流：欧洲、中国及现代世界经济的发展》彭慕兰；《以世界体系论读解日本》山下范久

《东方主义 上・下》 平凡社 LIBRARY/板垣雄三、杉田英明 [监修]/今泽纪子 [译]

《东方主义》

(爱德华・沃第尔・萨义德)

《东方主义》(Orientalism,1978 年)是巴勒斯坦出生的文学理论家爱德华・沃第尔・萨义德的著作。"东方主义"原指"艺术界的东方情调或西方传统学界对东方世界的文化研究",但萨义德通过该书重新定义了该词的意义。他批判地指出,"东方主义"本质上是西方对东方世界的偏见性思维方式,是西方人在文化上控制东方人的一种形式。

该书中的"东方"(Orient)主要指包括近东、中东、北非在内的伊斯兰世界,"东方主义"则代表意义更为广泛的"非西方文化",即与西方(Occident)相对、文化具有"他者"属性且具有异域风情的事物总称。

自 18 世纪以来,西方人对东方世界的兴趣日渐浓厚,他们通过各种渠道和方式与东方产生了联系,最后创造并留下了大量文献。然而该书的出场,赋予了"东方主义"全新的定义——东方主义本质上代表西方对东方的整体文化控制,属于西方以高位视角观察东方的意识建构产物。

换言之,对于西方白人社会而言,东方或东方主义并不是现实的客观呈现,而是他们为了确立自我身份单方面任意虚构出来的"他者",目的是为统治异文化寻找一个正当合理的理由。

如此看来,之所以会出现"东方主义"这个词语,无疑是因为欧洲人对自己抱有强烈的民族优越感(ethnocentrism)。东方主义身上经常带有落后的、被动的、非文明的、停滞的、不合理的、官能的等属性标签,以此形成鲜明的东西方对比,从而衬托出西方的优越性。

萨义德写道:"东方主义归根到底是一种关于现实的政治愿景,其建构本身便具有扩大'自家人'(欧洲、西方、'我们')与'外人'(亚洲、东方、'他们')之间差异的属性。"

这种差异让西方人心中萌生出一种自豪感,认为帮助东方重现过去的宏伟雄风正是他们的使命，这也成为西方走向殖民统治道路的根据之一。工业革命后，东西方之间的差异乃至对立关系让欧洲各国决定加强殖民扩张政策，他们打着"开拓未开化土地"的旗号，不断加强对东方的控制。第二次世界大战结束后，美国代替欧洲成为新的"殖民主义者"，继续统治着东方。

萨义德认为，"不管是反闪族主义（反犹太主义）也好，还是我一直讨论的以伊斯兰为对象的东方主义也罢，二者性质十分相似，这一点在历史、文化、政治层面上均属于客观事实。"他表示，如果自己的这本书能够帮助"东方"（Orient）与"西方"（Occident）消除对彼此的偏见，那在根除"原有的统治方式"这条道路上也算取得了些许进步。

以萨义德的研究为基础，西方学术界兴起了"后殖民主义"，该理论主要以殖民统治权威的残留事项为研究对象。虽然"殖民的"（Colonial）是一个表示殖民主义各种文化风格的形容词，但后殖民主义通过对文学、美术、电影等的重新诠释，揭示了殖民统治给世界带来的负面遗产，是一种意图改变现状的批判性理论。

人物生平：

爱德华·沃第尔·萨义德（1935—2003年）：国际文学理论家与批评家，出生于耶路撒冷（当时在英属巴勒斯坦托管地境内）的一个阿拉伯基督徒（英国圣公会）家庭。1935年，萨义德诞生时大量犹太人涌入该地。萨义德的童年大多数时间在黎巴嫩、开罗度过，成长于阿拉伯语、英语、法语的多语种环境下，15岁移居美国，后在普林斯顿大学获得学士学位，在哈佛大学获得硕士学位和博士学位。萨义德曾在哥伦比亚大学担任英国文学和比较文学教授40年，也曾执教于哈佛大学、约翰斯·霍普金斯大学和耶鲁大学。他与艾弗拉姆·诺姆·乔姆斯基（详见第229页）等人一起批判美国的外交政策，是美国境内拥护和捍卫巴勒斯坦人与阿拉伯人权益的最活跃分子。

参考书目：

《格格不入：萨义德回忆录》爱德华·沃第尔·萨义德

《文明的冲突与世界秩序的重建》

（萨缪尔·亨廷顿）

《文明的冲突与世界秩序的重建》（*The Clash of Civilizations and the Remaking of World Order*，1996年）是美国国际政治学家萨缪尔·亨廷顿创作的国际政治学著作。书中提出在冷战后的世界中，冲突对立的核心不再是意识形态，而是文明之间的差异与冲突。

该书的最初原型是亨廷顿在1993年夏季号《外交》季刊上发表的论文《文明的冲突》。虽然当时亨廷顿已经是一位赫赫有名的政治学家，但为了反驳他曾经的学生弗朗西斯·福山在《历史的终结及最后之人》中所提倡的历史观，他不断丰富拓展此篇论文的内容，最后于1996年成书出版。

亨廷顿表示，文化在国际政治中发挥着重大作用，传统观点一般将视线集中在"民族国家""西方""东方"上，而他选择了全新的视角，从文化团结统一的"文明"出发，发表了一系列独特的观点。冷战结束后，人们普遍认为，全球一体化是国际社会未来发展的必经之路，而亨廷顿认为，整个世界将会分裂为若干个文明圈，主宰世界秩序的将是文明与文明之间的对立和冲突。

在此基础上，亨廷顿提出，虽然世界还保留有传统民族国家的框架，但整个世界被分为七个主要文明（加上可能存在的非洲文明，即为八大文明），分别是"中华文明"（儒教文明）、"印度文明"、"伊斯兰文明"、"日本文明"、"东正教文明"、"西方文明"、"拉美文明"。其中，除了日本文明外，其余文明均包含至少两个国家主体。

文明之间的冲突一般有两种形式，一种是主要文明与其他文明在政治、军事、经济、价值观、领土等方面发生的冲突；另一种是发生在不同文明的相邻国家之间或发生在不同文明人口居住的国家内部的断层线（Faultline）冲突。

"断层线"是Fault（断层）和Line（线）的合成词。当一个集团被分割成多个子集团时，子集团之间的边界线便被称为"断层线"。亨廷顿指出，由过去美苏冷战形成的意识形态所界定的联盟，正让位于文化和文明所界定的联盟。不同的文明间会各自产生新的断层线，爆发冷战时期不曾出现过的冲突——文明之间的断层线正在变为全球冲突的中心地带。

一旦不同文明的国家或集团之间爆发冲突，属于同一文明的国家或集团便会通力合作、互相支援，从而必将导致冲突升级。虽然在冷战时期因意识形态不同而被拆得四分五裂，但在现代化进程的驱动下，这些具有文化凝聚力的人民和国家正沿着文明界限不断重组聚合。

从宏观角度看，文明间的对立最终表现为西方文明与非西方文明之间的对立。冷战结束后，以实力最为雄厚的美国为中心的西方文明正在衰落，相反，伊斯兰文明和中华文明却在不断崛起，发展壮大着各自的经济和军事实力。因此，对于西方文明而言，未来最有可能与其发生冲突的便是伊斯兰文明和中华文明。

因此，亨廷顿认为，由主要文明相互作用引发的文明冲突，是国际社会在冷战后要面临的重大威胁。他曾声称西方文明会与伊斯兰文明发生冲突，2001年9月11日美国发生恐怖袭击事件后，人们立即将该事件与亨廷顿的文明冲突论联系了起来，并将其观点视为预言，在世界范围内产生了巨大的影响。

人物生平：

萨缪尔·亨廷顿（1927—2008年）：美国国际政治学家、哈佛大学政治学系教授。他本科就读于耶鲁大学，后分别在芝加哥大学和哈佛大学获硕士学位和博士学位。亨廷顿曾任哥伦比亚大学"战争与和平"研究所副所长、哈佛大学教授、哈佛大学政治学系主任等职务，同时还担任美国政治学会会长一职。其研究领域主要包括政军关系研究、比较政治学、国际政治学等。

参考书目：

《历史的终结及最后之人》弗朗西斯·福山

《文库 枪炮、病菌与钢铁：人类社会的命运 上·下》 草思社文库/仓骨彰 [译]

《枪炮、病菌与钢铁：人类社会的命运》

（贾雷德·戴蒙德）

《枪炮、病菌与钢铁：人类社会的命运》（Guns, Germs, and Steel: The Fates of Human Societies, 1997 年）由美国演化生物学家贾雷德·戴蒙德所著。该书主要围绕"在 13000 年的人类社会发展史中，为什么欧亚大陆能够持有优势"这一问题展开论述，是一部有关文明理论的世界知名畅销书。

从该书的标题《枪炮、病菌与钢铁》中不难看出，以农耕为基础的欧亚文明之所以能够征服和统治其他地区，依靠的是以下三个主要因素："枪炮"（利用精良的武器设备打造军事优势）、"病菌"（由于对来自欧亚的瘟疫缺乏免疫力，原住民地区力量减弱、人口减少）以及"钢铁"（运用具备高耐用性的运输工具——铁器）。

巴布亚新几内亚的一位政治家曾提出过一个问题："你们白人发明创造了那么多东西，还把它们运到了巴布亚新几内亚来，而我们巴布亚人却几乎没有什么属于自己的东西，这是为什么呢？"面对这个简单质朴的提问，戴蒙德萌生了撰写该书的想法。为了寻找真正的答案，戴蒙德开始四处搜集信息。经过反复验证，他认为并不是因为大众认知中的"欧洲人很优秀"，而是"单纯因为地理环境有所差异"。

戴蒙德表示，之所以是欧亚大陆人主宰着世界的财富和权力，而其他大陆的大部分人（撒哈拉以南的非洲人、美洲原住民、澳大利亚原住民、巴布亚人和热带东南亚原住民）要么被征服、驱逐，要么几近灭绝（美洲原住民、澳大利亚原住民、南非科伊桑原住民），是因为欧亚社会在技术和免疫力方面独占优势。他指出，正是因为欧亚大陆具备得天独厚的地理条件，农耕社会稳定发展，才为欧亚大陆累积了足够的优势。

在戴蒙德看来，优越的地理条件主要有三个，分别是"土地辽阔，且位于纬度差异较小的东西轴线上，有利于家畜迁徙和推广耕作技术"、"容易驯化为家畜的动物较多，比如绵羊、山羊、牛、猪、马等"以及"有许多易栽培、成活率高的植物，比如种子为大颗粒的禾本科植物等"。

经分析验证，戴蒙德得出了最终结论——为生活在欧亚大陆的人们带来优势条件的，是环境差异所产生的一系列正反馈和良性循环，而非他们在生物学上所拥有的优越种族基因。

另外，分布在欧亚大陆的地区众多，为什么唯独是西欧占据了主导权？关于这个问题，戴德蒙给出的答案是，欧洲本身拥有许多天然屏障，为了将其占为己有，独立的民族国家之间相互竞争，从而催生出了新的技术与发明。不仅如此，随着科技的革新与发展，西欧诸国纷纷走上了"地理大发现"之路，实现了许多重大突破，直接为最后掌握世界霸权奠定了根本性基础。

新月沃土（东起波斯湾，沿底格里斯河与幼发拉底河向西北延伸至美索不达米亚平原，再经叙利亚至巴勒斯坦和埃及，整体狭长且为弧形，宛如一弯新月）之所以痛失往日的富饶与优势，也是受到了气候变化的影响——古代随处可见的茂密森林现在变成了灌木丛生，有些地方甚至还变成了沙漠地带。

东亚（尤其是中国）地理屏障较少，对于单独形成发展稳定的大国再合适不过。只不过自古以来，这种大国便在政治上高度统一，从未面对过外界变化所带来的压力，这也导致了其后来发展停滞的消极结果。

人物生平：

贾雷德·戴蒙德（1937—）：美国演化生物学家、生理学家、生物地理学家以及非小说类作家。他曾担任加利福尼亚大学洛杉矶分校（UCLA）的地理与环境健康科学教授，现任该校医学院生理学教授。作为生理学家，分子生理学一直都是戴蒙德的研究领域，同时他还从事演化生物学和生物地理学方向的研究，并在巴布亚新几内亚等地进行了实地考察。在与巴布亚新几内亚当地人的交流中，他对人类的发展历程产生了兴趣，展开了相关研究。作为他的部分研究成果，《枪炮、病菌与钢铁：人类社会的命运》就此诞生，并于1998年获得了普利策奖（非小说类作品）。此外，戴蒙德还因在《第三种猩猩：人类的进化及未来》中使用了"大跃进"（The Great Leap Forward）一词而广为人知。

参考书目：

《第三种猩猩：人类的进化及未来》贾雷德·戴蒙德；《大崩坏：人类社会的明天》贾雷德·戴蒙德；《剧变：人类社会与国家危机的转折点》贾雷德·戴蒙德

《白银资本：重视经济全球化中的东方》 藤原书店/山下范久 [译]

《白银资本：重视经济全球化中的东方》

(安德烈·冈德·弗兰克)

《白银资本：重视经济全球化中的东方》(*Reorient：Global Economy in the Asian Age*，1998年) 是德裔美国经济史学家安德烈·冈德·弗兰克的著作。该书主要围绕"世界体系理论"展开论述，强调整个地球有且仅有一个世界体系。

弗兰克最初与伊曼纽尔·莫里斯·沃勒斯坦（详见第303页）一起进行研究，后来因沃勒斯坦主张欧洲中心主义（Eurocentrism）而分道扬镳，开始转为批判现代世界体系理论。他反对沃勒斯坦的观点，主张世界体系是单一的，从而引发了全世界各地专家们的激烈讨论。

对于撰写此书的意图，弗兰克表示："在本书中，我打算用'全球性'的（globological）整体世界视角来颠覆现存的欧洲中心主义历史叙述和社会理论，并用更整体主义的视野来看整个世界，对近世经济进行深度透视与剖析。"

15世纪到17世纪前半叶是地理大发现时期，此后世界以欧洲为中心，加上欧洲以外的地区，构成了当下的世界体系，传统意义上的"世界史"便是该历史观下的研究产物。对此，弗兰克表示全面否定，并尝试从"东方的衰落"和与之相伴的"西方的崛起"这一角度出发，来阐释整个世界的发展历程。

沃勒斯坦认为，世界经济体系诞生于"漫长的16世纪"。在此期间，西方独占鳌头，掌握霸权，但欧洲中心主义这一历史观是在19世纪之后才出现的。对此，弗兰克批判道："从马克思、韦伯到布罗代尔、沃勒斯坦，每个人都是牵强附会地举着放大镜甚至显微镜来试图看清这个世界，但他们只凭借欧洲路灯的光便想顺势解释地球全貌，这难免会让他们陷入不合时宜的表象之中无法自拔。"

在弗兰克看来，正如亚当·斯密（详见第079页）所言："中国远比欧洲的任何一个地方都要富饶。"在19世纪之前，欧洲人一直对亚洲赞誉有加。18世纪以前，中国一直都是世界文明最先进的国家，后来欧洲抢走其强国地位并掌握霸权，不过是距今250年左右的事情罢了。

弗兰克在该书中提出，"现代世界体系"也好，"资本主义世界体系"也罢，世界体系并非起源于哥伦布发现新大陆，也不是始于瓦斯科·达·伽马绕过好望角开辟印度新航线，而是形成于远古，一直存续至今。他表示，原本世界体系就不存在中心，如果硬要指出一个"经济活动中心"，那也是存续千年之久的东亚，尤其是中国。

对于亚洲经济为何在19世纪逐渐衰退，以及欧洲为何能够掌握霸权的问题，弗兰克列举了三个原因，一是欧洲"担负了以亚洲为中心构建的世界经济的物流功能"；二是欧洲"以在美洲大陆发现矿山为契机，获得了大量金银财富"；三是"以中国为中心的东方巨型经济圈的整体衰落"。

换言之，欧洲用在美洲得到的金钱，买了一张搭乘亚洲经济列车的票——这一观点彻底颠覆了传统的大众观念。

弗兰克表示，若想更为正确地认识历史，需从"东方的衰落"和"西方的崛起"两方面进行研究，只有双管齐下探求原因，才能全方位地了解历史。

人物生平：

安德烈·冈德·弗兰克（1929—2005年）：德裔美国经济史学家。弗兰克出生于德国的一个犹太家庭，希特勒上台后，为了逃避纳粹统治和迫害，举家迁往瑞士，后赴美国，在芝加哥大学获得经济学博士学位。虽然他的毕业论文导师是米尔顿·弗里德曼（详见第115页），但他后期强烈反对其导师的观点，多次批判芝加哥学派理论。弗兰克曾与沃勒斯坦一同开展研究，无奈因为观点相左，最后还是分道扬镳，后专注投身于"白银资本经济史"的研究之中，对亚洲、非洲、南北美洲以及世界各地的经济联系做了全新的论述。

参考书目：

《东方主义》爱德华·沃第尔·萨义德；《地中海与菲利普二世时代的地中海世界》费尔南·布罗代尔；《现代世界体系》伊曼纽尔·莫里斯·沃勒斯坦；《大转型：我们时代的政治经济起源》卡尔·波兰尼

《大分流：欧洲、中国及现代世界经济的发展》

（彭慕兰）

《大分流：欧洲、中国及现代世界经济的发展》（*The Great Divergence: China, Europe, and the Making of the Modern World Economy*，2000年）是美国历史学家彭慕兰的著作。该书通过对位于欧亚大陆东西两端的西欧和东亚进行比较，重新书写了以18世纪为中心的近世（漫长的18世纪）世界史像。

在"全球史"——以世界范围内的地区或人类群体之间的关联性来看待世界历史——的研究中，彭慕兰重新审视了近世亚洲的经济发展情况，并通过对欧洲和亚洲的具体比较，论述了二者产生"分流"的原因，提出了近年来的研究潮流——"大分流"理论。

彭慕兰研究后发现，截止到18世纪中叶，即1750年左右的"勤俭革命"（Industrious Revolution）阶段，西欧与东亚的经济发展程度相差无几，"二者有着无数惊人的相似之处，宛如是同一个世界"。然而伴随"第一次工业革命"（The Industrial Revolution）的到来，只有西欧勃然而兴，东亚却走向了与之截然不同的道路。

按照对历史的传统解释，"漫长的16世纪"（详见第302页）之后，近世的西欧地区不断发展，尤其是在荷兰和英国这两只领头羊的带领下，经济蓬勃向上，直接促成了18世纪末工业革命的诞生。不过彭慕兰指出，当时旧大陆的四个核心地区［中国长江（扬子江）三角洲地区、日本的畿内和关东地区、西欧的英国和荷兰、印度北部］均呈"斯密式增长"（the Smithian Growth）趋势，其特征是市场相对自由、分工广泛、手工业发达，以及农业发展高度商业化。

在这四个地区中，不仅是资本积累，甚至连人均热量摄入量、日常生活中砂糖和棉布的消费量、出生率等数据都十分相仿。尤其是西欧和当时亚洲经济最发达、人口密度最高的长江三角洲地区，二者在农业生产力和生活水平方面基本持平，全球经济也不存在绝对的统治中心，而是呈现出多中心发展的格局。

18世纪后半叶，随着人口数量增加，欧亚大陆发达的市场经济均面临着生态环境的制约（作为能源的森林资源规模大幅度削减、土壤严重耗竭等）。然而为什么只有西欧突破了此次危机呢？对此，彭慕兰给出了明确的答案：第一次工业革命之前，全世界都需要解决"土地制约"的问题，这就意味着能源和粮食都必须以可再生的形式在面积有限的土地上产出，而享有地利的英国不仅恰巧找到了森林资源的替代品，将煤炭作为第一能源加以利用，还可以借助新大陆的力量，从美洲源源不断地进口粮食。

如此一来，利用本身自有的丰富煤炭资源和美洲新大陆的辽阔土地，英国在众多地区中脱颖而出，成功摆脱了土地制约的束缚，也正因如此，第一次工业革命才会在英国兴起。换言之，正因为撞上"煤炭"和"美洲新大陆"这两大偶然的"幸运"，西欧才能与亚洲"分流"，走上蓬勃发展之路。

自彭慕兰提出"大分流"理论后，在全球经济史研究领域，人们将注意力从"漫长的16世纪"逐渐转向"漫长的18世纪"，有关世界史的全新解说更是层出不穷。例如，有的研究以近世的欧洲和印度为考察对象，指出在18世纪莫卧儿帝国时期，印度的经济呈"斯密式增长"趋势。[①]

人物生平：

彭慕兰（1958—）：美国历史学家，主要研究近代中国经济史和全球经济史。从康奈尔大学毕业后，他在耶鲁大学获得博士学位。他曾任加利福尼亚大学尔湾分校历史系教授，现任芝加哥大学教授。2013—2014年任美国历史学会会长，其著作《大分流：欧洲、中国及现代世界经济的发展》一书获得了费正清奖、世界历史学会著作奖、丹·大卫奖等奖项。

参考书目：

《大转型：我们时代的政治经济起源》卡尔·波兰尼；《大融合：东方、西方，与世界的逻辑》马凯硕；《世界史纲》赫伯特·乔治·威尔斯；《历史研究》阿诺德·约瑟夫·汤因比

[①] Prasannan Parthasarathi (2011) "Why Europe Grew Rich and Asia Did Not: Global Economic Divergence, 1600–1850".

《帝国：全球化的政治秩序》 以文社/水嶋一宪、酒井隆史、浜邦彦、吉田俊实 [译]
《诸众：帝国时代的战争与民主 上·下》 NHK BOOKS/水嶋一宪、市田良彦 [监修]/几岛幸子 [译]

《帝国：全球化的政治秩序》
《诸众：帝国时代的战争与民主》

（安东尼奥·奈格里、迈克尔·哈特）

《帝国：全球化的政治秩序》（*Empire*，2000 年）和《诸众：帝国时代的战争与民主》（*Multitude: War and Democracy in the Age of Empire*，2004 年）是意大利政治哲学家安东尼奥·奈格里与美国哲学家迈克尔·哈特合写的著作，主要讲述了全球化发展进程中出现的新"帝国"，以及与之相对抗的主体——"诸众"。

随着全球化进程的不断发展，民族国家不断衰退，"帝国"作为一种与过去截然不同的主权形态出现在世人面前。不同于古罗马那样的全球帝国，也有别于西班牙、英国等殖民帝国，"帝国"取代了现代以民族国家为基础的美帝国主义，是一种后现代的统治主体。

"帝国"存在于全球网络式的统治之中，已经渗透到人们生活的方方面面，其特点在于无疆界、无中心与非殖民化，对此，奈格里和哈特在书中写道：

> 我们的基本假设是主权已经拥有新的形式，它由一系列国家和超国家的机体构成，这些机体在统治的单一逻辑下整合，而新的全球主权形式就是我们所称的"帝国"。与帝国主义相比，"帝国"不建立权力的中心，也不依赖固定的疆界和界限。"帝国"是一个无中心、无疆界的统治机器。在其开放的、不断扩展的边界当中，这一统治机器不断加强对整个全球领域的统合。

（中间省略）

> 事实上，没有任何一个民族国家今天能成为帝国主义者计划的中心，美国也不能。帝国主义的时代已经结束了。

"诸众"在拉丁语中具有"众多""民众"等意思，原是尼科洛·马基雅维利和巴鲁赫·德·斯宾诺莎所使用的政治术语，在此处用于称呼跨国权力集团，旨在全球范围内反抗帝国、实现民主主义。

奈格里和哈特所设想的"诸众",并不会像19世纪之后的社会主义一样无视多样性和差异性。它虽是一个统合的整体,但不失各自的多样性,同时也不会涉及同一性与差异性之间的矛盾。"诸众"一词让他们看到了与新帝国威胁相抗衡的可能性。

在资本方面,虽然人们的创造性、欲望和感情也被融入到了生产之中,形成了商品化系统,不过奈格里和哈特也相应地提出了两种反抗形式,即"游牧民族(nomad)式移动"和"退出"(exodus,逃离、逃跑)。具体而言,即要成为不选择工作场所的"移民劳工",而不是被设想为马克思主义改革主体的传统产业工人。

奈格里和哈特认为,在当今社会中,互联网的使用或许又会创造出新的交流方式。若想对抗资本逻辑,跨越国界的无国界运动不可或缺,而且这种运动现下也正在发生着。

上述奈格里和哈特的理论不仅在政治学中远近闻名,在以现代美术为代表的文化领域中也得到了广泛的认可。

人物生平:

安东尼奥·奈格里(1933—):意大利哲学家、政治活动家,意大利帕多瓦大学教授、政治学研究所所长,以对斯宾诺莎和马克思的研究而闻名。1979年4月,奈格里被意大利政府以涉嫌策划左翼恐怖组织"红色旅"、绑架暗杀当时的意大利总理阿尔多·莫罗之名逮捕入狱。之后,尽管他没有被指控直接参与暗杀总理事件,和"红色旅"也并无关系,但因过去的演讲活动和政治运动产生的影响较为恶劣,他依然被追责判刑。1983年,他在狱中参加意大利议会选举,当选为激进派国会议员。虽然仍在审判期间,但他因议员享有豁免权而被释放,数月后又被剥夺议会豁免权,被迫流亡法国。1997年7月,他重返意大利,为消化刑期自愿入狱服刑,2003年4月被释放。

迈克尔·哈特(1960—):美国哲学家、比较文学家,目前是杜克大学的文学系教授。

《奇点临近：当计算机智能超越人类》 NHK 出版/井上健［审译］/小野木明惠、野中香方子、福田实［译］

《奇点临近：当计算机智能超越人类》

（雷·库兹韦尔）

《奇点临近：当计算机智能超越人类》（*The Singularity Is Near：When Humans Transcend Biology*，2005 年）是美国发明家雷·库兹韦尔的著作。在该书中，库兹韦尔宣称，人工智能成为主角的时间节点即将到来，并将"奇点"这一概念推广到了全世界。

"Singularity"一词原本是数学和物理学领域的专业词语，意为"奇点"，不过最近提到这个词，一般都是用来指代"技术奇点"。人工智能（Artificial Intelligence，简称 AI）的自我学习和自我反馈可以让技术和智能得到递回式改良，从而实现高度化发展。等到奇点时刻，它们便会取代人类，成为推动文明进步的主角。在一般设想中，通用人工智能，或者能够独立思考的"超强 AI"以及超越现今人类智能的超级智能的出现，将会引发这一奇点。

一旦创造出能够自主运行的机器智能，这种智能便会通过自我反馈反复升级迭代，从而诞生出完全超乎人类想象的超级智能。库兹韦尔曾预言，人类将会在 2045 年迎来奇点，并将超级智能的概念与后述的"加速回报定律"相结合，给出了具体事例说明。也正因如此，人们渐渐相信他的预言真的会实现。例如，现任瑞士 AI 研究所联合主任、"现代 AI 之父"于尔根·施密德胡伯博士就曾在 2018 年预言"距离奇点的到来还有 30 年"。

"加速回报定律"是库兹韦尔提出的一条经验法则，即将过去的重要发明与其他发明结合，通过缩短下一项重要发明的问世时间来加快创新速度。如此一来，技术进步便会呈指数曲线增长，而非线性增长。其中最典型的例子就是"摩尔定律"，即集成电路上可容纳的晶体管数量每隔 18—24 个月便会翻一番，完全不同于传统的收益递减或限定条件下的收益递增概念。

奇点之后，人类不需要再发明任何东西，此外也无法再预测到 AI 将会给出什么答案或是创造了什么新物件。库兹韦尔认为，到了那时，人类和机器、现实与虚拟空间之间便再无差别。例如，未来人体的各器官都能被替换，人类甚至会演变成类似赛博格一样的机械化有机体，想必最后连"寿命"这个概念都将不复存在。

库兹韦尔指出："人类与机器的联合，即嵌入我们大脑的知识和技巧将与我们创造的容量更大、速度更快、知识分享能力更强的智能相结合。这种融合便是奇点的本质。在奇点之后的世界里，不管是依旧保有人类特征也好，还是单纯作为生物机体也罢，都将超越原有的人类生物极限，人类与机器、物理现实与虚拟现实之间将不会再有任何区别。"这也是"AI被认为是人类最后的发明"的原因。

不过，不管怎么变化，最后留下来的人类特征都将是不断挑战极限的特性，即不管在哪一个时期，都会尝试扩大原有物理和精神力量所涉及的范围，打破每个时期的常规和极限。

此外，也有很多科学家认为，奇点并不会随着AI的更新发展而出现。若想让AI具备与人类智慧同等水平的智能，必须将人脑识别的所有事物置换为可以计算的数学公式，只要研究不出这个方法，奇点的到来便是子虚乌有的空谈。

人物生平：

雷·库兹韦尔（1948—）：美国发明家、实业家、未来学家、思想家。他专攻自然语言处理和机器学习，是人工智能（AI）研究的世界权威。除了《奇点临近：当计算机智能超越人类》等与奇点相关的著述外，他在健康、超人类主义方面也著作颇丰。高中时期，他曾开发了统计分析软件和古典音乐作曲软件，被当时的美国总统林登·约翰逊授予"美国西屋科学天才奖"，并收到了来自白宫的邀请。1974年，库兹韦尔成立了库兹韦尔计算机产品公司，此后又贡献了多项发明，并于1999年获得了美国技术领域的最高荣誉奖项——"美国国家技术创新奖"。2012年，他加入谷歌，成为谷歌工程总监，主要指导AI方面的研究。现正致力于对人类大脑进行整体详细分析，并研究如何在计算机上重现人脑思维。

参考书目：

《人类的未来：AI、经济、民主主义》艾弗拉姆·诺姆·乔姆斯基、雷·库兹韦尔、马丁·沃尔夫、比亚克·英厄尔斯、弗里曼·约翰·戴森；《未来简史》尤瓦尔·诺亚·赫拉利

《人类简史：从动物到上帝 上·下》 河出书房新社/柴田裕之 [译]

《人类简史：从动物到上帝》

（尤瓦尔·诺亚·赫拉利）

《人类简史：从动物到上帝》（Sapiens：A Brief History of Humankind，2011 年）是以色列历史学家尤瓦尔·诺亚·赫拉利创作的全球知名畅销书。该书主要从演化生物学的角度，介绍了长达 250 万年的人类历史，并针对只有智人繁衍了下来并创造了今日的繁华与辉煌这一问题，做出了详细的阐释说明。

与我们现代人息息相关的智人（Homo sapiens，意为"有智慧的人"）曾于 20 万年前出现在非洲东部。在诸多人属物种当中，为什么单单只有智人幸存了下来，而且摆脱了当初在热带疏林草原上的丧家之犬身份，摇身一变成为地球的主人呢？——人类历史上所经历的三次革命（大约 7 万年前的"认知革命"、大约 1 万年前的"农业革命"、大约 500 年前的"科学革命"）告诉了我们答案。

"认知革命"（诞生了全新的思维方式和沟通方法）发生在大约 7 万年前，是智人飞跃进步的起点。虽然人们认为这是基因突变导致的结果，但最终只有智人拥有了相信"虚构=架空事物和故事"的能力。这些虚构事物和故事中不仅包含神话与传说，甚至包括了国家、民族、法律、人权、平等、自由等概念。正因为拥有这种独特的认知能力，智人才能将素不相识的人聚在一起，通过大规模的灵活合作，衍生出人类的社会性和协调性。

大约在 1 万年前，人类不再狩猎采集，而是将精力放在了农业耕作上，生活方式也从过去的四处游牧走向了定居，一场关于人类生活方式的革命——"农业革命"就此发生。于是小群体开始不断合并，渐渐形成庞大的社会组织，而三种普遍秩序的登场又进一步加速了这一进程。这三种普遍秩序分别是经济方面的"货币"、政治方面的"国家"、精神方面的"宗教"。对此，赫拉利认为，"在三种概念中，货币是最普遍也是最有效的互信制度。"

后来，在大约 500 年前，人类迎来了"科学革命"。由于和穆斯林商人交易需要黄金白银，于是欧洲人踏上了海外探索之路，并由此进入了地理大发现时期——赫拉利将这个时期定为"科学革命"的开端。因为新大陆的发现，揭开了未知世界的面纱，新世界的出现让过去基于宗教的世界观全然崩塌,这种现状不仅驱使着人们走向了争夺殖民地的修罗场,同时还激发了人们对科学的好奇心。探索知识需要资金,科学、帝国主义和资本主义便是推动历史前进的最强驱动力。最后,1500—2000年的500年间,世界人口增长至原来的14倍,产量增加至240倍,能源消耗量扩大至115倍。

赫拉利表示,智人的未来并不是过去的延伸。换言之,随着生物科技、仿生机器人、非有机生物工程这三项智能科技的发展,智人会打破40亿年以来的自然选择,不断"突破生物学上规定的界限"。总有一天,我们会等到奇点(详见第316页)的到来。到那时,大脑和计算机相连,人类的记忆、意识和身份将会发生根本性的改变,从而进入"超智人"时代。

在该书中,赫拉利一直关注一个根本性的问题,即"文明让人感到幸福了吗?"。对于漫无目地进化至今的人类,赫拉利在该书的结尾总结道:

我们唯一能做的,就是影响未来科学前进的方向。

(中间省略)

或许我们面临的真正问题不是"我们究竟想要变成什么?",而是"我们究竟希望自己想要什么?"。

人物生平:

尤瓦尔·诺亚·赫拉利(1976—):以色列历史学家。他曾在牛津大学攻读地中海地区史和军事史,获得博士学位。现任耶路撒冷希伯来大学历史系教授,其专业是世界史和宏观历史。21岁时,赫拉利以同性恋身份出柜,并在加拿大与同性结婚,现于特拉维夫郊外的莫夏夫(农业共同体的一种),过着一种纯素主义生活。在牛津居住期间,他开始禅修内观冥想(观察自己身心实相的一种方法),直到现在依然保持着这个习惯,每年至少冥想30天。在发表《人类简史》一书之后,赫拉利又相继推出了探讨人类未来的《未来简史》和论述人类应该如何活在当下的《今日简史》,这三本书被统称为"赫拉利的简史三部曲"。

参考书目:

《未来简史》尤瓦尔·诺亚·赫拉利;《今日简史》尤瓦尔·诺亚·赫拉利;《冠状病毒大流行紧急建议:投稿和采访》尤瓦尔·诺亚·赫拉利;《奇点临近:当计算机智能超越人类》雷·库兹韦尔;《寿命:我们为何会衰老以及我们为何可以不必衰老》大卫·辛克莱尔、马修·D.拉普兰特

《国家为什么会失败：权力、富裕与贫困的根源》

（达龙·阿西莫格鲁、詹姆斯·A. 罗宾逊）

《国家为什么会失败：权力、富裕与贫困的根源》（*Why Nations Fail：The Origins of Power, Prosperity, and Poverty*，2012 年）由经济学家达龙·阿西莫格鲁和詹姆斯·A. 罗宾逊合著。该书主要从政治和经济的"制度"角度出发，探讨了世界上为什么有的国家富裕、有的国家贫穷，以及导致这种不平等的原因。

本书探讨的主要课题是，美国、英国、德国等富裕国家与撒哈拉以南非洲、中美洲、南亚等地区的贫穷国家，在收入和生活水平方面存在的巨大差距。究竟是什么原因导致国家之间出现贫富差距？国家又为什么被以兴衰划分？是地理特征、气候、文化的问题，还是因为当权者或统治者的错误政策？针对这些问题，该书给出了明确的答案——都不是，一个国家所采取的政治和经济制度才是其根本原因。同时，该书还提出了一个新的观点，即包容性政治制度和包容性经济制度是实现经济增长和繁荣的关键，而攫取性制度通常会导致经济停滞不前和贫困。

例如，隔着国境相邻的两个小镇——美国亚利桑那州的诺加利斯和墨西哥索诺拉州的诺加莱斯，尽管原本是同一座城市，但两边的生活水平却是天壤之别。拥有相同祖先和相同文化的两个 Nogales（两者的镇名字母拼法相同）之所以差距如此之大，正是因为它们被划分在了制度不同的两个国家。

所谓"包容性制度"，指权利在社会广泛得到分配的民主主义和市场主义制度，其强调广泛公开选举权、建立法治、保障个人权利和所有权等。在包容性制度下的社会里，没有当权者或统治者的剥削，大多数人能参加经济活动，社会也十分鼓励创新。

与此相对，"攫取性制度"指一种社会权力和财富都集中在少数精英手中的制度，如社会主义、绝对专制和独裁军政府等。在攫取性制度下的社会中，所有的政策或制度都由既得利益者制定，他们会为了维护自己手中的财富和权力而扭曲制度，个人很难有机会通过正当努力获得财富，最终将导致生产性激励不足。

历史上长期处于封建制度下的英国，之所以能够建立起包容性制度，原因就是通过光荣革命将制度转换成了君主立宪制，从而进一步建立起包容性经济制度，消除了工业扩张的障碍，使得工业革命最早发生在英国，而不是欧洲的其他国家。

威尼斯共和国一度想建立包容性制度，但由于拥有既得利益的贵族势力将评议会定为世袭制，最终导致其发展计划流产，制度变质为攫取性制度，而曾经创造的辉煌与繁荣也没能长久地持续下去。另外，还有西班牙、奥匈帝国、奥斯曼帝国、俄罗斯、中国等国家，由于当权者或统治者建立了攫取性制度，从而错过了工业革命兴起的潮流。

美国之所以能成为世界第一经济大国，是因为它原本就没有原住民可供剥削，通过赋予殖民者所有权和参政选举权的方式，让具有自由主义和民主主义属性的包容性制度在此地生根发芽。反之，那些迁居到墨西哥和南美殖民地的人，由于他们继续享受着殖民制度下的剥削劳动，所以攫取性制度一直存在，并没有消失。

人物生平：

达龙·阿西莫格鲁（1967—）：经济学家，拥有土耳其和美国双重国籍。他现任麻省理工学院（MIT）"伊丽莎白和詹姆士·克利安经济学教授"，曾在2005年获得被誉为经济学界"小诺贝尔奖"的约翰·贝茨·克拉克奖。他的研究领域主要包括政治经济学、经济发展、经济理论等。

詹姆斯·A. 罗宾逊（1960—）：曾任哈佛大学教授，现为芝加哥大学哈里斯公共政策学院教授。

参考书目：

《狭窄通道》达龙·阿西莫格鲁、詹姆斯·A. 罗宾逊；《枪炮、病菌与钢铁：人类社会的命运》贾雷德·戴蒙德；《民主和专制的社会起源》巴林顿·摩尔；《文明》尼尔·弗格森

《大融合：东方、西方，与世界的逻辑》中央公论新社/山本文史 [译]

《大融合：东方、西方，与世界的逻辑》

（马凯硕）

《大融合：东方、西方，与世界的逻辑》（*The Great Convergence：Asia, the West, and the Logic of One World*，2013 年）是新加坡外交官马凯硕执笔的全球论著作。他在该书中指出，未来的全球化不仅是多边化发展，同时亚洲还会涌现大量中产阶层，并以非西欧人的立场，对各国政府和机构如何适应全新的国际环境提出了实质性的建议。

该书中的"大融合"有两层含义：一是意味着西方主宰世界的时代走向终结；二是表示全球各国的行为模式达成一致，走向融合。从全球史的视角看，过去西方统治世界的 200 年是一个特殊的时间段，而现在，世界终于即将回归正轨。

举例来说，如果全球化之前的世界是由 100 艘船组成的船队，那么为了避免发生冲突，当时世界需要的是制定规则，这样航海时大家便能相互合作。但现在，人类不再是单独驾驶航船远行，而是同乘一艘名为"地球号"的船，并分别配有 197 个（2022 年数据）不同的船舱。船上的 197 名船长和船员，每个人都只对自己的船舱负责，但没有人对整艘船负责。当"地球号"面临全球变暖等问题时，每个船舱都只是在推诿责任，无休止地相互指责。

另一方面，通过共同遵守过去人类构建的五个全球行为守则，即"接受现代科学""逻辑性思考""自由市场经济""社会契约改革""多边主义"，全球化已越过经济领域，在世界范围内不断发展。此处所说的"全球化"不是指欧美化，而是指随着多边化发展的不断推进，中产阶层在亚洲大量涌现，全球出现了利益与观念、文化与价值前所未有的"融合"——这是一种真正的全球文明。

截至 2012 年，有 5 亿亚洲人的生活水平处于中产阶级，然而到了 2020 年，这一数字已经飞涨至 17.5 亿人，导致欧美诸国的比重相对下降。因此，全球治理机制的改革也迫在眉睫。为此，马凯硕主张加强世界领导人之间的沟通，改革有关联合国和多边国家程序的政策，唤醒人类的全球性思维意识。

以联合国为例，马凯硕提议可以先对安全理事会进行整改，即将现在的 5 个常任理事国更改为 7 个。美国、中国、俄罗斯继续留任，英国和法国换成 1 个欧洲代表，剩余 3 个国家席位分别给亚洲、非洲和拉丁美洲的代表。如果将其匹配到现实情况中，这 7 个常任理事国将是美国、中国、印度、俄罗斯、巴西、尼日利亚和欧盟。

虽然现在联合国的各个成员国都在分摊会费，但经费金额远远不足以支撑业务扩展的需求。尤其是在现今日益重要的世界卫生组织（WHO）和国际原子能机构（IAEA）中，人才储备并非易事。马凯硕提议，每个常任理事国除了分担会费外，还需负担"额外缴纳金"，最低也要分摊联合国 5% 以上的预算，以此来弥补经费上的欠缺。

为了能让更多的人了解世界现状，马凯硕向读者提出建议："如果你对全球大融合这件事抱有疑虑，可以抽出一点时间，看看有哪些全球性的集会或组织的话题正好对你的胃口，感兴趣就去参加试试。"

人物生平：

马凯硕（1948—）：新加坡外交官，新加坡国立大学（NUS）李光耀公共政策学院院长。他出生于新加坡的一个印度家庭，1971—2004 年，供职于新加坡外交部，曾任新加坡常驻联合国大使、新加坡外交部常任秘书，其间还被推选为联合国安理会主席。

参考书目：

《大分流：欧洲、中国及现代世界经济的发展》彭慕兰

《不平等社会：从石器时代到21世纪，人类如何应对不平等》 东洋经济新报社/鬼泽忍、盐原通绪 [译]

《不平等社会：从石器时代到21世纪，人类如何应对不平等》

（沃尔特·沙伊德尔）

《不平等社会：从石器时代到21世纪，人类如何应对不平等》（*The Great Leveler: Violence and the History of Inequality from the Stone Age to the Twenty-First Century*，2017年）是奥地利历史学家沃尔特·沙伊德尔的著作。书中明确指出，不平等不会悄然消失，历史上只有"战争""革命""瘟疫""国家崩溃"这四种暴力性破坏才能将其矫正。此外，沙伊德尔还在书中抛出了一个问题："如果没有20世纪的战争和革命，我们是否就无法和平地矫正不平等了呢？"

回溯人类历史，沙伊德尔发现，平等从未在和平状态下得以实现。一旦社会是在历经暴力性破坏后才得到稳定，那么经济上的不平等鸿沟必然会进一步扩大。财富的积累会催生出政治权力，而得势者为了维持政权会进一步收集财富。在这种结构的机制下，社会稳定时期的贫富差距只会不断扩大。

在破坏现有秩序、矫正收入和财富分配上的偏差以及缩小贫富差距方面，只有"平等四骑士"能力挽狂澜。虽然它们对人类来说并非善类，但"战争""革命""国家崩溃""瘟疫"却是"伟大的矫正力量"。

它们就像出现在《圣经新约》末篇《启示录》中的天启四骑士（每位骑士管辖四分之一的土地，拥有杀死人类的权力）一样，都是为了"从地上夺取和平"，并"通过剑、饥饿、死亡以及地上的猛兽来杀死人类"。

第一位骑士"战争"，指大规模动员战争，即1914年到1945年的两次世界大战。世界大战的冲击导致了"大压缩"，所有发达国家的收入和财富不平等均大规模缩减。由此，精英们的财富遭遇流失，资源得到了重新分配。

第二位骑士"革命"，指变革性革命，即由两次世界大战所催生出的革命。

第三位骑士"国家崩溃"，指国家灭亡或体制崩溃。国家解体后，所有的统治阶层全部消亡，精英阶层拥有的一切政治地位或"后门"关系也都全部丧失。

第四位骑士"瘟疫"，指致死性流行病，比如曾经给整个欧洲带来毁灭性灾害的鼠疫。14世纪20年代后期，鼠疫先是在戈壁沙漠上暴发，随后老鼠携带着感染了病菌的跳蚤不断扩散——向东扩散至中国，向南到达印度，向西传播到了中东、地中海沿岸和欧洲。1350年，这场瘟疫袭击了地中海沿岸，最终导致欧洲在1300—1400年的100年时间里，人口从9400万人下降至6800万人。而另一方面，由于农耕社会的人口大量流失导致劳动力不足，最后实际工资反倒增长了1倍多。

由此可见，在20世纪，缓解不平等的"功臣"不是民主合理性和经济合理性，而是战争和革命。但如今这些矫正机制都无法再运作，资源再分配和教育问题又会在不经意之间加剧不平等的程度。面对这些现实，人类将何去何从，值得我们每个人深思。

人物生平：

沃尔特·沙伊德尔（1966—）：奥地利历史学家，现任美国斯坦福大学人文学科迪卡森讲席教授、古典学和历史学教授。他专攻古代社会及经济史、前现代历史人口统计学、世界史比较及跨学科研究，并在现代以前的社会和经济史、人口统计学和比较史学等领域发表了丰硕的研究成果。

参考书目：

《21世纪资本论》托马斯·皮凯蒂

《当下的启蒙：为理性、科学、人文主义和进步辩护 上·下》 草思社/橘明美、坂田雪子 [译]

《当下的启蒙：
为理性、科学、人文主义和进步辩护》

（史蒂芬·阿瑟·平克）

《当下的启蒙：为理性、科学、人文主义和进步辩护》（*Enlightenment Now：The Case for Reason，Science，Humanism，and Progress*，2018年）是美国认知心理学家史蒂芬·阿瑟·平克用21世纪的语言和概念重新解读启蒙主义理念的著作。

平克说，他之所以决定写该书，是因为他意识到一个事实——很多人没有客观地看待启蒙运动以来所取得的一系列惊人成果，也并没有接受"通过理性和同情来促进人类的繁荣"这一过于理所当然的启蒙主义原则。

> 我将用本书证明，这种对世界状况的悲观看法是错误的，而且是大错，错得离谱，错得不能再错。这些悲观看法包括：对世界发展道路悲观失望、对现代制度冷嘲热讽、除了宗教之外无法在任何事物中找到更高的目标。
>
> 我将提出一种对这个世界的不同理解，这种理解基于现实，并受到启蒙运动四大理念的启发，也就是理性、科学、人文主义和进步。我希望让读者明白，虽然启蒙运动的理念具有永恒的价值，但它的意义对于今天的我们却显得尤为重要。

对于现代人来说，启蒙主义似乎是理所当然的一种存在。但在曾经，甚至是某些地区的今日，战争、粮食短缺、疾病蔓延、无知、生命危险都还是日常生活的一部分。享受如今的美好生活，并不是我们与生俱来的权利。

平克认为，在曾给人类带来进步的启蒙主义理念中，"理性"、"科学"与"人道主义"如今正面临着前所未有的危机。21世纪第二个十年所兴起的政治运动都在描绘着这样一幅场景：他们的国家被邪恶的党派拉入了地狱的深渊，只能依靠一个强大的领导者来力挽狂澜，拯救国家，使之"再次伟大"起来。针对世人丧失对世界的积极愿景一事，平克不禁感到担心。

谈到这一点，首先浮现在人们脑海中的便是以美国前总统特朗普为代表的反智主义。但其实早在特朗普宣布参选总统的几年前，平克便已经开始构思该书。"事实上，促成特朗普顺利当选的一些思想在知识分子和普通民众中非常流行，无论是左派还是右派。"

此外，除了那些为本国的衰落而哀叹不已、叫嚣着只有自己才能让国家再次伟大的政治家，文科知识分子也对科学万能主义持消极意见，并不认同科学会让世界变得更加美好的观点。如此一来，无论是右派还是左派，都陷入了悲观主义的深渊，否定进步、轻视科学的现象猖獗于世——这便是当今世界的现状。

在平克看来，这种错误的现状认知是一种人类常见的认知偏差。想要真正了解当今人类状况的真相，人类必须通过客观的数据来重新看待整个世界，并要正确理解启蒙运动理念取得了辉煌胜利这一重要事实。

从客观角度看，人类寿命延长、疾病减少、财富与日俱增、绝对贫困和饥饿问题减少、战争和死于灾难的人数锐减，这些都是不争的事实。但贫富差距的扩大、环境问题、恐怖主义和核战争等威胁，并不像人们所宣扬的那样严峻。此外，休闲时间等与生活质量相关的指标和幸福指数都在不断上升，民主主义逐渐扩大的同时，人权意识的提高也有目共睹。

平克引用了大量数据，并从十六个方面详细剖析了这个世界的进步趋势，认为目前人类生活在一个比以往任何时候都更健康、更长寿、更安全的良好社会之中。也就是说，我们正生活在历史上最美好、最容易生活的时代。

人物生平：

史蒂芬·阿瑟·平克（1954—）：出生于加拿大的美国认知心理学家、哈佛大学心理学教授。其研究领域是视觉认知能力以及儿童语言能力的发展，撰写了大量大众科普书籍。在艾弗拉姆·诺姆·乔姆斯基（详见第229页）的生成语法的影响下，他对大脑功能的语言能力和语言获得展开了深入研究，并发表了诸多著作。他把语言视为一种经过自然选择而形成的"本能"或是生物适应性功能，并因这一主张的普及而风靡世界。2004年，平克入选《时代周刊》当今世界最有影响力的百人名单，并于2005年被《外交政策》《展望》等知名杂志称为"世界上最有影响力的知识分子"。

参考书目：

《人性中的善良天使：暴力为什么会减少》史蒂芬·阿瑟·平克；《两种文化》查尔斯·珀西·斯诺；《事实：用数据思考，避免情绪化决策》汉斯·罗斯林、欧拉·罗斯林、安娜·罗斯林·罗朗德

《人口减少社会的设计》

（广井良典）

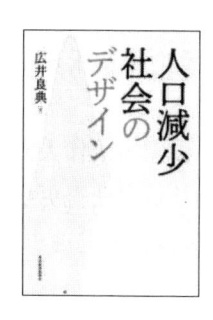

《人口减少社会的设计》（2019 年）是日本社会哲学家广井良典的著作。该书主要就社会可持续发展至 2050 年的条件展开了探索与讨论，并提出了"稳定型社会＝可持续性福利社会"的模型。

昭和是"集体并肩一路同行的时代"，平成是"失去的 30 年"。送走两个旧时代后，令和迎来了新时代的"人口减少社会"。迄今为止，日本一直都在盲目追求"扩张"与"发展"，幻想自己能够成功实现这些美梦，出现问题不去及时解决，反倒将其抛之脑后，导致现在各种各样的问题全都一股脑儿地堆在了世人面前。

国家不同，其经济和社会体系也会大相径庭。比如美国是"强烈的扩张、发展意向＋小规模政府"，加之"低福利、低负担"，而欧洲属于"追求环境意识＋规模相对较大的政府"，加之"高福利、高负担"。

与此相对，日本的特点是"毫无理念搭配拖延不负责"。没有明确的社会共识，只是在既定事实的基础上一点点地解决问题，完成应该做的事，最后形成的体系为"中福利、低负担"。换言之，提供社会保障需要承担相应的责任与义务，在面对谁来承担、谁来负责这一艰难决策时，日本选择了逃避，并将负担强塞给了"不在现场"的未来子孙，可谓是最不负责任的处理方式。

因此，在能否可持续发展这一点上，日本现在正处于危急关头。广井的忧患意识告诉他，如果继续采取当前的政策或应对措施，最后肯定会以悲剧收场。为了验证上述假设，他从"财政或代际传承""贫富差距扩大和人口""社区和联系"这三个可持续性的观点出发，提出了一个问题——"日本能够持续发展到 2050 年吗？"为了回答这个问题，京都大学和日立制作所联合发起了"日立京大实验室"项目，推导出了各种未来场景和选项内容。本书便是将所有答案都囊括于其中的总结精华。

在这个项目中，研究人员抽取了大众认为比较重要的 149 个因素来制作因果关联模型，并通过 AI（人工智能）模拟，预测了未来 35 年中的大约 2 万种未来场景，总结出了6个最具代表性的情景组。除此之外，该项目还着眼于"人口"、"财政·社会保障"、"城市·地区"和"环境·资源"的可持续性，将能够帮助日本可持续性发展至2050年的条件总结为10条建议和论点。

从中可以发现，对于日本的未来而言，选择"城市集中"场景，还是选择"地方分散"场景，本质上会出现巨大的差别。从人口和地方的可持续性，或者贫富差距和健康、幸福的视角看，地方分散型是更优的选择。从现在开始的8—10年后，上述两个场景会出现分歧，之后便不会再有任何交集。

一直以来，我们追求的"无限的扩张与发展"，无论是从地球资源有限的物质层面上说，还是从精神层面上说，幸福都会逐渐到达极限。雷·库兹韦尔（详见第317页）的奇点理论和改造人类的后人类理论，这些都属于认为人类会通过科技发展而进入新阶段的讨论。乍一看好像指明了新方向，实际上只不过是将个人利润放大到极限，并把方便人类继续凌驾在自然之上的现代社会范式加以延伸罢了。

对此，广井表示日本需要一种"创造性稳定经济"的构想，从可持续性的视点来考虑"成熟化、稳定化的社会的创造性、丰富性和幸福"这一主题。

人物生平：

广井良典（1961—）：日本社会哲学家，他毕业于东京大学，曾在厚生省任职10年，后任麻省理工学院（MIT）客座研究员、千叶大学教授，现任京都大学心灵未来研究中心教授，其研究领域为公共政策及科学哲学。他提倡环境、福利和经济统合于一身的"稳定型社会＝可持续性福利社会"。从社会保障、环境、医疗、城市·地区的政策研究，到与时间、护理关怀、生死观等相关的哲学考察，在多个领域中都可以看到他活跃的身影。

参考书目：

《空荡荡的地球：全球人口下降的冲击》达雷尔·布里克、约翰·伊比特森；《奇点临近：当计算机智能超越人类》雷·库兹韦尔；《人新世的资本论》斋藤幸平

第 8 章

自然/科学

现代自然科学的源头，可以一直追溯到古代自然哲学。约12世纪至14世纪，自然科学开始独立于哲学之外。到了17世纪，人才辈出，涌现出了诸如伽利略·伽利雷、艾萨克·牛顿等重量级科学家，自此拉开了科学革命时代的宏伟序幕。英国工业革命爆发后，科学技术飞速发展，曾经归属于宗教与哲学领域的疆土接连被自然科学占领。

相对论和量子力学出现之前，学者们将以牛顿运动定律为基本原理的力学总称为经典力学，而且从量子理论角度看，经典力学泛指经典的、非量子的力学。然而，在现代，经典力学包括相对论力学，是与研究微观世界的量子力学相对的学科领域。因此，现代意义上的经典力学分为两种：牛顿力学和相对论。

为区别于相对论，有时人们会将牛顿力学称为非相对论力学。而相对论可分为狭义相对论和广义相对论，二者的主要区别在于，狭义相对论不涉及引力问题。

量子力学是描述分子、原子、电子和基本粒子等微观物理现象的力学，它与广义相对论共同构成了现代物理学的基础。量子力学本身是一种描述微观体系的理论，但若是将研究对象视为微观体系的集合，那么量子力学也可以描述经典力学中难以解释的宏观现象。

20世纪以后，自然科学迅速发展，科学家们提出了粒子物理学的基本框架——"标准模型"理论。随着赋予了基本粒子质量的"上帝粒子"希格斯玻色子的发现，宇宙机制的神秘面纱被逐步揭开。然而，宇宙之中仍有诸多谜团：宇宙是如何诞生的？物质是由什么构成的？

此外，由于自然科学的基本定律惊人地适合生命的存在，所以有人提出了在某种意义上实属禁忌的"人择原理"，即认为宇宙之所以是现在这个样子，是因为只有宇宙是现在这个样子，才会有人类去观察宇宙。

如果人们能发现一种"万物理论"（大统一理论），能够统一描述存在于自然界中的四种基本力——电磁力、弱核力、强核力和重力，那么宇宙中的所有谜团将有可能迎刃而解。如今，科学家们正在研究有可能成为"万物理论"的"弦理论"以及结合了弦理论和十一维空间的"M理论"。若能够完成此项研究，那么我们不仅能够解释基本粒子的所有性质，还能解开宇宙（即时间和空间）诞生和消亡的重重谜团。

《新版 亚里士多德全集 第4卷 自然学》岩波书店/内山胜利、神崎繁、中畑正志 [编]

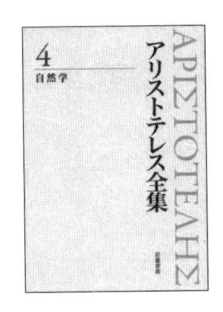

《自然学》

(亚里士多德)

《自然学》(古希腊语为 $Φυσικῆς\ ἀκροάσεως$，英语为 Physics，公元前 4 世纪)是"万学之祖"亚里士多德研究自然哲学(现代自然科学)的著作。

古希腊语"$φυσιε$"("$φυσικῆς$"的名词形式)对应英语的"physics"一词，原意为"自然"。因此，该书的书名可译为"《自然学》"。

在相当于现代物理学、天文学、气象学和生物学的自然科学领域中，亚里士多德取得了诸多成就。亚里士多德把研究一般存在及其普遍原理的学问称为"第一哲学"(形而上学)，将研究"自然存在"的学问称为"第二哲学"。此外，他认为在自然现象中，"原理"与由此产生的"现象"之间具有本质的区别，并致力于追求能够全面解释现象的一般原理。

《自然学》一书共 8 卷。在该书中，亚里士多德专注于阐明"为何"而非"如何"，并基于一般原理逐步分析了个别对象。第 1 卷至第 2 卷主要探讨了自然的原理，第 3 卷讲述了运动与无限，第 4 卷探讨了地点、空间和时间，第 5 卷至第 8 卷主要解释了运动、变化、静止以及宇宙。

从中世纪到近代的近两千年来，亚里士多德的自然科学一直保持着极大的影响力。然而，在 16 世纪到 17 世纪的欧洲，数学与测量成为研究自然科学的重要手段，其引发的"科学革命"对亚里士多德的自然科学进行了否定。

人物生平：

亚里士多德：详见《政治学》(第 249 页)处介绍。

参考书目：

《形而上学》亚里士多德

《追补版 几何原本》共立出版/中村幸四郎、寺阪英孝、伊东俊太郎、池田美惠 [译]

《几何原本》

（欧几里得）

《几何原本》（古希腊语为 $\Sigma\tau o\iota\chi\varepsilon\iota\alpha$，英语为 Elements，约公元前 3 世纪）是古希腊数学家、"几何之父"欧几里得编撰的数学著作，是数学史上最重要的书籍之一。

古希腊数学的鼻祖当数公元前 6 世纪的泰勒斯和毕达哥拉斯，但此外还有两位尤为重要的人物。一位是阿基米德，他发现了著名的阿基米德原理——"浸在液体里的物体受到向上的浮力作用，浮力的大小等于被该物体排开的液体的重量"；另一位则是该书的著者——"几何之父"欧几里得。

欧几里得在柏拉图创立的柏拉图学院中学到了丰富的数学知识，他将这些内容进行体系化的整理后，著成了《几何原本》一书。该书首先定义了点和线等基本概念，然后建立了囊括一系列公理的几何公理体系，并证明了其中多达 500 个定理。后人在该书中增加了图表和注释，并将其翻译成了多种语言。从 19 世纪末到 20 世纪初，该书一直被广泛地用作标准数学教科书。

该书内容包括平面几何学、立体几何学、整数理论和无理数理论。在几何学方面，由于 19 世纪非欧几里得几何学——即不采用平行公理[①]的几何学成立，以平行公理为前提的几何学被称为"欧几里得几何学"。

人物生平：

欧几里得（约公元前 3 世纪）：古希腊数学家。据传其曾于约公元前 330—约公元前 275 年，活跃于托勒密一世统治下的亚历山大，但人们对其人生经历几乎一无所知。

---

① 平行公理，即平行线的基本性质为，经过直线外一点，有且只有一条直线与这条直线平行。

《天体运行论》岩波文库/矢岛祐利［译］

《天体运行论》

（尼古拉·哥白尼）

《天体运行论》（拉丁语为 Nicolai Copernici Torinensis De revolutionibus orbium coelestium, Libri VI，英语为 On the Revolutions of the Heavenly Spheres by Nicolaus Copernicus of Torin 6 Books，1543 年）是波兰天文学家尼古拉·哥白尼创作的著作。该书主张日心说（地动说），颠覆了此前的地心说（天动说）。

日心说被视为天文学历史上最重要的发现。18 世纪末，伊曼努尔·康德（详见第 204 页）提出了"哥白尼式革命"这一哲学概念。此后，该词被用来描述思想的重大转变。

据悉，该书的第一版于 1543 年在纽伦堡的古腾堡印刷所印刷出版，但其主要内容实际完成于 1530 年左右。在此之前，哥白尼已将该书的纲要内容分发给了他的朋友们。

彼时，人们广泛接受的是克罗狄斯·托勒密于 2 世纪中叶建立的地心说。哥白尼生前及死后的数十年间，教廷并未公开反对日心说。然而，在 1616 年审判伽利略·伽利雷之前，教皇宣布将《天体运行论》列为禁书。

哥白尼虽然通过天文观测提出了日心说，但他仍认为行星运行轨道是完美的圆形。直到后来，德国天文学家约翰尼斯·开普勒发现，天体运行的轨道实为椭圆形。

人物生平：

尼古拉·哥白尼（1473—1543 年）：波兰天文学家、天主教牧师。他曾先后在克拉科夫大学、意大利的博洛尼亚大学和帕多瓦大学学习神学、医学、数学和天文学，并获得了教会法的博士学位。1497 年起，他在弗伦堡的牧师会长期任职。

参考书目：

《星际信使》伽利略·伽利雷；《世界的和谐》约翰尼斯·开普勒

《星际信使》

（伽利略·伽利雷）

《星际信使》（拉丁语为 *Sidereus Nuncius*，英语为 *Sidereal Messenger*，1610 年）是意大利天文学家伽利略·伽利雷撰写的使用望远镜观测天体的研究报告。

现代科学方法论用数学方法研究自然现象，并通过实验来验证假说，伽利略正是此种方法论的奠基人，因此他被称为"近代科学之父""观测天文学之父"。伽利略还对荷兰人发明的望远镜加以改进，并使用改良版望远镜推算出了地球与月球间的距离以及月球的大小。此外，他还根据观测到的木星的四颗卫星、金星相位和太阳黑子，提出了日心说。

伽利略曾在 1597 年写给约翰尼斯·开普勒的信中提及自己相信日心说，但在该书出版之前，他从未公开发表过这一观点。然而，在该书出版后，天主教会宗教裁判所判定伽利略有罪，自此他失去了工作，并在软禁中度过了余生。被定罪后，伽利略在宣布放弃日心说信仰的弃绝宣誓文件上签了字。据说伽利略曾在审判官面前喃喃自语："但地球仍然在动啊"，不过更多人认为这句话是来自伽利略学生的后来补充。

勒内·笛卡尔在其《方法论》（详见第 189 页）一书中写道，他当时已经完成了《论世界》的手稿，但在得知伽利略的审判结果后，最终放弃了出版。

后来，"经典力学创始人"艾萨克·牛顿（详见第 339 页）继承了伽利略的上述科学方法。

人物生平：

伽利略·伽利雷（1564—1642 年）：意大利天文学家、物理学家。因在建立近代科学方法论方面做出了重大贡献，他被誉为"近代科学之父"，并因在天文学领域的贡献，被尊称为"观测天文学之父"。在物理学领域，他进行了著名的"比萨斜塔实验"，发现了自由落体运动的规律。在天文学领域，他发现了月球环形山、木星的四颗卫星、金星相位、太阳黑子以及银河系由无数恒星组成等现象。

参考书目：

《关于托勒密和哥白尼两大世界体系的对话》伽利略·伽利雷；《天体运行论》尼古拉·哥白尼

《自然哲学的数学原理 1—3》 讲谈社 BLUEBACKS/中野猿人 [译]

《自然哲学的数学原理》

（艾萨克·牛顿）

　　《自然哲学的数学原理》（拉丁语为 *Philosophiæ Naturalis Principia Mathematica*，英语为 *Mathematical Principles of Natural Philosophy*，1687 年）是"经典力学创始人"艾萨克·牛顿创作的物理学哲学著作。该书构建了经典物理学的核心——经典力学（牛顿力学）理论体系，是近代科学史上最重要的经典著作之一。

　　牛顿发现了力学的一般规律，建立了经典力学体系，如利用万有引力定律解释天体运动。在牛顿之前，自然哲学（自然科学）旨在明确事物产生的原因（目的），而牛顿主张通过观察研究事物的因果关系，这种实证主义方法论奠定了近代科学的基础。

　　牛顿力学是与量子力学和爱因斯坦相对论相对的一种表述。这一理论体系的基础是牛顿三大定律（惯性定律、加速度定律、作用力与反作用力定律）以及万有引力定律等远程作用力。其实并未考虑时间因素的静力学，自希腊时代起便有许多相关研究成果，而牛顿力学确立了有关物体运动的动力学。

　　该书以"序言"、"定义"和"公理或运动的定律"开篇，正文部分共分为三卷，分别是"论物体的运动""论物体在阻力介质中的运动""论宇宙的系统"。

　　在序言中，牛顿指出该书的主要内容为自然哲学的数学原理，并阐述了他探讨自然现象的方法："从运动现象来研究自然力，而后从这些力去论证其他现象。"

　　在定义部分中，牛顿严谨地定义了"绝对时间""绝对空间""质量""动量""力"等力学基本概念。

　　在"公理或运动的定律"一节中，牛顿主要阐明了三大运动定律等经典力学基本定律。其中牛顿第一运动定律又称"惯性定律"，即除非有外力作用于物体，否则物体将保持原有状态；牛顿第二运动定律是"加速度定律"，即当有外力作用于物体时，会产生加速度，物体的运动状态也会发生变化；牛顿第三运动定律，即"作用力与反作用力定律"，指出力是物体与物体间的相互作用，当一个物体对另一个物体施加了力，必定也要受到另一个物体的大小相等的反作用力。

正文第一卷，牛顿阐述了物体运动的基础理论，并严密地证明了在各种不同条件的引力作用下物体运动的规律；第二卷，主要阐释了物体在阻力介质（带来阻力的物体或空间）中的运动情况；第三卷，主要讨论了前两卷中的理论在太阳系天体中的运用，如行星、卫星和彗星等，并以大量的自然事实说明了万有引力的存在。

因哈雷彗星而闻名的英国物理学家爱德蒙·哈雷在阅读了牛顿的论文《论轨道中物体的运动》后，推荐牛顿将此前的研究成果出版成书。这里所说的理论成果便是该书第一卷的主要内容。

1713年，为回应人们对该书第一版的各种批评，牛顿在书中增加了大量补充和注释，并出版了第二版。在这一版中，他将上帝定位为绝对时间与绝对空间的掌管者。作为自然哲学家闻名于世的牛顿，同时也是一位神学家。他认为，宇宙中存在的数学秩序恰恰证明了上帝的存在，并在研究中展现出了其基督教世界观。此外，他还热衷于研究炼金术等神秘学，后人在牛顿遗体的头发中检测出大量的炼金术试剂——水银。

人物生平：

艾萨克·牛顿（1642—1727年）：英国自然哲学家、数学家、物理学家、天文学家和神学家。他曾任剑桥大学卢卡斯数学教授、英国皇家学会会长。1661年，牛顿进入剑桥大学三一学院学习。1665年，受伦敦大瘟疫影响，剑桥大学关闭，牛顿回到家乡继续潜心研究数学（对微积分的证明）、光学（三棱镜色散实验）与力学（万有引力猜想）。微积分、光学分析以及万有引力这三项成就被称为"牛顿的三大成就"。此外，牛顿在很短的时间内，便在三个领域取得了巨大的成就，因此这段时间被称为牛顿的"奇迹之年"。

参考书目：

《几何原本》欧几里得

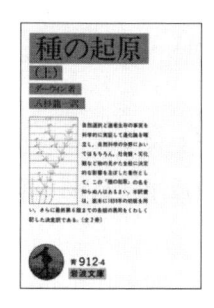

《物种起源 上・下》 岩波文库/八杉龙一 [译]

《物种起源》

(查尔斯・罗伯特・达尔文)

《物种起源》(*On the Origin of Species by Means of Natural Selection, or the Preservation of Favoured Races in the Struggle for Life*，1859 年）是英国生物学家查尔斯・罗伯特・达尔文系统阐述生物进化论基础的生物学经典著作。该书讲述了生物界中自然选择（natural selection）和适者生存（survival of the fittest）的现象，确立了进化论的理论体系。

达尔文认为，进化并不是低等生物到高等生物的简单线性变化，而是所有生物从共同祖先处发生种族分支，进而产生生物多样性的历史。他还指出，所有物种都是在极长一段时间内适应环境、改变自身，并在自然选择的进程之下得以进化。

达尔文的进化论讲述了来自共同祖先的进化、种群内变异导致的进化、物种形成带来的生物多样性以及自然选择在适应性进化中的作用，这些内容共同构成了现代进化生物学的基本框架。

自 1831 年于剑桥大学毕业后，达尔文随英国皇家海军测量船贝格尔号军舰进行了为期 5 年的环球航行。在航行的过程中，他发现不同地区的动植物群落具有差异性，因此对物种不变论产生了怀疑。他猜想，这或许是由于地壳运动带来了新的栖息地，动物适应了新环境后，便产生了这种变化。在航行的后半程，即 1835 年 9 月 15 日至 10 月 20 日，军舰停留在"象龟之岛"加拉帕戈斯群岛附近。达尔文对岛上动物群落所做的观察记录，为其提出进化论带来了灵感。

基于航行过程中收集到的野生动物与化石的地理分布研究，达尔文于 1838 年产生了自然选择的初步想法。达尔文在《达尔文自传》中提到，他偶然读了托马斯・罗伯特・马尔萨斯的《人口原理》（详见第 082 页），并从中得到了启发，更加确认了自己正在思索的一个重要想法：不仅是人类在竞争有限的资源，所有生物都在竞争；而正如人类有优劣之分，所有生物也并非平等，而是具有生存与繁殖优势的差距。

然而，彼时的欧洲仍坚信生物皆由上帝创造。因此达尔文对发表自己研究结果一事抱着极其谨慎的态度，很是犹豫不决。后来，他与具有类似理论思考的英国博物学家阿尔弗雷德·拉塞尔·华莱士商讨后，于1858年，即构思20年后，与华莱士联合发表了一篇论文，并于次年出版了该书。

自然选择（优胜劣汰）理论认为，自然环境会对生物体内发生的变异进行筛选，并决定进化的方向，从而使物种分化，出现物种多样性。其中具有有利于自身生存特质的物种得以生存。针对这一过程，达尔文使用了"适者生存"和"生存竞争"等术语来进行描述。适者生存一词，最初是由社会进化论提出者赫伯特·斯宾塞提出，是达尔文自然选择的另一种说法。后来，达尔文在该书的第六版中采用了这一说法。

进化论否定了当时宗教对生物学的解释，因此引起了宗教与哲学领域的巨大争议。直到20世纪30年代以后，人们才广泛接受了生物进化论这一观点。

1996年，天主教会罗马教皇约翰·保罗二世首次正式承认达尔文的进化论与基督教并不冲突，并说道："虽然进化论不仅仅是一种假说，但如果人类的肉体起源于先它而存在的有生命的物质，那么它的灵魂是由上帝直接创造的。"然而，在美国的部分州以及其他地区，进化论至今仍被新教的圣经主义否定。

人物生平：

查尔斯·罗伯特·达尔文（1809—1882年）：英国生物学家、地质学家。他提出了物种形成理论。他的祖父是著名医生、博物学家伊拉斯谟斯·达尔文，外祖父是陶艺家、企业家约西亚·韦奇伍德。

参考书目：

《贝格尔号航海志》查尔斯·罗伯特·达尔文；《达尔文自传》查尔斯·罗伯特·达尔文；《植物杂交试验》格雷戈尔·约翰·孟德尔；《自私的基因》理查德·道金斯；《达尔文经济学：自由、竞争和公共利益如何兼得？》罗伯特·H. 弗兰克；《人类遗传学入门：成吉思汗的DNA在讲述什么》太田博树

《植物杂交试验》 岩波文库/岩槻邦男、须原凖平 [译]

《植物杂交试验》

（格雷戈尔·约翰·孟德尔）

《植物杂交试验》（德语为 Versuche über Pflanzen-Hybriden，1865 年）是奥地利帝国布隆（今属捷克）的神父、同时被誉为"现代遗传学之父"的格雷戈尔·约翰·孟德尔发表的著名论文。该论文发表于 1865 年，总结了他 8 年来对豌豆遗传进行研究的结果，并于 1866 年刊登在《布隆自然科学会志》上。

孟德尔受到创造栽培植物新品种的人工杂交的启发，在修道院的花园里进行了豌豆杂交试验。在深入研究了 28000 株豌豆后，他发现了遗传学三大基本定律，即基因分离定律、基因自由组合定律以及基因显性定律。

当时世人已经发现了遗传现象，但这种现象被认为是混合遗传，即遗传性状在杂交时像液体一样混杂在了一起。孟德尔否认了这一观点，并提出了"粒子遗传"概念，即某些粒子状物质单位决定了单一的亲本性状。后来，英国遗传学家威廉·贝特森将这种粒子命名为"遗传基因"。

《植物杂交试验》的价值在它出版时未能引起当时学术界的重视。1900 年，卡尔·埃里希·科伦斯（德国）、埃里希·冯·切尔马克（奥地利）和雨果·德·弗里斯（荷兰）三人独立研究并再次发现了这些遗传定律。在对过去文献进行调查时他们发现，这些遗传规律早在 35 年前就已经被孟德尔发表，遂将这些遗传规律命名为"孟德尔遗传定律"。

人物生平：

格雷戈尔·约翰·孟德尔（1822—1884 年）：奥地利帝国布隆修道院的（今属捷克）神父、生物学家。1856 年，他开始在其修道院的植物园里进行豌豆杂交实验，并一直持续到 1863 年。经过对 2 万多株豌豆进行统计研究，他发现了遗传学的基本规律，即"孟德尔遗传定律"。

参考书目：

《双螺旋》詹姆斯·杜威·沃森；《自私的基因》理查德·道金斯

《生命是什么：活细胞的物理观》

（埃尔温·薛定谔）

《生命是什么：活细胞的物理观》（*What is Life：With Mind and Matter and Autobiographical Sketches*，1944年）是"量子力学创始人"埃尔温·薛定谔基于其1943年在都柏林三一学院进行的演讲所写的著作。

在该书中，薛定谔提出了一个问题，即物理学定律能否解释生命现象，并试图通过物理学向生物学的全新领域发起挑战。

薛定谔指出，宇宙遵守熵增定律（热力学第二定律）。该定律指出，一个孤立系统总是趋向于熵（系统的无序程度）增。与之相反，有机体通过减少熵来维持其生长秩序。物理定律是统计学意义上的定律，是以大量原子为统计基数才能得出来的规律，因而只是近似的。但有机体的定律与其有着根本性的区别——它具有自我参照的性质，即"系统的行为取决于系统的状态"，这使得它们看起来如同具有一定目的、能够自我系统化并能够自我繁殖的机器。

在该书中，薛定谔提出了他的思考：有机体中存在有别于物质平衡状态的另一种稳定状态，这体现了有机体自我调节和自我生成的功能。这一观点与如今有机体结构形成原理息息相关。虽然最终薛定谔并未对此做出完整的解释，但该书启发了许多物理学家转而研究生物学，并促成了分子遗传学学科的建立。

人物生平：

埃尔温·薛定谔（1887—1961年）：奥地利理论物理学家。1926年，他提出了"波动力学"（波动形式的量子力学）理论，并发表了量子力学的基本方程——薛定谔方程。1935年，他提出了"薛定谔的猫"这一量子力学领域的思想实验，从而推动了量子力学的发展。由于年轻时曾读过叔本华的著作，受其影响，薛定谔的一生对印度哲学有着浓厚的兴趣。

参考书目：

《意识和物质》埃尔温·薛定谔;《薛定谔传》沃尔特·穆尔;《生命与新物理学》保罗·戴维斯;《神秘的量子生命》吉姆·艾尔-哈利利、约翰乔·麦克法登

《海陆的起源：关于大陆漂移与海洋形成的革命性阐释 上·下》 岩波文库/都城秋穗、紫藤文子 [译]

《海陆的起源：关于大陆漂移与海洋形成的革命性阐释》

（阿尔弗雷德·魏格纳）

《海陆的起源：关于大陆漂移与海洋形成的革命性阐释》（德语为 *Die Entstehung der Kontinente und Ozeane*，1915 年）是德国气象学家阿尔弗雷德·魏格纳的著作。该书提出了"大陆漂移说"，认为大陆在地球表面上移动时，其位置和形状都会发生改变，这一假说在地球科学（地质学）领域掀起了一场革命。

魏格纳半生都在不断整理和修订该书，并分别于 1920 年、1922 年、1929 年出版了它的第二版、第三版、第四版。然而，由于他无法令人信服地解释大陆漂移的机制和动力，该假说在其生前并没有得到世人的认可。

魏格纳在该书中论述道：

> 我最初想到大陆漂移这一观点是在 1910 年。有一次，我在阅读世界地图时，曾被大西洋两岸的相似性吸引。
>
> （中间省略）
>
> 1911 年秋，在一个偶然的机会里，我从一个论文集中看到了这样的文字：根据古生物的证据，巴西与非洲之间曾经有过陆地相连接的现象。

1912 年，魏格纳在德国地质学会上提出了"大陆漂移说"（continental drift theory），指出在中生代（约 2.52 亿—约 6600 万年前）时期大西洋并不存在，如今大西洋四周的四个大陆分裂并漂移之后，才形成了大西洋。

后来，在第一次世界大战中，身为德国陆军中尉的魏格纳在手臂和颈部受伤后离开了前线，开始在战区从事天气预报员的工作。在这段休养期间，魏格纳收集了许多证明大陆运动的证据，并基于此出版了该书的第一版。

其实在魏格纳之前，人们早已经注意到大西洋两岸的大陆形状是吻合的。但魏格纳是第一个使用"大陆漂移"一词对大陆曾经相连的现象进行学术阐释的人，其使用的参考依据涵盖了大地测量学、地质学、古生物学、古气候学和地球物理学等领域。

在此书的第四版中，魏格纳还提出了这样一种理论：不仅是美洲大陆，所有现存的大陆，最初都是一个整体；它们在大约 2 亿年前分裂并漂移，逐渐形成了如今的位置与形状。魏格纳将这个分裂前的超大陆命名为"盘古大陆"（Pangea，希腊语意为"所有的大陆"）。大约 2.5 亿年前，包括劳伦西亚大陆、波罗地大陆和西伯利亚大陆在内的所有大陆相互碰撞后，产生了盘古大陆。大约 2 亿年前，盘古大陆开始再次分裂。

然而，当时的地球物理学家和地质学家们都未接受身为气象学家的魏格纳的理论。当时的地质学只研究化石和地层新老关系，因此无法理解坚硬的大陆能够漂移这一观点。

在魏格纳去世后，有人提出了"地幔对流说"。该假说认为，地幔对流是大陆漂移的驱动力。此外，对岩石中残留的古地磁场的研究，使一度沉寂的魏格纳的大陆漂移说获得了新生。后来，又有人提出了"板块构造学说"，对地壳变动做出了全面的解释，并给地球科学带来了深刻的变革。该假说认为，地球表面由几个坚硬的板块组成，这些板块间的相互作用导致了大陆漂移。

现如今，卫星精密观测技术迅速发展，使我们能够直接观测到大陆的实际运动状况。

人物生平：

阿尔弗雷德·魏格纳（1880—1930 年）：德国气象学家、地球物理学家，提出了大陆漂移理论。他从 1908 年起于马尔堡大学任教，1919 年任汉堡大学教授，1924 年任奥地利格拉茨大学教授。虽然他最出名的建树是大陆漂移理论，但他原本的专业是气象学。他曾四次前往格陵兰进行考察，并凭借在大气动力学、热力学、光学和声学方面的研究闻名于世，其中包括利用气球观测高层天气的观测技术等。他提出的大陆漂移理论在当时并未得到学术界的接受。1930 年，在一次前往格陵兰的探险中，他不幸因心脏病发作去世，享年 50 岁。他的岳父是著名的俄罗斯裔德国气象学家弗拉迪米尔·彼得·柯本，因发明了"柯本气候分类法"（Köppen climate classification）而广为人知。

参考书目：

《地球的历史》镰田浩毅

《生物看到的世界》 岩波文库/格奥尔格·克里萨特［绘］/日高敏隆、羽田节子［译］

《生物看到的世界》

（雅各布·冯·尤克斯奎尔等）

《生物看到的世界》（德语为 *Streifzüge durch die Umwelten von Tieren und Menschen：Ein Bilderbuch unsichtbarer Welten*，1934 年）是爱沙尼亚裔德国理论生物学家雅克布·冯·尤克斯奎尔等人合著的生物学经典著作。该书摒弃了此前的人类中心主义观点，提出了"环世界"（环境世界）的概念，对生物世界进行了重新认识。

尤克斯奎尔认为，环境（空间和时间）并不是存在于我们身边的客观事物，而是对某种特定生物具有特殊意义的事物。他指出，所有生物都不是单纯的客体或基于反射的机器，它们皆是行动主体，拥有自己独特的感知世界。换言之，每个生物都生活在自己独特的环境之中，生物的环境并非如物理学中的环境一样都是统一的。

在此基础上，尤克斯奎尔将此种由感觉器官感知到的世界和由身体带动的世界联合形成的环境命名为"环世界"。此外，主体感知到来自外部世界的刺激，从而引发行动，并作用于外部世界，而后这一作用又引起新的感知，尤克斯奎尔将这一循环称为"功能环"。换言之，环世界是一个由感知世界和作用世界共同创造的半自然（半人工）世界。

例如，蜱虫虽然没有视觉和听觉，但具有异常敏锐的嗅觉、触觉和温度觉。它们在感知到树下经过的哺乳动物的气味和体温后，从树上跳落并依附在动物身上吸血。对于蜱虫而言，唯一具有意义的是哺乳动物皮肤腺分泌出的丁酸气味以及温血哺乳动物的体温。也就是说，对于蜱虫来说，这才是唯一真实的环世界，这个世界中并不存在什么世界客观性。

同样，对于能看到紫外线的蜜蜂或蝴蝶、能够利用超声波把握空间概念的蝙蝠或嗅觉灵敏的狗来说，它们的世界各不相同。每个生物的行动都是不同知觉和作用的结果，且这个结果对每个生物来说都具有特定的意义。

对人类来说也是如此。当我们谈论"环境问题"时，我们只关心环境是否对人类有利，"好的环境"意味着"对人类有利的环世界"。从生物用其独特的知觉和行动创造出其环世界这一角度来看，对于生物来说，并不存在单一的自然世界。

尤克斯奎尔将这种生物主体和其客体间具有意义的相互关系命名为自然的"生命计划"。从反达尔文主义的角度来说，尤克斯奎尔认为，生物并不是通过自然选择和进化来适应环境，所有生物一直都是适应环境的。此外，对于勒内·笛卡尔的"动物机械论"，即否定生物天生便具有目的和本能，只从决定性因果关系来理解生物行为的这一观点，尤克斯奎尔也持否定态度。

伊曼努尔·康德的理论认为，人类对时间与空间的先天性认知方式塑造了知识；而尤克斯奎尔认为，其环世界理论是从自然科学的角度对康德理论的解读。因此，比起生物学领域，环世界理论对当时的哲学领域造成了更大的影响。

人物生平：

雅各布·冯·尤克斯奎尔（1864—1944年）：出生于爱沙尼亚的德国理论生物学家、动物行为学的先驱研究者、汉堡大学环境世界研究所名誉教授。他极力摒弃人类中心主义，为客观观察和描述动物行为的全新生物行为学开辟了道路。

格奥尔格·克里萨特（1906—卒年不详）：负责绘制《生物看到的世界》一书插图的生物学家，与尤克斯奎尔一同在汉堡大学环境世界研究所开展研究工作。

参考书目：

《动物环境与内在世界》雅各布·冯·尤克斯奎尔；《生命的跃升：40亿年演化史上的十大发明》尼克·莱恩；《生命志是什么》中村桂子

《寂静的春天》 新潮文库/青树筑一 [译]

《寂静的春天》

（蕾切尔·卡逊）

《寂静的春天》(*Silent Spring*，1962年）是美国生物学家蕾切尔·卡逊的著作。书中通过"再也没有鸟儿歌唱的春天"这一故事，探讨了杀虫剂中化学物质的危险性以及保护环境的必要性。

当时，美国许多地方都在大规模地向空中洒 DDT 和 DDD 等有机氯杀虫剂，卡逊对此发出警告：这种行为不仅会严重危害野生鸟类、鱼类及贝类，喷洒的杀虫剂还可能残留在农作物和海产品中，被人类摄入体内，从而对人体健康构成威胁。

卡逊指出，人类为了自身便利试图控制自然这一行为存在诸多问题，并列举了如下所述的事例：在加利福尼亚州清水湖播洒杀虫剂 DDD，造成食物链富集效应，从而导致大量鹈鹕中毒死亡；为了清剿外来昆虫日本金龟子，向空中喷洒杀虫剂（艾氏剂和狄氏剂），最终导致中西部各州野生动物和家畜伤亡严重；为了将大片土地改造成纯粹的牧养场，根除干旱地带野生的一种蒿类植物三齿蒿，却导致以此为食的艾草松鸡和叉角羚羊在当地消失，土地也变得更加贫瘠；人们以防控豚草、摆脱花粉症为名，向道路两旁喷施化学农药，但频繁喷施农药使得多年生保护性植被遭到破坏，反而为豚草出苗提供了良好的生长空间，令其迅速蔓延开来；在路边建立只有榆树的林荫道，引发大量树皮甲虫繁殖，反而导致了荷兰榆树病的暴发。

在谈到上述一系列人类行为时，卡逊做出了如下评述：

> 我们几乎没有调查过这些化学药品对土壤、水、野生动植物以及人类自身的危害，就允许其投入使用。自然界滋养万物，我们却缺乏对它的整体关切，子孙后代一定不会原谅我们的这种行为。

时任美国总统肯尼迪读过此书后，命令总统科学顾问委员会对此进行调查。调查确认该书内容属实后，彼时的政府因没有公开杀虫剂对环境造成破坏这一信息而被严厉追责，DDT 和 DDD 的使用也被全面禁止。此外，卡逊还在该书中提出了一个颠覆性的观点：农药会在生物体内不断积累，并通过食物链高度浓缩，最终在人类体内富集。此前，政府只是对直接损害健康的有毒有害化学品的生产、使用，以及废气、废水的排放进行监管，但卡逊这一颠覆人们传统安全观念的观点促使政府制定了农用化学品的标准值。可以说，该书对全社会都产生了重大影响。

正如卡逊在该书结尾处的论述：

"控制自然"是人类傲慢自大的想法，是生物学与哲学低级阶段的产物。在过去，人们认为自然应当服务于人类的存在。

（中间省略）

可怕的是，如此蒙昧的科学竟然与最可怕的现代武器联手，人类利用它们来毁灭昆虫，也会毁灭整个地球。

这本书的问世，让人们意识到了环境问题的紧迫性。不仅是美国，全世界的发达国家都开始加紧对化学物质的监管。此外，该书也是后续环境保护运动的开端，促成了世界地球日（每年的 4 月 22 日）的设立以及联合国人类环境会议的召开。

人物生平：

蕾切尔·卡逊（1907—1964 年）：美国生物学家。她在宾夕法尼亚女子学院主修生物学，后在约翰斯·霍普金斯大学研究生院、伍德豪海洋生物实验室继续其研究，并在马里兰大学任教。1936 年，她进入美国渔业和野生动物管理委员会工作，作为一名渔业生物学家研究自然科学。1964 年，也是《寂静的春天》出版两年后，卡逊因病去世。1965 年，其绝笔之作《万物皆奇迹》在她逝世后出版。该书讲述了从童年时期开始接触大自然的重要性，被誉为自然环境教育的"圣经"。1980 年，时任美国总统吉米·卡特为卡逊追授总统自由勋章。

参考书目：

《在海风的吹拂下》蕾切尔·卡逊；《海滨的生灵》蕾切尔·卡逊

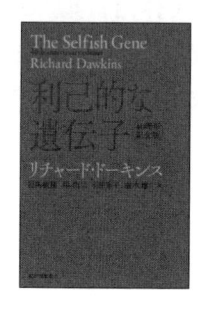

《40周年纪念版 自私的基因》 纪伊国屋书店/日高敏隆、岸由二、羽田节子、垂水雄二 [译]

《自私的基因》

（理查德·道金斯）

　　《自私的基因》(*The Selfish Gene*，1976年) 是英国演化生物学家理查德·道金斯创作的科普读物。该书认为，"生物的个体和群体只不过是基因的临时承载体"。这一观点令此前生物学中的生命观发生了彻底的逆转。此外，这本国际畅销书甚至还在思想界、教育界等领域引起了巨大的争议。

　　查尔斯·罗伯特·达尔文（详见第341页）将经典自然选择理论体系化，认为进化是由自然选择引起的，具有更多有利变异的个体将在生存竞争中生存下来，并繁殖后代，同时将有利变异遗传给下一代。从个体层面的自然选择来看，更加自私的个体确实更容易存活，留下后代的机会也更多。但在现实自然界中，也存在许多"利他行为"——个体牺牲自我以帮助他者生存，如蜂群中工蜂的分工、鸟类的育儿行为等。乍一看，这一事实似乎与自然选择学说相矛盾。

　　此外，该书的"自私"指"使自身的成功率（生存与繁殖率）高于他者"，"利他"则指"即使有损自身的成功率也要提高他者的成功率"。与一般意义上的"自私"不同，这些词语并非用来描述行为者的意图。只要"行为对生存前景的影响"能够提高自身的成功率，那么不管行为者的意图如何，都属于"伪装的自私主义"。

　　道金斯认为，如果把这些看似利他的行为看作基因层面的自私行为，那么就可以理解为什么生物会做出对自身利益并无直接帮助的利他行为。如果能够确保与自己拥有部分共同基因的后代存活下来，那么即使牺牲自我，也能留下更多自己的基因。换言之，道金斯主张，在自然选择下存活的是"自私的基因"，它们以牺牲个体为代价进行自我复制，而生物个体不过是为达到这一目的的工具，这便解释了利他行为存在的原因。

　　也就是说，生物个体只是基因创造出来用于自我复制的"载体"，那些能够高效创造"载体"、迅速自我复制的基因将是最后的赢家。经典自然选择理论是按照物种、个体、基因的顺序进行分析，但道金斯却逆转了这一顺序，他指出，应该从个体到物种的顺序进行理解。其自私基因理论认为，基因才是自然选择的实质单位，是基因在自我复制的过程中创造了生物个体。这种以基因为中心的观点能够解释动物各种社会行为的进化过程。

此外，为解释进化中自然选择的原理，道金斯还提出了觅母（meme）这一有别于基因的概念。觅母是一种可能存在的理论上的自我复制因子，比如旋律、观念、流行语、制壶方法或拱廊建造方式等都可以归属于这种范畴。也就是说，这些可以在大脑之间传递的文化传播单位，可以称为"文化基因"。基因通过精子和卵子进行传播，而觅母通过大脑进行传播。

道金斯还说："也许我们可以把一个有组织的教堂，连同它的建筑、仪式、法律、音乐、艺术以及成文的传统等视为一组相互适应的、稳定的、相辅相成的觅母。"

人物生平：

理查德·道金斯（1941—）：英国演化生物学家、动物行为学家，出生于英属肯尼亚内罗毕市。他从牛津大学毕业后，在牛津大学研究生院取得了博士学位。1967年，他在加州大学伯克利分校任助理教授。1970年，他任牛津大学动物学讲师。1990年，他任牛津大学副教授。1995—2008年，他任牛津大学查尔斯·西蒙尼科普讲座教授。他还是当今最著名的无神论者、反宗教主义者和达尔文主义者。他认为，无神论是理解进化论的必然延伸，宗教与科学无法兼容，并对"上帝创造了人性、生命和世界"的上帝创造论提出了批判，认为其是不合逻辑的导致愚昧的谎言。2004年，道金斯登上英国《展望》杂志评选的英国最具影响力的百位公共知识分子的榜首。

参考书目：

《上帝的错觉》理查德·道金斯

《风险社会：新的现代性之路》 法政大学出版局/东廉、伊藤美登里 [译]

《风险社会：新的现代性之路》

（乌尔里希·贝克）

《风险社会：新的现代性之路》（德语为 *Risikogesellschaft：Auf dem Weg in eine andere Moderne*，1986年）是德国社会学家乌尔里希·贝克的经典著作。该书详细地说明了切尔诺贝利核电站事故对社会造成的恶劣影响（1986年4月26日，苏联切尔诺贝利核电站发生了核反应堆爆炸和火灾，导致31名电厂工作人员和消防员当场死亡，200余人受重伤，方圆30公里的13万多名民众被迫疏散）。该书指出，如今我们已经进入了"风险社会"，全世界都处于风险之中。

在该书的序言中，贝克对1986年的切尔诺贝利核电站事故进行了如下描述：

> 迄今为止，在人类施加给人类的所有痛苦、困窘、暴力之中，无一例外都存在着"他者"。犹太人、黑人、妇女、难民、异教徒、共产主义者……
> （中间省略）
> 切尔诺贝利核电站事故发生后，它几乎已经不复存在。这就是"他者"的终结。
> （中间省略）
> 贫困可以消除，但核时代带来的危险无法消除。

在该书中，贝克对生成这种致命环境破坏的社会机制展开了分析。他促使人们意识到，现代社会已经超越以财富分配为重要课题的工业社会阶段，迈入全新的阶段，此时的风险已经与国家、阶级无关，而是降临到了每个人的身上。

贝克还指出，风险社会是具有某种平等性和普遍性，与以往社会有着本质不同的社会，这种普遍性风险将会催生出全球规模的共性与世界社会。

人物生平：

乌尔里希·贝克（1944—2015年）：德国社会学家，曾在慕尼黑大学学习社会学、政治学、心理学和哲学。他曾在明斯特大学和班贝格大学担任教授，后来在慕尼黑大学任社会学教授。

参考书目：

《核能时代的哲学》 国分功一郎

《奇妙的生命：伯吉斯页岩中的生命故事》 早川文库 NF/渡边政隆 [译]

《奇妙的生命：
伯吉斯页岩中的生命故事》

（斯蒂芬·杰·古尔德）

《奇妙的生命：伯吉斯页岩中的生命故事》（*Wonderful life: The Burgess Shale and the Nature of History*，1989 年）是美国进化生物学家斯蒂芬·杰·古尔德的知名著作。该书详细描述了约 5 亿年前寒武纪时期的伯吉斯动物群。

该书重点介绍了寒武纪生命大爆发——生态系统中的顶级捕食者"奇虾"等伯吉斯动物群突然出现，许多物种也爆发式地诞生。

1909 年，生物学家在加拿大不列颠哥伦比亚州的伯吉斯页岩中发现了化石群，里面保存着许多奇形怪状的生物，当时人们认为这些生物都属于节肢动物。后来，人们发现这些动物并不属于任何现有的生物分类体系，意识到必须对之前的生物进化观点进行彻底的反思。

该书前半部分介绍了伯吉斯动物群中各种至今未曾想象到的生物，并配有丰富而具体的插图，来阐明具体的解读过程。在后半部分中，古尔德提出了有关生物进化史的新观点。例如，他指出，目前所有的动物门类可能都出现于寒武纪时期，但其中有许多生物并不包含在现存的动物门类中。因此，寒武纪时期的动物生理结构可能是最具多样性的。

人物生平：

斯蒂芬·杰·古尔德（1941—2002 年）：美国古生物学家、进化生物学家、科学史学家、科学散文家、哈佛大学比较动物学教授。他是新达尔文主义学派成员，反对理查德·道金斯等人的正统达尔文主义，并批评达尔文的进化论是一种认为"大型种群作为一个整体进行缓慢的渐变积累进化"的"种系渐变论"。他提出了"间断平衡"进化理论，认为生物进化是长期的稳定与短暂的剧变交替的过程——在稳定期中几乎不发生变化，而小型种群的突发变化会导致大规模的生物进化。

参考书目：

《自私的基因》理查德·道金斯

《时间简史：从大爆炸到黑洞》 早川文库NF/林一 [译]

《时间简史：从大爆炸到黑洞》

（斯蒂芬·威廉·霍金）

　　《时间简史：从大爆炸到黑洞》（*A Brief History of Time：From the Big Bang to Black Holes*，1988年）是"轮椅上的天才"史蒂芬·威廉·霍金创作的畅销之作，该书解释了宇宙大爆炸和黑洞等宇宙相关的知识。

　　1963年，霍金证明了广义相对论失效的"引力奇点"（gravitational singularity）的存在，即在这个体积无限小、密度无限大、引力无限大、时空曲率无限大的点上，目前所知的物理定律均无法适用，霍金也因此闻名世界。1974年，他发表了"霍金辐射"（Hawking radiation）理论，指出黑洞向外发射微弱粒子来削弱其能量，最终其自身将爆炸湮灭。此外，霍金还将相对论和量子力学结合起来，创建了量子宇宙论。

　　该书包括"空间和时间""膨胀的宇宙""不确定性原理""基本粒子和自然的力""黑洞""宇宙的起源和命运""时间箭头"等章节，并以通俗易懂的方式解释了现代宇宙论。此外，在十几万字的《时间简史》一书中，霍金仅写下了一个公式——"$E=mc^2$"，并在该书的结尾处留下了这样一句话："如果我们确实发现了一套完整的理论，它应该在一般的原理上及时让所有人（而不仅仅是少数科学家）理解。那时，我们所有人，包括哲学家、科学家以及普普通通的人，都能参与为何我们和宇宙存在的问题的讨论。如果我们对此找到了答案，则将是人类理智的最终极的胜利——因为那时我们知道了上帝的精神。"

人物生平：

　　斯蒂芬·威廉·霍金（1942—2018年）：英国理论物理学家。1963年，21岁的霍金还是剑桥大学的一名研究生，却患上了肌肉萎缩性侧索硬化症，被医生告知仅剩两年的寿命，但他最终活到了76岁，并在剑桥大学担任了30年的卢卡斯教授（牛顿也曾担任此职）一职。霍金还拥有英国皇家学会会员、英国皇家艺术协会会员和美国国家科学院外籍院士等10多项荣誉，并于1982年获得大英帝国司令勋章（CBE）。该书的原版于

1988年出版，后分别于1998年、2011年进行了修订，但日译本自第一版（1989年出版单行本，1995年出版文库本）之后再未修订。

参考书目：

《时间简史（普及版)》斯蒂芬·威廉·霍金、列纳德·蒙洛迪诺;《十问：霍金沉思录》斯蒂芬·威廉·霍金;《大设计》斯蒂芬·威廉·霍金、列纳德·蒙洛迪诺

《意识的解释》 青土社/山口泰司 [译]

《意识的解释》

(丹尼尔·丹尼特)

《意识的解释》(*Consciousness Explained*,1991 年)是美国认知科学家丹尼尔·丹尼特的代表作,该书探讨了现代科学的最大奥秘——意识究竟如何存在于人类大脑之中。

丹尼特反对自勒内·笛卡尔以来便存在的心物二元论,否定了精神(意识和心灵)与肉体是不同实体的观点。在心物二元论中,精神扮演着"侏儒"(homunculus)的角色,将身体体验到的各种数据放在剧场中进行鉴赏。丹尼特认为,这是一种源自笛卡尔二元论的意识模型,便将这种虚构的剧场命名为"笛卡尔剧场"(Cartesian theatre)。

此外,他还批判心物二元论放弃了对意识的探索。如果存在一个"有意识的自我"这种如同中央处理器一般的事物,那么我们必须考虑其本身究竟是如何被意识到的。

对此,丹尼特认为,意识的产生是一种在空间和时间上并行的多进程过程,并不存在"笛卡尔剧场"式的中央处理中心,并由此提出了"多重草稿模型"(Multiple Drafts Model)。该模型主张,在大脑处理信息的过程中,会同时生成各种草稿。在此基础上,丹尼特指出,从原理上来讲,计算机可以模拟人类的思维过程,那么人工智能拥有意识也并非天方夜谭。

人物生平:

丹尼尔·丹尼特(1942—):美国认知科学家、科学哲学家。他是塔夫茨大学的名誉特聘教授以及该校的认知科学研究中心联合主任、Austin B. Fletcher 讲座哲学教授、校级教授。丹尼特主攻心灵哲学、科学哲学和生物学哲学,尤其深耕于进化生物学和认知科学的交叉领域。丹尼特是无神论者,与理查德·道金斯(详见第 353 页)等人被并称为"新无神论四骑士"。

参考书目：

《心灵种种：对意识的探索》丹尼尔·丹尼特；《打破魔咒：作为自然现象的宗教》丹尼尔·丹尼特；《达尔文的危险思想：进化和生命的意义》丹尼尔·丹尼特；《AI以后：转型的科技危机与希望》丸山俊一

《宇宙的琴弦：超弦、隐藏维度与终极理论探索》 草思社/林一、林大 [译]

《宇宙的琴弦：超弦、隐藏维度与终极理论探索》

(布赖恩·格林)

《宇宙的琴弦：超弦、隐藏维度与终极理论探索》（*The Elegant Universe：Superstrings, Hidden Dimensions, and the Quest for the Ultimate Theory*，1999年）是美国理论物理学家布赖恩·格林的知名著作，该书面向大众解读了最前沿的宇宙理论——"超弦理论"（superstring theory）。

超弦理论是一种有望统一现代物理学两大理论——爱因斯坦的广义相对论（Theory of General Relativity）和以尼尔斯·玻尔为代表的量子力学（Quantum Mechanics），并成为万物理论（大统一理论）的宇宙理论。

自然界中存在四种力（物理学中基本粒子之间的相互作用），分别是重力（gravity，作用于所有粒子间的引力，非常微弱但能远距离传递）、电磁力（electrostatic force，作用于带电粒子间的电和磁力）、弱核力（weak nuclear force，引起中子衰变的力，许多放射性皆由此种力引起）以及强核力（strong nuclear force，将质子和中子结合在一起的力，在极短距离内非常强大）。其中，人类能直接感受到的只有重力和电磁力。

1967年，在物理学家史蒂文·温伯格和阿卜杜勒·萨拉姆的合作研究下，电磁力和弱核力被统一为"弱电统一理论"（温伯格-萨拉姆理论）。

而能够将电磁力、弱核力和强核力这三种力统一起来的理论便是"统一理论"，虽然人们已经提出了一些统一理论模型，但该理论仍尚未完善。

该书介绍的"超弦理论"不仅有可能解决现代物理学的这一最大挑战，而且最有希望成为能够同时解释四种作用力的"万物理论"（Theory of Everything）或"大统一理论"。

这一理论认为，物质的本质是极小的、振动的、一维的"弦"。此外，弦理论认为，物质的基本单位并不是无限小的零维粒子，而是具有一维延伸性的弦。"弦"的长度只有 10^{-33} cm，并以各种模式振动，不同的振动模式会产生不同的物质和能量。

超弦理论扩展了弦理论。若要使这一理论成立，"超弦"必须是十维的，其中有六维的空间仍卷缩在极小的领域内，无法为人类感知，于是便形成了如今我们能够感受到的一维时间和三维空间的世界。

在超弦理论之前，描述最小尺度的理论是"量子场论"。该理论认为粒子是一个点，这就与相对论产生了矛盾。因为重力与距离的平方成反比，如果距离为零，重力就会无限大。然而，超弦理论将粒子描述为弦振动的结果，从而使这一问题得到了解决。1995年，美国理论物理学家爱德华·威滕发表了"M理论"，该理论又增加了一个维度，认为宇宙是十一维的，我们的宇宙可能只是不同维度之间的一张"膜"。

如上所述，通过超弦理论，我们可以在超微观世界中找到广义相对论和量子力学的契合点。并且从理论上来讲，小到基本粒子，大到银河系，通过该理论我们可以完美地解释整个宇宙。

人物生平：

布赖恩·格林（1963—）：美国理论物理学家、超弦理论研究者。他毕业于哈佛大学和牛津大学，曾任康奈尔大学教授，目前是哥伦比亚大学物理学和数学教授。作为哥伦比亚大学弦理论、宇宙学和天体粒子物理研究中心（ISCAP）的负责人之一，他领导了超弦理论在宇宙论中应用的相关研究项目。

参考书目：

《宇宙的构造：空间、时间与现实的结构》布赖恩·格林；《隐藏的现实：平行宇宙是什么》布赖恩·格林；《量子理论：爱因斯坦与玻尔关于世界本质的伟大论战》曼吉特·库马尔；《隐匿的宇宙：用基本粒子揭开宇宙之谜》村山齐；《多重宇宙理论入门》野村泰纪

《镜像神经元》 纪伊国屋书店/茂木健一郎［监修］/柴田裕之［译］

《镜像神经元》

（贾科莫·里佐拉蒂、
科拉多·西尼加利亚）

《镜像神经元》（*Mirrors In The Brain：How Our Minds Share Actions and Emotions*，2007年）是意大利神经生理学家贾科莫·里佐拉蒂等人创作的著作，该书讲述了脑科学中最伟大的发现之一——镜像神经元。

镜像神经元是一种特殊的神经细胞。20世纪90年代初，在里佐拉蒂领导的帕尔马大学神经生理学实验室里，研究小组在研究猴子大脑前运动皮质F5区域时，意外发现了这种神经元。由于这种神经元不但在自身做出动作时产生兴奋，看到别的猴子或人做出相似的动作时也会产生兴奋，大脑中宛如有一面镜子反映出他者的行动，因此研究者们把这类神经元命名为"镜像神经元"。

随后研究者们发现，人类也具有镜像神经元。镜像神经元不仅用于支配自身的行为，还用于理解他人的行为。研究认为，镜像神经元通过使自身与他人同一化，可以使语言学习变得更容易，也能更好地理解他人的意图，并促使人类产生共鸣。

人们早就知道部分动物和人类十分擅长模仿，却一直不知道其中的原理。因此，镜像神经元的发现，不仅对神经科学和认知科学产生了重大的影响，而且对包括心理学、教育学、社会学、人类学和艺术领域在内的许多其他领域也影响深远。

人物生平：

贾科莫·里佐拉蒂（1937—）：意大利帕尔马大学的人类生理学教授和神经科学系主任。在里佐拉蒂的指导下，该大学的研究团队于20世纪90年代初期发现了镜像神经元。

科拉多·西尼加利亚（1966—）：米兰大学科学哲学副教授。西尼加利亚的研究课题包括知觉现象学和行为哲学。

参考书目：

《天生爱学样：发现镜像神经元》马可·亚科波尼；《道德情操论》亚当·斯密

《科技想要什么》 美篇书房/服部桂 [译]

《科技想要什么》

（凯文·凯利）

《科技想要什么》(*What Technology Wants*，2010 年）是《连线》(*Wired*) 杂志创始主编凯文·凯利探讨科技本质的一本著作。

凯利提出了"Technium"（技术元素）的概念，即科技是能在全球范围内相互联结的系统，且能够进行自我强化与生成。技术元素不仅包括一些能从"科技"一词联想到的具象技术，还包括从工具发明，到语言、法律、学科、艺术等创造物。

在此基础上，凯利将"Technium"的基本性质定义为"能够自我增强的创造系统"，即其可以实现熵（entropy，系统无序性）的反面——外熵（exotropy，通过信息流形成秩序）。

数千年来，人类一直在思考，有机生物世界中是否隐藏着创造的本质。凯利阐明道："自我创造的单线将宇宙、生物和科技串接成一个创造物。"这意味着，除了生命系统外，技术也在某种方向上自主进化着，以试图让自我持久存在，并非只有生命现象才是最特别的存在。

凯利试图通过"Technium"这一宇宙性原理对世界进行统一的解释，并从宇宙的视角探索了人类与科技的共同进化之路。

人物生平：

凯文·凯利（1952—）：美国杂志编辑、作家、摄影家、环境保护活动家。1984—1990 年，他担任《全球评论》杂志的出版人兼编辑。1993 年，他与他人共同创办了《连线》杂志，并在接下来的几年一直担任该杂志的主编，直至 1999 年。目前，凯利运营着工具分享网站"Cool Tools"（酷工具），每月独立访问者多达 50 万。

参考书目：

《必然》凯文·凯利；《寻欢作乐的工具》伊凡·伊里奇

《众病之王：癌症传 上·下》　早川文库 NF/田中文 [译]
《基因传：众生之源 上·下》　早川文库 NF/仲野彻 [监修]/田中文 [译]

《众病之王：癌症传》
《基因传：众生之源》

（悉达多·穆克吉）

《众病之王：癌症传》(*The Emperor of All Maladies：A Biography of Cancer*，2010 年) 是印度裔美国医生、癌症研究员悉达多·穆克吉的著作，该书记录了人类与癌症斗争的历史，又被称为"癌症的传记"。

该书中记录有作者的访谈录，其中穆克吉这样说道：

> 这本书源于我对一个病人提出的问题所做的一个漫长的回应。当时我在波士顿曾治疗过一位病人，（中间省略）在对她深入治疗的某一刻，她对我说："我愿意继续治疗，但是，我必须知道我在对抗的敌人是什么。"我的这本书，就是通过回溯这一疾病的起源、讲述它的历史发展，来试图回答她的问题。我把它称为"癌症的传记"，因为它顺着时间流逝描绘了一种疾病的前世今生。

对于一种当时没有名字、如今被称为"癌"的肿瘤，古埃及祭司、医生伊姆霍特普认为这是无法治愈的病症。古希腊医生希波克拉底（详见第 172 页）将其命名为"carcinos"，意为"螃蟹"。然而，当时人们认为癌症是由体液异常所造成的。直到 19 世纪，人们才发现癌症是由于细胞异常增殖所致。彼时的外科医生将癌症视若洪水猛兽，认为其是"万病之君""恐怖之王"。

进入 20 世纪后，外科医生威廉·哈尔斯特德用手术切除的方式与癌症作斗争，而"现代化疗之父"西德尼·法伯则用化疗药物与之斗争。慈善家玛丽·拉斯克还设立了被称为"美国诺贝尔生理学或医学奖"的拉斯克医学奖，为与癌症作斗争的研究提供资金支持。

尽管新的治疗方法在不断发展，但癌症仍然是发达国家人口最主要的死亡原因。癌症由于具有"细胞异常增殖"这一共同特征，所以被泛称为"癌症"，但实际上癌症是许多疾病的集合，癌形成的器官不同，引发癌症的原因、过程和治疗方法也千差万别。

现如今分子生物学的发展表明，癌症的根本原因是基因突变的积累。人们清楚地知道每种癌症都有其特性，但对它们之间的差异却不甚了解。不过，在过去的数年间，对每种癌症特性的识别研究已经取得了快速进展。

癌症的产生必须建立在与癌症有关的基因发生多个突变的基础之上。之前，这种基因异常只能逐个分析，但最近科学家们开发出了次世代定序仪。这种能有效分析DNA（脱氧核糖核酸）序列的设备，可以通过分析结肠、肺、肝、乳腺、胃等器官的癌症基因组，来确定每种癌症的特性。例如，如今我们已经得知，同样是肝癌，却可以根据其基因异常的模式分为六种不同的类型，且每种类型肝癌的死亡率也大不相同。

与此同时，在癌症治疗方法的研究方面也取得了不小的进展，现在科学家们正在推进研究针对某几种癌症的分子靶向疗法，其副作用更少，疗效也更好。这种可以定向"狙击"致癌位点的分子靶向疗法，有望成为对抗癌症的"灵丹妙药"。目前，约有50—60种不同的分子靶向疗法可用于治疗约30种不同类型的基因异常。

《基因传：众生之源》(The Gene: An Intimate History，2016年)是穆克吉所著的科普书，该书面向大众解释了遗传学的历史以及相关伦理问题。

穆克吉的两个叔叔及其堂兄都患有遗传性精神分裂症和双相情感障碍，这也正是他创作这本书的契机。

孟德尔通过豌豆杂交实验发现了孟德尔遗传定律，并于1865年将其发表在《植物杂交实验》（详见第342页）一文中；达尔文于1859年发表了《物种起源》（详见第340页）并提出了进化论。正是这两大理论拉开了遗传学的历史帷幕。

20世纪20年代，英国遗传学家弗雷德里克·格里菲斯指出，基因的本质是某种物质。后来人们发现，基因通过编码生产蛋白质（根据基因序列生产特定的蛋白质），从而使蛋白质实现了个体的形态和功能。

1953年，分子生物学家詹姆斯·杜威·沃森和弗朗西斯·克里克证明了DNA的双螺旋结构；1958年，克里克提出了分子生物学的中心法则，即DNA经转录后生成RNA（核糖核酸），随后RNA通过翻译氨基酸序列来合成蛋白质。这一法则成为适用于所有生物体的基本原理。

2000年，人类基因组（所有遗传信息）的解码工作正式启动，世界各地的科学家和公司都参与到"人类基因组计划"之中。该计划最终于2003年宣告完成。

该书的后半部分则讲述了人类对遗传的干预。受达尔文进化论的影响，达尔文的表弟弗朗西斯·高尔顿发明了研究人类能力的统计方法，并于1883年创立了"优生学"一词。高尔顿的"优良基因"观点指出，人类的才能通过遗传得来。这一观点立即被欧洲接受，并导致了纳粹德国的优生学和种族清洗。

20世纪40—60年代，基因研究迅速发展，科学家们开发出了利用大肠杆菌来生产胰岛素和生长激素的操纵基因的方法。随后，人们意识到了基因操作的危险性，并一致同意暂停相关研究。但不久后，基因改造还是成了生物风险商业世界的一部分。

现如今，人类已经可以培育多能干细胞 ES 细胞（胚胎干细胞）和 iPS 细胞（诱导性多能干细胞）。通过全新的 CRISPR-Cas9 技术，人类不仅可以读取基因信息，还可以依照个人意愿改写基因。可以说，我们已经进入基因组编辑时代。

接下来的研究计划，便是将基因改造后的人类 ES 细胞导入人类胚胎。目前，国际社会存在着一个原则，即人类基因组改造应仅限于因单一基因突变而导致严重症状的遗传疾病，并必须以个人自由意志为前提。

穆克吉认为，问题的核心不在于"遗传的解放"（摆脱遗传性疾病的束缚），而在于"遗传的强化"（摆脱人类基因组编码的形式和命运的束缚），"遗传的未来"远比"癌症的未来"更加疑云密布。

该书的结尾写道：

> 我们体内的基因组正在努力维系着各种力量之间脆弱的平衡，其中就包括彼此互补的双螺旋结构、错综复杂的过去和未来以及挥之不去的欲望和记忆，而这也构成了世间万物最为人性的核心。因此，如何科学管理，成了人类认知世界与明辨是非的终极挑战。

人物生平：

悉达多·穆克吉（1970—）：印度裔美国医生、癌症研究员（血液学和肿瘤学）、哥伦比亚大学医学中心副教授。他曾就读于斯坦福大学生物学专业、牛津大学免疫学专业以及哈佛大学药学院，并在牛津大学就读期间获得了罗氏奖学金。他的三位近亲都患有精神分裂症或双相情感障碍。他的处女作《众病之王：癌症传》获得了普利策奖等奖项，并被《时代》杂志评为最佳非小说类作品之一。

参考书目：

《我们人类的基因：全人类的历史与未来》亚当·卢瑟福；《CRISPR：发现终极基因编辑技术》珍妮弗·道德纳、塞缪尔·斯滕伯格；《美德的起源：人类本能与协作的进化》马特·里德利

《隐匿的宇宙：用基本粒子揭开宇宙之谜》 幻冬舍新书/村山齐 [著]
《多重宇宙理论入门》 星海社新书/野村泰纪 [著]

《隐匿的宇宙：用基本粒子揭开宇宙之谜》
《多重宇宙理论入门》

（村山齐/野村泰纪）

《隐匿的宇宙：用基本粒子揭开宇宙之谜》（2010 年）是日本基本粒子物理学家村山齐的著作，该书向一般大众解释了宇宙学的最新理论。

初生的宇宙是一个高温高压的火球，还未成为原子的最小物质单位基本粒子在其中四处飞舞。如果能弄明白这些基本粒子的种类以及它们的作用力规律，我们就能明白宇宙是如何形成的。

反之，通过观察宇宙，我们也可以揭开基本粒子的神秘面纱。地球所处的太阳系正在宇宙中以每小时 80 万千米左右的惊人速度移动着。尽管如此，太阳系依旧没有飞出银河系，这是由于巨大引力的牵制。但即使把宇宙中所有的恒星和黑洞都收集在一起，也只不过相当于整个宇宙的 4%，并不能产生如此巨大的引力。

若要解释如此巨大的引力，我们就必须相信，在我们看不到的地方存在着暗物质。经由理论计算可以得出，暗物质占宇宙总能量的 23%。但即使把所有的原子和暗物质加在一起，仍然只占其中 27% 的能量，另外的 73% 则是完全未知的暗能量。

宇宙在大爆炸后的 137 亿年里仍在持续膨胀着，终有一天会迎来终结。有一种理论认为，随着宇宙的膨胀，其膨胀的能量会逐渐减弱，膨胀的速度也会逐渐减慢，反而会走向收缩，并最终产生"大挤压"（Big Crunch）。

然而，最近的观测表明，宇宙的膨胀速度其实一直在增加。能够解释这一点的，便是遍布整个宇宙的神秘暗能量。当膨胀速度达到无限大时，将会发生宇宙"大撕裂"（Big Rip），宇宙将被撕成碎片，回归到分子和原子的状态，并最终变为基本粒子。

《多重宇宙理论入门》（2017 年）是日本基本粒子物理学家野村泰纪的著作，该书解释了宇宙论的最前沿理论——多重宇宙理论（Multiverse）。

多重宇宙理论认为，我们的宇宙不过是无数不同物理规律、不同维度数量的宇宙之一。

宇宙的谜团之一在于它"好得不真实",整个宇宙似乎被巧妙地设计为适合人类生存的模样。多元宇宙理论作为从超弦理论（详见第361页）等最新理论物理学中自然推导得出的宇宙观,试图针对这一问题进行科学的解释。该理论认为,世界在无限膨胀的空间中存在无数个像泡泡一样的结构,我们所说的宇宙便是这一个个泡泡。也就是说,我们所在的宇宙,不过是这无数"气泡宇宙"中的一个。

上述结论,是针对物理上无法观测到的宇宙开端所进行的理论推导,由于其过于先进,曾被嘲笑"是一种哲学,而不是科学假说"。然而,由于与超弦理论具有一致性,多重宇宙理论近年来正在迅速地被人们所接受。

人物生平：

村山齐（1964—）：东京大学卡夫利宇宙物理与数学研究所的第一任所长,也是国际直线对撞机项目的负责人。他的主要研究课题包括超对称性理论、中微子、初期宇宙和粒子加速器实验现象论等。在与世界最前沿科学家合作开展宇宙研究的同时,他还积极在市民公开讲座和科学课堂上开展演讲活动。

野村泰纪（1974—）：加州大学伯克利分校教授、伯克利理论物理学中心主任、劳伦斯伯克利国家实验室高级科学家和东京大学卡夫利宇宙物理与数学研究所首席研究员。他的主要研究课题包括额外维度、统一理论等基本粒子理论现象学、量子引力理论和多重宇宙理论。

参考书目：

《引力是什么：支配宇宙万物的神秘之力》大栗博司；《宇宙的琴弦：超弦、隐藏维度与终极理论探索》布赖恩·格林

《意识是何时产生的：
挑战大脑之谜的整合信息理论》

（朱利奥·托诺尼、马尔切洛·马西米尼）

《意识是何时产生的：挑战大脑之谜的整合信息理论》（意大利语为 Nulla di più grande，2013 年）是神经科学家朱利奥·托诺尼及其合作研究者马尔切洛·马西米尼共同创作的著作。该书向大众解释了"整合信息理论"（Φ 理论），该理论描述了作为物质的大脑产生主观意识体验［感受质（qualia）］的方式。

人类意识中存在两大课题：一个是"意识的简单问题"（Easy Problem of Consciousness），即大脑如何处理信息这一物理过程；另一个是更为根本性的"意识的困难问题"（Hard Problem of Consciousness），即作为物质和电化学反应的集合体——大脑如何产生主观意识体验。后一个问题由当代知名心灵哲学家大卫·J. 查尔默斯在 1994 年提出，但至今仍没有得出合理的解释。

查尔默斯提出了"哲学僵尸"（philosophical zombie）的假设，这一假设涉及笛卡尔所提出的心物二元论（详见第 190 页），即"在精神实体（思想实体）和物质实体（广延实体）之间存在着不可跨越的鸿沟"。如果存在一种"僵尸"，它们看起来和正常人一模一样，但只是缺乏意识，那么它们与我们人类相比究竟有何不同呢？换言之，查尔默斯提出的问题是——是否可能从逻辑上解释意识的有无？据说，在以意识为主题的研讨会上，查尔默斯提出的这个问题引起了许多科学家的恐慌。

托诺尼的研究团队挑战了这一难题。他们制作了一种脑电图仪，这种仪器可以检测并记录人类在有意识和无意识状态下的脑电波。从清醒的状态、有意识的快速眼动睡眠状态到无意识的非快速眼动睡眠状态，再到完全失去意识的深睡状态，该脑电图仪可以直观地观测到受试者在各种不同意识状态下的脑电波。

根据这项研究的结果，托诺尼提出了意识的"整合信息理论"。该理论认为，"我"这一主观意识只存在于体验到这一意识的身体所有者之中，只有主观体验信息被整合在一起时，意识才会产生。

托诺尼认为，意识具有两个特点，即"信息的多样性"（可以从多少可能性或选项中进行选择）和"信息的整合"（每条信息的网络化与整合程度）。此外，托诺尼还指出，一个物理系统若要产生意识，必须在网络内整合各种信息。

整合信息量的计算方法是用信息的多样性乘以信息的整合度，并以 Φ 为单位进行量化，而这个量与意识的量相对应。Φ 并非单纯只与神经元或突触的数量相关，而是一个表达网络"复杂度"的数值。当一个系统的 Φ 为零时，该系统不会产生意识；一个系统的 Φ 越大，则表示它的意识程度越高。

因此，除了大脑与人类相近的猴子和黑猩猩以外，狗、鸟甚至是昆虫，也都有可能根据其大脑信息的整合量而产生相应的意识。另外，意识内置于系统结构中，无法通过计算创造，这也意味着无论 AI（人工智能）如何高度发展，都无法产生意识。

人物生平：

朱利奥·托诺尼（1960—）：出生于意大利特伦托的美国精神病学家、神经科学家、威斯康星大学精神病学教授。他在纽约和圣地亚哥进行研究活动，是睡眠和意识领域的世界权威。

马尔切洛·马西米尼：意大利神经生理学家。他在米兰大学任教，也是列日大学昏迷科学组的客座教授，在加拿大和威斯康星大学进行研究活动。

参考书目：

《心灵的未来》加来道雄；《生存意识：与植物人对话》阿德里安·欧文；《谁说了算：自由意志的心理学解读》迈克尔·加扎尼加；《有意识的心灵：一种基础理论研究》大卫·J. 查默斯；《神秘的量子生命》吉姆·艾尔-哈利利、约翰乔·麦克法登

《穿越平行宇宙》 讲谈社/谷本真幸［译］
《生命3.0：人工智能时代，人类的进化与重生》 纪伊国屋书店/水谷淳［译］

《穿越平行宇宙》
《生命3.0：人工智能时代，人类的进化与重生》

（迈克斯·泰格马克）

《穿越平行宇宙》（*Our Mathematical Universe：My Quest for the Ultimate Nature of Reality*，2014年）是瑞典裔美国理论物理学家迈克斯·泰格马克提出"数学宇宙假说"的著作。

数学宇宙假说认为，宇宙是一种数学结构，并且宇宙不止一个。该假说是多重宇宙理论的一部分，认为存在多个平行宇宙。

一般认为，首先存在宇宙这种物理结构，然后人们利用数学这一工具来抽象地描述宇宙。但泰格马克认为，宇宙本身就是一种数学结构，数学自始至终都存在。换言之，宇宙是一种由抽象元素组成的结构，这些元素间的关系可以用数学来定义，宇宙作为一个外部实在独立于人类而存在。

此外，泰格马克还认为存在多个宇宙，并将多重宇宙划分为四个层面：第一层级的多重宇宙是无数有限宇宙的集合，它们存在于可被观测的同一时空之中，并具有相同的物理规律。我们如今的宇宙便是属于这个层级；第二层级的多重宇宙是无限个第一层级多重宇宙的集合，它们存在于同一时空，但具有不同的规律；第三层级的多重宇宙是无数时空，即平行宇宙的集合，对应量子力学的多世界诠释；第四层级的多重宇宙具有不同的数学结构。泰格马克指出，所有的宇宙本身就是一种数学结构，第四层级多重宇宙之中存在着众多物理规律各异的宇宙。

如上所述，在泰格马克看来，现实是一种数学结构。在多重宇宙这一复杂的宇宙之中，拥有自我意识的下级结构（如人类等智能生命形式）会主观地认为自己处于一个真实的世界中。

泰格马克认为，科学世界中还剩下两大谜团——"地球外的宇宙"和"我们脑海中的宇宙"。当得出世界都可以用数学公式来描述的结论后，他开始将自己的研究重点从宇宙转向了大脑。因为在他看来，留给人类最大的谜团便是人类的"意识"和"智能"。

《生命3.0：人工智能时代，人类的进化与重生》（*Life 3.0: Being Human in the Age of Artificial Intelligence*，2017年）是泰格马克的另一著作。在该书中，他探讨了远超人类智能的AI（人工智能）出现时可能会发生的情况。

泰格马克将生命的进化分为三个阶段："生命1.0"，始于40亿年前，是所有生物正常进化的生物阶段；"生命2.0"，始于10万年前，是人类诞生以来的文化阶段，在这个阶段中，人类可以重新设计自己的软件，比如学习复杂的能力，重塑自己的世界观和目标；接下来，生命将进入"生命3.0"的科技阶段，高级人工智能可以重塑自己的软件以及硬件，不必再等待进化的恩赐。

此外，泰格马克还指出，生命3.0将于22世纪实现。那时会出现爆炸性的技术进步，并将发生无法预测的事态。基于此，该书还讨论了在人工智能迅速发展并超越人类之后，人类应该如何确保自己的安全，以及未来人类是否能够将自身生存范围扩大至银河系之外。

在该书的最后，泰格马克呼吁读者："我们的未来并没有镌刻在石头上，只等着发生——它要由我们来创造。让我们一起创造一个振奋人心的未来吧！"

人物生平：

迈克斯·泰格马克（1967—）：瑞典裔美国理论物理学家、宇宙论研究专家、麻省理工学院（MIT）物理学教授。他因在调查星系分布的大型项目——斯隆数字巡天（SDSS）以及量子力学基本问题方面做出的贡献而闻名于世，同时他还参与了探索宇宙未开发区域的项目。2014年，他参与创立了促进人工智能安全研究的非营利组织——"生命未来研究所"，该组织会聚了斯蒂芬·威廉·霍金、埃隆·马斯克和雷·库兹韦尔等知名人士。2017年，该组织通过了《阿西洛马人工智能原则》（*Asilomar AI Principles*），为人工智能研究制定了指导方针。

参考书目：

《奇点临近：当计算机智能超越人类》雷·库兹韦尔；《连接宇宙的数学：IUT理论的冲击》加藤文元

《复杂生命的起源》 美篇书房/齐藤隆央 [译]

《复杂生命的起源》

（尼克·莱恩）

《复杂生命的起源》(*The Vital Question*: *Why Is Life The Way It Is?*) 是英国生物化学家、科学作家尼克·莱恩的著作，该书试图从能量的角度揭开生命起源和真核生物进化的奥秘。

该书的开篇是这样一句话：

在生物学的核心地带，存在着一个未知的黑洞。坦白说，我们不知道生命为什么是现在这样。

莱恩认为，解开生命之谜的关键在于细胞独特的生物能量生成机制。

从原始生命到人类，生物能量一直都是制约生物体进化的主要因素。现如今，我们已经得知，细胞从质子（即带正电荷的氢原子）的流动过程中获取能量。通过呼吸作用燃烧食物所获得的能量，泵送质子穿透细胞内膜，并在膜的另一侧形成一个质子水库。从水库返回的质子流可以生成能量，其运作原理与水力发电大坝的涡轮机相同。

1961年，英国生物化学家彼得·米切尔发现了这一化学渗透机制，并被授予了诺贝尔化学奖。人们称这一观点是自达尔文进化论以来生物学中最反直觉的想法，并认为米切尔的功绩可以比肩物理学领域的爱因斯坦以及建立了量子力学的沃纳·海森堡。

然而，关于这种能量利用机制为何产生以及如何产生，人们仍知之甚少。在该书中，莱恩尝试解答为什么生命会在如此令人费解的过程中得到进化，以及为什么细胞会以如此奇特的方式获取能量。

距今40亿年前，海底热液喷口产生了能量梯度（浓度差），原核生物（该生物不具有含有遗传信息的细胞核，由古细菌和细菌组成，多为单细胞生物）在此出现，这便是生命的起源。此后，原核生物一直以此种简单的形态存活。直到20亿年前，一个细菌融合进了一个古细菌内部，形成内共生体，自此产生了真核生物（细胞内有细核的生物)。

这个细菌向宿主细胞提供了自己的部分基因,这些基因被细胞核纳入了遗传信息,细菌本身则变成了无法独立生存的细胞器——线粒体。线粒体是所有复杂生命体的"发电厂",提供细胞活动所需的大部分能量。

细菌这种单细胞生物在细胞的外骨骼,即质膜上生产所有能量,质膜在生产维持自身能量的同时,还会限制细胞的大小。相比之下,含有线粒体的细胞有专门的细胞器用于生产能量,因此可以生长得比原核生物大得多,还能够进化成更为复杂的结构。真核生物能够吞噬细胞并与其共生,这使得其每个基因都有大量的可用能量。

莱恩认为,在过去的40亿年里,这种内共生事件只发生过一次,而正是这个偶然事件,使得真核生物与原核生物截然不同,并使其能够适应任何环境,完成复杂的进化。

人物生平:

尼克·莱恩(1967—):英国生物化学家、科学作家。他是英国伦敦大学学院(UCL)遗传、演化与环境系教授,也是该大学"生命起源"(UCL Origins of Life)研究计划的项目领头人。

参考书目:

《能量、性、死亡:线粒体与我们的生命》尼克·莱恩;《生命的跃升:40亿年演化史上的十大发明》尼克·莱恩

《时间的秩序》 NHK 出版/冨永星 [译]

《时间的秩序》

（卡洛·罗韦利）

《时间的秩序》（意大利语为 L'ordine del tempo，2017 年）是意大利理论物理学家卡洛·罗韦利的著作。该书通过"圈量子引力论"颠覆了有关时间和空间的传统认知，并提出了看待世界的全新视角。

有望成为物理学"万物理论"（详见第 361 页）的超弦理论认为存在时间和空间，但罗韦利提出的"圈量子引力论"却质疑了时间和空间存在的绝对性本身。

在经典力学的假设中，存在时间与空间相互关联的"时空"。与此相对，融合了量子理论的圈量子引力论指出，只不过是无法分割的最小单位——空间量子的连续存在，令人觉得"时间"和"空间"是一个整体。

换言之，该理论认为，空间量子并不填充空间，而是创造了空间，世界不是由事物组成，而是由事件网络组成。时间也是如此，事物并不是在时间中展开，而是通过不断的相互作用，来使世界生成事件。

如上所述，圈量子引力论认为，"从存在的角度看待事物，并认为事物存在于时间和空间之中"，这种观点本身就是错误的，因为"世界没有事物的存在，只有事件的发生"。

罗韦利还指出，在物理定律的基本原理中，没有任何东西能使因果不可逆转，并如下说道：

> 我们经常说原因先于结果，然而在事物的基本层面，"原因"与"结果"之间没有区别。规律，也就是我们所说的物理定律，联系着不同时间的事件，但在过去与未来之间，它们是对称的。在微观描述中，说过去与未来不同是没有意义的。

相对论认为，时间的方向是相对的，正如时间的速度因地点而异。那么在这种观点下，熵增定律不再适用。熵增定律指出，熵（系统的无序性）只会增加，系统永远不会从高熵状态变为低熵状态。只有这种热力学第二定律（认为热量只会从高温向低温传导）会使因果具有非对称性。

世界上存在着一种低熵状态，在这种状态下，物理排列中会存在一种特殊的秩序。当这种秩序因某个契机崩溃时，熵就会增加。这个过程创造了时间，没有熵，时间就不存在。换句话说，时间的不可逆与熵有关。

尽管不存在过去和未来，我们却仿佛能感受到其存在，这与我们的认知方式有关。某种排列看起来很特别，是因为看到它的人看到了其中的特殊之处。反之，事实上所有的排列都是特殊的。世界上存在着人类可以理解其规律的存在以及无法理解其规律的存在，而人类只不过是把其所能理解的存在视为特殊而已。

换言之，人类只能模糊地描述世界，而熵只是人类能看到的物理规律，而在真实的物理世界中，并不存在此种规律。因此，由于时间的不可逆是伴随着熵的不可逆而产生的，所以时间也便失去了不可逆的根据。

人物生平：

卡洛·罗韦利（1956—）：意大利理论物理学家。他是圈量子引力论的开创者之一，旨在统一广义相对论和量子力学，现在在法国艾克斯-马赛大学理论物理学实验室带领量子力学研究团队。曾经身为嬉皮士的他，还投身于社会改革运动，最后决心通过物理学来变革社会。他的著作《时间的秩序》曾被《时代周刊》评为2018年度"十大非虚构好书"之一。

参考书目：

《宇宙的琴弦：超弦、隐藏维度与终极理论探索》布赖恩·格林

第 9 章

人生/教育/艺术

从文明论，到国家论，再到政治论，这些都是将人类历史和社会视为一个整体进行研究的历史学和社会学领域。同理，人生论是将人生视为一个整体的应用学科，旨在研究"应当如何度过有且仅有一次的宝贵人生"。

无论世事如何变迁，总有一个巨大的问题横亘在我们面前——我们的这一生，应该如何度过呢？人生旅途中的选择和决断颇多，或前进，或倒退，或迂回，或转向，每一次都需要我们亲自掌握航向。阿兰曾在《幸福散论》中说："想要获得幸福，我们就必须有此意愿，并为此而努力。"

关于"应该如何度过人生"这一永恒命题，塞涅卡的《论生命之短暂》以及马可·奥勒留的《沉思录》都建议人们应该学会与无法随心所欲的生活和谐相处。在这两本书中，句句都传达着斯多葛学派哲学的生存智慧。此外，其他人生论著作中也体现着各式各样的生存方式。例如，塞缪尔·斯迈尔斯在《自己拯救自己》一书中主张"自助者，天助之"，激励人们自强不息，自力更生，凭借自己的信念和努力来开创人生；美国传记文学的开山之作——《富兰克林自传》为人们展现了本杰明·富兰克林的精彩一生。

还有一些著作让我们意识到了更为严峻的生存问题——我们该如何活下去呢？尤其是奥斯维辛集中营幸存者维克多·埃米尔·弗兰克尔所著的《追寻生命的意义》，以及安妮·弗兰克的《安妮日记》。通过阅读去触及作者的人生，有时会让我们产生一种超越时间的错觉，仿佛他们就站在我们面前，向我们娓娓道来。

在感触先人们形形色色的人生观时，我们不仅能深切感知到当时的时代背景以及他们的家庭环境，还能够接受到他们给予我们的诸多广泛而又深刻的教诲。基于此，许多满怀热情的教育学者积极付诸实践，比如著有《民主主义与教育》的约翰·杜威，以及《自由和纪律：英国的学校生活》的作者池田洁，等等。

同时，艺术浇灌也是培育人心不可或缺的养料之一。那么，艺术是什么呢？虽然很难一言以蔽之，但可以参考日本著名陶艺家加藤唐九郎的一句论述："在不伤害他人的前提下满足自身欲望，最终人们发现的事物便是艺术。"

如今，我们身处21世纪，面临的正是一个知识创新型社会，艺术思维在创造新价值中愈加重要。城市作为创造价值的重要场所，吸引着越来越多的人的目光。凭借着城市居民的个性魅力以及多样性，城市的吸引力也在节节攀升，这一良性循环吸引着更多的人口。全世界的城市化进程都在迅猛发展。城市是当代价值创造的源泉——看破这一事实的正是理查德·弗罗里达的《创意经济》，著有《光辉城市》的勒·柯布西耶则进行了实践。

《论生命之短暂 另二篇》 岩波文库/大西英文 [译]

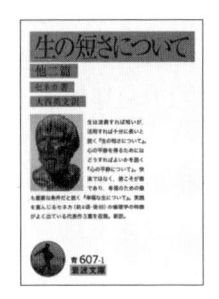

《论生命之短暂》

（塞涅卡）

《论生命之短暂》（拉丁语为 *De Brevitate Vitae*，英语为 *On the Shortness of Life*，49 年）是罗马帝国初期斯多葛学派哲学家塞涅卡创作的随笔散文，意在教导世人珍惜时间与生命。

在接受哲学与修辞学等方面的教育后，塞涅卡于提比略时期进入官场，跻身朝廷，曾任元老院元老。公元前 41 年，塞涅卡遭受陷害，被判流放之刑。公元前 49 年，他被召回罗马，开始担任少年尼禄（后罗马帝国第五位皇帝）的家庭教师，并在行政方面大展身手。公元 65 年，因涉嫌参与谋刺尼禄事件，最终被赐自尽。

塞涅卡一生著作颇丰，留有诸多随笔、诗集、戏剧、书信，对威廉·莎士比亚戏剧等伊丽莎白王朝时期的戏剧产生了巨大影响。后世很多作家都曾引用其作品，尤其是米歇尔·德·蒙田在《蒙田随笔》（详见第 387 页）中引用了塞涅卡的大量名言。

《论生命之短暂》以人生的时间为主题，详细阐述了时间的本质与价值，以及人类应如何妥善利用时间来追求更有意义的目标。塞涅卡认为："上帝实际赋予我们的生命原非短暂，是我们自己使然；上天所赐不薄，是我们将其荒废虚掷。这才是真相。"

同时，塞涅卡论述道："生命并非短促，而是我们荒废太多。一生足够漫长，如能悉心投入，足以创造丰功伟绩。"归根结底，时间珍贵，但如何利用，完全取决于我们自己。

那么，为何我们总是在荒废虚掷时间呢？对此，塞涅卡表述道：

> 凡是沉迷于杂务的人，都会觉得生命很短促。
> 看到有的人想要占用别人的时间，而对方又欣然应允，我总是感到惊讶。
> 人们普遍认为，一个人如果沉迷于某种事物，就会一事无成。
> （中间省略）
> 对于那些沉迷于某一活动的人来说，生活是最不重要的事了。

此外，塞涅卡的另一些表述，也正是忙碌现代人的真实写照——

> 每个人都在为生计奔忙，因渴望未来、厌倦现在而烦恼。
>
> 新的嗜好代替了旧的，希望激起更多的希望，野心衍生更大的野心。他们没有设法结束苦难，只是不断为它变换理由。
>
> 疲于奔命的人，当他们心理还很幼稚时，年纪却已变老，对此他们毫无准备，毫不设防。因为他们没有准备，只是突然间不期而遇，所以根本没意识到年老早已一天天逼近。

在该书的最后，塞涅卡提到"哲学家的生命可以绵延广阔"，这是因为，"在所有人中，只有那些把时间用于研究哲学的人是真正悠游自在的，只有他们算是活着的"，"而那些整天到处奔波的人，不过是自恼的庸人罢了。这些人的人生不能称为悠闲，只能说是'闲散地忙碌着'"。

塞涅卡认为，只有先哲们的生活方式才能"为你提供一条永生之路，将你提升至一个任何人都不会沮丧的地方。这是延续生命——甚至永生不朽的唯一方法"。

人物生平：

塞涅卡（约公元前4—65年）：罗马帝国初期斯多葛学派哲学家、政治家、剧作家、诗人。他出生于古罗马殖民地西班牙南部的科尔多瓦，父亲是该行省的一位雄辩家。幼年时期，他随父亲老塞涅卡以及母亲赫尔维娅移居罗马，开始学习修辞学和哲学。塞涅卡的一生因被尼禄皇帝勒令自尽而终，据说在生命的最后，他曾说道："谁都知道尼禄残暴成性，在杀弟弑母、逼死妻子之后，就只剩下杀师了。"（塔西佗《编年史》）

参考书目：

《论幸福生活》塞涅卡；《论心灵之宁静》塞涅卡；《论愤怒》塞涅卡；《爱比克泰德语录》爱比克泰德；《蒙田随笔》米歇尔·德·蒙田；《幸福散论》阿兰；《沉思录》马可·奥勒留；《你想活出怎样的人生》吉野源三郎

《沉思录》岩波文库/神谷美惠子 [译]

《沉思录》

（马可·奥勒留）

《沉思录》（古希腊语为 *Tὰ εἰς ἑαυτόν*，英语为 *Meditations*，约 180 年）是"帝王哲学家"罗马帝国第 16 位皇帝马可·奥勒留所著的个人哲学思考录。

作为五贤帝时代的最后一位皇帝，奥勒留也是晚期斯多葛学派的代表哲学家，在戎马倥偬之际，奥勒留依然坚持着对宇宙人生的思索。

在奥勒留执政期间，罗马帝国正处于漫长的马克曼尼战争（162—180 年）之中。直至他去世之时，战争仍未结束。据说该书便是奥勒留在战争的鞍马劳顿中，利用片暇书写而成的。这本书创作的初衷并非为了供他人阅读，而只是为了记录他自己不时的思索与自省。虽然书中的部分内容晦涩难懂且并不连贯，但从奥勒留灵魂深处流淌出来的文字却朴实无华，直抵人心，这也使得该书极具启发性。

自少年时代起，奥勒留就深深倾心于古希腊斯多葛学派哲学。该学派的创始人名为芝诺，于公元前 3 世纪初期出生在塞浦路斯岛。"斯多葛"一名源于芝诺最初在雅典集会广场的讲学地点——列柱廊（希腊语为 Stoa Poikile），Stoa 是英语 Stoics（斯多葛）一词的词源，所以该学派被称为"斯多葛学派"。斯多葛学派人才辈出，影响巨大，除了奥勒留以外，还有塞涅卡（详见第 382 页）、爱比克泰德（详见第 178 页）等著名哲学家。

斯多葛学派哲学之所以至今仍受众多学者青睐，是因为它是一种倡导人们正确对待生活的实践性哲学，关注的核心始终都是"如何生活"。此外，斯多葛学派敢于直面哲学的终极问题，积极思考如何为考验人性的最后试炼——"死亡时刻"做好准备。

斯多葛学派的哲学教义，如今依旧能够通用于现代人的实践教育，它教导人们"分清何为自由之物，何为不自由之物，不为前者而烦恼，而应为后者倾尽全力"。这里所说的"不自由之物"指身外之物，如健康、财富、名誉等；"自由之物"指自我精神活动——我们应该在自己的心灵中寻求独立、自由与平安。

那究竟什么才是我们应该追求的理想人格呢？奥勒留如下叙述道：

道德品格的完善在于，把每一天都作为最后一天度过，即不对刺激做出猛烈的反应，也不麻木不仁，抑或是表现虚伪。

　　奥勒留认为，在人生实践中，正确对待每一天，认真度过每一天才是最为关键的要事。

　　集中你的注意力于你面前的事物，无论其为一件行为，或是一个原则，或是其所代表的意义。活该受这样的报应！因为你情愿明天做一个好人，而不愿今天做一个好人。
　　全然不要再谈论一个高尚的人应当具有的品质，而是要成为这样的人。
　　表现一下完全在你控制之下的那些品质，如诚恳、尊严、耐苦、避免纵乐。不要怨命，要安贫知足，要慈爱、独立、节俭、严肃、谦逊。你看出没有，多少美德你现在大可以表现。无法诿诸先天缺陷或性格不合，而你却不肯尽力而为？
　　要记住，人的生命只是目前这么一段时间；其余的，不是业已过去，便是可能永不会来。

　　该书中的很多箴言被众多西方思想家和政治家视为自己的座右铭，约翰·密尔更是将该书誉为"古代精神中最为崇高的逻辑产物"。此外，第二次世界大战期间纳粹大屠杀的幸存者、《追寻生命的意义》（详见第 406 页）的作者维克多·埃米尔·弗兰克尔，以及身陷越南战俘营、受到七年极端残酷的严刑拷打仍存活下来的美国海军上将詹姆斯·斯托克代尔，他们在绝境中苦苦挣扎之时，都是依靠斯多葛学派的哲学教义这一精神支柱，才迎来了最后的胜利与自由的曙光。

人物生平：

　　马可·奥勒留（121—180 年）：罗马帝国第 16 位皇帝（在位时间：161—180 年）。因其学识渊博，善于治国，和涅尔瓦、图拉真、哈德良、安东尼·庇护一道，被尊为"五贤帝"。在对外政策方面，罗马帝国虽然取得了帕提亚战争的胜利，但因其后北方边境发生的马克曼尼战争导致国力凋敝，奥勒留自己最终也病倒在这场战争中。

参考书目：

　　《爱比克泰德语录》爱比克泰德；《论生命之短暂》塞涅卡；《哲学的指引：斯多葛哲学的生活之道》马西莫·匹格里奇

《达·芬奇笔记 上·下》岩波文库/杉浦明平 [译]

《达·芬奇笔记》

(列奥纳多·达·芬奇)

《达·芬奇笔记》(*Manuscripts of Leonardo da Vinci：Their History，with a Description of the Manuscript Editions in Facsimile*，推测年代为 1469—1518 年) 是文艺复兴时期"全能天才"列奥纳多·达·芬奇跨越半个世纪所创手稿（Codex）的汇总。

该书是记载了所有引起达·芬奇兴趣的领域与事物的手稿，但因为三分之二的手稿已惨遭遗失，所以现存的手稿仅有 5000 余页。达·芬奇在临终前，将所有的画作和手稿都托付给了自己的得意门生弗朗西斯科·梅尔兹。在历经后续各种形式的编纂后，该书得以留存至今。

达·芬奇手稿及绘图的涉猎范围极为广泛，从绘画构图、服装设计创作、面部和感情表现，到动物、婴儿、解剖、植物研究，再到岩石构成、河流漩涡、兵器、直升机以及土木、建筑研究，甚至还囊括了学习语言的练习笔记。或许是因为达·芬奇本人是左撇子，手稿中呈现的文字都是左右颠倒的镜像字。

目前，达·芬奇现存的手稿如下：

米兰安波罗修图书馆收藏的《大西洋古抄本》(*Codex Atlanticus*，主要涉及几何学、天文学、植物学、动物学、土木工学以及军事技术等)、米兰斯福尔扎城堡收藏的《特里武齐奥手稿》(*Codex Trivulzianus*，主要涉及军事以及教会建筑等)、都灵皇家图书馆收藏的《鸟类飞行手稿》(*Codex on the Flight of Birds*，主要研究鸟类的飞翔机制)、西班牙国家图书馆收藏的《马德里手稿》(*Codex Madrid*，主要涉及机械构造、透视图绘图方法、光学等)、法兰西学院收藏的《巴黎手稿》(*Paris Manuscripts*，主要涉及军事技术、光学、几何学、水力学等) 和《艾仕本罕手稿》(*Codex Ashburnham*，主要涉及绘画等)、英国维多利亚和阿尔伯特博物馆收藏的《佛斯特手稿》(*Codex Forster*，主要涉及几何学、物理学、水力机械、建筑等)、温莎城堡收藏的《温莎手稿》(*Codex Windsor*，主要涉及解剖学、地理学等)、大英博物馆收藏的《阿伦德尔手稿》(*Codex Arundel*，主要涉及物理学、力学、光学、几何学、建筑学等)。

除此之外，还有唯一一份由私人持有的手稿——由比尔·盖茨收藏的《莱斯特手稿》(Codex Leicester)，该手稿涉及的内容繁多，既包含对天文学的见解，也包含对水、岩石和化石性质的探究，还汇集了有关空气及天体发光原理的资料。1690年，意大利画家朱塞佩·盖齐（Giuseppe Ghezzi）在达·芬奇的弟子、雕塑家古列尔莫·德拉·波尔图（Guglielmo della Porto）的文件箱中发现了这本手稿。1717年，英国的莱斯特伯爵托马斯·科克（Thomas Coke）买下了这本手稿，按照惯例，该手稿根据收藏者的名字被命名为《莱斯特手稿》。

1980年，美国石油大亨阿曼德·哈默（Armand Hammer）在拍卖会上拍下此手稿，易名为《哈默手稿》。此后该手稿一直为哈默财团所有，直至1994年比尔·盖茨以3080.25万美元的价格拍得了《哈默手稿》，并将其复名为《莱斯特手稿》。如今，该手稿每年都在一个国家、一处场所进行展出，2005年曾在日本东京森艺术中心画廊公开展出。

达·芬奇生活的15世纪，是发明、探索以及新技术引领知识迅速传播的时代。当时的佛罗伦萨作为意大利文艺复兴的中心，美术和人文学蓬勃发展，遍地开花，各种新兴资产阶级的思潮和艺术流派也十分活跃，对于像达·芬奇这样在各方面都跳脱社会框架的奇才也极为包容。

作为文艺复兴时期最完美的代表，达·芬奇并未接受过正统的学校教育，也未曾正式学过拉丁语、几何和数学，但他却具备超出学校教育范畴的卓越能力，非常擅长结合不同领域的事物。美国苹果公司联合创始人史蒂夫·乔布斯对达·芬奇推崇有加，在生前曾这样称赞他心目中的偶像："达·芬奇在艺术和工程技术中都能发现美，正是这种将二者融会贯通的能力，让他成为天才。"

人物生平：

列奥纳多·达·芬奇（1452—1519年）：意大利文艺复兴时期著名的艺术家。他思想深邃，学识渊博，在绘画、雕塑、建筑、音乐、舞台艺术、数学、天文学、航空、军事、人体学等领域做出了卓越贡献，是人类历史上少有的"全能天才"。他最大的成就在于绘画，主要杰作包括《最后的晚餐》《蒙娜丽莎》《受胎告知》《岩间圣母》等，其艺术实践和科学探索精神对后代产生了重大而深远的影响。

参考书目：

《达·芬奇传》沃尔特·艾萨克森

《蒙田随笔 1—7》 白水社/宫下志朗 [译]

《蒙田随笔》

（米歇尔·德·蒙田）

《蒙田随笔》（法语为 Les Essais，1580 年）是法国哲学家米歇尔·德·蒙田创作的随笔合集，全书共包含 107 篇随笔。在书中，蒙田结合自身经历，旁征博引，考察大千世界的众生相，使该书成为 16 世纪百家思想的总汇。

1570 年蒙田开始撰写随笔，且一生都在进行修改和增补，不断充实着该书的内容。"Essais"在法语中的原意为"尝试"，蒙田通过此书开创了随笔式散文的先河。此后，"针对特定话题阐述自己主观见解和情感的短文"皆被称为"随笔"。

在该书的开篇，蒙田就向读者表明了写这本书的目的——坦率地描绘和解剖自己：

> 读者，这是一本真诚的书。我一上来就要提醒你，我写这本书纯粹是为了我的家庭和我个人，丝毫没有考虑过它是否对你有用，也没有想过要赢得荣誉。这是我力所不能及的。
>
> （中间省略）
>
> 我宁愿以一种朴实、自然和平平常常的姿态出现在读者面前，而不做任何人为的努力，因为我描绘的是我自己。

《蒙田随笔》涉及的主题繁多，包括悲伤、恐惧、幸福、想象力、习惯、友情、节制、命运、孤独、名声、良心、荣誉、残酷、欲望、自负、谎言、懦弱、德行、愤怒、后悔以及经验等。

在书中，蒙田旁征博引了众多古希腊·罗马时代的文献，比如柏拉图、亚里士多德、普鲁塔克、塞涅卡等哲人的论述，粹取了各种思想和知识的精华。其中，书中对罗马共和国末期哲学家提图斯·卢克莱修·卡鲁斯的《物性论》（详见第 175 页）的引用多达近百段，足以看出蒙田与卢克莱修在批判"用死后世界的悲惨噩梦来绑架道德"这一行为上颇有共鸣。此外，该书几乎没有引用《圣经》中的任何内容。

由于当时的法国全面禁止新教，新教与天主教之间的胡格诺战争（1562—1598年）愈演愈烈，席卷了法国社会各阶层。在这场法国宗教战争狂潮中，蒙田开始对高举正义之旗的人们投以质疑的目光，认为人性最大的特征就在于其多样性和多变性。值此家国丧乱之际，原本身为天主教徒的蒙田，作为波尔多市长，开始努力促成两者的融和。

蒙田有一句非常经典的座右铭，想必大家都知道——"我知道什么呢？"（法语为Que sais-je?）关于自己，他曾写道："以我看来，世界上的什么怪异，什么奇迹，都不如我自己身上这么显著……我越通过自省而自知，我的畸形就越令我骇异，而我就越不懂我自己。"

在此基础上，蒙田还阐述了认识自己、了解自己的重要性：

> 柏拉图的书里经常引用这个意味深长的箴言："做你自己的事，要有自知之明。"
>
> （中间省略）
>
> 当一个人要做自己的事时，必将发现他的第一门功课便是认识自我，认识属于他范围之内的事情。有了自知之明，就不会去多管闲事，首先会自爱其人，自修其身，会拒绝无谓的忙碌，无益的思索与判断。
>
> （中间省略）
>
> 伊壁鸠鲁心中的智者，既不预言未来，也不担心未来。

蒙田通过对人类感情的冷峻观察和对西方文化的冷静研究，洞察了现实人类社会，探索了人类应有的生活方式，不仅影响了17世纪的法国文化与教育，对包括勒内·笛卡尔、布莱士·帕斯卡在内的许多名家也产生了重要影响，对其他各国也影响深远。

人物生平：

米歇尔·德·蒙田（1533—1592年）：16世纪文艺复兴时期法国代表哲学家、道德主义者、怀疑论者、人文主义者。在波尔多高等法院等地担任16年法官后，在37岁时退居至自家领地蒙田堡。此后，作为一家之主，他一边管理领地，一边潜心读书与思索。1580年，蒙田发表《蒙田随笔》初版（第1、2卷）。1580—1581年，他游历德国、意大利等地，回国后出任波尔多市长直至1585年。1588年，蒙田出版《蒙田随笔》第3卷，同时对初版进行了大幅增订，此后该书也在不断进行增补和修订。

参考书目：

《思想录》布莱士·帕斯卡

《爱弥儿 上·中·下》 岩波文库/今野一雄 [译]

《爱弥儿》

（让-雅克·卢梭）

《爱弥儿》（法语为 Émile，1762 年）是法国政治哲学家让-雅克·卢梭的近代教育学经典之作，该书以小说的形式论述了理想教育论。该书的全称为《爱弥儿，或论教育》（法语为 Émile, ou De l'éducation），与《论人类不平等的起源和基础》《社会契约论》并称为"卢梭三部曲"。

在该书中，卢梭批判了当时法国的教育制度，并提出了自己独特的教育观——以促进儿童的自然成长为基础，重视儿童的自主性。此外，该书后半部分的《信仰的自我诠释——萨瓦省一个牧师的自述》选段，虽是借牧师之口喋喋不休，但实际上句句都富含着卢梭对哲学与宗教的深思。

正如第一卷开篇所述，该书从始至终都贯穿着卢梭式的自然礼赞思想：

> 上帝创造出来的东西，本来都是好的，但是一经过人手，就完全改变了性质。人们意图让一种土地滋生出另一种土地上的东西，强使一种树木结出另一种树木的果实。他们搞混气候、风雨和季节……让一切陷入无序状态，让一切面目全非。他们不愿意面对事物的本来面目，却对丑陋和奇怪的东西着迷。其中甚至还包括人自己。

在教育思想领域，卢梭最大的贡献是提出了"儿童的发现"。他颠覆了以往的儿童观念，认为与成年人相比，儿童并非单纯只是"小大人"，而是不同于成年人的独特存在，并从中发掘了人类成长的可能性。

同时，卢梭认为："我们每个人都诞生过两次：一次是为了存在，另一次是为了生活。"教育的目的不是单纯地让儿童度过其必须经历的儿童时代，而是要为儿童的成长助上一臂之力。

在书中，卢梭将自己描绘为一位理想导师，跟随着"大自然"这位伟大的老师，以自然和仁爱的观念一对一地教养着一名虚构的贵族少年——爱弥儿。书中描绘了爱弥儿从出生到与苏菲步入婚姻殿堂的全部受教育过程。该书的章节构成也一一对应着爱弥儿成长的每个阶段：第一卷是"爱弥儿的婴儿期"，第二卷是"爱弥儿的童年期"，第三卷是"爱弥儿的少年期"，第四卷是"爱弥儿的青年期"，第五卷则是"爱弥儿的婚姻"（女子教育）。

卢梭认为，在儿童长大成人的过程中，三大教育支柱缺一不可——"自然教育"（身体与能力的内在发展教育）、"人的教育"（教师或大人教会孩子如何使用自身的能力）以及"事物的教育"（从外界经验中学习）。只有当这三种教育的教育目标协调一致时，培养的学生才具有和谐且完备的人格。

此外，卢梭依据儿童的发展天性，将儿童教育分为"儿童""青年""成人"三个阶段。0—12岁是第一阶段的"儿童期"。在这个阶段中，孩子们的身体开始发育，主要的教育任务在于发展儿童的外部感觉器官。12—15岁是第二阶段的"青年期"。卢梭认为这是"劳动、教育与学习的时期"，孩子们需要锻炼对事物的判断能力，以及学习掌握技术与知识。15岁之后，便进入了第三阶段的"成人期"。在这一阶段中，孩子们需要增加有关神、自然与社会的知识储备，提高自己的洞察力，同时培养道德与宗教观念。

卢梭还同样重视"消极教育"的作用，弱化父母的积极引导，在上述三大教育之柱协调一致的状态下，充分尊重孩子的自主性。人之初，性本善，但社会难免会使人堕落。教师的作用不在于给儿童施加何种影响，而是要避免儿童受到社会的习染，以保障儿童可以自然地成长。

人物生平：

让-雅克·卢梭：详见《论人类不平等的起源和基础》（第197页）处介绍。

参考书目：

《论人类不平等的起源和基础》让-雅克·卢梭；《社会契约论》让-雅克·卢梭

《富兰克林自传》 岩波文库/松本慎一、西川正身 [译]

《富兰克林自传》

（本杰明·富兰克林）

《富兰克林自传》（*The Autobiography of Benjamin Franklin*，1791 年）是"美国精神之父""美国国父"本杰明·富兰克林的自传，也是美国史上霸榜时间最长的畅销书。

整部自传在通俗易懂的叙述中不时闪现着睿智和哲理的火花，为我们娓娓道来美国开国元勋中最负盛名的富兰克林的精彩一生，向世人描绘出了"理想美国人"的经典形象——勤勉、节制、富有探知心、满怀理想并热衷于社会活动。

富兰克林出生于英属北美殖民地马萨诸塞湾省波士顿的一个铁匠之家。少年时期他辗转各地，几经周折来到费城后，以印刷业为起点，事业范围逐步扩展至报纸业、出版业，后又以政治家、外交官、气象学家、物理学者、哲学家、出版商以及职业作家等身份活跃在不同领域中。他因通过电风筝试验证明了"闪电的本质是电"一事而在全世界科学界中名声大振。同时，世人熟知的"时间就是金钱"（Time is money）这一名言也出自他的口中。

1728 年，为达到道德上的完美境界，富兰克林想出了一个"大胆而艰辛的计划"。为了破除陋习，树立新风，他把自己的信念归纳为十三条美德，一周内集中培养其中一项，逐个击破，一年内便可以重复整个过程四次。

其一，节制（temperance）：食不可过饱，饮不得过量。

其二，缄默（silence）：言必于人于己有益，不作无谓闲谈。

其三，有序（order）：东西各归其位，事务各按其时。

其四，决心（resolution）：事情当做必做，既做则坚持到底。

其五，俭朴（frugality）：不花于人于己无益之闲钱，换言之，不浪费。

其六，勤勉（industry）：珍惜时光，勤做有益之事，杜绝无益之举。

其七，诚恳（sincerity）：不行欺诈之举，勿思邪恶，唯念正义，说话也应如此。

其八，公正（justice）：不做损人利己之事，不忘自己当行之义举。

其九，中庸（moderation）：勿走极端，遇事多退让。

其十，整洁（cleanliness）：身体、衣着、住所力求洁净。

其十一，平和（tranquility）：勿因琐事、常事或者难免之事乱了方寸。

其十二，贞洁（chastity）：切戒房事过度，除非为了身体健康或是传宗接代；切忌因纵欲过度而头脑昏沉、身虚体弱或有损自己、他人的安宁或声誉。

其十三，谦逊（humility）：效法耶稣与苏格拉底。

就上述这十三条美德和规戒，富兰克林做了如下解释：

首先是"节制"。积习容易复燃，诱惑永无休止，而节制能使人头脑冷静，思维清晰，时刻保持警惕，抵挡二者的侵蚀。培养起节制的习惯，缄默就容易多了，因为我的愿望是在完善德行的同时获得知识。考虑到在谈话时获取知识主要靠耳朵而不是靠嘴巴，我希望自己改掉正在养成的多嘴多舌、爱讲双关语和俏皮话的习惯，它只会让我结交一些轻浮无聊的朋友，因此我把"缄默"放在了第二位。

马克斯·韦伯（详见第 093 页）将富兰克林定义为现代资本主义"精神"的"理想范式"，认为其正是"现代人"的原型与典范。

人物生平：

本杰明·富兰克林（1706—1790 年）：美国政治家、外交官、作家、物理学家、气象学家。作为美国开国元勋之一，他领导了美国独立战争。此外，他还是宾夕法尼亚大学的创立者、美国《独立宣言》的起草委员、独立战争时期美国驻法大使。他还参与调和联邦派和反联邦派的内部矛盾，力促《美利坚合众国宪法》的通过，一生中在诸多领域留下了盛名。他的肖像不仅出现在如今美国最大面值的 100 美元纸币上，还曾出现在 1963 年前发行的半美元银币上。

参考书目：

《新教伦理与资本主义精神》 马克斯·韦伯

《自己拯救自己》 三笠书房智慧生活方式文库/竹内均 [译]

《自己拯救自己》

（塞缪尔·斯迈尔斯）

《自己拯救自己》（Self-Help: With Illustrations of Character, Conduct, and Perseverance, 1859 年）是英国作家塞缪尔·斯迈尔斯所著的人生随笔。该书赞扬了 19 世纪维多利亚时代的价值观，强调了自助精神的重要性。

在第一章"自助精神"中，斯迈尔斯开篇便提到了贯穿该书始终的一句古训：

"自助者，天助之"，这句至理名言可谓放之四海皆准。虽短短 6 字，却凝聚着无数人的经验与智慧。自助精神不仅是个人成长成才之本，更可促使国家兴盛发达。

斯迈尔斯认为，人们应该具备自立且独立的精神，不应将希望寄托于他人或他国，而应凭借自己的勤勉工作，来开拓自身的命运。对此，书中如下论述道：

在任何追求中，达到成功所需要的，与其说是杰出的才干，不如说是对目标的不懈追寻。目标不仅能激发一个人的潜能，还能使我们充满活力以及不屈不挠为之奋斗的意志。因而，意志力可以定义为人们性格中的中心力量。一句话，意志力就是人类本身。

在该书中，斯迈尔斯将自助精神与 300 多位欧美名人的成功案例相结合，为我们描述了亚当·斯密、弗朗西斯·培根、尼古拉·哥白尼、约翰尼斯·开普勒、艾萨克·牛顿、威廉·莎士比亚等人战胜人生道路上的千难万险，最后走向辉煌成功的事例。

日本启蒙思想家中村正直曾接受江户幕府的派遣前往英国留学，在归国途中，他被《自己拯救自己》一书深深吸引。归国后，他着手翻译该书，最后定名为《西国立志编》在日本出版。该书一经出版，便立即成为日本供不应求的畅销书。

人物生平：

塞缪尔·斯迈尔斯（1812—1904年）：英国作家、医生，出生于苏格兰。从爱丁堡大学医学专业毕业后，他开始行医，历任利兹市报纸主编、铁路公司高管后，开始专心著述。《自己拯救自己》的人生哲学，体现了维多利亚时代的清教主义价值观——即使我们并非家缠万贯、地位尊崇，也完全可以通过自立、勤勉和节制而走向不凡。

参考书目：

《富兰克林自传》本杰明·富兰克林

《密尔论大学》 岩波文库/竹内一诚 [译]

《密尔论大学》

(约翰·斯图亚特·密尔)

《密尔论大学》(*Inaugural Address Delivered to the University of St. Andrews*, Feb. 1st 1867，1867 年) 是约翰·斯图亚特·密尔就任圣安德鲁斯大学名誉校长时发表的就职演说。

谈到大学教育的本质时，密尔阐述道：

> 大家都知道大学不是进行职业训练的场所。
> （中间省略）
> 大学的目的不是培养熟练的律师、医生和工程师，而是培养有能力、有教养的人才。
> （中间省略）
> 作为一个人，在他们成为律师、医生、商人、制造业者之前，原本就已是一个人。
> （中间省略）
> 对于想要成为从事专门职业的人来说，他们在大学应该学习的不是专门知识，而是能正确利用专业知识的方法，以及以普遍教养（general culture）之光来诱导专业领域技术正确发展的方向。

密尔将大学教育的目的定义为"让肩负社会进步责任的未来栋梁之才接受普遍教养"。在此基础上，密尔将教育类型分为"知性教育""道德教育""美术教育"三个部分，并按照"文学"（语言、古典文学、历史）、"科学"（数学、自然科学、逻辑学、生理学、心理学）、"道德科学"（伦理学、政治学、历史哲学、经济学、法学、国际法）、"道德和宗教"、"美学和艺术"的顺序依次进行了讲解。

在该书的最后，密尔认为接受大学教育的"报酬"，是一种永远不会背叛期待且会超越利益的报酬,即"将会对人生越来越有深刻认识,越来越抱有更多的趣味"。

人物生平:

约翰·斯图亚特·密尔:详见《论自由》(第269页)处介绍。

参考书目:

《给后世的最高遗产》 内村鉴三;《自由和纪律:英国的学校生活》池田洁

《大众的艺术》岩波文库/中桥一夫 [译]

《大众的艺术》

（威廉·莫里斯）

《大众的艺术》(*The Art of the People*，1879年) 是"现代设计之父"、英国设计师威廉·莫里斯的讲演稿合集。1879年2月，作为艺术协会主席，莫里斯曾前往伯明翰皇家艺术家协会和伯明翰艺术设计学院进行演讲。

作为一名设计师，莫里斯不仅创作了大量的室内装修设计作品，还创立了从事室内装饰和日常用品设计的莫里斯商行，在家具、餐具、墙面装饰用瓷砖、彩色镶嵌玻璃、书籍装帧、字体设计等多个领域取得了十分突出的成就。

19世纪的英国，正值维多利亚时代，工业革命极大地推动了工业化的进程，但工业化大批量生产造成设计水准急剧下降，粗制滥造的产品比比皆是。随着劳动分工细化，曾经的手艺人逐渐沦为都市机器的齿轮，劳动的喜悦和手工的美感也逐渐消失。

出于对此的忧思，莫里斯希望效仿中世纪，重温劳动的喜悦，通过设计和供应传统手工艺日用品，让生活邂逅艺术，让艺术融于生活，在英国掀起了一场轰轰烈烈的设计运动——工艺美术运动。

以"艺术源于大众，艺术服务于大众"为座右铭的莫里斯认为，脱离大众生活的少数职业艺术家不过是资本主义社会的机械产物而已，美的喜悦理应从劳动者日积月累的劳动中诞生。他在该书中如是写道：

真正的艺术，是人类对劳动表现出发自心底的喜悦。如若不能，人类便无法在劳动中收获幸福。特别是从事自己所擅长的工作时，喜悦感尤甚。这就是自然最亲切的馈赠。

正是劳动的时刻，我们在世界上播种下了未知的幸福种子。

（中间省略）

真正的艺术，不仅会让制作者欣喜，更会让使用者幸福。来源于大众，服务于大众，这样的创造才是真正的艺术。

在上述论述中，我们也可以感受到莫里斯的劳动观以及对艺术的思考。他所说的"真正的艺术"，并非一般刻板印象中的"艺术"，而是"人对劳动喜悦的表达"。莫里斯全盘否定了资本主义大批量生产的工业品，认为这些工业品掠夺了大众的劳动喜悦。

为了实现"艺术源于大众，艺术服务于大众"的宏图，莫里斯强调简单生活的重要性，并写道：

> 如果想让现代生活充满乐趣，有两种必要美德不可或缺。坚守艺术源于大众、艺术服务于大众的宗旨，播撒让制作者和使用者都幸福的艺术之种时，我深信诚实与简朴生活——这两种美德是绝对必要的。若要列举出与其对立的恶德之名，那便是"奢侈"二字。

莫里斯发起的工艺美术运动可谓是20世纪现代设计的起源。这一运动虽起源于英国，但它的影响却遍及欧洲、俄罗斯、美国以及日本。在其影响之下，法国兴起了新艺术运动，德国兴起了"青年风格"运动并成立了德意志制造联盟，日本则开启了一场以柳宗悦为代表的民艺运动。

人物生平：

威廉·莫里斯（1834—1896年）：英国诗人、手工匠人、设计师、社会主义者、环境活动家、小说家、出版商。他对维多利亚时代艺术家、艺术评论家约翰·拉斯金的作品情有独钟并深受其影响。19世纪，莫里斯在英国发起了"工艺美术运动"，被誉为"现代设计之父"。莫里斯信奉马克思主义，认为解放无产阶级和让生活充满艺术，必须改变当下社会。在他的后半生中，他与埃莉诺·马克思（卡尔·马克思之女）等人共事，致力于改变不平等的社会和保护环境。

参考书目：

《民艺论》柳宗悦；《我们子孙后代的经济可能性》约翰·梅纳德·凯恩斯

《民主主义与教育 上·下》 岩波文库/松野安男［译］

《民主主义与教育》

（约翰·杜威）

《民主主义与教育》（Democracy and Education: An Introduction to the Philosophy of Education，1916 年）是美国实用主义思想家约翰·杜威的一本教育哲学著作。在书中，他全面阐释了民主主义社会的理想教育方式，改变了全球教育界的发展潮流。

19 世纪末到 20 世纪，实用主义（Pragmatism）在美国成为一种主流思潮。比起理论，实用主义更加重视实用的、实际的事物。

杜威认为，通过教育促进个人的自主性发展，从而培养具有行为独立性的民众，才是实现民主主义的必经之路。基于儿童教育以及与社会不可割裂开来的教育哲学理念，杜威认为创造能够重建儿童经验的环境极为重要，并尝试将社会生活中的人类形成原理融入到学校教育之中。

杜威教育论的特点在于，以儿童为学习的主体，把主体和对象、有机体和环境之间的相互作用称为"经验"，并将教育的本质定义为经验的"改造"。杜威从"以学习者为中心"的原则出发，重视"以儿童兴趣为核心"的活动课程，反对传统的灌输式教育方法，更注重以激发儿童自主性为核心的"问题解决型学习方式"。此外，杜威提出了"学校即社会"的理论，即学校应该与社会进行良性互动并映射出社会的进步，主张教育应该参与社会改造。

人物生平：

约翰·杜威（1859—1952 年）：美国哲学家、教育学家、社会心理学家、社会及教育改良家。在哲学方面，杜威既是实用主义的集大成者，也是实用主义运动的核心领导人。在教育方面，他基于实用主义建立了全新的教育哲学，在领导美国进步教育运动的同时，也为世界教育改革做出了极大贡献。

参考书目：

《物种起源》 查尔斯·罗伯特·达尔文

《幸福散论》岩波文库/神谷干夫 [译]

《幸福散论》

（阿兰）

《幸福散论》（法语为 *Propos sur le bonheur*，1925 年）是法国哲学家阿兰，即埃米尔-奥古斯特·沙尔捷撰写的随笔散文集。该书共九十余篇散论，行文虽简短精练，却道尽了幸福生活的智慧与真谛。

在高中任职讲授哲学的同时，阿兰笔耕不辍，针对社会问题积极发表自己的观点。从 1906 年开始，阿兰每日为地方报社撰写一篇两页长的散论，从理性主义的角度出发，阐述自己对艺术、道德、教育等各类社会问题的看法与思考。截至 1914 年，他已经发表了 3000 余篇这类散论。

该书用平实通俗的语言勾勒出幸福的准则，将哲学智慧融入了文字，并用文学铺就了一条哲思闪烁之路。这种独特的文学体裁也使得该书登上了法国散文杰作的巅峰。

阿兰主张，想要获得幸福，我们就必须有此意愿，并为此而努力。如果我们还安坐在事不关己的观众席上，仅仅是把门敞开，坐等幸福的到来，那么等来的必是悲哀。换言之，若想收获幸福，我们必须有追求幸福的强烈意志并约束自己。在该书中，阿兰还写道：

> 悲观主义是性情使然，乐观主义是意志使然。
> 我们不是因为幸福而微笑，而是因为微笑才幸福。
> 幸福的秘诀之一，便是不过分关注自己的情绪。
> 除了自己，人类几乎没有其他任何敌人。人类最大的敌人一直都是自己。

人物生平：

阿兰（1868—1951 年）：法国哲学家，本名为埃米尔-奥古斯特·沙尔捷。他的笔名阿兰源于法国中世纪诗人阿兰·夏蒂埃。在高中执教的同时，他还是一名哲学家和评论家，对20世纪上半叶的法国思想产生了深远影响。其著作《幸福散论》与瑞士哲学家卡尔·希尔逊的《幸福论》(1891年)、英国哲学家伯特兰·罗素的《幸福之路》(1930年)并称为"世界三大幸福论"。

参考书目：

《幸福论》卡尔·希尔蒂;《幸福之路》伯特兰·罗素

《光辉城市》SD 选书/坂仓準三 [译]

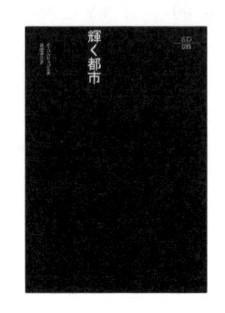

《光辉城市》

（勒·柯布西耶）

　　《光辉城市》（法语为 Manière de penser l'urbanisme，1946 年）是瑞士现代主义建筑大师勒·柯布西耶一生建筑思想的结晶，闪烁着其理想城市形象理念的光辉。

　　柯布西耶重视建筑的功能性，提倡仅由钢筋混凝土地板、承重柱和楼梯构成的现代主义建筑，这种建筑理念完全不同于以往的西欧传统建筑。此外，柯布西耶还提出了五个建筑学新观点，即著名的"新建筑五点"，其中包括底层架空柱、自由平面、自由立面、独立骨架的横向长窗以及屋顶花园。在萨伏伊别墅这座建筑作品中，柯布西耶将他的"新建筑五点"发挥得淋漓尽致。

　　作为国际现代建筑协会（CIAM）的核心成员之一，在 1933 年第四次集体会议后，柯布西耶将他的"光辉城市"理念写进了城市规划纲领性文件《雅典宪章》中。所谓"光辉城市"，即城市的功能集居住、工作、余暇与交通于一体，且日光、绿化以及空间是城市必不可少的三大要素。建设高层建筑以确保足够的开放空间，改造街道以分离机动车道和人行道——柯布西耶希望基于这些建筑理念来解决城市的规划问题。在马赛公寓（Unité d'Habitation）的项目规划与印度昌迪加尔行政区的城市规划中，柯布西耶实现了将自己的建筑理念和城市规划愿景相结合的愿望。其建筑理念后续对世界各地的新城市规划都产生了重大影响，比如巴西首都巴西利亚的城市规划等。

　　晚年期间，柯布西耶还在建筑造型上进行了突破，比如修建了被誉为"20 世纪最为震撼、最具有表现力的建筑"——朗香教堂。2016 年，柯布西耶分布在 7 个国家的 17 处建筑作品被列入世界遗产名录，日本国立西洋美术馆本馆也是这 17 处建筑作品之一。

人物生平：

　　勒·柯布西耶（1887—1965 年）：出生于瑞士、活跃于法国的建筑大师、画家。本名为查尔斯-爱德华·吉纳瑞特-格里。在家乡当地的艺术学校学习后，曾前往欧洲各地旅行。1917 定居巴黎后，致力于建筑、绘画、著述等创作活动。柯布西耶与弗兰克·劳埃德·赖特（Frank Lloyd Wright）、路德维希·密斯·凡德罗（Ludwig Mies van der Rohe）并称为"三大现代建筑巨匠"。

参考书目：

《Hills 垂直花园城市：未来城市的整体构想设计》森稔

《增补新订版 安妮日记》文春文库/深町真理子 [译]

《安妮日记》

（安妮·弗兰克）

《安妮日记》（荷兰语为 *Het Achterhuis*，1947年）是由德籍犹太少女安妮·弗兰克的日记汇编而成的日记体著作。

第二次世界大战时，德国纳粹党占领了荷兰。为了躲避纳粹党对犹太人的残害，安妮一家和友人不得不藏匿在荷兰阿姆斯特丹的秘密小屋中，过着悄无声息的潜伏生活。安妮在日记中，对着想象中的朋友凯蒂（Kitty）吐露着自己的生活经历与情感。

这本日记记录了安妮在1942年6月12日到1944年8月1日为时两年的隐秘生活。因遭告密，安妮一家最终被盖世太保逮捕，一切戛然而止。

直到最后一篇日记，安妮都未曾放弃希望。在密室生活最后一段时期的日记中，安妮曾写下这样一段话：

> 在当前这样的时代，的确很难。理想、梦想和宝贵的希望也在我们心中浮现，但只有被残酷的现实压碎。我没有把我的理想全都抛弃，也是奇事，那些理想看起来那么荒谬，那么不切实际。可是我仍然紧抱着它们，因为世界虽然这样，我还是相信人在内心里其实是善良的。
>
> ——1944年7月15日

战争结束后，只有安妮的父亲奥托·弗兰克一人从残酷恐怖的集中营生活中幸存了下来。为了完成女儿的夙愿，奥托决定将遗留在密室中的安妮日记出版问世。截至今日，该书已经拥有超过60种语言的译本，畅销世界。2009年，该书被收录为联合国教科文组织的世界记忆遗产。

人物生平：

安妮·弗兰克（1929—1945年）：德国犹太裔少女，因著有《安妮日记》而闻名世界。为了逃避纳粹的迫害，安妮全家逃亡至荷兰阿姆斯特丹。在两年的藏匿生活中，安妮不断地在日记中记录着自己的密室生活。之后，因遭告密，所有密室居民都被转移至纳粹集中营。最终，安妮因患斑疹伤寒在集中营中去世，年仅15岁。

《新版 追寻生命的意义》 美篶书房/池田香代子 [译]

《追寻生命的意义》

(维克多·埃米尔·弗兰克尔)

《追寻生命的意义》(德语为…*trotzdem Ja zum Leben sagen：Ein Psychologe erlebt das Konzentrationslager*，1946年)是奥地利精神科医生、心理学家维克多·埃米尔·弗兰克尔的一部著作。二战期间，弗兰克尔曾在纳粹集中营度过了3年人间地狱般的生活。奇迹般地生还后，他根据这段经历写下了这本书。

从集中营获释后，弗兰克尔得以重返维也纳，随后写下了该书。在惨绝人寰的集中营炼狱中，人们因何而绝望，又从何处窥见希望——弗兰克尔用客观且公正的笔触为读者描绘出了自己曾经的亲身经历。

该书的日文版译名为《夜与雾》，出自希特勒曾发布的一条总统命令——《夜与雾法令》。这项法令的目的在于逮捕一切犹太人与反纳粹人士，秘密拘捕后并不立即杀害，而是让其丝毫不露痕迹地消失在茫茫夜雾之中。德语原版书名为《心理学者的集中营体验》，英语译本名为 *Man's Search for Meaning：an introduction to logotherapy*(《何为人的生命意义》)。正如书名所示，该书探讨的正是人类的生命意义。

这本书多次引用尼采的名言"知道为什么而活的人，便能生存"，这句话也是弗兰克尔"追寻生命的意义"的完美诠释。弗兰克尔意识到了生命以及生存所肩负的责任之重大，并悟出追寻生命的意义才是生存下去的唯一途径。

这里所说的"生命的意义"远超其单纯意义，并非是通过创造来达成什么目的，而是"包含死亡在内的生命意义"，内涵十分深刻。当时很多关押者听信传闻，深信1944年圣诞自己就会恢复自由，然而期待覆灭后，随之裹挟而来的绝望令许多人精神崩溃，丧失了活下去的欲望。但在弗兰克尔看来，对于人来说，苦痛生活，甚至是死亡，都有其深意，如何面对独属于自己、有且仅有一次的命运，才是重中之重。

弗兰克尔认为，人生无论处于何种境地，每个当下都具有其意义。对此，他在书中阐释道：

在集中营中，任何一种环境都有可能使囚徒丧失生活的支柱。人所拥有的任何东西，都可以被剥夺，唯独人性最后的自由——在任何境遇中选择自己态度和生活方式的自由——不能被剥夺。

我们真正需要的是从根本上改革我们对人生的态度。我们应自行学习——并且要教导濒于绝望的人——认清一个事实：真正重要的不是我们对人生有何指望，而是人生对我们有何指望。我们不该继续追问生命有何意义，而该认清自己无时无刻不在接受生命的追问。

换言之，我们每个人都在接受着"生命"的追问。面对这个追问，我们该以怎样的行动来作答，正是我们每个人所肩负的使命和义务。

《沉思录》（详见第383页）的著者、斯多葛学派"帝王哲学家"马可·奥勒留曾写道："全然不要再谈论一个高尚的人应当具有的品质，而是要成为这样的人。"弗兰克尔所达到的思想境界，与这种斯多葛派思想也有着共通之处。

人物生平：

维克多·埃米尔·弗兰克尔（1905—1997年）：奥地利维也纳大学医学院精神病学教授兼维也纳市立医院精神科主任。在维也纳大学就读时，师从阿尔弗雷德·阿德勒、西格蒙德·弗洛伊德学习精神医学，其治疗理论被称为"维也纳第三精神治疗学派"。以自己战前的研究和集中营经历为起点，弗兰克尔在战后创立了意义疗法（Logotherapy），这是一种存在主义的分析性精神疗法，主张通过发现自己的人生目的来解决内心的烦恼。弗兰克尔曾在维也纳唯一的犹太医院——罗斯柴尔德医院担任精神科主任，但在第二次世界大战期间的1942年9月，因其犹太人的身份，他被收押到纳粹特雷津集中营。1944年10月，被转移至奥斯维辛集中营，后又被转送至达豪集中营。1945年3月，弗兰克尔自愿前往蒂克海姆病人集中营，并于一个月后的4月获释。不幸的是，他的父母、哥哥和妻子全部死于集中营，亲人中幸存下来的只有妹妹一人。《追寻生命的意义》一书中讲述了弗兰克尔从被移送到奥斯维辛集中营到1945年获释期间的沉痛经历。

参考书目：

《沉思录》马可·奥勒留；《绝望名言》头木弘树、NHK《广播深夜航班》制作组；《成功人士的7个习惯》史蒂芬·柯维

《自由和纪律：英国的学校生活》

(池田洁)

《自由和纪律：英国的学校生活》（1949年）是日本文学家池田洁所著的一本随笔集。池田洁17岁时，英国公学正处于鼎盛时代，他在这本书中记述了自己当时在公学就读时的求学经历。

公学（public school），即英国的公共学校，是英国上流阶层子女就读的全寄宿制私立学校。英国最早的公学——温切斯特公学创立于1382年，而池田所就读的雷斯中学创立于1875年，是当时最新的一所公学。

英国大学所推崇的绅士教育名声远扬，但对于上流阶层人士来说，对其人格形成影响最大的则是其前一阶段的公学教育。公学的教导不外乎四条原则，分别是"为人正直""具备判别是非的勇气""不欺凌弱小""正如自己嫌恶他人侵犯自己的自由一般，不要侵犯他人的自由"。通过上述教诲，学生们才能懂得"自由与纪律同在，勇气才能保障自由"的道理。

原庆应义塾大学校长小泉信三曾写过一篇有关公学的文章——《自由和训练》，池田引用了其中的一句话，并将其奉为至理名言：

> 如此严格的教育，其最终目的究竟是什么呢？——培养明辨是非、直言善恶的道德勇气。当每个人都拥有了这种勇气，真正的自由才有了保障，这便是教育的目的所在。

人物生平：

池田洁（1903—1990年）：日本山形县米泽市人，是三井财阀最高领导人、日本银行总裁池田成彬的次子。他的父亲曾在哈佛大学留学，其本人也在17岁那年结束在旧制麻布中学的四年求学，赴英进入公校雷斯中学就读。1926年从剑桥大学毕业后，赴德国海德堡大学学习。回到日本后，从第二次世界大战结束的 1945 年到 1971 年，他一直在庆应义塾大学担任英文系教授。

参考书目：

《英国名校作风：如何培养一流人才》松原直美

《艺术的故事》 河出书房新社/天野卫、大西广、奥野皋、桐山宣雄、长谷川摄子、长谷川宏、林道郎、宫腰直人［译］

《艺术的故事》

（恩斯特·汉斯·约瑟夫·贡布里希）

《艺术的故事》（*The Story of Art*，1950 年）是英国艺术史学家、艺术理论家恩斯特·汉斯·约瑟夫·贡布里希创作的一本艺术入门书。他用通俗平实的语言，描绘了艺术从史前时代到现代的变化与关联。该书中并未使用晦涩难懂的专业术语，即便是艺术初学者也能轻松理解并掌握其中的内容。

在该书的序章中，有一句表述流传甚广："实际上，没有艺术这种东西，只有艺术家而已。"随后，贡布里希解释了这句话的本意："艺术"起源于拉丁语的"技术"，所谓的"脱离肉体、不具实体的技术"并不存在。

在该书中，一半以上的篇幅都由照片和插图构成，跟随着贡布里希的描述，我们可以沿着时间脉络，清晰地感知整个艺术的历史及其演变传承：

> 我试图用艺术目标的不断变化作为叙事的主线，试图说明每一件作品是怎样通过求同或求异而跟以前的作品联系在一起的。

从史前时代的阿尔塔米拉洞窟壁画、拉斯科洞窟壁画到美洲大陆的古代文明，再到以埃及、美索不达米亚、克里特、古希腊、古罗马、拜占庭、意大利、德国、荷兰、法国为中心的欧洲艺术和伊斯兰艺术，还有中国艺术，以及以英国、美国、法国为代表的近代艺术，最后到现代艺术，贡布里希沿着时间的长河，为我们勾勒出一幅延绵不绝、宏伟而壮观的艺术史诗长卷。

人物生平：

恩斯特·汉斯·约瑟夫·贡布里希（1909—2001 年）：英国艺术史学家、艺术理论家。出生于奥地利维也纳，后移居英国伦敦，其大部分研究活动皆完成于英国。1936 年成为伦敦大学沃伯格研究所的一名研究员。1959—1976年,担任该研究所所长兼伦敦大学古典传统史教授。《艺术的故事》这部经典著作自1950年初版发行以来,已更新至第16版,现已被翻译成30多种语言,销量超过800万册。

《什么是历史的进步》

（市井三郎）

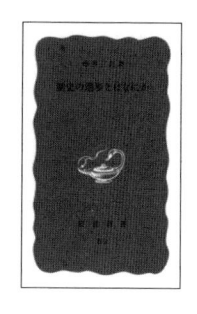

《什么是历史的进步》（1971年）是日本哲学家市井三郎所著的一部历史哲学著作，主要考察了"什么是人类的进步"这一问题。

市井将历史视为人类社会向某种最终形态发展的过程，并对近代欧洲的"进步史观"提出了批判。他认为"进步"概念的定义本身就存在错误，历史并非具备进步的必然性，那些看似进步的现象实际上反而给人类带来了很大的负面影响。换言之，进步史观的实质不过是通过外部剥削、迫使他者牺牲来达到自己物理上以及享乐上的"进步"。

市井反其道而行之，提出了一个完全不同于进步史观的论点：

> 人类历史整体如若想要获得真正的进步，那么首先必须解决的最大问题便是消除"不合理的痛苦"带来的不平等，这种不合理的痛苦往往是由于生为不同的人种，抑或是成长于不同的文化模式之下。

此外，市井还说道：

> 创造人类历史未来的，自不必说，只有人类自己。
> （中间省略）
> 当克服惰性、朝着不同方向努力创造未来之时，价值理念的引导必不可少。从过往的不断试错和反复尝试中，人类可以寻求更优秀的理念，以及更可能实现的理念。

为了减轻上述"不合理的痛苦"，市井提出"面对随生命而来的不可选择性痛苦，人类应该学会接受"，并强调了这种做法的必要性。

人物生平：

市井三郎（1922—1989 年）：日本哲学家，曾任爱知教育大学副教授、成蹊大学教授。他曾在大阪大学理学部专攻化学，二战后加入了哲学家鹤见俊辅等人主办的思想科学研究会，转攻哲学。后来他进入曼彻斯特大学学习，并在伦敦大学获得了哲学硕士学位。在伦敦留学期间，他曾拜在卡尔·波普尔门下学习哲学。

参考书目：

《为何而工作：创造自我的生活方式》寺岛实郎；《历史决定论的贫困》卡尔·波普尔；《市场与大师：西方思想如何看待资本主义》杰瑞·穆勒

《创意阶层的崛起》 钻石社/井口典夫 [译]

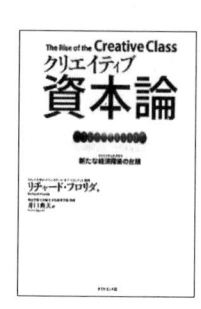

《创意阶层的崛起》

(理查德·佛罗里达)

《创意阶层的崛起》(*The Rise of the Creative Class：and How It's Transforming Work, Leisure, Community and Everyday Life*，2002年)是美国城市社会学家理查德·佛罗里达的一部著作,其中阐述了城市中创意阶层的崛起及其重要性。

佛罗里达将能在创造新价值的职业中扮演重要角色的人群称为"创意阶层",比如科学家、工程师、艺术家、音乐家、设计师以及知识界人士。以往,人们的自我认同均来源于所属的公司或是所从事的职业,但在创意阶层崛起的时代,最重要的莫过于自己的生活圈以及生活方式。

佛罗里达认为,知识和信息不过是创造力的前提,真正决定竞争优势的是创造力。此外,他还论述道,城市发展的关键正是承担创造全新价值的"21世纪人力资本"——创意阶层。在书中,他对吸引创意阶层的城市条件进行了全面考察。

在该书中,佛罗里达提出了发展创意经济的"3T"原则,即人才(talent)、技术(technology)与容忍(tolerance),并认为只有这三项原则全部得到满足时,该城市才会成为创意阶层的首选城市。例如,奥斯汀、旧金山、西雅图、波士顿、波特兰、明尼阿波利斯等城市正是满足了上述的"3T"原则,才吸引并留住了众多创意阶层,从而激发了城市活力,带动了整座城市的飞速发展。

人物生平：

理查德·佛罗里达(1957—)：美国城市社会学家、多伦多大学罗特曼管理学院商业与创意力教授、多伦多大学马丁繁荣研究所主任。

参考书目：

《创意经济》理查德·佛罗里达;《后资本主义社会》彼得·德鲁克;《我们子孙后代的经济可能性》约翰·梅纳德·凯恩斯

第 **10** 章

日本论

日本，一个拥有悠久历史的国度，自史前便开始历经漫长岁月的塑造与打磨。初次以书面文献形式公开记录日本历史的物语存在于奈良时代的《古事记》与《日本书纪》之中。而在中国文献中，我们可以在成书于3世纪末期的《三国志·魏志·倭人传》中，发现有关日本列岛倭人（日本人）的身影。

经历江户时代漫长的闭关锁国后，日本开始推行明治维新。随后，中日甲午战争、日俄战争以及之后的第一次世界大战、第二次世界大战等一系列战争，让整个世界对日本的关注度日益高涨。与此同时，日本国民意识觉醒，福泽谕吉的《劝学篇》等大量启蒙书籍均出版于这一时期。内村鉴三的《代表的日本人》、新渡户稻造的《武士道：日本人的精神》、冈仓天心的《茶书》等由日本文化名人执笔的英文著作不断问世，尤其是铃木大拙的《禅与日本文化》，对日本人精神的海外传播做出了极为重要的贡献。

此外，太平洋战争还极大地推动了日本论在海外的发展。1941年，美国成立研究敌国战略情报的美国情报协调局。在日美兵戎相见的同时，该机构动员各领域的学者专家进行日本研究，以期制定出最后的战略性决策。其中，随着美国文化人类学史上首部日本文化论著作《菊与刀》的问世，美国的日本研究取得了重大进展。其作者鲁思·本尼迪克特对日美社会进行了分析对比，指出日本社会对等级制度的信赖是其家庭、国家、信仰、经济活动等一切存在的立根之本。

曾在日本东北大学执教的德国哲学家卡尔·洛维特对日本文化也有着深刻的观察认识，他曾说道："日本文化好比是一幢两层楼建筑：底层是传统日式的，人们穿着和服，跪坐在日式房间内，吃着日式料理；而一上二楼，全然变成了西式风格，人们西装革履，畅谈着从柏拉图到海德格尔的所有西方思想。"从外国人的角度来看，正如他们找不到一楼与二楼之间的梯子一般，日本文化仿佛具有东方和西方的双重人格，两者之间并无交集，各成一派，互不相融。

第二次世界大战结束后，大量学者开始针对日本战败的真正原因展开研究，比如丸山真男的《日本的思想》以及野中郁次郎等人的《失败的本质：日本军队的组织论研究》，等等。

与此同时，日本经济高速成长期的社会结构引发了国际社会的高度关注，在世界范围内掀起了研究日本论的热潮。如美国著名社会学家傅高义（Ezra F. Vogel）的《日本第一：对美国的启示》(*Japan As Number One：Lessons for America*) 出版后，迅速成为西方学界日本论中最为畅销，也最具影响力的作品。日本社会学家杉本良夫指出，这类日本论研究大多有三个共同结论：其一，日本人没有明确的独立个体；其二，日本人集团意识浓厚；其三，日本人重视共识。

《古事记》岩波文库/仓野宪司 [校注]

《日本书纪 1—5》岩波文库/坂本太郎、家永三郎、井上光贞、大野晋 [校注]

《古事记》
《日本书纪》

(稗田阿礼、太安万侣/舍人亲王)

《古事记》(712年)是日本现存最早的历史书,是由太安万侣受天武天皇(生年不详—686年)之命,根据稗田阿礼诵习的《帝皇日继》(天皇族谱)和《先代旧辞》(古代传承)整理编纂而成。

该书于奈良时代(710—794年)的和铜五年(712年)完成编纂后,献于元明天皇(661—721年,天武天皇和持统天皇之子,草壁皇子的正妃)。该书原件已经遗失在历史长河中,唯有一些抄本流传至今。

作为一本纪传体史书,《古事记》讲述了日本神代(日本神话中诸神统治的时代)开天辟地的神话传说,以及神武天皇(神话中日本第一代天皇)到推古天皇(554—628年)的历代历史,并以天皇和皇族的传记以及国家大事为主题记录了各种各样的故事。书中内容主要以神话、传说、歌谣和族谱为主,它的文学价值远高于其作为历史资料的价值。

《日本书纪》(720年)由舍人亲王等人所撰,成书于养老四年(720年),是日本现存的留传最早的正史。与《古事记》一样,此书也是经壬申之乱取得政权的天武天皇欲向外宣示自身之皇统而下令编成的。

作为六国史[①]之首,《日本书纪》采用编年体,全书用汉字写成,按时间顺序记述了自神代到持统天皇(645—703年)时代的神话和日本国家历史。

《日本书纪》一书囊括了列举有天皇名字、享年、治世年数、皇居所在地的帝纪以及记述了历代各类故事、传说等的旧辞,还有诸家的记载、诏敕、寺院缘起以及《汉书》《三国志》等中国史书。

---

① 六国史,即日本奈良时代、平安时代编辑的六部史书,包括《日本书纪》《续日本纪》《日本后纪》《续日本后纪》《日本文德天皇实录》《日本三代实录》。

《古事记》的编纂者太安万侣也参与了《日本书纪》一书的编纂，故两本著作的关系甚是密切。但相比之下，《日本书纪》中有关各时代的记载内容更为详尽，对于异说、怪谈的编纂态度也更为客观。书中包含了大量的神话与传说，此外还有使用万叶假名书写而成的128首和歌，是研究日本上代（有文献资料留存的古代）文学史的珍贵资料。

大化改新之前的645年，因愤怒于中大兄皇子（后来的天智天皇）诛杀权臣苏我入鹿，苏我虾夷点燃了自家宅邸，自焚而亡。火势蔓延至存放朝廷史书的书库，致使《天皇记》等诸多历史书籍都在这场大火中焚毁。

由于在白江口之战（663年）中大败于唐朝和新罗联军，天智天皇无力修撰史书。后其弟天武天皇（大海人皇子）即位，下令编纂能够代替《天皇记》和《国记》的史书，这便有了后来的《古事记》以及《日本书纪》。

《古事记》和《日本书纪》都是记载了日本神代到上古时代（最早的有文献记载的时代，一般指大化改新之前）历史的史书，且描述的神话大致相同。但两书在内容上存在明显差异：《古事记》的内容侧重于对神话的描述，而《日本书纪》更侧重于对正史的记录。这与两书的编纂方针不同有关：《古事记》意在强化天皇统治和皇位继承的正当性，而《日本书纪》意在创作一本可以在东亚地区流传的日本正史。

人物生平：

稗田阿礼（7世纪下半叶—8世纪初期）：《古事记》的编纂者之一，除此之外，世人对其一无所知。《古事记》序文中对他有如下记述："时有舍人，姓稗田，名阿礼，年是廿八，为人聪明，度目诵口，拂耳勒心。即勅语阿礼，令诵习帝皇日继，及先代旧辞。"

太安万侣（生年不详—723年）：日本飞鸟时代至奈良时代的贵族、文人。据说其父是在壬申之乱中功绩颇丰的多品治。1979年，人们在奈良县奈良市此濑町的茶畑中发现了太安万侣的坟墓，其墓志铭亦随之出土。其墓志铭显示，他曾居住在平城京左京四条四坊，官拜从四位下勋五等，卒于养老七年7月6日。

舍人亲王（676—735年）：日本奈良时代的皇族。天武天皇的第三子，淳仁天皇之父。他以歌人的身份而闻名，日本最早的和歌集《万叶集》中收录了他的3首短歌。

《劝学篇》 岩波文
《文明论概略》 岩波文库/松泽弘阳 ［校注］

《劝学篇》
《文明论概略》

（福泽谕吉）

《劝学篇》（1872年）是日本庆应义塾（旧兰学塾）大学创立者福泽谕吉在明治启蒙时期创作的一部代表性著作，书中立足于人权思想，倡导自由平等与独立思想。

《劝学篇》共由17篇文章组成，各篇陆续出版于明治五年（1872年）至明治九年（1876年）。明治十三年（1880年），福泽谕吉把已出版的17篇文章结集出版，汉译为《劝学篇》。

"'天不生人上之人，也不生人下之人'，这就是说天生的人一律平等，不是生来就有贵贱上下之别的。"——该书由这句名言开篇，其实这句话还有后续："人们生来并无富贵贫贱之别，唯有勤于学问、知识丰富的人才能富贵，没有学问的人就成为贫贱之民。"

该书的创作目的在于，教导唯封建社会制度和儒家思想是从的日本人摆脱以往卑躬屈膝和无精打采的状态，养成自由独立的精神，并促使日本人转变既有观念，成为具有民主主义国家主权者自觉的公民。福泽认为，这是日本实现文明化以及对外自由独立的唯一道路。

> 此外，福泽认为："治学的要道在于懂得守本分。
> （中间省略）
> 本分就意味着基于天理，顺乎人情，不妨害他人而发挥自己的自由。自由与恣情放荡的界限也就在于妨害他人与否。"

福泽指出，推进日本文明并维持其独立不能单靠政府，也不能依赖于研究西方学问的学者，最重要的是自己主动采取行动，并表明了自己率先做出榜样、带头示范的决心："凡事与其下令推行，不如采用说服方法，说服又不如做出实际事例给人家看。"

福泽否定了认为人有高低贵贱之别的儒家思想，他的言论中充满着对明治维新后新时代的希望以及自觉肩负起国家独立与发展重担的知识分子气概，这也为他赢得了广泛的支持。

《文明论概略》（1875年）是福泽谕吉在撰写《劝学篇》的同时撰写的一部比较文明论著作，书中对西方文明与日本文明进行了对比分析。

明治初期，西方文化极速涌入日本，招致官吏学者的进步主义与士族阶层的保守主义间的矛盾。为了打破这种观念争执，福泽对深深根植于日本社会的儒家思想进行了批判，并强调了精神独立的重要性。

  福泽呼吁道：日本人当前的唯一任务就是保卫国体。保卫国体就是不丧失国家的政权。为此，必须提高人民的智力。
  在日本，权力的偏重，普遍地浸透到了人与人的关系中。
（中间省略）
  权力的偏重，也是这种风气之一。

福泽指出，日本自江户时代以来就存在着以等级制度来看待人际关系的传统。为了使日本达到真正的"文明"，人们必须纠正这种可支配社会的权力的不平衡。在福泽看来，日本文明停滞不前的原因，正是在于权力的偏重。

为了克服上述权力的偏重问题，让文明在谋求自由交流和竞争中得到长远的发展，福泽提出了"野蛮""半开化""文明"的文明发展阶段论历史观，并指出："人类的目的唯有一个，就是要达到文明。"在此基础上，他冷静地分析了日本当下所处的状况，并指出"不能以西洋文明为满足"，但就当前的处境来看，"如果想使本国文明进步，就必须以欧洲文明为目标"。

人物生平：

福泽谕吉（1835—1901年）：日本武士、兰学家、启蒙思想家、教育家，日本著名私立大学庆应义塾大学的创立者。此外，他还致力于商法讲习所（今一桥大学）、神户商业讲习所（今神户商业高中）、北里柴三郎传染病研究所（今东京大学医科学研究所）、土笔冈养生园（今北里大学北里研究所医院）的创建，被誉为"明治六大教育家"之一。

参考书目：

《读〈文明论概略〉》丸山真男

《南洲翁遗训》 岩波文库/山田济斋 [编]

《南洲翁遗训》

（西乡隆盛）

《南洲翁遗训：附手抄言志录及遗文》（1890年）是日本明治维新元勋西乡隆盛的语录汇编，也是西乡哲学的精髓体现。

在讨伐幕府残军时，西乡隆盛（西乡南洲翁）曾多次宽大处理幕军俘虏。心服于他的旧出羽国庄内藩（今山形县鹤冈）藩士们将其思想言行汇编为《南洲翁遗训》一书。

庆应三年（1868年），庄内藩袭击江户萨摩藩邸，拉开了戊辰战争的序幕，并作为旧幕府军队奋战至最后。同为列藩同盟的会津藩最终惨遭瓦解，但不同的是，庄内藩在萨摩藩士西乡隆盛的争取下，只受到了较轻的处分。

战后，对西乡感恩戴德的旧庄内藩主酒井忠笃，与78名旧藩士一同前往鹿儿岛拜访已经归隐的西乡。西乡去世后，庄内藩士依旧不忘祭拜，并带回了记录有西乡语录和训诫的手记。后来，西乡因曾领导过西南战争而被剥夺官位，然民间同情声浪甚高，随后在明治二十二年（1889年）《大日本帝国宪法》颁布的同时获得特赦，并被追赠正三位之官阶。庄内藩整理并制成了西乡遗训集，后由藩士们携带着云游日本全国，在各地进行广泛分发。

该书由41则遗训、2则追加遗训以及其他问答和补遗部分构成。日本历史学家猪饲隆明将书中内容分为六大主题，分别是"为政者之基本姿态以及人才任用""为政者奉行的开化政策""国之财政与会计""外国交际""天和为人的正道""圣贤、士大夫或君子"。

"敬天爱人"是西乡的座右铭，也是该书中最著名的一句话，在遗训第21则以及第24则中均有涉及。其中，遗训第24则如下写道：

> 道者，天地自然之物。人行道，是为敬天。天佑众生，故当爱人如爱己也。（所谓道，是天地自有之物，人应当循道而行，其首要目的是为敬天。天平等地关爱他人、关爱我，所以应以爱己之心来爱他人，这一点至关重要。）

西乡曾和大久保利通等人一起师从萨摩藩（今鹿儿岛）阳明学第一人伊东祐之，学习主张"知行合一"（认识事物的道理与实行其事密不可分）的阳明学。信奉阳明学的西乡所说的"天"具有极为广泛的含义，包括"真理""神明""宇宙"，能够促使人们认识到自己在社会中肩负的使命并采取相应的行动；而"爱人"是以仁慈之心关爱他人，囊括了博大的"人间爱"以及对众人的"慈爱"。

1671年，清朝康熙皇帝将写有"敬天爱人"的匾额赐给了基督教会，这个词语便自此流传开来。1871年，日本明治初期启蒙思想家中村正直在塞缪尔·斯迈尔斯《自己拯救自己》（详见第393页）的日译本《西国立志编》中使用了这一词语。

"敬天爱人"这一思想在著名的遗训第30则中也有体现。

> 不惜命、不图名，亦不为官位、钱财之人，困于对也。然无困于对者共患难，国家大业不得成也。（不惜生命，不图名誉，也不为官位与钱财之人，是很难对付的。然而，若不与此种难以对付的大人物共同分担忧患，则难成国家大业。）

人物生平：

西乡隆盛（1828—1877年）：日本明治维新元勋、政治家、军人。原为萨摩藩的下级武士，受藩主岛津齐彬重用后开始崭露头角，缔结萨长倒幕联盟密约，发动王政复古政变并主导戊辰战争，实现了"江户无血开城"。在明治新政府中曾任陆军大将兼参议，实现了废藩置县的改革和征兵制度的导入。1873年，在与朝鲜恢复邦交的问题上，与大久保利通等人产生分歧，同江藤新平、板垣退助等人下野回到鹿儿岛，专注于兴办名为"私学校"的军事政治学校。1877年，私学校学生暴动引发了西南战争，西乡被推为领导人，兵败后自杀。他的弟弟是日本明治时期的海军元帅西乡从道。哥哥西乡隆盛世称"大西乡"，弟弟西乡从道世称"小西乡"。

参考书目：

《敬天爱人》稻盛和夫

《代表的日本人》 岩波文库/铃木范久 [译]
《给后世的最高遗产·丹麦的故事》 岩波文库

《代表的日本人》
《给后世的最高遗产》

(内村鉴三)

《代表的日本人》(*Japan and The Japanese*, 1984/*The Representative Men of Japan*, 1908) 是日本基督教思想家内村鉴三面向世界介绍日本文化与思想的英文著作。书中真实地描绘了西乡隆盛(1828—1877年,详见第422页)、出羽国米泽藩第9代藩主上杉鹰山(1751—1822年)、推崇报德思想的农政学家二宫尊德(1787—1856年)、享有"近江圣人"之美誉的日本阳明学派创始人中江藤树(1608—1648年)以及日莲宗开山鼻祖日莲(1222—1282年)的历史形象。内村希望通过介绍这些日本历史人物的生平,向西欧世界阐释日本精神的深邃之处。

该书与新渡户稻造的《武士道:日本人的精神》(详见第425页)、冈仓天心的《茶书》(详见第427页)并称为"三大日本人论"英文著作。

当时,日本取得了中日甲午战争和日俄战争的胜利,在世界范围内受到了极大的关注。但日本结束闭关锁国不过短短50年,世界对它的认识还太过片面。为了便于西欧读者理解,在该书中,内村不仅引用了《圣经》中的语句,还博引西方历史人物为证,希望通过描绘具有代表性的日本人的画像向西欧世界表明,日本也有毫不逊色于基督教文明的深刻精神。

中日甲午战争爆发的1894年,内村鉴三曾在箱根芦之湖畔的基督教徒暑期学校面向学生做过演讲,《给后世的最高遗产》便是当时的演讲稿汇总。

他首先讲述道:"美丽的地球、富饶的国家、和谐的社会、哺育我们的山河,这一切的一切,赋予了我们五十年的宝贵生命。在生命走向终点之前,我想给子孙、给世界留下一点痕迹。"随后,他依次说明了值得留给后世的事物——金钱、事业以及思想。

在他看来,万人皆可为后世留下的最高遗产便是"勇敢而高尚的一生"。对此,他解释道:

如果有一种可以留给后世的遗产，不仅适合每一个人，而且百利无一害，那么这种遗产不外乎一种——勇敢而高尚的一生。

(中间省略)

我们要相信这个世界绝不是由恶魔支配的世界，而是由上帝引领的世界。这个世界并非总是令人失望，我们要相信这个世界会散发希望的光芒。这个世界上的欢喜远胜于悲叹，如果整个人生都能贯彻这个信念，那么当我们死去时，我们的一生便是留给后世的最高遗产。想必这种也是最适合留给任何人的遗产吧。

内村认为，勇敢而高尚的一生，可以为后世之人的生活方式带去最好的影响，并不会像金钱和事业那样，有时可能会带来负面的危害。

早在这次演讲前的1891年，内村因拒绝向教育敕语行最高礼，遭到了强烈的谴责，在社会上引起了轩然大波。他也因此次的"内村鉴三大不敬事件"被东京第一高等中学解除教职。此后，他继续以基督教思想为基础，刚强不屈，不改初衷，展开对社会和文明的批判，如参加足尾铜矿矿毒反对运动，倡导非战论，力主和平解决日俄战争问题等。在该书的序言中，内村表示，这本书便是他"留给后世的最高遗产"。

人物生平：

内村鉴三（1861—1930年）：日本基督教思想家、日本无教会主义的倡导者。在札幌农学校（今北海道大学）就读期间，受到校长威廉·史密斯·克拉克"少年啊，要胸怀大志！"的基督教精神感召，接受洗礼，加入了基督教。毕业后，内村赴美深造，曾先后在阿默斯特学院、哈特福德神学院学习。1890年回国后，任东京第一高等中学校教师。1891年，在该校校长捧读天皇《教育敕语》时，因反对把《教育敕语》神格化，坚持不鞠躬礼拜，被视为"大不敬事件"，后被解除教职。1897年，担任《万朝报》英文栏目主笔，并于1900年创办了《圣经之研究》杂志。内村批判足尾铜矿矿毒事件，积极参与社会改良运动，倡导非战论。1903年，内村力主和平解决日俄战争问题，但在日本当局的极大压力下，和幸德秋水等人一起离开了《万朝报》。在基督教方面，内村宣扬无教会主义，并对既存教会受缚于仪式、组织与神学的繁文缛礼展开了抨击。

参考书目：

《南洲翁遗训》西乡隆盛；《漆树结实之国》藤泽周平；《报德记》富田高庆

《武士道：日本人的精神》 岩波文库/矢内原忠雄 [译]

《武士道：日本人的精神》

（新渡户稻造）

《武士道：日本人的精神》（*Bushido*：*The Soul of Japan*，1899 年）是日本教育家新渡户稻造撰写的一本英文著作，旨在面向欧美国家介绍日本的武士道精神。继在美国、日本出版之后，该书陆续被译为德语、波兰语等多种语言，在诸多国家相继出版。

彼时，新渡户稻造正在德国留学。"日本没有宗教教育，又是如何对子孙后代进行道德教育的呢？"来自一位比利时法学家的发问，促成了本书的写作。

新渡户稻造将武士道视为"日本民族之魂"，认为："武士道正如它的象征——樱花一样，都是日本本土开出的一朵绚丽之花。""'武士道'作'武士之道'解，就是从武的贵族在其职业生涯及日常生活中理应遵从之道。简言之，就是'武士的信条'，它是伴随武士身份而产生的义务，即武士阶层'作为贵族理当行为高尚'。"

"义""勇——无畏、坚忍的精神""仁——恻隐之心""礼""诚""荣誉""忠诚"——武士的七大核心价值观，后沉淀为近代日本人的道德观，形成了日本的整体精神。

基于武士道的终极理想——"和平"，当日本在战争侵略深渊愈陷愈深时，新渡户稻造依旧在为"非战"奔走呼号。1932 年，新渡户稻造因第一次上海事变（一·二八事变）对日本军方提出批判，遭到了日本军方和媒体的激烈反驳和全面谴责，此后失意而终。

人物生平：

新渡户稻造（1862—1933 年）：日本农业经济学家、教育家。1877 年进入札幌农学校（今北海道大学）。1883 年升入东京帝国大学，因志愿"成为太平洋之桥"，自费赴美，进入美国约翰斯·霍普金斯大学深造。之后被札幌农学校派往德国留学，在波恩、柏林、哈雷各大学研究农业经济学。新渡户曾任京都帝国大学教授、旧制第一高等学校校长、东京帝国大学教授等职务。1920—1926 年，曾任国际联盟事务局次长，在 7 年任期里被称为"国际联盟的明星"。此外,他还致力于女子教育,为津田英学塾的创立作出了很大的贡献,曾出任东京女子大学的首任校长以及东京女子经济专科学校校长。为了缓和日美关系,新渡户于1932年赴美,翌年在出席太平洋会议的归途中病倒,最终病逝于加拿大维多利亚。

参考书目:

《代表的日本人》内村鉴三;《感谢武士道:二战期间被日本海军驱逐舰救助的英国外交官回忆录》塞缪尔·法勒;《新校订·全译注·叶隐》菅野觉明、栗原刚、木泽景、菅原令子

《茶书》 岩波文库/村冈博 [译]

《茶书》

（冈仓天心）

《茶书》（*The Book of Tea*，1906 年）是波士顿美术馆中国-日本美术部部长冈仓天心向欧美国家介绍日本茶道精神的一部英文著作。

该书作为一本文明论著作，在阐明茶道与佛教（禅）、道教、花道之间关联紧密的同时，通过对比欧美物质主义文化，详细解说了日本人的美意识以及日本文化。随着日本主义（日式风格）的日渐流行以及日俄战争的影响，世界对日本的关注度日益高涨，这也使得该书得以在欧洲各国翻译出版。

该书共包含七个章节，分别是"人情之饮""茶道诸流""道禅相嬗""茶室清幽""品鉴艺术""侍弄芳华""不朽茶人"。

对于茶道，冈仓论述道：

> 茶道教人在污浊的日常中寻觅潜在的美。它崇尚纯净和谐，教人以互爱之精妙，秩序之情怀。它的本质是赞美残缺，试图以一种慈悲的心境，在无常的人生里成就细微的有常。
>
> （中间省略）
>
> 茶道使品茶人成为精神上的贵族，体现了东方民主政体的精髓。

在波士顿美术馆任职期间，冈仓将向西方社会传播博大精深的日本文化作为自己的毕生使命。他认为，新渡户稻造的《武士道：日本人的精神》只聚焦于日本人精神的一个片面——"武士道，让我们的士兵义无反顾、舍身奉献的凛然赴死之道"，实是有失偏颇。他主张平和内省的文化代表——茶道，才是日本精神的精髓所在。

人物生平：

冈仓天心（1863—1913 年）：日本思想家、文人。1875 年进入东京开成学校（东京大学前身）学习，并成为该校讲师欧内斯特·弗朗西斯科·费诺罗萨的助手，致力于拯救日本艺术品和日本文化。1890年，就任东京美术学校（东京艺术大学前身）首任校长，培养了福田眉仙、横山大观、下村观山、菱田春草、西乡孤月等日后日本画坛的领军人物。1910年，在波士顿美术馆理事长爱德华·杰克逊·福尔摩斯的支持下，冈仓在波士顿美术馆设立东亚部，并担任波士顿美术馆中国-日本美术部部长。

参考书目：

《代表的日本人》内村鉴三；《武士道：日本人的精神》新渡户稻造；《茶味空间：用茶解读日本》千宗屋

《禅与日本文化》 岩波新书/北川桃雄 [译]
《日本的灵性》 岩波文库

《禅与日本文化》
《日本的灵性》

（铃木大拙）

《禅与日本文化》（*Zen Buddhism and Its Influence on Japanese Culture*, 1938/*Zen and Japanese Culture*, 1958；1938 年）是日本佛教哲学家铃木大拙创作的一部经典著作。在这本书中，他向世人阐述了禅思想与日本文化间的深厚渊源。铃木一生致力于向西方世界宣扬日本禅文化，这使得日本禅文化在西方世界广为人知，并在西方思想界引起了强烈反响。

1935—1936 年，铃木曾在剑桥大学等地进行"禅与日本文化"讲座，该书最初便是由这些讲座的讲稿整理而成。初版是 1938 年由京都 The Eastern Buddhist Society（东方佛教协会）发行的英文版本。日译版本则于 1940 年发行，铃木的老朋友、哲学家西田几多郎（详见第 214 页）曾为该书作序。

首先，铃木在开篇第一章"禅学入门"中论述道：

> 关于日本人的道德、修养以及精神生活，众多公正明理的国内外权威都一致认为，禅宗在日本人的性格塑造方面起着极其重要的作用。

在论述禅宗的目的时，他说道：

> 禅宗的目的就是宣扬佛陀自身的根本精神。（中间省略）那么，这种精神是什么呢？佛教的真髓又是什么呢？那就是"般若"（智慧）与"大悲"。（中间省略）禅宗就是要唤醒被"无明"和"业"之密云所包围而沉睡于我们心中的般若。

接下来，在之后的"禅与日本的艺术文化""禅与武士道""禅与剑道""禅与儒教""禅与茶道""禅与俳句"六章中，铃木进一步讲述了禅与日本文化间的紧密关系。

429

《日本的灵性》（*Japanese Spirituality*，1944年）是铃木大拙在太平洋战争末期的动荡岁月中写下的一部哲学思想著作，主要探讨了"日本的灵性"的本质及其产生的相关历史。1972年，该书的英文版问世。

在铃木看来，"灵性"一词不同于二元论中与"物质"相对的"精神"，而是包含着一种"宗教意识"。这种"灵性"有别于知性，它存在于心灵最深处，是能够驱动"知""情""意"发挥作用的深层原理，也是构建我们存在根基的心灵本体。

这种灵性会因民族和国家的不同而呈现出完全不同的姿态。正如基督教和印度、佛教都有灵性一般，日本也有自己独特的灵性，故铃木将其称为"日本的灵性"。

铃木认为，灵性"根植于大地"。平安时代之前，佛教都是与上层阶级生活息息相关的贵族兴趣，无不是肯定现世并重视现世利益的，所以铃木对其并未作出任何评价。在他看来，日本的灵性萌芽出现在镰仓时代。"与之相反，禅根植于镰仓时代的武士生活之中，因受到武士精神深层内在的滋养而萌发幼芽。这一萌芽不是外来的，它来自日本武士的生活本身。"这一点在禅和净土系思想中得到了最纯粹的表现。

在太平洋战争爆发前的1941年，铃木曾在写给作家岩仓政治的书信中批评了军国主义，他写道："历史已经证明，将国家事务托付给没有宗教信仰的人是极其危险的。"

但也有人对铃木的思想提出了批判，认为《禅与日本文化》有美化军国主义的嫌疑，尤其是美国佛教学者白莱恩·维多利亚曾在《禅与战争：禅佛教的战争合作》中提及了这一点。此外，鹤见俊辅和丸山真男（详见第432页）在《关于自由的七个问答》中认为，"一边虔诚地说着南无阿弥陀佛，一边丧尽天良地高举屠刀"是铃木对日本士兵的赞扬，并对此进行了大力批判。

人物生平：

铃木大拙（1870—1966年）：本名为铃木贞太郎，日本佛教哲学家。他和西田几多郎以及日本文学家藤冈作太郎是同乡好友，交情甚笃，三人被并称为"加贺三太郎"。他的一生著述宏富，除日文著作外，还面向西方世界创作了大量有关禅文化的英文著作，将"ZEN"（禅）传向了世界。他曾在镰仓圆觉寺随释宗演参禅，24岁时被授予居士号大拙。在学习院教英语时，他的学生包括柳宗悦、明治元勋松方正义的儿子松方三郎。他27岁时赴美，在从事编辑工作的同时，翻译并出版了老子《道德经》等典籍。之后受邀担任哥伦比亚大学的客座教授，开设讲授佛教思想的讲座，并以纽约为主要活动地点，在美国广泛传播佛教思想以及禅思想。此外，他还曾在夏威夷大学、耶鲁大学、哈佛大学、普林斯顿大学等大学讲授佛教哲学。

参考书目：

《善的研究》西田几多郎；《禅与战争：禅佛教的战争合作》白莱恩·维多利亚；《关于自由的七个问答》丸山真男

《日本的思想》 岩波新书

《日本的思想》

（丸山真男）

《日本的思想》（1961年）是日本政治学家丸山真男创作的一部思想史著作。他认为，日本一直未形成一种将自己置于整个历史长河之中的核心思想。

该书以这样一句话开篇：

外国的日本研究者常常向我问起，有没有通观日本的"intellectual history"（思想史）的书籍，这往往令我感到为难。

紧接着，他又说道：

虽然日本思想论和日本精神论从江户时代的"国学"到今日，不断以各种变奏曲或变种形态表现出来，但日本思想史的概括性研究，与日本史及日本文化史的研究相比，也还是显得非常贫乏。这正象征了日本"思想"在历史上所占的地位及其状态。

该书从日本为什么不存在"日本思想史"这一疑问开始，考察论证了造成这一现象的原因——是否因为某种存在阻碍了日本思想的历史积累。

思想的积累，需要依照时间序列进行体系化的吸收融合，但日本在吸纳外国思想时往往是毫无节制的，在不知不觉中，新的思想便会演变为原始思想。引入新的思想后，此前的思想就会惨遭遗忘。无论是一千多年前的儒家思想，还是同时代的启蒙思想，某种思想一旦被遗忘，此后就只会被当成一种历史回忆来肆意利用。

丸山强烈批判了日本的"理论信仰"和"实感信仰"。"理论信仰"只是将理论作为一种"工具"来进行敷衍断定，并非寻求自我的变革。

而"实感信仰"是指拒绝依据规范来判断事物，只是坦率地接受自己的内心感受。本居宣长曾把所有的规范都斥为仅凭道理就为事物提供正当性的"唐心"，并试图发现日本的固有思想，对此丸山也持批判的态度。接纳一切且充满关怀的人际关系，随时都能为你遮风挡雨的温暖港湾，无须规定责任或义务便能互相帮助的村民关系——在日本这种缺乏规范性的乡村社会共同体中，丸山找到了日本无责任体系形成的真正原因。

当放弃从理论上探究责任究竟是如何产生的时候，即放弃"过程思考"的时候，责任要么会演变为无责任，要么会演变为无限责任。从政治到学术，这一现象已然根存于日本社会的方方面面，不仅阻碍了社会变革，还酿成了被国际社会抛弃的恶果。

该书论述了日本"无构造"的传统构造，并得出结论：日本一直未形成将自己置于整个历史长河之中的核心思想传统或是贯穿日本思想史的坐标轴。

从执笔创作这部著作开始，为了揭露驱使日本发动太平洋战争的真实原因，并试图通过此举来实现日本"永久革命的民主主义"，丸山倾尽了他一生的心血。

人物生平：

丸山真男（1914—1996年）：日本政治学家、思想史学家、东京大学教授。他对日本超国家主义的彻底解剖和对无责任体系的批判，深刻影响了战后日本政治学的走向。在1960年安保斗争中，他曾作为市民派积极发言，但在东大斗争中遭到了学生们的严厉批判。丸山的学问体系被日本学界称为"丸山政治学""丸山思想史学"，与经济历史学家大冢久雄的"大冢史学"齐名。

参考书目：

《超国家主义的逻辑和心理》 丸山真男；《现代政治的思想与行动》 丸山真男

《改订新版 共同幻想论》 KADOKAWA/角川 SOPHIA 文库

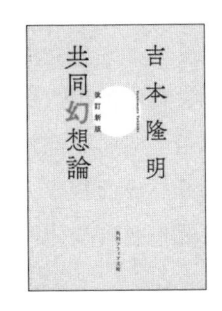

《共同幻想论》

(吉本隆明)

《共同幻想论》(1968 年) 是日本批评家吉本隆明创作的一本思想著作，书中展开了对国家幻想之起源的探讨。

在该书中，吉本转换思路，将国家视为"共同幻想"，并尝试以此来理解日本式共同体的本质。1968 年，在该书初版发行之际，日本正处于全共斗运动和新左翼运动时期。在此时代背景下，该书一经发表，便立即受到了日本年轻人的狂热追捧。

当时，人们对于国家的普遍理解是"社会契约说"(详见第 198 页)，即因个人之间的契约而得以建立的功能机构，或是认为国家是资产阶级(经济统治阶级)为维护其既得利益而建立的暴力机器。特别是在后一种马克思主义中，国家(上层建筑)被认为是经济(下层建筑)的反映，只是一个重视功能性的系统。

吉本则将国家视为"共同幻想"，并将其定位为与经济诸范畴(下层建筑)相对的幻想领域(上层建筑)。为了阐明国家的内部结构，吉本设定了三种幻想类型，其中包括自己一人视角下的"自我幻想"，比如文学、艺术；男女双方等二人视角下的"对幻想"，比如家庭以及性相关的问题；多人视角下的"共同幻想"，比如国家、宗教、法律等。

该书由 11 篇构成，分别论述了"禁忌论"(乱伦禁忌属于对幻想，王权禁忌属于共同幻想)、"凭人论"(如果某人被附身了，那么这个人不是巫觋便是疯子)、"巫觋论"(巫觋具备将自我幻想同化为共同幻想的能力)、"巫女论"(巫女能将共同体的幻想作为自己的对幻想对象)、"逝世论"(讨论存在于共同幻想彼岸的共同幻想)、"祭礼论"(同等看待生育与农耕社会共同利害之本的谷物生产)、"母系论"(母系社会中的家庭对幻想与共同体全员的共同幻想相辅相成)、"对幻想论"(讨论作为纯粹对幻想对象的家庭)、"罪责论"(违反共同体规范的个人行为将被问责)、"规范论"(讨论宗教演变为法律的过渡期规范)以及"起源论"(认为国家的成立是一种共同幻想)。

吉本认为，国家的起源与"禁忌"有关，其效果在于能够幻想出村落共同体对外部所造成的"恐怖共同性"。此外，构成家庭本质的对幻想则基于乱伦禁忌的支撑。当这种血缘性对幻想成为一种共同幻想时，国家就此诞生。吉本试图通过考察共同幻想形态下的日本，以及作为各种对幻想总和的日本，来纠正日本现存的社会问题。

吉本还进一步指出了日本国家概念与西欧国家概念之间的不同之处。日本的国家概念中"囊括了一些整体性的东西，比如来自同胞以及血缘关系的亲和感、相同面部特征、肤色和语言所体现出的亲近感"，而"西欧的国家概念则呈现出了另一种面貌：无论出现怎样的国家主义倾向或民族本位主义主张，国家都不会是一个囫囵包裹着全体国民的袋子"。

战前的日本帝国已被天皇制这种高度宗教化的意识形态所吞噬——这是吉本面临的一大难题，而该书也正是他针对天皇制这一共同幻想所做的一次相对化尝试。

人物生平：

吉本隆明（1924—2012年）：日本诗人、思想家、评论家。他出生于东京月岛一户从事造船和海运业的家庭，从山形县米泽高等工业学校毕业后，进入东京工业大学，并于1947年毕业于电气化学科。他在东洋油墨制造株式会社工作之余，从事着诗歌创作以及评论活动，后因工会运动从该公司辞职。从文学到政治、社会、宗教，再到电视、料理、养猫、亚文化，其评论以及思想活动涉及的领域极为广泛。他批判既成的左翼思想，在1960年安保斗争中支持了全学联主流派。因在上世纪六七十年代的日本具有压倒性的影响力，他被称为"日本战后最大的思想家""日本战后思想界的巨人"等。他虽然没有浓厚的学术背景，但依靠自学的知识支撑着自己一生的著述活动和知识探索。他的长女是日本著名漫画家春野宵子，次女是日本当代作家吉本芭娜娜。

参考书目：

《古事记传》本居宣长；《唯物史观与国家论》广松涉；《想象的共同体：民族主义的起源与散布》本尼迪克特·安德森；《人类简史：从动物到上帝》尤瓦尔·诺亚·赫拉利

《失败的本质：日本军队的组织论研究》 钻石社

《失败的本质：日本军队的组织论研究》

（户部良一、寺本义也、镰田伸一、杉之尾孝生、村井友秀、野中郁次郎）

　　《失败的本质：日本军队的组织论研究》（1984年）是日本经营学组织论专家和日本防卫大学战争史研究专家们共同撰写的一部著作。该书以"探究在太平洋战争中战败的日本军队的组织特性"为主题，从组织论的视角研究分析了太平洋战争中日本军队的失败原因。其合著者包括日本外交军事研究专家户部良一、经营战略和组织论研究专家寺本义也、组织论研究专家镰田伸一、日本近代战争史研究专家杉之尾孝生、日本军事史研究专家村井友秀和"日本知识管理之父"、管理学者野中郁次郎。

　　旧日本军队在太平洋战争中接连溃败，其实从客观的角度来看，从炮火打响的第一天起，这场战争便注定是一场毫无胜算的战争。该书指出，日本失败的原因在于日本军队的组织特性。作为一个组织来说，日本军队完全不敌美国军队。尽管如此，该书还主张，在个别作战中日本军队其实还可能有更好的失败方式。

　　该书共包括三个章节。在第一章"失败案例研究"中，作者细数六次作战行动的问题点，其中包括诺门罕战役、中途岛战役、瓜达尔卡纳尔岛战役、英帕尔战役、莱特岛战役和冲绳战役。在第二章"失败的本质：从战略及组织的角度分析日本军队的失败"中，作者提炼出所有作战中的共通特点，并深入剖析了日本军队不敌美国军队的原因以及战败的因素，揭露了六大战事惨败的内幕。在第三章"失败的教训：日本军队失败的本质以及如今的挑战"中，作者归纳出日本军队失败的本质，强调组织拥有顺应时代变迁、进行自我创新这一能力的必要性，并提出不能自我创新的组织无法适应全新的环境。

　　经过重重分析论证后，该书得出了旧日本军队失败的本质的最终结论——过度适应环境，并基于官僚主义组织原理和集团主义行事，从而失去了自我创新能力，无法追求军事合理性。该书对此如下论述道：

　　　　任何军事作战都必须有明确的战略或者作战目的，目标模糊不清的作战行动必定会走向失败。在缺乏明确方向的情况下，任谁都无法指挥军队这种大规模的组织进行行动。作战原本无法在没有明确统一目标前先行,然而在日本军队中,这种本不该存在的情况却曾屡屡发生。

该书最初的写作目的在于,在研究日本军队的失败案例后,将旧日本军队的组织教训应用于现代企业的经营管理中。然而在现实中,这些糟粕旧弊早已延续到了现代组织之中。

日本军队并不适应于原本的合理性组织,这一缺点成为组织上的缺陷,并导致其在太平洋战争中的失败。在战前的日本,日本军队是引入官僚组织原理(合理性和效率性)最积极的组织。如果在日本军队中发现了其与合理性组织的矛盾性和组织缺陷,那么我们可以认为,其他日本组织一般也存在类似的特点和缺陷,只是程度不同而已。

那些不加批判地引入日本军队组织原理的现代日本组织,即使平时能够有效而顺利地运作,但在发生危机之时,也无法保证日本军队曾在太平洋战争中暴露出的组织缺陷不会再次浮出水面。

在该书出版之后,六位合著者之一的野中郁次郎深入研究了自我创新型组织,陆续写出了《生存:美国海军陆战队逆袭史》一书以及经营学名著《创造知识的企业》(详见第124页)。

人物生平:

户部良一(1948—):日本外交军事研究专家、国际日本文化研究中心名誉教授、日本防卫大学名誉教授。

寺本义也(1942—):日本经营战略及组织论研究专家,曾任早稻田大学教授,现担任好莱坞大学院大学副校长。

镰田伸一(1947—):日本组织论研究专家、日本防卫大学教授。

杉之尾孝生(1936—):日本近代战争史研究专家、日本防卫大学原教授。

村井友秀(1949—):日本军事史研究专家、日本防卫大学名誉教授、东京国际大学特命教授、特任教授。

野中郁次郎:详见《创造知识的企业》(详见第124页)处介绍。

参考书目:

《生存:美国海军陆战队逆袭史》野中郁次郎;《创造知识的企业》野中郁次郎、竹内弘高

后　记

　　自幼时起，我就极爱读书。其实，比起书籍本身，我更欣喜于书香萦绕的空间，比如图书馆或书房。

　　我们每个人都拥有独属于自己的"小天地"，除去那片"小天地"，其他任何地方都会让我们生出一种疏离感。就我而言，被书籍环绕的静谧空间，就是我的个人天地。在这个期待与不安交织、别具魅力的非凡空间中，总是有一些深邃且未知的事物正等待着与我的相遇。读书就像是哆啦A梦的"任意门"，连接着拘囿于家庭和学校之中的我与外面的大千世界。在繁华世界的另一端，满满都是全新的故事与邂逅，这也正是我对未知怀有无限好奇的源泉。

　　正因如此，我对父亲的书房和学校的图书馆异常向往。还是小学生的时候，我就曾在图书馆中度过了整个炎炎夏日。幼时这种最纯粹的认知与感受，也影响着我的整个职业生涯——起步于金融行业，而后转向了房地产开发，现在又大跨步迈进涉及文化、艺术、学术、食品、观光以及房地产等领域的纷繁世界。

　　如今，我依旧深爱着图书馆，但有了房地产相关的行业经历后，我不仅沉醉于其浓浓的学术氛围中，还被其建筑之美深深地吸引。

　　说起当代的"世界三大图书馆"，大都指的是美国国会图书馆、大英图书馆以及法国国家图书馆，但古代的"世界三大图书馆"，无疑是亚历山大图书馆、帕加马图书馆和塞尔苏斯图书馆。亚历山大图书馆和帕加马图书馆这两座建筑早已湮没在了历史洪流之中，至于塞尔苏斯图书馆的风貌，如今我们还可以在土耳其的以弗所遗址上一瞥其旧日荣光，此前我也有幸实地探访过一次。塞尔苏斯图书馆兴建于117年，曾经坐拥上万册藏书。当然，那些古籍早已无从寻觅，但从图书馆残存的外墙上，我们依旧可以深刻地感受到古罗马帝国的威严与辉煌。

　　世界上还有很多我迄今尚未造访的著名图书馆，但有朝一日，我一定会去那些梦中的图书馆一探究竟，比如捷克的共和国国家图书馆和斯特拉霍夫修道院神学图书馆、奥地利的阿德蒙特修道院图书馆和圣弗洛里安修道院图书馆，以及西班牙的埃斯科里亚尔修道院图书馆。

　　此外，说起图书馆，还有一本好书不容错过——意大利作家翁贝托·埃科

（Umberto Eco，1932—2016 年）的历史小说《玫瑰的名字》（*IL Nome Della Rosa*）。这本历史推理小说以 14 世纪的修道院为背景，讲述了在一座即将举行重要宗教会议的修道院中，方济各会修士巴斯克维尔的威廉和本笃会的青年见习僧梅勒克的阿德索联手调查发生在这里的连环谋杀案的故事。该书已被译成 35 种语言，畅销全球，累计销量高达 5500 万册。

小说的舞台是教皇约翰二十二世在位时期意大利北部的一座以图书馆闻名的天主教修道院，这里所描述的图书馆，正是在向阿根廷作家豪尔赫·路易斯·博尔赫斯的小说《巴别图书馆》（*Babel Library*）中的无限迷宫式图书馆致敬。在《巴别图书馆》这本小说中，博尔赫斯以布尔戈斯的豪尔赫的身份登场，他既是一位盲人修士，也身兼图书馆管理员的职责。从小说内容中，我们可以感知到，这部作品对"图书馆"这一概念究竟带来了怎样的强烈冲击。

对于许多人来说，图书馆就是这样一个披着神秘面纱的特殊之地。爱书之人想必都知道，以绝美图书馆为主题的写真集简直不胜枚举，世界各地皆有出版。

其中，德国当代领军摄影艺术家坎迪达·霍夫的个人摄影作品集《图书馆》（*Libraries：Candida Hofer*）曾被誉为"德国最美的书"，其中还有安伯托·艾柯为其所作的序言。坎迪达·霍夫以拍摄各种公共建筑的内部空间而闻名，其摄影题材涵盖了图书馆、宫殿、剧院等具有文化象征的富丽奢华建筑以及平凡朴素的日常建筑。如果你也对图书馆情有独钟，当听到这是"坎迪达·霍夫和安伯托·艾柯的合作作品"时，想必也一定会兴奋到肾上腺素飙升。虽然这本摄影集的价格颇高，但如果有机会，我极力推荐大家去品味一番。

手捧一本爱书，从晨曦读到日暮——这就是我至爱的幸福时光。希望大家都能找到一本自己喜欢的书，并学会享受和人类智慧的深度碰撞。

致　谢

　　2019年年末，一只名为"新型冠状病毒"的"黑天鹅"从天而降。这里所说的"黑天鹅"即纳西姆·尼古拉斯·塔勒布的《黑天鹅：如何应对不可预知的未来》（详见第130页）一书中提到的概念。传统认知中的天鹅皆为白羽，1697年人们在澳大利亚首次发现了黑天鹅的踪迹，这一发现颠覆了既有认知，此后人们开始用"黑天鹅"形容不可预测且能颠覆一切的重大稀有事件。

　　其实，回溯整个人类历史，类似的全球性流行病已经屡次出现。2020年3月，塔勒布本人在接受彭博社（Bloomberg）采访时表示："2001年9月11日，在美国发生的一系列恐怖袭击事件无疑是只黑天鹅，但此次全球疫情是只白天鹅。"他认为，此次疫情完全可以被阻止。2015年4月，微软创始人比尔·盖茨在TED演讲上发表了题为《面对病毒暴发，全世界都没准备好》（The next outbreak? We're not ready）的演讲，预言了如今全球新冠疫情的暴发，一度引发了热议。

　　此外，法国经济思想家雅克·阿塔利早在2009年出版的《危机求生：在全球危机中寻找自己的活路》一书中就为世人敲响了警钟——"有迹象表明，一种前所未有的流感即将来袭，但我们根本没有做好万全的准备。这种新型流感可能会和'西班牙流感'一般肆虐全球。"

　　此次新冠疫情在世界各地皆引发了不可逆转的变化——全球化发展趋势、国家间的羁绊、集中于城市的经济活动以及人们的工作与生活方式均发生了翻天覆地的变化，我们似乎再也无法重温此前生活的点点滴滴。

　　在撰写本书的当下，此次全球性疫情对人类未来的影响还不甚明了。在如今这个特殊的时机下，我们能做的不是依赖国家政府、地方当局，抑或是专家或公司来获取信息，而是需要依托自身的力量来收集信息，通过发挥自我常识来仔细评估世界的未来发展趋势，并根据自己的判断做出抉择。

　　正如尤瓦尔·诺亚·赫拉利在他紧急发表的《冠状病毒之后的世界》一文中所言，此番最重要的并不是与新冠病毒决出胜负，而是需要严肃认识到我们的未来取决于我们现下的选择。病毒并不会从地球上彻底消失，类似于此次新冠疫情的全球大流行今后还有突然暴发的可能性。其实目前最严峻的问题，不在于下一波疫情是否会暴发，而在于我们将如何处理与应对。以此次疫情危机为例，最重要的并不是拘泥于全球暴发了新冠疫情这一事实，而是要着眼于我们应对疫情的举措。正如美国总统选举中共和党总统候选人唐纳德·特朗普和民主党总统候选人乔·拜登呈现的局面一般——选择"分裂"或是"团结"的是我们自己，而非新冠病毒。

如果我们敢于逆流勇进，转换思维，并用积极的目光看待这场降临在我们身上的灾难，那么现在完全是一个能暂时停下匆忙脚步、反思过往与未来的绝佳时机。面对这些出乎意料的状况，我选择远离东京的喧嚣，在轻井泽的山间别墅中度过绝大部分时光。此前，我虽然接受了日经BP社让我创作本书的提议，但实际上，我一直暗自苦于没有足够的时间来撰写如此巨作。此次"多亏了"新冠疫情，我才能够获得充足的写作时间。

当然，这本书得以出版，并非仅凭我一己之力，在日经BP社编辑等众多同伴的大力支持和帮助下，这本书才最终得以呈现在诸位读者面前。在此，我想特别感谢HONZ的诸位书评家——立命馆亚洲太平洋大学校长出口治明先生、加利福尼亚大学伯克利分校伯克利理论物理研究中心主任野村泰纪教授、东京大学东洋文化研究所中岛隆博教授、大阪市立大学研究生院经济研究科经济学部斋藤幸平副教授、大阪大学研究生院经济学研究科安田洋祐副教授、NHK ENTERPRISES制作本部出品人丸山俊一先生、国际文化会馆理事长近藤正晃James先生、Mio and Company董事长三尾彻先生、YeLL株式会社董事筱田真贵子女士、PKSHA Technology董事长上野山胜也先生、书评网站HONZ董事长成毛真先生、大阪大学大学院生命机能研究科和医学系研究科仲野彻教授、京都大学大学院人类环境学研究科镰田浩毅教授，以及日经BP社读者服务中心董事松平悠公子女士。对于诸位提出的宝贵意见和建议，借此机会，我谨向你们表示最诚挚的感谢。

堀内勉

参考书目

《解读亚当·斯密之〈道德情操论〉与〈国富论〉》堂目卓生
《生命中不可不想之事：哲学将改变我们的生活》冈本裕一朗
《宇泽弘文·杰作论文全集》宇泽弘文
《成人的教养：我们该何去何从？》池上彰
《教养读物·世界史的学习方法》山下范久
《教养学导读》小林康夫、山本泰
《经济学家的荣光和败北：从凯恩斯到克鲁格曼的人物故事》东谷晓
《经济学的宇宙》岩井克人
《经济学的哲学：19世纪经济思想与罗斯金》伊藤邦武
《经济学如何扭曲了世界：经济民粹主义时代》森田长太郎
《现代经济学：博弈论·行为经济学·制度经济学》泷泽弘和
《现代哲学的最前线》仲正昌树
《古代印度的文明与社会》山崎元一
《新冠冲击与生存：日本经济复兴计划》富山和彦
《合作与改革：改造日本企业》富山和彦
《案头常备的古典作品：必读经典50册》镰田浩毅
《读懂资本主义的书架》水野和夫
《市场与大师：西方思想如何看待资本主义》杰瑞·穆勒
《世界史研究详解》(2017年版)
《人类5000年史》出口治明
《"世界史"的哲学：中世纪篇》大泽真幸
《世界哲学史1—9》伊藤邦武、山内志朗等
《为什么全球商界精英都在培养"美感"：经营的"艺术"与"科学"》山口周
《世界精英的教养书：哲学》小川仁志
《世界精英的教养书：日本哲学》小川仁志
《世界经济学名著50册》汤姆·巴特勒-伯顿

《世界政治思想名著50册：论本质》汤姆·巴特勒–伯顿

《世界哲学名著50册：探究本质》汤姆·巴特勒–伯顿

《世界标准的经营理论》入山章荣

《改变世界的十本书》池上彰

《改变世界的哲学家们》堀川哲

《解读世界的经济思想课：从史密斯、凯恩斯到皮克提》田中修

《全世界史》出口治明

《完全图解：一本读懂"21世界的哲学"》中野明

《笛卡尔、霍布斯、斯宾诺莎：十七世纪的哲学》上野修

《哲学与宗教全史》出口治明

《什么是哲学》竹田青嗣

《哲学地图》贯成人

《日本为何会从本土经济复苏：Global 与 Local 的经济增长战略》富山和彦

《阅读日本哲学："无"的思想源流》田中久文

《智慧资本：从诺奖读懂世界经济思想史》托马斯·卡里尔

《第一本经济思想史：从亚当·斯密时代到当代》中村隆之

《人类世的资本论》斋藤幸平

《"资本论"武器》白井聪

《哲学是职场上最有效的武器：50个关键哲学概念助你度过一生》山口周

《现代经济学物语：前往多样的经济思想世界》根井雅弘

《四行读懂世界文明》桥爪大三郎

《经济学通识课》尼尔·基什特尼

《写给年轻人的哲学史》奈吉尔·瓦伯顿

人类历史及其代表性著作年表

年代	地域	事件	代表性著作及其出版年（原著）
文明诞生以前			
138 亿年前	宇宙	宇宙诞生（宇宙大爆炸理论）	
上述年代的 38 万年后	宇宙	宇宙黎明	
47 亿—46 亿年前	宇宙	太阳诞生	
46 亿年前	地球	地球诞生	
42 亿—41 亿年前	地球	生命诞生	
21 亿年前	地球	真核生物诞生	
5.4 亿年前	地球	寒武纪生命大爆发	
5.4 亿—2.5 亿年前	地球	古生代	
2.5 亿—6600 万年前	地球	中生代（恐龙诞生）	
6500 万年以后	地球	新生代（灵长类诞生）	
700 万年前	地球	猿人出现	
370 万年前	地球	最早的人类（南方古猿）出现	
23 万年前	地球	尼安德特人出现	
20 万年前	世界	智人（现代人）出现	
10 万年前	世界	智人走出非洲继而遍布全球	
4 万年前	世界	最早的洞窟壁画	
约 1.4 万年前—公元前 10 世纪	日本	绳文时代	
约 1.1 万年前	世界	农业革命	
古代（？—5 世纪）：文明诞生以后			
约公元前 4800—公元前 1500 年	东亚	黄河文明	

443

(续表)

年代	地域	事件	代表性著作及其出版年（原著）
约公元前 4200—公元前 30 年	北非	古埃及文明	
约公元前 3500—公元前 400 年	西亚	美索不达米亚文明	
约公元前 3000—公元前 1200 年	南欧	爱琴文明（特洛伊、迈锡尼、克里特及其他）	
公元前 2500—公元前 1800 年	南亚	印度河流域文明	
公元前 1792—公元前 1750 年	中东	《汉谟拉比法典》	
约公元前 1600—公元前 1046 年	中国	商朝	
约公元前 1300—公元前 1250 年	中东	摩西的《出埃及记》	《伊利亚特》《奥德赛》（约公元前 8 世纪）
公元前 1021—公元前 722 年	中东	以色列王国	《旧约圣经》（约公元前 9—公元前 6 世纪）
约公元前 800 年	欧洲	希腊城邦建立	
公元前 771—公元前 206 年	中国	春秋战国	
约公元前 628 年	中东	琐罗亚斯德诞生	
公元前 563 年	印度	乔达摩·悉达多（释迦牟尼）诞生	《历史》（公元前 5 世纪）
约公元前 550—公元前 330 年	中东	阿契美尼德王朝（波斯）	《伯罗奔尼撒战争史》（公元前 5 世纪）
公元前 509—公元前 27 年	欧洲	罗马共和国	《论语》（公元前 5—公元前 1 世纪）
公元前 499—公元前 449 年	中东	希波战争	《孙子》（公元前 5—公元前 4 世纪）
公元前 431—公元前 404 年	中东	伯罗奔尼撒战争	《苏格拉底的申辩》（公元前 4 世纪）
约公元前 400—公元前 250 年	日本	弥生时代	《理想国》（约公元前 420 年）
公元前 323—公元前 30 年	欧洲/中东	希腊化时代	《希波克拉底誓言》（公元前 4 世纪）

(续表)

年代	地域	事件	代表性著作及其出版年（原著）
公元前202—8年	中国	西汉王朝	《几何原本》(约公元前3世纪)
公元前27—476年（西罗马帝国）、395—1453年（东罗马帝国）	欧洲	罗马帝国	
约公元前7—公元前3年	欧洲	耶稣诞生	
25—220年	中国	东汉王朝	《论生命之短暂》(49年)
226—651年	中东	萨珊王朝（波斯）	《圣经新约》(1—2世纪)
约250—600年	日本	古坟时代	《沉思录》(约180年)
313年	欧洲	承认基督教为合法宗教（米兰敕令）	《三国志》(约280年)
375年	欧洲	日耳曼民族（西哥特人）大迁徙	
395—476年	欧洲	西罗马帝国	
395—1453年	欧洲	东罗马帝国（拜占庭帝国）	
476年	欧洲	西罗马帝国灭亡	
中世纪（5—15世纪）			
481—887年	欧洲	法兰克王国	
534年	欧洲	《查士丁尼学说汇纂》编成	
约570年	中东	穆罕默德诞生	
581—618年	中国	隋朝	
592—710年	日本	飞鸟时代	
610年	中东	穆罕默德获得启示	
618—907年	中国	唐朝	
710—794年	日本	奈良时代	《贞观政要》(8世纪)
718—1492年	欧洲	收复失地运动	
750—1258年	中东	阿拔斯王朝（伊斯兰帝国）	
794—1185年	日本	平安时代	
800—1806年	欧洲	神圣罗马帝国	

(续表)

年代	地域	事件	代表性著作及其出版年（原著）
909—1171 年	中东	法蒂玛王朝（伊斯兰帝国）	
932—1062 年	中东	布韦希王朝（伊斯兰帝国）	
1038—1308 年	中东	塞尔柱王朝（伊斯兰帝国）	
1054 年	欧洲	东西教会大分裂	
1066 年	英国	诺曼征服	
1095—13 世纪末期	欧洲	十字军东征（克莱芒主教会议）	
1185—1333 年	日本	镰仓时代	
1206—1634 年	亚洲	蒙古帝国	《神学大全》（13 世纪）
1250—1517 年	中东	马穆鲁克王朝（伊斯兰帝国）	
1299—1922 年	中东	奥斯曼帝国（伊斯兰帝国）	
1336—1573 年	日本	室町时代	
1337—1453 年	欧洲/英国	百年战争	
1348—1420 年	欧洲	第二次世界性鼠疫大流行	
1368—1644 年	中国	明朝	
近世（15—18 世纪）：绝对主义、重商主义			
约 1300—1600 年	欧洲	文艺复兴	
1415—1648 年	欧洲	地理大发现（大航海时代）	
1453 年	欧洲	东罗马帝国灭亡	
1467—1478 年	日本	应仁之乱	
1517 年	欧洲	宗教改革运动开始（《九十五条论纲》发表）	
1533 年	南美	印加帝国灭亡	《君主论》（1532 年）
1534 年	英国	英国国教会成立	
1541 年	欧洲	加尔文宗教改革	
1573—1603 年	日本	安土桃山时代	《蒙田随笔》（1580 年）

(续表)

年代	地域	事件	代表性著作及其出版年（原著）
1588 年	欧洲	英国海军击败西班牙无敌舰队	
1600 年	英国	英国东印度公司成立	
1616—1912 年	中国	清朝	
1603—1867 年	日本	江户时代	
1618—1648 年	欧洲	三十年战争	
1637 年	荷兰	郁金香狂热	
1642—1649 年	英国	英国内战	
1648 年	欧洲	三十年战争结束（《威斯特伐利亚和约》）	
1688—1689 年	英国	光荣革命	《利维坦》（1651 年）
近代（18—20 世纪）：启蒙主义、主权国家、帝国主义、社会主义			
1701—1918 年	欧洲	普鲁士王国	
1720 年	英国	南海泡沫事件	《论法的精神》（1748 年）
1756—1763 年	欧洲	七年战争	《论人类不平等的起源和基础》（1755 年）
1760—1830 年	英国	英国工业革命	《道德情操论（初版）》（1759 年）
1775—1783 年	美国	美国独立战争	《社会契约论》（1762 年）
1776 年	美国	《独立宣言》	《国富论》（1776 年）
1787 年	美国	《美利坚合众国宪法》	《纯粹理性批判》（1781 年）、《实践理性批判》（1788 年）
1789—1799 年	欧洲	法国大革命	《永久和平论》（1795 年）
1798—1801 年	中东	拿破仑远征埃及和叙利亚	《人口原理》（1798 年）
1799—1815 年	欧洲	拿破仑战争	《精神现象学》（1807 年）
1804—1815 年	欧洲	拿破仑一世加冕（法兰西第一帝国）	
1806 年	欧洲	神圣罗马帝国灭亡	
1814—1815 年	欧洲	维也纳会议	《战争论》（1832 年）
1837 年	英国	英国维多利亚女王即位	《论美国的民主》（1835 年）
1840—1842 年	中国	鸦片战争	

(续表)

年代	地域	事件	代表性著作及其出版年（原著）
1845—1849 年	爱尔兰	爱尔兰大饥荒	
1852—1870 年	欧洲	法兰西第二帝国	《论自由》(1859 年)、《物种起源》(1859 年)
1861—1865 年	美国	南北战争	《自己拯救自己》(1859 年)
1868 年	日本	明治维新、江户幕府灭亡	《密尔论大学》(1867 年)、《资本论》(1867 年)、《劝学篇》(1872 年)
1870—1940 年	欧洲	法兰西第三共和国	《文明论概略》(1875 年)
1870—1871 年	欧洲	普法战争	《南洲翁遗训》(1890 年)
1894—1895 年	日本	中日甲午战争	《代表的日本人》(1894 年)、《给后世的最高遗产》(1897 年)、《有闲阶级论》(1899 年)、《武士道：日本人的精神》(1899 年)
现代（20—21 世纪）(1)			
1904—1905 年	日本	日俄战争	《新教伦理与资本主义精神》(1904 年)
1912—1949 年	中国	中华民国	《善的研究》(1911 年)
1914—1918 年	世界	第一次世界大战	《经济发展理论》(1912 年)
1915 年	欧洲	广义相对论发表	《海陆的起源：关于大陆漂移与海洋形成的革命性阐释》(1915 年)
1917 年	欧洲	俄国十月革命	《论语与算盘》(1916 年)、《民主主义与教育》(1916 年)
1918—1920 年	世界	西班牙大流感	《精神分析引论》(1917 年)
1919 年	欧洲	《凡尔赛和约》签订	
1920 年	世界	国际联盟成立	
1921 年	中国	中国共产党成立	
1922 年	中东	奥斯曼帝国（伊斯兰帝国）解体	《关于原始交换形式：赠予的研究》(1925 年)、《幸福散论》(1925 年)
1922—1991 年	欧洲	苏维埃社会主义共和国联盟	《存在与时间》(1927 年)、《大众的反叛》(1929 年)
1929—1930 年代后期	世界	世界经济大危机	《我们子孙后代的经济可能性》(1930 年)、《为什么有战争》(1932 年)
1934 年	欧洲	希特勒就任德国总理	《生物看到的世界》(1934 年)
			《就业、利息和货币通论》(1936 年)
1939—1945 年	世界	第二次世界大战	《禅与日本文化》(1938 年)、《经济人的末日》(1939 年)
1940 年	世界	德意日三国同盟	

(续表)

年代	地域	事件	代表性著作及其出版年（原著）
1941 年	欧洲	苏德战争	《逃避自由》（1941 年）、《资本主义、社会主义与民主》（1942 年）
1941—1945 年	世界	太平洋战争	《通往奴役之路》（1944 年）、《大转型：我们时代的政治经济起源》（1944 年）、《日本的灵性》（1944 年）
1945 年	世界	联合国成立	《开放社会及其敌人》（1945 年）
1945—1989 年	世界	冷战	《追寻生命的意义》（1946 年）、《公司的概念》（1946 年）
1946—1954 年	世界	印支人民抗法战争	《安妮日记》（1947 年）
1948 年	欧洲	第一次柏林危机（柏林封锁）	
1949 年	中国	中华人民共和国成立	《地中海与菲利普二世时代的地中海世界》（1949 年）
1950—1953 年	世界	朝鲜战争	《艺术的故事》（1950 年）
1951 年	日本/美国	旧金山对日媾和会议	《管理的实践》（1954 年）
1956—1957 年	中东	第二次中东战争	
1962 年	世界	古巴导弹危机	《寂静的春天》（1962 年）
1964—1975 年	世界	越南战争	《艾希曼在耶路撒冷：一份关于平庸的恶的报告》（1963 年）、《我有一个梦想》（1963 年）
1967 年	中东	第三次中东战争	
1969 年	美国	阿波罗 11 号登陆月球	《正义论》（1971 年）
1972 年	日本	美国归还冲绳	
1973 年	世界	石油危机	《现代世界体系》（1974 年）、《自私的基因》（1976 年）
现代（20—21 世纪）(2)：撒切尔主义、里根经济政策的新自由主义以后			
1979—1990 年	英国	撒切尔执政	《后现代状态：关于知识的报告》（1979 年）
1979 年	中东	伊朗伊斯兰革命（1979 年革命）	
1980—1988 年	世界	两伊战争	《想象的共同体：民族主义的起源与散布》（1983 年）
1981—1989 年	美国	里根执政	《失败的本质：日本军队的组织论研究》（1984 年）
1986—1991 年	日本	日本泡沫经济	
1986 年	欧洲	切尔诺贝利核电站事故	
1987 年	美国	黑色星期一	《时间简史：从大爆炸到黑洞》（1988 年）

(续表)

年代	地域	事件	代表性著作及其出版年（原著）
1989 年	世界	柏林墙的倒塌	
1990 年	欧洲	两德统一	
1991 年	中东	海湾战争	
1991 年	世界	苏联解体、冷战结束	
1993 年	欧洲	欧盟诞生	《货币论》（1993 年）、《社会共通资本》（1994 年）
1997 年	亚洲	1997 年亚洲金融危机	《文明的冲突与世界秩序的重建》（1996 年）、《枪炮、病菌与钢铁：人类社会的命运》（1997 年）
1999—2000 年	美国	互联网泡沫	
2001 年	美国	"9·11"恐怖袭击事件	
2007—2008 年	世界	全球金融危机（雷曼事件）	《黑天鹅：如何应对不可预知的未来》（2007 年）
			《公正：该如何做是好？》（2010 年）
2011 年	世界	全球人口突破 70 亿	《全球化的悖论》（2011 年）
			《人类简史：从动物到上帝》（2011 年）
2011 年	日本	"3·11"日本大地震、福岛核事故	《你要如何衡量你的人生》（2012 年）
			《大融合：东方、西方，与世界的逻辑》（2013 年）、《21 世纪资本论》（2013 年）、《货币野史》（2013 年）
			《从 0 到 1：开启商业与未来的秘密》（2014 年）、《创业艰维：如何完成比难更难的事》（2014 年）
			《不平等社会：从石器时代到 21 世纪，人类如何应对不平等》（2017 年）
			《当下的启蒙：为理性、科学、人文主义和进步辩护》（2018 年）
2020 年	世界	新冠疫情全球大流行	《人口减少社会的设计》（2019 年）
未来			
2050 年	世界	全球人口达到 97 亿（联合国推算）	
2100 年	世界	全球人口达到 110 亿（联合国推算）	

(续表)

年代	地域	事件	代表性著作及其出版年（原著）
17.5 亿年以后	地球	地球不再适合生命的生存（脱离宜居带）	
55 亿年以后	宇宙	太阳的寿命终结（转变成白矮星）	
1400 亿年以后	宇宙	宇宙寿命终结	

人类历史经典著作300部名录

（○表示在本书中附有该书的书评）

	书名	作者	国家/地区	类别	年代
	古代（？—5世纪）：文明诞生以后				
○	《吉尔伽美什史诗》		美索布达米亚	宗教/哲学/思想	约公元前2100—公元前1000年
	《死者之书》		埃及	宗教/哲学/思想	约公元前1500年
○	《吠陀》		印度	宗教/哲学/思想	约公元前1000—公元前500年
○	《伊利亚特》	荷马	希腊	宗教/哲学/思想	约公元前8世纪
○	《奥德赛》	荷马	希腊	宗教/哲学/思想	约公元前8世纪
	《神谱》	赫西俄德	希腊	宗教/哲学/思想	约公元前8世纪
	《旧约圣经》		欧洲	宗教/哲学/思想	约公元前9—公元前6世纪
○	《历史》	希罗多德	希腊	历史/文明/人类	公元前5世纪
○	《伯罗奔尼撒战争史》	修昔底德	希腊	历史/文明/人类	公元前5世纪
○	《论语》		中国	宗教/哲学/思想	公元前5—公元前1世纪
○	《孙子》	孙武	中国	国家/政治/社会	公元前5—公元前4世纪
	《薄伽梵歌》	毗耶娑	印度	宗教/哲学/思想	公元前5—公元前4世纪
	《庄子》	庄周	中国	宗教/哲学/思想	公元前4世纪
	《孟子》	孟子	中国	宗教/哲学/思想	公元前4世纪下半叶
○	《苏格拉底的申辩》	柏拉图	希腊	宗教/哲学/思想	公元前4世纪
○	《理想国》	柏拉图	希腊	国家/政治/社会	约公元前4世纪
○	《希波克拉底誓言》	希波克拉底	希腊	宗教/哲学/思想	公元前4世纪
○	《尼各马可伦理学》	亚里士多德	希腊	宗教/哲学/思想	公元前4世纪
○	《政治学》	亚里士多德	希腊	国家/政治/社会	公元前4世纪
○	《自然学》	亚里士多德	希腊	自然/科学	公元前4世纪
○	《几何原本》	欧几里得	希腊	自然/科学	约公元前3世纪

(续表)

	书名	作者	国家/地区	类别	年代
	《韩非子》	韩非	中国	国家/政治/社会	公元前3世纪
	《佛典（佛教典籍）》		印度/中国	宗教/哲学/思想	公元前3世纪以后
○	《史记》	司马迁	中国	国家/政治/社会	约公元前91年
○	《物性论》	提图斯·卢克莱修·卡鲁斯	罗马	宗教/哲学/思想	公元前1世纪
	《高卢战记》	盖乌斯·尤利乌斯·恺撒	罗马	历史/文明/人类	公元前50年
○	《论生命之短暂》	塞涅卡	罗马	人生/教育/艺术	49年
	《博物志》	老普林尼	罗马	自然/科学	77年
○	《爱比克泰德语录》	爱比克泰德	希腊	宗教/哲学/思想	约1世纪
	《圣经新约》		罗马	宗教/哲学/思想	1—2世纪
	《法华经（妙法莲华经）》		印度	宗教/哲学/思想	1—2世纪
	《编年史》	塔西佗	罗马	历史/文明/人类	117年
○	《沉思录》	马可·奥勒留	罗马	人生/教育/艺术	约180年
○	《三国志》	陈寿	中国	历史/文明/人类	约280年
	《般若心经（般若波罗密多心经）》		中国	宗教/哲学/思想	3世纪以后
○	《中论》	龙树	印度	宗教/哲学/思想	约200年
○	《罗摩衍那》	蚁垤（编纂）	印度	宗教/哲学/思想	约3世纪
○	《摩诃婆罗多》	毗耶娑？	印度	宗教/哲学/思想	约4世纪
○	《忏悔录》	奥古斯丁	罗马	宗教/哲学/思想	398年
○	《上帝之城》	奥古斯丁	罗马	宗教/哲学/思想	426年
	中世纪（5—15世纪）				
	《古兰经》	穆罕默德	中东	宗教/哲学/思想	7世纪
○	《古事记》	稗田阿礼（口述）/太安万侣（编纂）	日本	日本论	712年
○	《日本书纪》	舍人亲王（编纂）	日本	日本论	720年
○	《贞观政要》	吴兢	中国	国家/政治/社会	8世纪
	《荀子》	荀子	中国	宗教/哲学/思想	818年
○	《列王纪：勇士鲁斯塔姆》	菲尔多西	中东	国家/政治/社会	1010年
○	《治国策》	尼扎姆·莫尔克	中东	国家/政治/社会	约1090年

(续表)

	书名	作者	国家/地区	类别	年代
○	《正法眼藏》	道元	日本	宗教/哲学/思想	1253 年
	《神学大全》	托马斯·阿奎那	意大利	宗教/哲学/思想	13 世纪
	《叹异抄》	唯圆	日本	宗教/哲学/思想	13 世纪末
	《风姿花传》	世阿弥	日本	人生/教育/艺术	约 1400—1420 年
○	《达·芬奇笔记》	列奥纳多·达·芬奇	意大利	人生/教育/艺术	1469—1518 年
	《基督徒的自由》	马丁·路德	德国	宗教/哲学/思想	1520 年
○	《君主论》	尼科洛·马基雅维利	意大利	国家/政治/社会	1532 年
	《基督教要义》	约翰·加尔文	法国	宗教/哲学/思想	1536 年
○	《天体运行论》	尼古拉·哥白尼	波兰	自然/科学	1543 年
	近世（15—18 世纪）				
○	《蒙田随笔》	米歇尔·德·蒙田	法国	人生/教育/艺术	1580 年
○	《星际信使》	伽利略·伽利雷	意大利	自然/科学	1610 年
	《关于托勒密和哥白尼两大世界体系的对话》	伽利略·伽利雷	意大利	自然/科学	1632 年
○	《方法论》	勒内·笛卡尔	法国	宗教/哲学/思想	1637 年
○	《利维坦》	托马斯·霍布斯	英国	国家/政治/社会	1651 年
○	《思想录》	布莱士·帕斯卡	法国	宗教/哲学/思想	1670 年
○	《用几何学方法作论证的伦理学》	巴鲁赫·德·斯宾诺莎	荷兰	宗教/哲学/思想	1677 年
○	《自然哲学的数学原理》	艾萨克·牛顿	英国	自然/科学	1687 年
	近代（18—20 世纪）				
○	《人类理解论》	约翰·洛克	英国	宗教/哲学/思想	1689 年
○	《政府论》	约翰·洛克	英国	宗教/哲学/思想	1690 年
○	《蜜蜂的寓言：私人的恶德，公众的利益》	伯纳德·曼德维尔	荷兰/英国	资本主义/经济/经营	1714 年
	《人性论》	大卫·休谟	英国	宗教/哲学/思想	1739 年
○	《论法的精神》	查理·路易·孟德斯鸠	法国	国家/政治/社会	1748 年
○	《论人类不平等的起源和基础》	让-雅克·卢梭	法国	宗教/哲学/思想	1755 年
	《经济表》	弗朗斯瓦·魁奈	法国	资本主义/经济/经营	1758 年
○	《道德情操论（初版）》	亚当·斯密	英国	资本主义/经济/经营	1759 年

(续表)

	书名	作者	国家/地区	类别	年代
○	《社会契约论》	让-雅克·卢梭	法国	宗教/哲学/思想	1762年
○	《爱弥儿》	让-雅克·卢梭	法国	人生/教育/艺术	1762年
	《论宽容》	伏尔泰（本名：弗朗索瓦-马利·阿鲁埃）	法国	宗教/哲学/思想	1763年
○	《国富论》	亚当·斯密	英国	资本主义/经济/经营	1776年
○	《常识》	托马斯·潘恩	英国/美国	国家/政治/社会	1776年
	《罗马帝国衰亡史》	爱德华·吉本	英国	历史/文明/人类	1776年
○	《纯粹理性批判》	伊曼努尔·康德	德国	宗教/哲学/思想	1781年
	《什么是启蒙》	伊曼努尔·康德	德国	宗教/哲学/思想	1784年
○	《实践理性批判》	伊曼努尔·康德	德国	宗教/哲学/思想	1788年
	《道德与立法原理导论》	杰里米·边沁	英国	宗教/哲学/思想	1789年
○	《判断力批判》	伊曼努尔·康德	德国	宗教/哲学/思想	1790年
○	《富兰克林自传》	本杰明·富兰克林	美国	人生/教育/艺术	1791年
○	《永久和平论》	伊曼努尔·康德	德国	国家/政治/社会	1795年
○	《人口原理》	托马斯·罗伯特·马尔萨斯	英国	资本主义/经济/经营	1798年
○	《精神现象学》	格奥尔格·威廉·弗里德里希·黑格尔	德国	宗教/哲学/思想	1807年
	《逻辑学》	格奥尔格·威廉·弗里德里希·黑格尔	德国	宗教/哲学/思想	1812—1816年
○	《政治经济学及赋税原理》	大卫·李嘉图	英国	资本主义/经济/经营	1817年
○	《政治经济学原理：由实际应用的观点考察》	托马斯·罗伯特·马尔萨斯	英国	资本主义/经济/经营	1820年
	《法哲学原理》	格奥尔格·威廉·弗里德里希·黑格尔	德国	宗教/哲学/思想	1821年
	《地质学原理》	查尔斯·莱尔	英国	自然/科学	1830年
○	《战争论》	卡尔·冯·克劳塞维茨	普鲁士	国家/政治/社会	1832年
○	《论美国的民主》	阿历克西·德·托克维尔	法国	国家/政治/社会	1835年、1840年

(续表)

	书名	作者	国家/地区	类别	年代
	《政治经济学的国民体系》	弗里德里希·李斯特	德国	资本主义/经济/经营	1841年
○	《共产党宣言》	卡尔·马克思/弗里德里希·恩格斯	德国	国家/政治/社会	1848年
	《政治经济学原理》	约翰·斯图亚特·密尔	英国	资本主义/经济/经营	1848年
○	《致死的疾病》	索伦·克尔凯郭尔	丹麦	宗教/哲学/思想	1849年
	《读书论》	亚瑟·叔本华	德国	宗教/哲学/思想	1851年
	《瓦尔登湖》	亨利·戴维·梭罗	美国	人生/教育/艺术	1854年
	《报德记》	富田高庆	日本	日本论	1857年
○	《论自由》	约翰·斯图亚特·密尔	英国	国家/政治/社会	1859年
○	《物种起源》	查尔斯·罗伯特·达尔文	英国	自然/科学	1859年
○	《自己拯救自己》	塞缪尔·斯迈尔斯	英国	人生/教育/艺术	1859年
	《意大利文艺复兴时期的文化》	雅各布·布克哈特	瑞士	人生/教育/艺术	1860年
	《蜡烛的故事》	迈克尔·法拉第	英国	自然/科学	1861年
	《实验医学研究导论》	克洛德·贝尔纳	法国	自然/科学	1865年
○	《植物杂交试验》	格雷戈尔·约翰·孟德尔	捷克	自然/科学	1865年
○	《密尔论大学》	约翰·斯图亚特·密尔	英国	人生/教育/艺术	1867年
○	《资本论》	卡尔·马克思	德国	资本主义/经济/经营	1867年、1885年、1894年
○	《劝学篇》	福泽谕吉	日本	日本论	1872年
○	《伦巴第街：货币市场记述》	沃尔特·白芝浩	英国	资本主义/经济/经营	1873年
○	《文明论概略》	福泽谕吉	日本	日本论	1875年
○	《大众的艺术》	威廉·莫里斯	英国	人生/教育/艺术	1879年
	现代（20—21世纪）(1)				
○	《查拉图斯特拉如是说》	弗里德里希·威廉·尼采	德国	宗教/哲学/思想	1883—1885年
	《善恶的彼岸》	弗里德里希·威廉·尼采	德国	宗教/哲学/思想	1886年

(续表)

	书名	作者	国家/地区	类别	年代
○	《论道德的谱系》	弗里德里希·威廉·尼采	德国	宗教/哲学/思想	1887年
	《金枝：巫术与宗教研究》	詹姆斯·乔治·弗雷泽	英国	宗教/哲学/思想	1890年
○	《南洲翁遗训》	西乡隆盛	日本	日本论	1890年
	《考古热情：施里曼自传》	海因里希·施里曼	德国	人生/教育/艺术	1892年
○	《代表的日本人》	内村鉴三	日本	日本论	1894年
○	《给后世的最高遗产》	内村鉴三	日本	日本论	1897年
○	《有闲阶级论》	索尔斯坦·凡勃伦	美国	资本主义/经济/经营	1899年
○	《武士道：日本人的精神》	新渡户稻造	日本	日本论	1899年
○	《新教伦理与资本主义精神》	马克斯·韦伯	德国	资本主义/经济/经营	1904年、1905年
○	《茶书》	冈仓天心	日本	日本论	1906年
	《现象学的观念》	埃德蒙德·胡塞尔	奥地利	宗教/哲学/思想	1907年
	《实用主义：旧的思维方法之新名称》	威廉·詹姆斯	美国	宗教/哲学/思想	1907年
	《远野物语》	柳田国男	日本	日本论	1910年
○	《善的研究》	西田几多郎	日本	宗教/哲学/思想	1911年
○	《经济发展理论》	约瑟夫·熊彼特	奥地利	资本主义/经济/经营	1912年
○	《海陆的起源：关于大陆漂移与海洋形成的革命性阐释》	阿尔弗雷德·魏格纳	德国	自然/科学	1915年
○	《论语与算盘》	涩泽荣一	日本	资本主义/经济/经营	1916年
	《广义相对论的基础》	阿尔伯特·爱因斯坦	德国/美国	自然/科学	1916年
○	《民主主义与教育》	约翰·杜威	美国	人生/教育/艺术	1916年
○	《精神分析引论》	西格蒙德·弗洛伊德	奥地利	宗教/哲学/思想	1917年
	《福利经济学》	阿瑟·塞西尔·庇古	英国	资本主义/经济/经营	1920年
	《经济与社会》	马克斯·韦伯	德国	历史/文明/人类	1921—1922年
	《逻辑哲学论》	路德维希·维特根斯坦	奥地利/英国	宗教/哲学/思想	1921年

(续表)

	书名	作者	国家/地区	类别	年代
	《西太平洋上的航海者》	勃洛尼斯拉夫·马林诺夫斯基	波兰/英国	自然/科学	1922 年
	《舆论》	沃尔特·李普曼	美国	国家/政治/社会	1922 年
○	《关于原始交换形式：赠予的研究》	马塞尔·莫斯	法国	国家/政治/社会	1925 年
○	《我的奋斗》	阿道夫·希特勒	德国	宗教/哲学/思想	1925 年
○	《幸福散论》	阿兰（本名：埃米尔-奥古斯特·沙尔捷）	法国	人生/教育/艺术	1925 年
	《大脑两半球机能讲义》	伊万·彼德罗维奇·巴甫洛夫	俄罗斯	自然/科学	1926 年
○	《存在与时间》	马丁·海德格尔	德国	宗教/哲学/思想	1927 年
○	《大众的反叛》	何塞·奥尔特加·伊·加塞特	西班牙	国家/政治/社会	1929 年
○	《我们子孙后代的经济可能性》	约翰·梅纳德·凯恩斯	英国	资本主义/经济/经营	1930 年
	《"粹"的构造》	九鬼周造	日本	日本论	1930 年
	《生命对你意味着什么》	阿尔弗雷德·阿德勒	奥地利	宗教/哲学/思想	1931 年
○	《为什么有战争》	阿尔伯特·爱因斯坦/西格蒙德·弗洛伊德	德国/奥地利/美国	国家/政治/社会	1932 年
	《阴翳礼赞》	谷崎润一郎	日本	日本论	1933—1934 年
○	《历史研究》	阿诺德·约瑟夫·汤因比	英国	历史/文明/人类	1934 年、1961 年
○	《生物看到的世界》	雅各布·冯·尤克斯奎尔	爱沙尼亚/德国	自然/科学	1934 年
	《风土》	和辻哲郎	日本	日本论	1935 年
○	《就业、利息和货币通论》	约翰·梅纳德·凯恩斯	英国	资本主义/经济/经营	1936 年
	《人性的弱点》	戴尔·卡耐基	美国	资本主义/经济/经营	1936 年
	《星云世界》	爱德文·鲍威尔·哈勃	美国	自然/科学	1936 年
	《游戏的人》	约翰·赫伊津哈	荷兰	人生/教育/艺术	1938 年

(续表)

	书名	作者	国家/地区	类别	年代
○	《禅与日本文化》	铃木大拙	日本	日本论	1938年
○	《经济人的末日》	彼得·德鲁克	奥地利/美国	资本主义/经济/经营	1939年
○	《摩西与一神教》	西格蒙德·弗洛伊德	奥地利	宗教/哲学/思想	1939年
○	《逃避自由》	艾瑞克·弗洛姆	德国	宗教/哲学/思想	1941年
○	《资本主义、社会主义与民主》	约瑟夫·熊彼特	奥地利/美国	资本主义/经济/经营	1942年
○	《通往奴役之路》	弗里德里希·冯·哈耶克	奥地利/英国	资本主义/经济/经营	1944年
○	《生命是什么：活细胞的物理观》	埃尔温·薛定谔	奥地利	自然/科学	1944年
○	《大转型：我们时代的政治经济起源》	卡尔·波兰尼	匈牙利	历史/文明/人类	1944年
	《博弈论与经济行为》	约翰·冯·诺依曼、奥斯卡·莫根施特恩	德国/美国	资本主义/经济/经营	1944年
○	《日本的灵性》	铃木大拙	日本	日本论	1944年
○	《开放社会及其敌人》	卡尔·波普尔	奥地利/英国	宗教/哲学/思想	1945年
	《长青哲学》	阿道司·伦纳德·赫胥黎	英国/美国	宗教/哲学/思想	1945年
	《存在主义是一种人道主义》	让-保罗·萨特	法国	宗教/哲学/思想	1946年
○	《光辉城市》	勒·柯布西耶	瑞士/法国	人生/教育/艺术	1946年
○	《追寻生命的意义》	维克多·埃米尔·弗兰克尔	奥地利	人生/教育/艺术	1946年
○	《公司的概念》	彼得·德鲁克	奥地利/美国	资本主义/经济/经营	1946年
	《菊与刀》	鲁思·本尼迪克特	美国	日本论	1946年
○	《安妮日记》	安妮·弗兰克	德国	人生/教育/艺术	1947年
○	《管理行为：管理组织决策过程的研究》	赫伯特·亚历山大·西蒙	美国	资本主义/经济/经营	1947年
	《人生论笔记》	三木清	日本	人生/教育/艺术	1947年
	《经济学》	保罗·萨缪尔森	美国	资本主义/经济/经营	1948年

(续表)

	书名	作者	国家/地区	类别	年代
	《控制论》	诺伯特·维纳	美国	自然/科学	1948年
	《通讯的数学原理》	克劳德·艾尔伍德·香农/沃伦·韦弗	美国	自然/科学	1948年
○	《千面英雄》	约瑟夫·坎贝尔	美国	宗教/哲学/思想	1949年
	《听海神的声音》	日本战死学生纪念会（编纂）	日本	日本论	1949年
○	《地中海与菲利普二世时代的地中海世界》	费尔南·布罗代尔	法国	历史/文明/人类	1949年
	《第二性》	西蒙娜·德·波伏娃	法国	历史/文明/人类	1949年
○	《自由和纪律：英国的学校生活》	池田洁	日本	人生/教育/艺术	1949年
○	《艺术的故事》	恩斯特·汉斯·约瑟夫·贡布里希	奥地利/英国	人生/教育/艺术	1950年
○	《极权主义的起源》	汉娜·阿伦特	德国/美国	国家/政治/社会	1951年
○	《管理的实践》	彼得·德鲁克	奥地利/美国	资本主义/经济/经营	1954年
	《动机和人格》	亚伯拉罕·哈罗德·马斯洛	美国	宗教/哲学/思想	1954年
○	《忧郁的热带》	克洛德·列维-斯特劳斯	法国	宗教/哲学/思想	1955年
○	《句法结构》	艾弗拉姆·诺姆·乔姆斯基	美国	宗教/哲学/思想	1957年
○	《富裕社会》	约翰·肯尼思·加尔布雷思	美国	资本主义/经济/经营	1958年
	《意识和物质》	埃尔温·薛定谔	奥地利	自然/科学	1958年
	《泰然任之》	马丁·海德格尔	德国	宗教/哲学/思想	1959年
	《历史是什么?》	爱德华·霍列特·卡尔	英国	历史/文明/人类	1961年
○	《日本的思想》	丸山真男	日本	日本论	1961年
○	《资本主义与自由》	米尔顿·弗里德曼	美国	资本主义/经济/经营	1962年
○	《寂静的春天》	蕾切尔·卡逊	美国	自然/科学	1962年
	《科学革命的结构》	托马斯·库恩	美国	自然/科学	1962年

(续表)

	书名	作者	国家/地区	类别	年代
	《战略与结构：美国工业企业史的若干篇章》	艾尔弗雷德·D.钱德勒	美国	资本主义/经济/经营	1962年
○	《艾希曼在耶路撒冷：一份关于平庸的恶的报告》	汉娜·阿伦特	德国/美国	国家/政治/社会	1963年
○	《我有一个梦想》	马丁·路德·金	美国	国家/政治/社会	1963年
○	《自私的德性》	安·兰德	美国	宗教/哲学/思想	1964年
	《理解媒介》	马歇尔·麦克卢汉	美国	国家/政治/社会	1964年
○	《句法理论的若干问题》	艾弗拉姆·诺姆·乔姆斯基	美国	宗教/哲学/思想	1965年
	《词与物》	米歇尔·福柯	法国	宗教/哲学/思想	1966年
	《关于生存的意义》	神谷美惠子	日本	人生/教育/艺术	1966年
	《双螺旋》	詹姆斯·杜威·沃森	美国	自然/科学	1968年
○	《共同幻想论》	吉本隆明	日本	日本论	1968年
○	《退出、呼吁与忠诚：对企业、组织和国家衰退的回应》	阿尔伯特·赫希曼	德国/美国	国家/政治/社会	1970年
○	《正义论》	约翰·罗尔斯	美国	宗教/哲学/思想	1971年
	《部分与整体：与人生伟大相遇对话》	沃纳·卡尔·海森堡	德国	人生/教育/艺术	1971年
○	《什么是历史的进步》	市井三郎	日本	人生/教育/艺术	1971年
	《古拉格群岛》	亚历山大·索尔仁尼琴	苏联	国家/政治/社会	1973—1975年
○	《现代世界体系》	伊曼纽尔·莫里斯·沃勒斯坦	美国	历史/文明/人类	1974年、2011年
	《汽车的社会性费用》	宇泽弘文	日本	资本主义/经济/经营	1974年
○	《自私的基因》	理查德·道金斯	英国	自然/科学	1976年
	《宇宙最初三分钟：关于宇宙起源的现代观点》	史蒂文·温伯格	美国	自然/科学	1977年
	《不确定的年代》	约翰·肯尼思·加尔布雷思	美国	资本主义/经济/经营	1977年
○	《东方主义》	爱德华·沃第尔·萨义德	美国	历史/文明/人类	1978年
	《创世纪的第八天：20世纪分子生物学革命》	霍勒斯·F.贾德森	美国	自然/科学	1979年

461

(续表)

	书名	作者	国家/地区	类别	年代
	《盖亚的复仇》	詹姆斯·洛夫洛克	英国	自然/科学	1979年
○	《后现代状态：关于知识的报告》	让-弗朗索瓦·利奥塔	法国	宗教/哲学/思想	1979年
	现代（20—21世纪）（2）
○	《贫穷和饥荒：论权利与剥夺》	阿马蒂亚·森	印度	资本主义/经济/经营	1981年
	《世界的返魅》	莫里斯·伯曼	美国	自然/科学	1981年
	《成功之路：美国最佳管理企业的经验》	汤姆·彼得斯/小罗伯特·H.沃特曼	美国	资本主义/经济/经营	1982年
○	《想象的共同体：民族主义的起源与散布》	本尼迪克特·安德森	美国	国家/政治/社会	1983年
○	《失败的本质：日本军队的组织论研究》	户部良一/寺本义也/镰田伸一/杉之尾孝生/村井友秀/野中郁次郎	日本	日本论	1984年
○	《风险社会：新的现代性之路》	乌尔里希·贝克	德国	自然/科学	1986年
	《时间简史：从大爆炸到黑洞》	斯蒂芬·威廉·霍金	英国	自然/科学	1988年
○	《奇妙的生命：伯吉斯页岩中的生命故事》	斯蒂芬·杰·古尔德	美国	自然/科学	1989年
○	《第五项修炼：学习型组织的艺术与实践》	彼得·圣吉	美国	资本主义/经济/经营	1990年
○	《金融狂热潮简史》	约翰·肯尼思·加尔布雷思	美国	资本主义/经济/经营	1990年
○	《意识的解释》	丹尼尔·丹尼特	美国	自然/科学	1991年
○	《货币论》	岩井克人	日本	资本主义/经济/经营	1993年
○	《社会共通资本》	宇泽弘文	日本	资本主义/经济/经营	1994年
	《基业长青》	詹姆斯·柯林斯/杰里·波拉斯	美国	资本主义/经济/经营	1994年
○	《创造知识的企业》	野中郁次郎/竹内弘高	日本	资本主义/经济/经营	1995年
○	《文明的冲突与世界秩序的重建》	萨缪尔·亨廷顿	美国	历史/文明/人类	1996年

(续表)

	书名	作者	国家/地区	类别	年代
	《成功人士的7个习惯》	史蒂芬·柯维	美国	人生/教育/艺术	1996年
○	《创新者的窘境：大公司面对突破性技术时引发的失败》	克莱顿·克里斯坦森	美国	资本主义/经济/经营	1997年
○	《枪炮、病菌与钢铁：人类社会的命运》	贾雷德·戴蒙德	美国	历史/文明/人类	1997年
○	《白银资本：重视经济全球化中的东方》	安德烈·冈德·弗兰克	德国/美国	历史/文明/人类	1998年
	《漫步华尔街》	伯顿·麦基尔	美国	资本主义/经济/经营	1999年
○	《宇宙的琴弦：超弦、隐藏维度与终极理论探索》	布赖恩·格林	美国	自然/科学	1999年
	《接受失败：二战结束之后的日本》	约翰·W. 道尔	美国	日本论	1999年
	《独自打保龄》	罗伯特·D. 帕特南	美国	国家/政治/社会	2000年
○	《大分流：欧洲、中国及现代世界经济的发展》	彭慕兰	美国	历史/文明/人类	2000年
○	《帝国：全球化的政治秩序》	安东尼奥·奈格里/迈克尔·哈特	意大利/美国	历史/文明/人类	2000年
○	《创意阶层的崛起》	理查德·佛罗里达	美国	人生/教育/艺术	2002年
	《帝国之后：关于美国体制的解体》	伊曼努尔·托德	法国	历史/文明/人类	2002年
	《第一只眼》	安德鲁·帕克	英国	自然/科学	2003年
○	《经济学能否使人幸福（经济学与人心）》	宇泽弘文	日本	资本主义/经济/经营	2003年
○	《诸众：帝国时代的战争与民主》	安东尼奥·奈格里/迈克尔·哈特	意大利/美国	历史/文明/人类	2004年
○	《奇点临近：当计算机智能超越人类》	雷·库兹韦尔	美国	历史/文明/人类	2005年
○	《休克主义：灾难资本主义的兴起》	娜奥米·克莱恩	美国	资本主义/经济/经营	2007年
○	《黑天鹅：如何应对不可预知的未来》	纳西姆·尼古拉斯·塔勒布	美国	资本主义/经济/经营	2007年

463

(续表)

	书名	作者	国家/地区	类别	年代
○	《镜像神经元》	贾科莫·里佐拉蒂/科拉多·西尼加利亚	意大利	自然/科学	2007年
○	《新的企业模式：创造没有贫穷的世界》	穆罕默德·尤努斯	孟加拉国	资本主义/经济/经营	2008年
○	《公正：该如何做是好?》	迈克尔·桑德尔	美国	宗教/哲学/思想	2010年
○	《科技想要什么》	凯文·凯利	美国	自然/科学	2010年
○	《众病之王：癌症传》	悉达多·穆克吉	美国	自然/科学	2010年
○	《隐匿的宇宙：用基本粒子揭开宇宙之谜》	村山齐	日本	自然/科学	2010年
○	《全球化的悖论》	丹尼·罗德里克	美国	资本主义/经济/经营	2011年
○	《转变：未来社会工作岗位需求变化及应对策略》	琳达·格拉顿	美国	资本主义/经济/经营	2011年
○	《人类简史：从动物到上帝》	尤瓦尔·诺亚·赫拉利	以色列	历史/文明/人类	2011年
○	《思考，快与慢》	丹尼尔·卡内曼	美国	自然/科学	2011年
○	《你要如何衡量你的人生》	克莱顿·克里斯坦森/詹姆斯·奥沃斯/凯伦·迪伦	美国	资本主义/经济/经营	2012年
○	《零国集团时代：谁是新世界格局中的赢家和输家?》	伊恩·布雷默	美国	资本主义/经济/经营	2012年
○	《国家为什么会失败：权力、富裕与贫困的根源》	达龙·阿西莫格鲁/詹姆斯·A.罗宾逊	美国	历史/文明/人类	2012年
	《耶鲁大学公开课：死亡》	谢利·卡根	美国	宗教/哲学/思想	2012年
○	《为什么世界不存在》	马库斯·加布里尔	德国	宗教/哲学/思想	2013年
○	《意识是何时产生的：挑战大脑之谜的整合信息理论》	朱利奥·托诺尼/马尔切洛·马西米尼	意大利/美国	自然/科学	2013年
○	《科学家也是普通人》	中村桂子	日本	宗教/哲学/思想	2013年
○	《大融合：东方、西方，与世界的逻辑》	马凯硕	新加坡	历史/文明/人类	2013年

(续表)

	书名	作者	国家/地区	类别	年代
○	《21世纪资本论》	托马斯·皮凯蒂	法国	资本主义/经济/经营	2013年
○	《货币野史》	菲利克斯·马汀	英国/美国	资本主义/经济/经营	2013年
○	《零边际成本社会：一个物联网、合作共赢的新经济时代》	杰里米·里夫金	美国	资本主义/经济/经营	2014年
○	《从0到1：开启商业与未来的秘密》	彼得·蒂尔/布莱克·马斯特斯	美国	资本主义/经济/经营	2014年
○	《创业艰维：如何完成比难更难的事》	本·霍洛维茨	美国	资本主义/经济/经营	2014年
○	《重塑组织：进化型组织的创建之道》	弗雷德里克·莱卢	美国	资本主义/经济/经营	2014年
○	《穿越平行宇宙》	迈克斯·泰格马克	瑞典	自然/科学	2014年
	《行最大的善：实效利他主义改变我们的生活》	彼得·辛格	美国	宗教/哲学/思想	2015年
	《经济学的宇宙》	岩井克人	日本	资本主义/经济/经营	2015年
○	《复杂生命的起源》	尼克·莱恩	英国	自然/科学	2015年
○	《经济动物：自利的人类如何演化出利他道德?》	塞缪尔·鲍尔斯	美国	资本主义/经济/经营	2016年
○	《百岁人生：长寿时代的生活和工作》	琳达·格拉顿/安德鲁·斯科特	美国	资本主义/经济/经营	2016年
○	《共同利益经济学》	让·梯若尔	法国	资本主义/经济/经营	2016年
○	《基因传：众生之源》	悉达多·穆克吉	美国	自然/科学	2016年
	《欧洲的异常毁灭》	道格拉斯·穆雷	英国	历史/文明/人类	2017年
○	《生命3.0：人工智能时代，人类的进化与重生》	迈克斯·泰格马克	瑞典	自然/科学	2017年
○	《不平等社会：从石器时代到21世纪，人类如何应对不平等》	沃尔特·沙伊德尔	奥地利	历史/文明/人类	2017年
○	《多重宇宙理论入门》	野村泰纪	日本	自然/科学	2017年

(续表)

	书名	作者	国家/地区	类别	年代
○	《时间的秩序》	卡洛·罗韦利	意大利	自然/科学	2017年
	《梦幻之地：从梦想到狂想，美国精神五百年》	库尔特·安德森	美国	国家/政治/社会	2017年
○	《当下的启蒙：为理性、科学、人文主义和进步辩护》	史蒂芬·阿瑟·平克	美国	历史/文明/人类	2018年
○	《事实：用数据思考，避免情绪化决策》	汉斯·罗斯林/欧拉·罗斯林/安娜·罗斯林·罗朗德	瑞典	国家/政治/社会	2018年
○	《人口减少社会的设计》	广井良典	日本	历史/文明/人类	2019年

图字：01-2024-0666 号

DOKUSHO TAIZEN SEKAI NO BUSINESS LEADER GA YONDEIRU KEIZAI
TETSUGAKU REKISHI KAGAKU 200 SATSU written by Tsutomu Horiuchi
Copyright © 2021 by Tsutomu Horiuchi.
All rights reserved.
Originally published in Japan by Nikkei Business Publications, Inc.
Simplified Chinese translation rights arranged with Nikkei Business Publications, Inc.
through Hanhe International (HK) Co., Ltd.

图书在版编目（CIP）数据

影响商业领袖的 200 本书 /（日）堀内勉 著；付思聪 译. —北京：东方出版社，2024.7
ISBN 978-7-5207-3860-6

Ⅰ.①影… Ⅱ.①堀… ②付… Ⅲ.①推荐书目—世界 Ⅳ.①Z835

中国国家版本馆 CIP 数据核字（2024）第 050151 号

影响商业领袖的 200 本书

（YINGXIANG SHANGYE LINGXIU DE 200 BEN SHU）

作　　者：	[日]堀内勉
译　　者：	付思聪
责任编辑：	吕媛媛
责任审校：	赵鹏丽　金学勇
出　　版：	东方出版社
发　　行：	人民东方出版传媒有限公司
地　　址：	北京市东城区朝阳门内大街 166 号
邮　　编：	100010
印　　刷：	鸿博昊天科技有限公司
版　　次：	2024 年 7 月第 1 版
印　　次：	2024 年 7 月第 1 次印刷
开　　本：	710 毫米×1000 毫米　1/16
印　　张：	31.25
字　　数：	627 千字
书　　号：	ISBN 978-7-5207-3860-6
定　　价：	128.00 元

发行电话：(010) 85924663　85924644　85924641

版权所有，违者必究

如有印装质量问题，我社负责调换，请拨打电话：(010) 85924602　85924603